I0560900

HIS
GOLDEN
HOUR

Lenia Tsianou

Copyright © 2025 by Lenia Tsianou

Paperback: 978-1-967820-21-4
eBook: 978-1-967820-22-1
Library of Congress Control Number: 2025908302

All rights reserved. No part of this publication may be reproduced, distributed, or transmitted in any form or by any electronic or mechanical means, without the prior written permission of the publisher, except in the case of brief quotations embodied in critical reviews and certain other noncommercial uses permitted by copyright law.

This is a work of fiction.

Ordering Information:

Prime Seven Media
518 Landmann St.
Tomah City, WI 54660

Printed in the United States of America

Song: "Golden hour"

It was just two lovers
Sitting in the car,
Listening to Blonde
Falling for each other
Pink and orange skies
Super childish!

Αφιέρωση

Στην μνήμη του αγαπημένου μου θείου,
Θανάση Νακα,του Χρήστου,
Αξιωματικός της αστυνομίας.

ΠΡΌΛΟΓΟΣ

„Ο Έρασμος,όντας μπουχτισμενος με την μονότονη ζωή του βοσκού στο βουνό,εξαφανίζεται με το άλογο του χωρίς καμία προειδοποίηση.Η νέα του και περιπετειώδης ζωή στην μακρινή πόλη,τον γοητεύει τόσο πολύ ώστε να ξεχάσει εντελώς την προβληματική οικογένεια του, κυρίως τον μισητό, θετό αδελφό του,Κούλη,που τον περιγελα για τα τρελά όνειρα του.

Ξέχωρα από τον Κούλη, υπάρχει ο παππούς του που ανησυχεί για κείνον, ώστε θα αναθέσει σε ιδιώτη ερευνητή τον εντοπισμό του,πληρώνοντας του αδρά,,μια ώρα εργασίας του,ένα κιλό χρυσάφι.,,His Golden Hour,,

Και το ερώτημα να μένει αγωνιωδώς αναπάντητο:

_Θα τον βρει τον Έρασμος?Θα τον φέρει πίσω δια της βίας στην οικογένεια του?

Ή μήπως από μόνος του θα γυρίσει πίσω, πολλά χρόνια μετά,να συναντήσει το κορίτσι του,την Αρέθα,την πρώτη και παντοτινή αγάπη του?,,

Κεφάλαιο 1

Η ΠΡΩΤΗ ΑΓΑΠΗ ΤΟΥ ΠΑΠΠΟΥ

Στο απέναντι βουνό ο Οκτώβρης πέρασε στεγνός και χρυσαφένιος. Μόνο δυο μέρες έβρεξε στην αρχή, αλλά αμέσως μετά έπιασε κρύο κι έπεσε καταχνιά. Κάποια νύχτα όμως ο ουρανός ξαστέρωσε, και το άλλο πρωί ο καιρός έφτιαξε τόσο πολύ που όταν ο Έρασμος βγήκε από τον σταύλο, λίγο έλειψε να παραπατήσει από το ξάφνιασμα, καθώς είδε τα γνώριμα βουνά με τις φρεσκοχιονισμένες κορυφές τους, που φαίνονταν λες κι ήταν εντελώς δίπλα του, νόμιζες ότι δρασκέλισαν. Πόσο όμορφα τους πήγαινε το χιόνι! Υψώνονταν έτσι κάτω από τον ουράνιο θόλο, άψογα και αστραφτερά, ορατά στο φως και στο σκοτάδι, λες και τώρα μόλις τα έπλασε ο Θεός. Εκεί που τέλειωνε το χιόνι, απλώνονταν το γαλάζιο του άπειρου.

Που στα σπλάχνα του, στο μακρυνό -μακρυνό βάθος του μόλις διακρίνονταν η φανταστική γραμμή του ορίζοντα. Ο Έρασμος θαμπώθηκε από το άπλετο φως και τη φρεσκάδα, μα και μελαγχόλησε. Θυμήθηκε πάλι εκείνη, τότε που πήγαινε με το άλογό του, τον Ντορή. Αν το είχε τώρα ακόμα μαζί του, θα το καβαλούσε και βγάζοντας κραυγές από ενθουσιασμό και χαρά θα της παρουσιάζονταν, ξαφνικά μπροστά της, όπως ακριβώς το ολόλευκο χιόνι που έπεσε πρωί -πρωί. Γι' αυτή τη μεγάλη έκπληξη που σχεδίαζε να κάνει ο Έρασμος στην

Αρέθα εδώ και πενήντα χρόνια φρόντιζε να ζευγαρώνει τον Ντορή για γνήσια αναπαραγωγή με την καλύτερη φοράδα που υπήρχε στο καμπίσιο χωριό του όπου κατέφυγε όταν τους χώρισε πολιτισμένα, πολύ μεθοδικά ο πατέρας της, εκείνη ήταν τότε δεκάξι και αυτός δεκαεννέα χρόνων.

Αλλοίμονο όμως ήξερε πως αυτό ήταν μονάχα όνειρο… Και τι μ' αυτό, μήπως η μισή ζωή και παραπάνω δεν φεύγει, πλάθοντας όνειρα, και ίσως γι' αυτό είναι και τόσο γλυκιά! Ίσως γι' αυτό και είναι και τόσο ακριβή, γιατί δεν πραγματοποιούνται όλα, όσα ονειρεύεται να κάνει ο άνθρωπος. Κοίταξε τα βουνά και τον ουρανό και συνάμα συλλογίζονταν, πως δηλαδή δεν μπορούν όλοι οι άνθρωποι να είναι εξ ίσου ευτυχισμένοι. Καθένας έχει τη δική του μοίρα. Και η καθεμιά έχει τις δικές της χαρές και τις δικές της λύπες, όπως το φως και η σκιά στο ίδιο ακριβώς το βουνό, την ίδια ακριβώς ώρα.

Γι' αυτό και ποικίλει η ζωή μας… «Κι όσο για εκείνη, ασφαλώς δεν θα τον περιμένει πια. Άραγε να τον θυμήθηκε, βλέποντας το πρώτο χιόνι στα βουνά…». Μπορεί ο άνθρωπος να γεράζει, όμως η ψυχή δεν λέει να το βάλει κάτω. Όχι, κάθε άλλο, θα ανασκιρτήσει και θα βρει τρόπο να ακουστεί η φωνή της. Ο Έρασμος ξαναμπαίνει στον σταύλο. Αφού σέλωσε το άλογο το έβγαλε έξω και το έδεσε στον κορμό του πλάτανου. Μπήκε στο δωμάτιό του, πήρε το πορτοφόλι του, φουσκωμένο με χαρτονομίσματα και πιστωτικές κάρτες από 3 τράπεζες, βγήκε αθόρυβα έξω και φώναξε στην εγγονή του:

-Μόνα, εγώ πάω το άλογο για βοσκή στο περιβόλι. Θα γυρίσω αργά. Εσύ πριν φύγεις για τη Σκιάθο, συγύρισε και μαγείρεψε κάτι πρόχειρο. Κι όταν φύγεις, να κλειδώσεις την εξώπορτα και την αυλόπορτα.

Ντράπηκα φυσικά πολύ που έλεγα ψέματα στην εγγονή μου, αλλά για να δικαιολογήσω τον εαυτό μου σκέφτηκα ότι υπάρχουν «και τα κατά συνθήκη ψέματα» ή «τα λευκά ψεύδη» όταν οι περιστάσεις το απαιτούν, για να πετύχεις το σκοπό σου, να πραγματοποιηθεί το όνειρό σου. Κι εγώ ήθελα κάποτε να επιστρέψω στον τόπο που γεννήθηκα, να συναντήσω την πρώτη μου αγάπη, την Αρέθα. Ήταν αλήθεια αυτό ένα όνειρο μιας ολόκληρης ζωής.

*

Ένας γέρος πάνω σ' ένα γέρικο άλογο, τον Ντορή, ήταν κι εκείνο γέρικο, πολύ γέρικο σκαρφάλωνε στο οροπέδιο και ο δρόμος ήταν κουραστικά μακρύς. Ο ανήφορος αυτός ήταν πάντα σωστό μαρτύριο για τον Έρασμο. Δεν του άρεσε να πηγαίνει αργά, του ήταν ανυπόφορο. Στα νειάτα του όταν μετέφερε τα γκούμια με το γάλα από το μαντρί στο τυροκομείο κάτω στην πόλη, κάθε φορά στο γυρισμό αμόλαγε το άλογο να τρέχει με καλπασμό. Δεν το λυπόταν, το μαστίγωνε.

Όλα αυτά, όμως συνέβαιναν παλιά, πολύ παλιά. Αυτή τη φορά, ο Έρασμος, ούτε κατάλαβε για πότε ανέβηκε τον ανήφορο. Στα γεράματα συνήθισε πια. Πήγαινε ούτε πολύ σιγά ούτε πολύ γρήγορα. Όλοι εκείνοι που κάποτε παρέα έκαναν τον πολυσύχναστο αυτό δρόμο έχουν πια χαθεί. Άλλος σκοτώθηκε στο πόλεμο, άλλος πέθανε κι άλλος κάθεται στο σπιτάκι του περιμένοντας το τέλος του. Όσο για τη νεολαία αυτή πια πηγαίνει με τ' αυτοκίνητα και δεν καταδέχεται να πηγαίνει μαζί του μ' ένα ψωροάλογο. Μα παρ' όλα αυτά το γέρικο άλογο προχωρούσε, βάζοντας όλα του τα δυνατά. Που και που ο γέρο-Έρασμος τραβούσε τα γκέμια δίχως να παύει να σκέφτεται τα περασμένα δικά του. Άλλωστε είχε τι να σκεφτεί.

*

Άρχισε τότε εκείνος ο αλησμόνητος χειμώνας, που κανείς δεν μπορούσε να μαντέψει τις τους μαγείρευε. Το χιόνι το 'στρωσε για τα καλά κι ύστερα από δυο μέρες έριξε κι άλλο, κι έπειτα κι άλλο, κι έδιωξε εντελώς τους τσοπάνους από τα φθινοπωριάτικα βοσκοτόπια. Πολλοί τσοπάνηδες τα παρατούσαν και κατέβαιναν στα χαμηλά. Ο πατέρας του Έρασμου, ένας κακόμοιρος τσοπάνος, μένει και πάλι μόνος, πρόσωπο με πρόσωπο με το χειμώνα. Πολύ θα ήθελε ο Ηλιάκης να κατέβει, να ξεκλέψει λίγο καιρό να πεταχτεί στο χειμαδιό στο κεντρικό, να μάθει τι σκέφτονται εκείνοι εκεί κάτω για τις γέννες, πήραν τάχα όλα τα μέτρα, εφοδιάστηκαν απ' όλα. Όμως που τέτοιο πράγμα! Ούτε να ανασάνει δεν είχε καιρό. Η γυναίκα του, η Ζαχά, όταν κάποτε πήγε να δει τον θετό γιο της στο οικοτροφείο, δεν αργοπόρησε, γιατί ήξερε, πως χωρίς εκείνη θα τους είναι ακόμη πιο δύσκολο. Ο Ηλιάκης έβγαζε τα πρόβατα με τα δυο κοριτσάκια του. Έβαζε τη μικρότερη στο μπροστινό μέρος του σαμαριού, κουκουλωμένη ζεστά, κι η μεγαλύτερη στο πίσω μέρος, ακόμη και η φωτιά στο σπίτι έκαιγε διαφορετικά αφιλόξενα, δίχως να ζεσταίνει. Ο Έρασμος έπρεπε να μεταφέρει τα δοχεία με το γάλα πάνω στο άλογο ως κάτω στο μεγάλο τυροκομείο. Κι όταν την άλλη μέρα ήρθε η μάνα τους, δεν περιγράφεται το τι έγινε! Τα παιδιά ρίχτηκαν στο λαιμό της, ήταν δύσκολο να τα ξεκολλήσεις. Αχ, ο πατέρας είναι πατέρας, όμως η μάνα είναι άλλο πράγμα...

Ο Έρασμος αν και δεκαεπτά χρόνων, σε μια ηλικία γεμάτη εξεγέρσεις, ήταν φρόνιμο παιδί, αν και όχι πολύ σβέλτος. Ήταν όμορφος και μετρημένος, και στα μαύρα, σχιστά του μάτια καθρεφτίζονταν η κακία. Τον Παναγή, το αφεντικό στο τυροκομείο του κτηνοτροφικού συνεταιρισμού, τον συναντούσε συνήθως με μούτρα και τούλεγε: «Εσύ, που λες πρόεδρε, μη γίνεσαι πια και χίλια κομμάτια. Κοίταξε καλύτερα τα παιδάκια σου. Κι όσο από επιθεωρητάδες και χωρίς εσένα μας φτάνουν».

-Μα γιατί, τι έπαθες Έρασμε, νομίζεις ότι σου θέλω το κακό.

-Το κακό δεν μου θέλεις, όμως κάτι τέτοιοι σαν και σένα δεν μ' αρέσουν. Κι όλο ζήτω και ζήτω! μπροστά στους βουλευτές και τους υπουργούς είσαστε. Και το τέλος ποιο ήταν, ούτε οι ίδιοι ζείτε σαν άνθρωποι, κι ούτε κι εμάς τους νέους τους αφήνετε να ζήσουμε όπως πρέπει.

-Εσύ παλληκάρι μου, κοίταξε καλά, -συγκρατώντας τον εαυτό του μέσα από τα δόντια έλεγε ο Παναγής,- και μη δείχνεις εμένα με το δάχτυλο.

Αυτό δεν είναι δική σου δουλειά. Εγώ τσακίστηκα να ιδρύσω τον κτηνοτροφικό συνεταιρισμό κι όχι εσύ. Και δεν μετανιώνω γι' αυτό. Άλλωστε για σας τη νεολαία τσακίστηκα. Και αν δεν ήμουν εγώ θα σούλεγα εγώ πως θα μιλούσες τώρα για μένα.

Όχι που μου τσαμπουνάς για κινηματόγραφο και εφημερίδες. Ούτε το όνομά σου δεν θα ήξερες να γράφεις. Ένα μονάχα θα ήταν το όνομά σου: Κουλ – σκλάβος!

Δεν συμπαθούσε τον Παναγή ο Έρασμος, αν και κατά βάθος της ψυχής του, τον εκτιμούσε για την ειλικρίνειά του αυτή.

Χανόταν μέσα του η δύναμη του χαρακτήρα του για τα όμορφα μάτια της κόρης του. Την λυγερόκορμη, κιόλας αναπτυγμένη σαν γυναίκα, την 15χρονη Αρέθα. Έτσι και δεν είχε δαγκώσει γερά τη λαμαρίνα με την κόρη του, θα είχε πάρει τα μάτια του κι όπου τον βγάλει η άκρη.

-Τι κάθεσαι και σκέφτεσαι, Έρασμε, σύνελθε – εδώ υπάρχει δουλειά, δουλειά σημαίνει δουλειά. Έτσι είναι η ζωή, δεν κυλάει από μοναχή της όπως νόμιζαν τότε. Χρειάζεται να την σπρώχνεις με την πλάτη σου, όσο ζεις… Μόνο που κάθε φορά που κυλάει, αγγίζει με τις αιχμές της τις πλάτες σου και τις γεμίζει από κάλους. Και τι είναι οι κάλοι, όταν η ψυχή ευχαριστιέται από αυτό που κάνεις, απ' αυτό που κάνουν κι άλλοι, και απ' όλους αυτούς τους κόπους βλέπεις τελικά να 'ρχεται η ευτυχία… Αλήθεια πως θα τα βγάλει πέρα τώρα με τα πρόβατα; Μισή χιλιάδα κεφάλια, μισή χιλιάδα φροντίδες. Στα πρόβατα η ζωή είναι πιο ήσυχη από τα άλογα, δεν τα συνήθισε αμέσως ο Έρασμος. Άλλο πράγμα τα άλογα! Έχασε λένε, η ιπποτροφία τη σημασία της. Βγήκαν τ' αυτοκίνητα. Τώρα σημασία έχουν τα πρόβατα, που δίνουν κρέας, μαλλί και γάλα. Δεν του άρεσε του Έρασμου αυτός ο ψυχρός υπολογισμός, παρ' όλο που ήξερε ότι είχαν δίκιο. Όταν όμως έχεις ένα δυνατό άτι, μπορείς και να πεταχτείς κάπου και να κάνεις τις δουλειές σου.

Τα βουνά υψώνονταν πελώρια, βυθισμένα μέσα στη γκρίζα καταχνιά. Ξεχασμένα, θαρρείς από τον ήλιο, σκυθρωπά, και με τους μαύρους όγκους τους φάνταζαν σαν παρεξηγημένοι γίγαντες. Είχε υγρασία και ομίχλη. Έκανε κρύο και η ατμόσφαιρα ήταν πνιγηρή. Να, γέννησε ακόμα μία προβατίνα κι έκανε δίδυμα. Δυο χαριτωμένα αρνάκια. Όμως που να τα βάλεις;

Οι ρώγες της προβατίνας στέρεψαν. Που να 'βρουν το γάλα; Και σαν να μην έφταναν όλα αυτά, είχε και τον πρόεδρο του γαλατάδικου που τον πίεζε να παραδίνει πρωί – βράδυ την ορισμένη ποσότητα γάλατος. Απ' το μυαλό του δεν έβγαινε ο αυστηρός τόνος στη φωνή του. Και τον έπνιγε η αγανάκτηση, όχι γιατί θα τον απέλυε και θα έπαιρνε άλλον στη θέση του, αλλά γιατί δεν μπόρεσε να απαντήσει του Παναγή έτσι που τώρα να καταριέται την ώρα που γεννήθηκε. Ένα παιδάριο! Ένα μυξιάρικο! Ακούς εκεί καβάλησε το άλογο κι έφυγε, το μυξιάρικο. Ποτέ δεν του πέρασε από το νου, πως θάρχονταν καιρός που κάποιος θα κορόιδευε την υπόθεση που έδωσε το αίμα της καρδιάς του. «Φτάνει πια!» έλεγε στον εαυτό του κι ύστερα πάλι σκέφτονταν ξανά τα ίδια.

Το άλογο δεν ήξερε τι συνέβαινε στην ψυχή του Έρασμου, όταν έβγαινε από το γραφείο του διευθυντή του τυροκομείου με βλέμμα άγριο και φρύδια ανασηκωμένα, όταν ανέβαινε απότομα στο σαμάρι και τραβούσε τα γκέμια.

Όμως προαισθάνονταν, πως το αφεντικό του ήταν στενοχωρημένο. Και παρόλο που ο Έρασμος ποτέ δεν το χτυπούσε, εν τούτοις το άλογο σε τέτοιες στιγμές τον φοβόταν. Και όταν έβλεπαν στο δρόμο εκείνο το κορίτσι, το άλογο εκ των προτέρων καταλάβαινε, πως το αφεντικό του θα ξαλαφρώσει, θα μαλακώσει και θα σταματήσει για να κουβεντιάσει μαζί της κάτι ψιθυριστά, και τα χέρια της θα παίξουν με τη χαίτη του και θα χαϊδέψουν το λαιμό του. Κανείς άλλος από τους ανθρώπους δεν είχε τόσο χαδιάρικα χέρια, όπως εκείνη, η μικρή Αρέθα. Ήταν απίθανα χέρια, σφιχτοδεμένα, τρυφερά, σαν τα χείλη εκείνης της κοκκινότριχης φοραδίτσας με το αστέρι στο μέτωπο. Και κανείς άλλος στον κόσμο δεν είχε τέτοια μάτια, σαν τα μάτια εκείνης της κοπέλας. Ο Έρασμος κουβέντιαζε μαζί της, σκύβοντας από το σαμάρι κι εκείνη μια χαμογελούσε, μια σκυθρώπιαζε, κουνώντας το κεφάλι της, σα να διαφωνούσε σε κάτι. Τα μάτια της πότε έλαμπαν και πότε σκοτείνιαζαν, σαν τις πέτρες στο βυθό γάργαρου ρυακιού σε φεγγαρόλουστη νύχτα, κι ύστερα καθώς εκείνη έφευγε τους έριχνε ματιές, κουνώντας το κεφάλι.

Μετά απ' αυτό ο Έρασμος πήγαινε σκεφτικός. Αμόλαγε τα γκέμια και το άλογο προχωρούσε μόνο του, όπως ήθελε εκείνο. Ελεύθερο και βηματιστά. Ήταν λες και δεν υπήρχε τ' αφεντικό στο σαμάρι. Λες, κι αυτός και το άλογο ήταν ανεξάρτητα το ένα από το άλλο. Και λες και το τραγούδι έβγαινε από μοναχό του. Σιγανά, δίχως να ξεχωρίζουν τα λόγια, με το ρυθμικό βάδισμα του αλόγου, τραγουδούσε ο Έρασμος για τα βάσανα αυτών που έχουν εγκαταλείψει το βουνό από καιρό. Και το άλογο έπαιρνε το γνωστό μονοπάτι, μέσα από τη λαγκαδιά και το ποτάμι και από εκεί στο κοπάδι.

Ο Ντορής αγαπούσε με το δικό του τρόπο εκείνο το κορίτσι. Γνώριζε τη σιλουέτα της, το βάδισμά της και με τη δική του λεπτή όσφρηση αντιλαμβάνονταν την παράξενη κι ασυνήθιστη μυρωδιά κάποιου άγνωστου χορταριού, που έβγαινε από εκείνη. Ήταν μυρωδιά από γαρύφαλλο. Φορούσε στο λαιμό της κολιέ από γαρύφαλλα.

-Κοίτα πόσο σ' αγαπάει, Αρέθα, - της έλεγε ο Έρασμος. Χάϊδεψέ τον λιγάκι. Κοίταξε κρέμασε τ' αυτιά, σαν μοσχαράκι. Τώρα στο κοπάδι δεν υπάρχει ησυχία εξαιτίας του. Δόστου μόνο ελευθερία. Τρώγεται με τ' άλλα πουλάρια σαν σκυλί. Γι' αυτό κιεγώ το κρατάω στο σαμάρι, γιατί φοβάμαι μη μου το σακατέψουν. Κι είναι άγουρο ακόμη.

-Αυτό μ' αγαπάει, - απαντούσε εκείνη, συλλογιζόμενη κάτι δικό της.

-Θέλεις να πεις, πως οι άλλοι δεν σ' αγαπάνε;

-Όχι αυτό ακριβώς. Ας τ' αφήσουμε κατά μέρος αυτά. Εσένα μόνο λυπάμαι, αγόρι μου.

-Και γιατί αυτό;

-Δεν είσαι απ' εκείνους τους ανθρώπους, θα υποφέρεις πολύ μετά.

-Κι εσύ;

-Τι εγώ; Εγώ είμαι κόρη εργοστασιάρχη. Ενώ εσύ...

-Κι εγώ είμαι ισχυρό μέλος του κτηνοτροφικού συνεταιρισμού. Να, σε συνάντησα και θέλω να ξεκαθαρίσω ορισμένα στοιχεία – δοκίμασε να αστειευτεί ο Έρασμος.

-Σαν να μου φαίνεται, πως τώρα τελευταία, πολύ συχνά καταπιάνεσαι με τα στοιχεία. Για πρόσεχε.

-Και τι φταίω εγώ; Τραβούσα το δρόμο και σε συνάντησα.

-Εγώ τραβώ το δικό μου δρόμο. Οι δρόμοι μας είναι διαφορετικοί. Λοιπόν αντίο. Δεν έχω καιρό για χάσιμο, του δήλωνε η Αρέθα.

-Άκουσε Αρεθούλα!

-Μα τι θέλεις; Δεν πρέπει Έρασμε, γιατί; Είσαι έξυπνος άντρας. Έχω δυσπιστίες με τα πάντα. Μου φτάνουν τα δικά μου βάσανα.

-Γιατί μήπως σου θέλω το κακό σου;

-Το δικό σου θέλεις.

-Δηλαδή πως εξηγείται αυτό;

-Όπως θέλεις εσύ εξήγησέ το.

Εκείνη, απομακρύνονταν και ο Έρασμος έπαιρνε τους δρόμους του χωριού, δήθεν για δουλειές. Έστριβε κατά το μύλο, ή κατά το σχολείο και κάνοντας ξανά κύκλο, επέστρεφε για να τη δει έστω κι από μακριά να βγαίνει από το σπίτι της γιαγιάς της, όπου άφηνε τη μικρότερη αδερφή της όταν αυτή είχε δουλειά. Ύστερα την έβλεπε να γυρίζει στο σπίτι της στην άκρη του χωριού, κρατώντας τη μικρή από το χέρι. Κάθε τι δικό της του ήταν απέραντα προσφιλές. Και το πως προχωρούσε, προσπαθώντας να μη κοιτάξει προς το μέρος του, και το πρόσωπό της που άσπριζε μέσα από το σκούρο σάλι της, και η αδερφούλα της ακόμα και το σκυλάκι, που έτρεχε δίπλα της. Τέλος όταν εκείνη χάνονταν στην αυλή της, αυτός συνέχιζε το δρόμο του φαντάζοντάς την ν' ανοίγει την πόρτα του άδειου από μητρική στοργή σπιτικού της. Και από αυτές τις σκέψεις ο Έρασμος ένοιωθε ακόμα πιο άσχημα.

-«Δεν είναι φαίνεται γραμμένο να αγαπηθούμε», συλλογίζονταν και αγναντεύοντας τον ανταριασμένο ορίζοντα άρχισε να σιγοτραγουδάει κάτι παλιά τραγούδια σε βλάχικη γλώσσα, ξεχνώντας για λίγο τα πάντα. Τους φίλους και τους εχθρούς και τον ετεροθαλή αδερφό του, Κίμωνα, που ζει στο οικοτροφείο κι έχουν χρόνια να μιλήσουν. Τον πόλεμο, που πάει καιρός τώρα που τέλειωσε κι όμως κάθε που τον ονειρεύονταν στον ύπνο του τον έπιανε κρύος ιδρώτας και ξέχναγε με μιας το κάθε τι που του έδινε η ζωή.

Κι όμως παρ' όλες τις αναποδιές εκείνη η εποχή ήταν γι' αυτόν και το άλογο, η πιο όμορφη. Η δόξα του καβαλάρη ισοδυναμεί με τη δόξα του ποδοσφαιριστή. Το χθεσινό αγοράκι, που κυνηγούσε τη μπάλα στις αυλές, γίνεται ξαφνικά το ίνδαλμα όλων και αντικείμενο συζήτησης για τους ειδικούς και θαυμασμού του πλήθους. Και με τον καιρό όσο εκείνο ρίχνει γκολ, τόσο μεγαλώνει η δόξα του. Έπειτα σιγά – σιγά αρχίζει να αποτραβιέται από το γήπεδο ώσπου λησμονιέται εντελώς. Και πρώτη που τον ξεχνάει είναι εκείνη, η αγάπη του, που πιο πολύ απ' όλους τον θαύμαζε. Στη θέση του μεγάλου ποδοσφαιριστή έρχεται άλλος. Τέτοιος είναι και ο δρόμος του καβαλάρη. Είναι φημισμένος, όσο είναι ανίκητος. Με τη μόνη διαφορά φυσικά, ότι το άλογο κανέναν δεν ζηλεύει. Τα άλογα δεν ζηλεύουν. Όσο για τους ανθρώπους, δόξα τω Θεώ, ακόμα δεν έμαθαν να τα ζηλεύουν. Αν κι εδώ που τα λέμε η ζήλεια ξέρει δρόμους που δεν τον χωράει ο νους. Και είναι γνωστό πως σε τέτοιες περιπτώσεις οι άνθρωποι, θέλοντας να κάνουν κακό, μπήγουν καρφί στην οπλή του αλόγου. Αχ, αυτή η μαύρη ζήλεια τι κάνει! Ο Θεός μαζί της…

Το άστρο του Ντορή

Πραγματοποιήθηκε η προφητεία του άρχοντα Παναγή.

Εκείνη την άνοιξη ανέβηκε ψηλά το άστρο του Ντορή. Όλοι το ήξεραν, μικροί και μεγάλοι: -Ντορή, το άλογο του Έρασμου! Το καμάρι του χωριού!... Και τα μυξιάρικα παιδάκια, που ακόμα δεν ήξεραν να προφέρουν το (ρο) έτρεχαν στο σκονισμένο δρόμο και μιμούμενα το τρέξιμο του Ντορή φώναζαν: -Είμαι το Ντολή… -Όχι, εγώ είμαι, φώναξε άλλο…. Μαμά, πες τους, πως εγώ είμαι το Ντολή… Ου, ου, ου…. Εμπλός, άϊ, άϊ είμαι το Ντολή…

Τι θα πει δόξα και τι δύναμη έχει, το έμαθε ο Ντορής στον πρώτο του αγώνα. Ήταν την Πρωτομαγιά.

Μετά το εργατικό συλλαλητήριο, στο μεγάλο λιβάδι, άρχισαν τα αγωνίσματα. Μαζεύτηκε από παντού ένα σωρό κόσμος. Από το πρωί ακόμα, όταν ο Έρασμος σαμάρωσε τον Ντορή και με ιδιαίτερη προσοχή εξέταζε τα χαλινάρια και τους αναβολείς, το άλογο προαισθάνονταν από το γυάλισμα των ματιών και το τρεμούλιασμα των χεριών του αφεντικού του, πως προμηνύεται κάτι το εξαιρετικό. Το αφεντικό ήταν ανήσυχος.

-Κοίταξε μη με γελάσεις Ντορή, του ψιθύριζε καθώς του χτένιζε τη χαίτη και τη φούντα. Δεν πρέπει να ντροπιαστείς, ακούς; Δεν έχουμε δικαίωμα, ακούς! Ο Ντορής σάστισε από τη συρροή τόσων ανθρώπων και αλόγων στο λιβάδι. Τα μάτια του θάμπωσαν από τα φανταχτερά μαντήλια και φορέματα, από τις σημαίες και τις λευκές πουκαμίσες των γυναικών. Τα άλογα με τους καβαλάρηδες είχαν στριμωχτεί ανυπόμονα όλα στο ίδιο μέρος, έτοιμα να αμολυθούν. Ο Ντορής ένοιωθε να μεγαλώνει η αγωνία μέσα του και να ανακτά όλο και περισσότερες δυνάμεις. Του φαίνονταν, πως εγκαταστάθηκε μέσα του ένα πύρινο πνεύμα που για να απελευθερωθεί απ' αυτό έπρεπε το συντομότερο να ξεφύγει από τον κύκλο αυτό και να αφηνιάσει. Και όταν οι διαιτητές έδωσαν επιτέλους το πρόσταγμα να βγουν από τον κύκλο, ο Έρασμος χαλάρωσε τα χαλινάρια και το άλογο τον έφερε στον κύκλο, γυρίζοντας σαν τη σβούρα σαστισμένο. Και τότε στις εξέδρες ακούστηκε: -Ντορή, Ντορή!

Βγήκαν όσοι ήθελαν να πάρουν μέρος στον αγώνα. Ήταν πενήντα συνολικά. Μπήκαν όλοι κεφάλι με κεφάλι στην γραμμή εκκίνησης. Ο επιθεωρητής σήκωσε το άσπρο του μαντήλι. Τα άλογα όρμησαν όλα μαζί και μαζί μ' αυτά και ο Ντορής, που γεμάτο έξαρση χύμηξε προς τα εμπρός. Στην αρχή πήγαιναν μπουλούκι όλοι μαζί, ύστερα όμως άρχισαν να αραιώνουν.

Ο Ντορής δεν το πρόσεξε αυτό, μονάχα έβλεπε πως μπροστά του ήταν άλλα πιο σβέλτα άλογα, και πως τα χαλινάρια του δεν τον άφηναν ελεύθερο. Αυτό συνεχίζονταν μέχρι τα μισά του δρόμου. Κι ύστερα έφτασε η ώρα που τ' άλλα άλογα άρχισαν να κουράζονται και σιγά-σιγά να κόβουν ταχύτητα. Ο Ντορής, τότε βρίσκονταν στο αποκορύφωμα της δύναμής του.

-Εμπρός Ντορή, εμπρός, άκουγε τη φωνή του αφεντικού του. Κι έμειναν πίσω το ένα μετά το άλλο τ' άλογα. Και ξαφνικά λες και χάθηκε η δύναμη στα χαλινάρια, για τον Ντορή δεν υπήρχε πια ούτε σαμάρι ούτε καβαλάρης – μέσα του θέριεψε μια φλογερή, θετική θαρρείς δύναμη για τρέξιμο. Σε κάποια στιγμή βρέθηκαν να τρέχουν τρία άλογα, και τα τρία κεφάλι με κεφάλι ενωμένα, σε μία κίνηση. Τελικά το κάλπασμα των άλλων δύο πέθαινε αργά – αργά, το βλέμμα τους καρφώθηκε από ένα μίσος που δεν είχε πια καμία δύναμη. Όταν οι αντίζηλοι παρέμειναν πια εντελώς πίσω, ο Ντορής μπόρεσε να αναπνεύσει καλύτερα. Μπροστά του ασήμιζε η καμπή του ποταμού, το λιβάδι πρασίνιζε κι ακούγονταν ένα απόμακρο βουητό από ανθρώπινες φωνές. Οι πιο θερμοί οπαδοί περίμεναν κιόλας στο δρόμο, να ξεφωνίζουν. Και ξαφνικά ακούστηκε ξεκάθαρα: Ντορή! Ντορή!... Και ρουφώντας μέσα του αυτά τα ξεφωνητά, τις κραυγές και τα ουρλιαχτά το άλογο φούσκωσε, σαν από αέρα που το τρομπάριζαν και με καινούργια δύναμη όρμησε προς τα εμπρός, Αχ, άνθρωποι, άνθρωποι! Και τι δεν μπορούν να κάνουν! Αφού το άλογο πήρε λίγο ανάσα και ηρέμησε, ο κόσμος παραμέρισε για να κάνει δρόμο στον νικητή. «Ντορή, Ντορή, Ντορή!» Και μαζί μ' αυτό αντηχούσε και το όνομα του αφεντικού του! «Έρασμε! Έρασμε!» Και πάλι οι άνθρωποι έκαναν το θαύμα τους. Περήφανο και ορμητικό με το κεφάλι ψηλά και με μάτια που έβγαζαν φλόγες, μπήκε στο στίβο. Μεθυσμένο από τη δόξα, ο Ντορής πήγαινε χορευτά και πλαγιαστά, έτοιμο για νέο τρέξιμο. Ένιωθε πως είναι όμορφο, δυνατό και ξακουσμένο.

Ο Έρασμος περνούσε μπροστά από το πλήθος με τα χέρια απλωμένα, σαν νικητής. Και ανάμεσα στο πλήθος από πρόσωπα, το άλογο είδε ξαφνικά εκείνο το κορίτσι. Τη γνώρισε αμέσως, όταν οι παλάμες της γλιστρούσαν πάνω στο πρόσωπό της, παρ' όλο που αυτή τη φορά εκείνη δεν φορούσε σκούρο σάλι αλλά άσπρη πλατιά κορδέλα. Στέκονταν στη πρώτη σειρά χαρούμενη κι ευτυχισμένη και κοίταγε με μάτια που έλαμπαν σαν πέτρες στο νερό κάτω από τον ήλιο. Ο Ντορής από συνήθεια την πλησίασε για να σταθεί δίπλα της, και να κουβεντιάσει μαζί της το αφεντικό του. Εκείνη για να παίξει με τη χαίτη του, και να του χαϊδέψει το λαιμό μ' εκείνα τα απίθανα χέρια τα σφιχτά και τρυφερά. Όμως ο Έρασμος τράβηξε τα γκέμια προς την άλλη μεριά, κάνοντας τ' άλογο να απορεί. Κι εκείνο χωρίς να καταλαβαίνει όλο και στριφογύριζε προς το μέρος της. Δεν βλέπει άραγε το αφεντικό πως εδώ βρίσκεται εκείνη η κοπέλα και που πρέπει οπωσδήποτε να της μιλήσει;....

*

Κάθονταν όλοι οι άντρες στο καφενείο, μεθυσμένοι και ξανάφερναν στο μυαλό τους σκηνές από το παιχνίδι απαριθμίζοντας τις αρετές του Ντορή, ενώ το καημένο το ζώο στέκονταν στην αυλή, κατάϊδρωμένο και σκονισμένο, δαγκώνοντας τα χαλινάρια. Έπρεπε να μείνει νηστικό ως τα ξημερώματα. Όμως δεν ήταν η πείνα που το βασάνιζε. Πονούσε η πλάτη του, τα πόδια του λες και ήταν ξένα. Τα πέταλα έκαιγαν από το τρέξιμο και το κεφάλι του βούιζε ακόμα από τις φωνές, τα ξεφωνητά και κυνηγητά. Ήθελε πολύ να ξάπλωνε στο χορτάρι, να το 'σκαγε και να τριγύριζε ανάμεσα στα άλογα που βοσκούσαν. Το αφεντικό όμως αργοπορούσε. Έπειτα από λίγα λεπτά όμως βγήκε τρεκλίζοντας ελαφρά στο σκοτάδι. Τα χνώτα του μύριζαν από βαριά μυρωδιά αλκοόλ. Το συνήθιζε να πίνει που και που. Θα περάσει κάμποσος καιρός και το άλογο θα καταλάβει, ότι τώρα πια θα έχει να κάνει με αφεντικό που πάντα θα μύριζε έτσι. Και θα τον μισήσει κι αυτόν και την απαίσια μυρωδιά του.

Ο Έρασμος πλησίασε τον Ντορή και το χτύπησε φιλικά στην πλάτη. Ύστερα πέρασε το χέρι του κάτω από τη σέλα.

-Κρύωσες λιγάκι, κουράστηκες. Κι εγώ κουράστηκα διαβολεμένα. Μη με λοξοκοιτάζεις έτσι. Ε! ήπια λιγάκι, άλλωστε προς τιμή σου. Γιορτή είχαμε. Και πάλι λίγο ήταν. Ξέρω εγώ τι κάνω, να το 'χεις υπ' όψιν σου. Έλα τώρα Ντορή, σταμάτα να με λοξοκοιτάζεις έτσι. Να τώρα θα φύγουμε για το κοπάδι, θα ξεκουραστούμε, του είπε ο Έρασμος και τράβηξε τα χαλινάρια, καληνύχτισε τους άλλους που έβγαιναν από το καφενέ κι ύστερα ανέβηκε στο άλογο και έφυγε. Προχωρούσε μέσα στους κοιμισμένους δρόμους του χωριού, μέσα στην απόλυτη ησυχία. Τα παράθυρα ήταν σκοτεινά. Το φεγγάρι κρέμονταν πάνω από τα βουνά, στους κήπους άσπριζαν οι ανθισμένες μηλιές, ενώ κάποιο αηδόνι κελαηδούσε πέρα μακριά. Ήταν ολομόναχος σ' όλη του την αλάνα. Τραγουδούσε, αφουγκράζονταν και σιγοσφύριζε.

Ο Έρασμος σταμάτησε για λίγο το άλογο και του μίλησε:

-Τι ομορφιά! είπε δυνατά. Και πόσο ήσυχα! Μόνο τ' αηδόνι ακούγεται. Ε! Που θάθελες να ήσουν τώρα... στο κοπάδι, κι εγώ...

Προσπέρασαν το σιδεράδικο, κι απ' εκεί έπρεπε να πάρουν τον ακρινό δρόμο για να βγουν στα κοπάδια. Όμως άγνωστο γιατί το αφεντικό πήρε την αντίθετη πλευρά. Αφού πέρασαν τον κεντρικό δρόμο, σταμάτησαν τέλος κοντά στην αυλή όπου έμεινε εκείνο το κορίτσι. Πετάχτηκε έξω το σκυλάκι που έτρεχε πάντα δίπλα από το κοριτσάκι. Γάβγισε λιγάκι αλλά αμέσως μετά σώπασε, κουνώντας την ουρά του. Ο Έρασμος στέκονταν στη σέλα σιωπηλός και πολύ σκεφτικός. Έπειτα αναστέναξε κι αναποφάσιστα τράβηξε τα γκέμια. Το άλογο πήγε πιο κάτω. Ο καβαλάρης χτύπησε τ' άλογο να πάει πιο γρήγορα, το ζώο ήθελε να φτάσει στην παρέα του. Έφτασαν στο ποτάμι με το νερό κρύο και να κάνει πάταγο στο κύλισμά του. Και ξαφνικά εκεί στη μέση, τραβώντας απότομα τα γκέμια το αφεντικό γύρισε πίσω. Ο Ντορής κούνησε το κεφάλι, νόμισε ότι ο άντρας λάθεψε. Δεν έπρεπε να κάνουν πίσω. Πόσο θα τριγυρνούσαν άσκοπα πια. Για απάντηση το αφεντικό το μαστίγωσε στο πλευρό. Του Ντορή δεν του άρεσε να το κακομεταχειρίζονται έτσι. Νευριασμένα δάγκωσε τα λουριά, υποτάχθηκε απρόθυμα και γύρισε πίσω. Και πάλι πέρασαν το λιβάδι και από τη δημοσιά βγήκαν ξανά σ' εκείνη την αυλή. Κοντά στο σπίτι ο αλογαδιάρης κοντοστάθηκε για λίγο. Τραβούσε τα γκέμια πότε απ' εδώ και πότε απ' εκεί, δεν καταλάβαινες τι ήθελε. Σταμάτησαν στην ξύλινη αυλόπορτα. Πάλι έτρεξε το σκυλάκι, γαύγισε λίγο και σώπασε, κουνώντας την ουρά. Το σπίτι ήταν σκοτεινό και σιωπηλό. Ο Έρασμος γλίστρησε από τη σέλα, έδεσε το άλογο στην ξύλινη κολόνα και μπήκε στην αυλή. Δεν χτύπησε την εξώπορτα αλλά με το δάχτυλό του το τζάμι στο παράθυρο όπου κοιμόταν η Αρεθούλα.

-Ποιος είναι; Ακούστηκε από μέσα η φωνή της.

-Εγώ είμαι, Αρέθα, άνοιξε. Ακούς, εγώ είμαι!

Στο σπίτι άναψε μια φλογίτσα. Τα παράθυρα φωτίστηκαν από θαμπό φως. Η Αρέθα ξυπνημένη για τα καλά, αν και δεν είχε κλείσει ακόμα τα μάτια της από την ταραχή της. Είχε νευριάσει με τον Έρασμο όταν της γύρισε την πλάτη του στο λιβάδι όντας νικητής. Έπρεπε να της φερθεί έτσι μέσα σε τόσο κόσμο; Την πρόσβαλε. Την προσβολή οι άνθρωποι θα την θυμούνται για πάντα. Γύρισε σπίτι μουτρωμένη και με κόκκινα από το κλάμα μάτια. Απέφυγε να συναντήσει τον πατέρα της γιατί δεν ήθελε να καταλάβει εκείνος το πρόβλημά της.

Τώρα όμως θα του δείξει εκείνη πως είναι να σε κουρελιάζουν δημόσια. Προχώρησε τον διάδρομο. Στο βάθος στην άλλη πλευρά ήταν το δωμάτιο του χήρου πατέρα της. Απ' την μισάνοιχτη πόρτα του είπε ψιθυριστά: «Πατέρα, κάποιος είναι στην εξώπορτα. Βγες και εξηγήσου εσύ μαζί του εντελώς αντρίκια. Σου δίνω την άδειά μου».

Ο Παναγής που σαν λαγωνικό είχε μυριστεί από την περασμένη χρονιά τα κλεμμένα σχέδια του Έρασμου, δεν έστυψε δα και πολύ το μυαλό του να καταλάβει ποιος ήταν ο νυχτερινός του επισκέπτης. Παρ' όλα αυτά μπήκε στο μπάνιο να ισιάξει τα μαλλιά του και στο μεγάλο δωμάτιο να πάρει τη ρόμπα του από τη ντουλάπα. Όση ώρα ο πατέρας της Αρέθας έκανε τις προετοιμασίες του μέσα, το άλογο του Έρασμου έξω είχε ξεσηκώσει τον τόπο με τα χλιμιντρίσματά του, έσκαβε το χώμα με τις οπλές του και προσπαθούσε να κόψει το σχοινί που ήταν δεμένο στον πάσσαλο. Έδειχνε με τη συμπεριφορά του να έχει παραφρονήσει. Ο Έρασμος ξέφρενος, που είχε χάσει την ψυχραιμία του με την αναμονή της Αρέθας, αρπάζει το μαστίγιο κι αρχίζει να δέρνει με λύσσα το ζώο.

-Βούλωσέ το! Σκάσε! Τι διάολο σ' έπιασε αυτή την ώρα; Απειλούσε τον Ντορή ενώ συνέχιζε να μαστιγώνει αλύπητα στο στόμα, με αποτέλεσμα να εξαγριώνει το άλογο περισσότερο αντί να το καλμάρει. Ξαφνικά μετανοιωμένος πετάει πέρα το μαστίγιο, αυτό το εκτελεστικό εργαλείο δεν φτιάχτηκε για να θανατώσει το άλογό του αλλά το αφεντικό του, αυτόν τον ίδιο τον Έρασμο, τον άνανδρο καβαλάρη που δεν πέρασε καν ούτε ένας χρόνος και αθέτησε απόψε την υπόσχεση που είχε δώσει στον Παναγή:

-Λοιπόν, αφέντη Παναγή, σ' ευχαριστώ, καλό πουλαράκι μου έδωσες. Υπόσχομαι να το αναθρέψω σωστά και να μας διασκεδάσει λιγάκι.

-Καλό είναι, συμφώνησε ο ηλικιωμένος Παναγής, - όμως πρόσεχε – είπε ξαφνικά, παίρνοντας αυστηρό ύφος και ξύνοντας το κεφάλι του, μη το ματιάξεις. Και πριν της ώρας μη μιλάς. Ένα τέτοιο καλό άλογο έχει πολλούς κυνηγούς, όπως μια ωραία κοπέλα. Η μοίρα της κοπέλας είναι τέτοια αν πέσει σε καλά χέρια – θ' ανθίζει, να χαίρεται η ψυχή σου, αν όμως πέσει σ' άσχημα – ο ίδιος θα υποφέρεις, βλέποντάς την. Και με τίποτα δεν μπορείς πια να βοηθήσεις. Έτσι και μ' ένα άλογο. Είναι εύκολο να το καταστρέψεις. Δεν κάνει να πέσει στο τρέξιμο!

-Μην ανησυχείς, αφεντικό, κάτι ξέρω κι εγώ απ' αυτά, δεν είμαι δα και μικρός.

-Λοιπόν καλά όλα αυτά. Και το φωνάζουν Ντορή. Θυμήσου το, του είχε πει προφητικά ο Παναγής.

Όταν ο πατέρας της Αρέθας, που στέκονταν τώρα στο κατώφλι της εξώπορτας, έγινε μάρτυρας αυτής της εγκληματικής σκηνής, κατάλαβε πως ο νεαρός Έρασμος δεν έπαιρνε από λόγια, είναι απείθαρχος, όσα του είχε πει πέρυσι για την ανατροφή του πουλαριού έπεσαν στις πέτρες και δεν φύτρωσε ο σπόρος, συνειδητοποίησε πως αν συνέχιζε έτσι μαζί του θα ήταν χάσιμο πολύτιμου χρόνου για τον ίδιο και την κόρη του, πλησίασε αργά και νηφάλια το ζώο, έλυσε το καπίστρι και μετά ξεπροβόδισε τον Έρασμο καβάλα στον Ντορή. Φεύγοντας ο Παναγής του υπενθύμισε ξανά!

-Τον Ντορή τον εμπιστεύομαι ακόμα σε σένα, αλλά εσύ μη τον εμπιστεύεσαι σε κανέναν. Και κοίταξε να το προσέχεις. Στο ταξίδι σου μη το κουράσεις πολύ. Και που 'σαι, μη το αφήσεις ποτέ να πει νερό ιδρωμένο. Γιατί άμα πέσει στα πόδια του νερό, θ' αρχίσει να το ταλαιπωρεί η κουβαρίδα. Κι αν το κρατήσεις ζωντανό, να μου το δείξεις αν ως τότε ζω...

Ο Ρεαλιστής

Σαν να έβλεπε κακό όνειρο πήγαινε ο Έρασμος στο σκονισμένο δρόμο. Καμπουριασμένος νόμιζες από το βάρος της ενοχής και της ντροπής του, προχωρούσε όταν ξαφνικά αντιλήφθηκε στο πίσω μέρος της αυλής ένα τσούρμο παιδιά να περιτριγυρίζουν τον παππού του. Το τσούρμο άκουγε τον γέροντα μ' ανοιχτά στόματα να τους λέει τον μύθο «Ο πόνος του γέρου – κυνηγού». Η παρέα έμεινε σιωπηλή ως το τέλος αλλά ξαφνικά άρχισαν να ξεφωνίζουν με μια φωνή: «Γιατί αφάνισες παιδί μου, Κωνσταντή, όλα τα πουλιά και τα ζώα, παιδί μου Κωνσταντή;». Ο Έρασμος κατάλαβε πως ο παππούς του διηγιόταν το παλιό γνωστό μύθο της γκρίζας γίδας. Όμως δεν στάθηκε να τους κοιτάξει και να κάτσει στην παρέα τους. Τι τον ένοιαζε τώρα πια αυτόν τα λόγια της ξεμωραμένης Γκρίζας Γίδας; Η προσβολή και η στενοχώρια που πήρε του μαύριζε την ψυχή και του σκοτείνιαζε τα μάτια. Τώρα ο Παναγής δεν ήταν γι' αυτόν το ίδιο όπως πρώτα. Να πριν μισή ώρα, λίγο έκανε ο Παναγής να υψώσει τη φωνή του κι αυτός υπάκουα κάθισε στη θέση του σαν μαθητούδι του σχολείου. Και καβαλάρης – αγγελιοφόρος – πήγαινε πόρτα-πόρτα και καλούσε τους χωριάτες να βρεθούν στην κομματική συνέλευση στο γραφείο.

-Γιατί τι τρέχει κι έτσι επειγόντως; Ρωτούσαν με απορία οι κάτοικοι.

-Δεν ξέρω, τους απαντούσε ο αγγελιοφόρος. Ο Παναγής σας καλεί. Είπε να έρθετε όσο γίνεται πιο γρήγορα. Περίμεναν αρκετή ώρα έξω από το γραφείο, όταν η γραμματέας βγήκε και είπε:

-Πέρασε μέσα, σύντροφε Έρασμε. Ο Έρασμος κάθισε στο τέλος του μακρόστενου τραπεζιού, ακούμπησε τα βαριά του χέρια πάνω στα γόνατα και περίμενε να φύγει η θολούρα από τα μάτια του. Στο δεξί χέρι του προέδρου κάθονταν ο γραμματέας του συνδικάτου των τσοπάνων, ο Σεργιάτης, μ' ένα υπεροπτικό ύφος.

Τέλος, αφού ξεκόλλησε από το φάκελο που εξέταζε είπε:

-Αρχίζουμε την εξέταση της προσωπικής υπόθεσης του μέλους Έρασμου.

Κι άρχισε να διαβάζει φωναχτά την αναφορά όπου αναφέρονταν όλες οι παραβιάσεις που διαπράχθηκαν με λόγια και πράξεις από τον Έρασμο Νάσκα. Ο Έρασμος ήταν σε απόγνωση. Τον έλουσε κρύος ιδρώτας γιατί ένιωθε πως δεν είχε τη δύναμη να αποκρούσει αυτό το τερατώδες χαρτί. Αχ, ήταν ένα άψυχο χαρτί που δεν μπορούσε να του ριχτεί με τη φούρκα στο χέρι. Κι όλα όσα σκόπευε να πει ο

Έρασμος για να υποστηρίξει την αθωότητά του με μιας κατέρρευσαν, έχασαν, στα άδεια του τα μάτια κάθε σημασία και μετατράπηκαν σε αξιολύπητα παράπονα, ενός κάποιου βοσκού για τα συνηθισμένα βάσανά του. Μα δεν ήταν τάχα, κουτός! Με τι τρόπο θα μπορέσει άραγε να υπερασπιστεί απ' αυτό το τρομερό χαρτί! Τι ήταν αυτό που έκανε; Με ποιον θέλησε να τα βάλει κι αυτός; Να ποια είναι η κατάληξή του: Κατηγορείται για απόπειρα δολοφονίας του προέδρου του κτηνοτροφικού σωματείου κατά την εκτέλεση των υπηρεσιακών του καθηκόντων και εγκληματική κακομεταχείριση ζώου, σύμφωνα με το άρθρο πενήντα οκτώ (58). Κατόπιν αυτών, και δια αποφάσεως της επιτροπής, ο σύντροφος Έρασμος Νάσκας διεγράφηκε από τα μέλη του σωματείου μας.

Ο Έρασμος, νομίζοντας πως όλα πια τέλειωσαν, σηκώθηκε και σιωπηλός κατευθύνθηκε προς την πόρτα, έτοιμος να φύγει όταν ακούστηκε πίσω του μια συμπονετική φωνή. Ήταν ο Κυριακίδης.

-Δεν είπες τίποτα, μήπως δυσκολεύεσαι, φίλε Έρασμε; Ελπίζω πως οι πόρτες δεν έκλεισαν για σένα εντελώς. Πως αργά ή γρήγορα θα μπορέσεις να γυρίσεις και πάλι στον κτηνοτροφικό συνεταιρισμό του χωριού. Πες μας, έχεις να πεις κάτι τώρα;» Ο Έρασμος γύρισε και κοίταξε με ύφος περίλυπο και με κάποια ντροπή αυτόν τον άγνωστο νεαρό.

-Όλους σας να σας πείσω δεν μπορώ, βέβαια. Όμως ένα έχω να πω, πως σε τίποτα δεν είμαι ένοχος, ακόμα κι αν διατάραξα την οικία του προέδρου σε ώρα κοινής ησυχίας κι αν σήκωσα χέρι στο άλογο μου. Δεν ξεστόμισα όμως άπρεπα λόγια εναντίον κανενός. Να σας εξηγήσω γιατί το έκανα δεν μπορώ. Αυτό έχω μόνο να πω. Ύστερα έπεσε βαριά σιωπή. Ο Έρασμος βγήκε απ' το γραφείο με όψη ήρεμη. Υπέρ του δέοντος μάλιστα ήρεμη.

Κι αυτό ήταν άσχημο. Η μέρα ήταν ζεστή, ηλιόλουστη, κόντευε να σουρουπώσει. Άνθρωποι πηγαινοέρχονταν στους δρόμους. Η μαρίδα το 'στησε για τα καλά στο παιχνίδι στην πλατειούλα μπροστά απ' την εκκλησία. Ο Έρασμος όμως ένιωθε ναυτία βλέποντας όλα αυτά και ο ίδιος ο εαυτός του ακόμη του προκαλούσε σιχαμάρα. Αν ήταν δυνατόν να 'φευγε από εδώ το γρηγορότερο, απ' τα βουνά, το σπίτι του, τους δικούς του. Να φύγει γρήγορα απ' εδώ προτού του συμβεί και καμιά άλλη συμφορά. Στο σταύλο ο Ντορής στέκονταν μεγαλόσωμο, μακρόστενο και δυνατό, ξεκουράζονταν. Το πλησίασε και του έριξε μια ματιά ήρεμη κι εμπιστευτική, με τα σκούρα μάτια του. Είχε κιόλας ξεχάσει ο Ντορής όταν το περασμένο βράδυ το κτυπούσε με το βούρδαλο στο κεφάλι. Μα γι' αυτό άλλωστε είναι και άλογο. -Ξέχασέ τα, Ντορή μου όλα, και μη μου κρατάς κακία, του ψιθύρισε ο Έρασμος. -Με βρήκε, ξέρεις, μεγάλη συμφορά, Ντορή. Πολύ μεγάλη». Ένας κόμπος του ανέβηκε στο λαιμό, αγκάλιασε το άλογο, δάκρυσε, συγκρατήθηκε όμως, ντράπηκε για τον συναισθηματισμό και την ευαισθησία του. Βγήκε απ' το σταύλο και πήγε στην πίσω αυλή του σπιτιού τους. Πάλι είδε τον παππού του να διηγείται στα παιδάκια σε βλάχικη γλώσσα, τον ίδιο μύθο, της ψωροκαυχησιάρας γκρίζας Γίδας.

-Σύμφωνοι. Εμπρός λοιπόν τρέξε, κουτσή, γριά Γίδα. Μα σαν σε φτάσω, έλεγε μη περιμένεις. Θα σε σφάξω, γριά γίδα, απείλησε ο εύστοχος κυνηγός, που δεν μπορεί να δει πως δεν είναι έτσι τα πράγματα όπως στα παραμύθια. Πως τα λόγια τους είναι όμορφα απ' έξω, όμως από μέσα είναι ψεύτικα και κενά, αν και εδώ που τα λέμε ο Έρασμος πιστεύει ακράδαντα πως πίσω από κάθε μύθο κρύβεται πάντα η αλήθεια, πως τα παραμύθια μπορούν να συμβούν ακόμα και στη σύγχρονη εποχή μας, και σε συνθήκες κάθε άλλο παρά παραμυθένιες, αλλά σ' ένα περιβάλλον πόνου και απώλειας, αποτυχίας και θανάτου. Αυτό δεν πρέπει να το ξεχνάμε, γιατί αν το ξεχάσουμε, θα πάψουμε να είμαστε ανθρώπινα πλάσματα. Κάτω από τις παρούσες γι' αυτόν συνθήκες, ο Έρασμος όχι μόνο θα ήθελε μα θα απαιτούσε ο παππούς του να του ξαναδιηγηθεί κατ' ιδίαν τον μύθο με τα δυο ποντίκια και τα δυο μικροσκοπικά ανθρωπάκια μέσα στον λαβύρινθο. Πρόκειται για μια ιστορία που εξηγεί πως λειτουργούν οι άνθρωποι, ειδικότερα στον χώρο της εργασίας. Και τοποθετεί το κλειδί για όλα στην κίνηση, όπως στο απόφθεγμα του Πλάτωνα: «Είναι αθάνατο αυτό που βρίσκεται πάντα σε κίνηση». Οι πρωταγωνιστές, δυο ποντικοί και δυο μικροσκοπικοί άνθρωποι, ζουν σ' ένα λαβύρινθο όπου τελικά βρίσκουν ένα διάδρομο γεμάτο τυρί. Οι ποντικοί ξέρουν ότι κάποια μέρα το τυρί θα τελειώσει και θα χρειασθεί να ψάξουν γι' άλλο σε άλλο μέρος, όμως οι μικροί άνθρωποι θεωρούν την ύπαρξή του δεδομένη και, όταν τελειώνει, εξοργίζονται καθώς δεν ξέρουν τι να κάνουν και δεν τολμούν να βγουν από την περιοχή άνεσής τους ώστε να ψάξουν για περισσότερο τυρί. Κι εδώ είναι, φυσικά, που αρχίζει η αληθινή ιστορία. Αυτός ο απλός μύθος μας δείχνει πως η αναζήτηση της προσωπικής ικανοποίησης και της ευτυχίας, αντιπροσωπευόμενες από το τυρί, μπορεί να γίνει ένας αβέβαιος δρόμος, και σκληρός κάποιες φορές, που δεν είναι πάντα εύκολο να τον περπατήσουμε. Επιπλέον, μας διδάσκει ότι ποτέ δεν πρέπει να θεωρούμε τίποτα σίγουρο, πόσο μάλλον την ευτυχία σου σε σχέση με κάποιο άλλο άτομο. Πολύ σοφές οι συμβουλές που γράφει ένας από τους πρωταγωνιστές του βιβλίου στον τοίχο του λαβύρινθου:

1. Οι αλλαγές συμβαίνουν και δεν είναι δυνατόν να τις σταματήσεις.
2. Πρέπει να προλαβαίνεις τις αλλαγές αυτές, ώστε να μην πληγώνεσαι.
3. Πρέπει να μελετάς την αλλαγή για να ξέρεις πότε θα προκληθεί και πως.

4. 4. Είναι καλό να ξεκολλάς όσο πιο νωρίς από την προηγούμενη αρρωστημένη κατάσταση για να προσαρμόζεσαι γρήγορα στη νέα αλλαγή.

5. 5. Το καλύτερο είναι ν' αλλάξεις χαρακτήρα και τρόπο σκέψης με την αλλαγή.

6. 6. Διασκέδασέ το! Πάρε την αλλαγή ως κάτι το θετικά ευχάριστο.

*

Ακουμπισμένος με την πλάτη στο τραπέζι, ο Έρασμος ήταν σκυμμένος και ανάσαινε βαριά σφίγγοντας με την παλάμη του το στήθος. Από τον πόνο μούγκριζε και δάγκωνε τα χείλη του. Θυμόταν τον αφέντη του τον Παναγή να στέκεται κομπασμένος για λίγο στην αυλόπορτα ώσπου να βρει τα κατάλληλα λόγια και αφού υπερνίκησε την δειλία του, ξαφνικά και θα 'λεγες απεγνωσμένα άρχισε να γίνεται δριμύτερος και να μιλάει με κάποια δόση κακίας: -Με ποιο δικαίωμα προσβάλλεις την υπόληψη της κόρης μου με πρόφαση ότι είσαι απογοητευμένος από τα μέτρα του κτηνοτροφικού συνεταιρισμού, ότι δεν ενδιαφέρεται γιατί ψοφούν τα νεογέννητα αρνιά; Ότι τάχα ραγίζεται η ψυχή σου σαν τα βλέπεις όλα αυτά; Τα έχεις μπερδέψει μέσα σου, νεαρέ Έρασμε, συνέχισε ο Παναγής. Μην προσπαθείς να με συγκινήσεις, το αίσθημα είναι έννοια ελαστική. Γεγονότα, γεγονότα χρειαζόμαστε στο σωματείο μας τώρα κι όχι αισθήματα. Τα αισθήματα με τα αισθήματα για αργότερα όταν μεγαλώσεις. Αλλά τώρα η δουλειά με τη δουλειά. Ο Παναγής σήκωσε το μπαστούνι πάνω απ' το κεφάλι κι αφού το έφερε κάμποσες βόλτες το πέταξε μ' όλη του τη δύναμη πέρα μακριά και προχώρησε να μπει στο σπίτι του. Κοντά στην πόρτα του φώναξε: -Ξεκουμπίσου με! Αυτό να το σκεφτείς καλά, του είπε απότομα.

-Εσύ να τα σκεφτείς αυτά. Εγώ θέλω να ζήσω όπως ζουν όλοι οιάνθρωποι.Σε τίποτα δεν υστερώ από τους άλλους. Κι εγώ μπορώ να δουλέψω στην πόλη και να παίρνω το μισθό μου. Γιατί πρέπει, δηλαδή, εγώ να χαραμίζομαι εδώ μ' αυτά τα παλιοπρόβατα; Ε, όχι, δεν σκοπεύω να ψοφήσω εδώ! Την ώρα που έφευγε ο Έρασμος τον φοβέριξε: «Θα σου το θυμηθώ αυτό όταν μεγαλώσω». Κι αμέσως έκανε τη σκέψη πως το πράγμα θα άλλαζε αν ο ίδιος γινόταν νοικοκύρης και αποκτούσε δικό του κοπάδι και γη.

«Αν καμιά φορά γίνω αφεντικό, ποτέ δεν θα αδικήσω τον εργάτη» έλεγε κιόλας από τότε. Και μ' αυτά κι αυτά χωρίστηκαν ο Έρασμος από τον Παναγή και την Αρέθα. Τις επόμενες ημέρες ο Έρασμος στέκονταν όρθιος πάνω στο σαμάρι του Ντορή, σιωπηλός και σκυθρωπός βυθισμένος στις βαριές του σκέψεις. Όταν πλησίαζε κοντά στο σπίτι της Αρέθας γύριζε το ζώο απότομα κι έφευγε χωρίς να κοιτάξει πίσω του. Για πολύ καιρό απέφευγε το ολέθριο αυτό μέρος και αναλογιζόταν πάντα την αποκοτιά του, κρυμμένος μέσα στα ψηλά στάχυα έως ότου το θερισμένο χωράφι κοντά στο σπίτι της είχε γίνει ένα, κάτω από τις πατημασιές των κοπαδιών και των αλόγων. Λίγοι ήταν εκείνοι που έπαιρναν το μέρος του Έρασμου. Οι περισσότεροι τον κατέκριναν κι έλεγαν: -Να μη δώσει ο Θεός να έχεις τέτοιο άμυαλο γιο ή αδερφό. Κι ήταν πολλοί εκείνοι που αποτραβήχτηκαν από κοντά του. Η ανοιξιάτικη βροχή ράντιζε το κεφάλι, πλάτες γένια και τα χέρια του. Ο Έρασμος καθισμένος σαν άγαλμα στη σέλα δεν το στέγνωνε. Αυτό τον βοηθούσε να σκέφτεται καλύτερα. Αναλογιζόταν τον Παναγή κι όλα όσα τους ένωναν χρόνια τώρα, τον καιρό που το αφεντικό του τον μάθαινε να γράφει και να διαβάζει συλλαβή προς συλλαβή. Κι όταν είχε μάθει να γράφει και να διαβάζει, του είχε χαρίσει και τον «Ερωτόκριτο» του Βιτσέντζου Κορνάρου.

Και τα χρόνια κύλησαν σαν πικρές και βαριές σταγόνες βροχής, κι ήρθε η καταραμένη ώρα ώστε να γίνει αυτός ο Έρασμος ο ποιητής του ίδιου βιβλίου, να αποκαλύψει την πάλη που γίνεται μέσα του ανάμεσα στο πάθος και τη λογική.

ΕΡΩΤΟΚΡΙΤΟΣ

«Τα 'μαθες Αρετούσα μου τα θλιβερά μαντάτα;

Ο κύρης σου μ' εξόρισε στης ξενιτειάς τη στράτα.

Μα όπου κι αν πάω, όπου βρεθώ

και τον καιρόν που ζήσω

τάζω σου άλλη να μη δω, μηδέ να αναντρανίσω.

Κάλλιο έχω εσέ με θάνατον

παρά άλλη με ζωή μου

για σένα εγεννήθηκε

στον κόσμο το κορμί μου».

ΑΡΕΤΟΥΣΑ

«Τα λόγια σου, Ερωτόκριτε,

φαρμάκι εβαστούσαν,

κι ουδέ ήλπιζα, ουδέ ανέμενα

τ' αφτιά μου ό,τι σ' εσέ ακούσαν.

Λοιπόν, μη βάλεις λογισμό

σε τέτοια δουλειά, να ζήσεις.

Δεν σ' απαρνούμαι εγώ ποτέ, όρκο βαρύ σου κάμω,

Κι ουδέ κι εσύ μ' αφήσεις».

ΕΡΩΤΟΚΡΙΤΟΣ

Ζωγραφιστή σ' όλον τον νουν

έχω τη στόρησή σου,

και δεν μπορώ άλλη πια να δω

παρά την ειδική σου.

Είναι εύκολο να γελάει κανείς με τους ερωτευμένους, γιατί, αν δεν είμαστε ερωτευμένοι κι εμείς, οι άλλοι μας φαίνονται γελοίοι, μας προκαλούν θυμό και δεν τους καταλαβαίνουμε με τίποτα, επειδή δεν ακούμε τη μουσική τους. Κάτι τέτοιο συνέβη και στον επίτροπο της κτηνοτροφικής Ένωσης που πέταξε κάπως χαιρέκακα την ώρα της εξέτασης πως ο νεαρός αλλά αρκετά φιλόδοξος σύντροφος Έρασμος είχε βάλει στόχο τη θέση του Προέδρου Παναγή, και τον εξύβρισε. Και ο Παναγής για να μην οξύνει τις σχέσεις του μ' αυτόν τον επικίνδυνο νεαρό σύντροφο, και παράλληλα εκθέσει την τιμή της κόρης του στους χωριανούς, προτίμησε να σιωπήσει ενώ χαρακτήρισε την πράξη του επιπόλαια, λόγω της νεαρής του ηλικίας, έπρεπε να σκεφτεί τις συνέπειες και να φερθεί κατάλληλα. Αλλά η σκευωρία του Έρασμου βγήκε στη φόρα. Είναι ένας δολιοφθορέας, εχθρός του χωριού μας και η θέση του είναι στη φυλακή. Ώστε έτσι λοιπόν; Εχθρός της κοινωνίας, αδιάφορος για την κατάσταση που επικρατεί στην κτηνοτροφία. Ναι, παραδέχτηκε ο Έρασμος, δημαγωγός είμαι, πάντως όχι «τρελός από έρωτα» γι' αυτό ακριβώς τον λόγο τον πρόσβαλα, και δεν του ζητάω συγνώμη. Είμαι βέβαιος πως έτσι ακριβώς έχει το πράγμα.

Κεφάλαιο 2

Ανόητη Αυτοτιμωρία

Α ργά τη νύχτα γύρισε ο Έρασμος σπίτι του. Η μάνα του βγήκε να τον προαπαντήσει στην αυλή με το φανάρι. Από πολλή ώρα τον περίμενε. Από την πρώτη ματιά που τούριξε, κατάλαβε το κακό που βρήκε τον γιο της. Του φώτιζε όσο εκείνος ξεσέλωνε το άλογο. Εκείνος δεν της είπε τίποτε. «Τουλάχιστον να έπινε λίγο κρασί, ίσως να ξαλάφρωνε κάπως και να τα ξερνούσε όλα τα παθήματά του» σκέφτονταν μέσα της η μάνα, μα εκείνος συνέχιζε να σιωπά. Την έπιανε τρόμος από τη βουβαμάρα του. Ήθελε να τον κάνει να χαρεί, να του πει πως θα επισκεύαζαν τα μαντριά και θα έφερναν τροφές για τα ζώα για τον χειμώνα. Θα αυξηθεί η ποσότητα του γάλακτος και οι άνθρωποι που αρμέγουν θα πληρώνονται καλύτερα για να θέλουν να δουλέψουν. Να μην τον πιάνει η φρίκη.

-Το κοπάδι του αδερφού σου ήρθαν και το πήραν. Έστειλαν κάποιον τσοπάνο, του είπε εκείνη

-Δεν πάει στο διάολο το κοπάδι του και ο τσοπάνος του μαζί…

-Κουράστηκες;

-Τι κουράστηκα. Μ' έδιωξαν απ' τον συνεταιρισμό σαν το τελευταίο σκυλί, αυτό είναι όλο. Έτσι μου άξιζε. Να σκεφτείς πως ο γραμματέας της επιτροπής επέστησε την προσοχή σε μερικούς από τα μέλη μη τυχόν και χαρακτηρίσουν τις πράξεις μου απλά σαν πράξεις τεντυμποϊσμού. Έναν τεντυμπόι μπορείς να τον καταπολεμήσεις με άλλα μέσα, τους εξήγησε. Εδώ κρίνεται ολόκληρος ο τυροκομικός συνεταιρισμός, επεσήμανε. Τι άλλο θέλεις να ακούσεις; Τι στέκεσαι; Τι με κοιτάς έτσι, ρε μάνα;

-Έλα γιε μου, πήγαινε να ξεκουραστείς.

-Τι μου το λες, το ξέρω και μοναχός μου τι πρέπει να κάνω.

Αμέσως πετάχτηκε στο αχούρι κι έριξε μια ματιά στα πρόβατα. Ύστερα πήγε στο μαντρί κι αφού έριξε κι εκεί μια φευγαλέα ματιά, γύρισε πάλι στον αχυρώνα. Έπεσε φαρδύς – πλατύς στο άχερο που ήταν ριγμένο σε μια γωνία κι έμεινε έτσι για πολύ ώρα ακίνητος. Η ζωή του με τις φροντίδες της και τις σκοτούρες της, έχασε πια το πραγματικό της νόημα. Τώρα πια δεν ήθελε να κάνει τίποτα. Δεν ήθελε ούτε να ζει, ούτε να σκέφτεται ούτε να βλέπει τι γίνεται γύρω του. Στριφογύριζε, προσπαθώντας να αποκοιμηθεί, να ξεχαστεί, όμως πώς; Θυμήθηκε τον Παναγή να τον διώχνει με το μπαστούνι πάνω απ' το κεφάλι του και να του φωνάζει: «Ξεκουμπίσου με. Αυτό να το θυμάσαι καλά».

Κι ύστερα έφερε στο νου του ξανά τα απειλητικά λόγια του γραμματέα Σεργιάτη πως θα τον κλείσει φυλακή για κακοποιό στοιχείο και γι' αυτό τελείωσαν όλα, ολόκληρη η ζωή του. Και του 'ρχονταν εκείνη τη στιγμή ν' αρπάξει τον πάσσαλο και να ορμήσει με κραυγές μέσα στη νύχτα, να ουρλιάξει σπαραχτικά να τον ακούσουν όλοι μέχρι να σωριαστεί σε κανένα γκρεμό, να σκοτωθεί.

Και έτσι καθώς τον έπαιρνε ο ύπνος, σκέφτονταν μέσα του, πως ήταν προτιμότερο να πεθάνει παρά να ζήσει με τη διπλή ντροπή; Της ερωτικής απογοήτευσης, γιατί αν και είχε ξεκάθαρα πλην έμμεσα εκδηλώσει τα αισθήματά του στην Αρέθα εκείνη αντέδρασε εγωιστικά και του απάντησε αρνητικά με μεσίτη τον πατέρα της, ο οποίος άρπαξε την ευκαιρία και με τη συγκαλυμμένη δικαιολογία ότι με τη βάναυση συμπεριφορά του στο άλογο υπαινίσσεται παρόμοια διαγωγή και στην κόρη του τον οδήγησε σε λαϊκό δικαστήριο. Η ετυμηγορία ήταν ο εξοστρακισμός του από το χωριό. Ξύπνησε μ' ένα πόνο στο κεφάλι του. Για μια στιγμή δεν μπορούσε να καταλάβει που βρίσκεται και τι είχε πάθει. Δίπλα του λίγο πιο πέρα άκουγε τα βελάσματα των αρνιών. Βρίσκεται στο αχούρι λοιπόν. Έπαιρνε να χαράζει. Γιατί ξύπνησε; Γιατί; Καλύτερα να μην ξύπναγε ποτέ. Του 'μεινε μόνο να πεθάνει, να αυτοκτονήσει!... Ύστερα κατέβηκε στο ποταμάκι και με τις φούχτες του ήπιε νερό κρύο, παγωμένο νερό, με λεπτό κρύσταλλο από πάνω. Το νερό έπεφτε με θόρυβο μέσα από τα τρεμάμενα δάχτυλά του και εκείνος δόστου και χούφτιαζε κι έπινε κι άλλο μέχρι που έγινε μούσκεμα μπροστά στο στήθος. Πήρε βαθιά ανάσα, συνήλθε κάπως και τότε μόνο αντιλήφθηκε την ανόητη ιδέα της αυτοκτονίας και όλη τη βλακώδη αυτοτιμωρία που ήθελε να επιβάλει στον εαυτό του. Μα πως είναι δυνατόν να αφαιρέσει αυτός την ίδια του τη ζωή όταν αυτή δίνεται στους ανθρώπους μόνο μια φορά;

Για μερικούς σαν τον Παναγή και την Αρέθα αξίζει τάχα να κάνει κανείς κάτι τέτοιο; Όχι, ποτέ, ο Έρασμος θα ζήσει, θα ζήσει και θα αλωνίσει και πάλι τα βουνά, πάλι με χρόνια και καιρούς πάλι εδώ θα είναι. Πανίσχυρος, μεγαλοπρεπής, σωστός πρίγκηπας πάνω στο αγέρωχο άλογό του, τον Ντορή, γοητευτικός, με τη γοητεία του χαρίζει η ώριμη ηλικία, ακαταμάχητος εραστής, σεβαστός μεσήλικας πατριώτης που επιστρέφει στο χωριό του για να τους αποδείξει ότι τήρησε τον παλιό του όρκο, που τότε οι τρίτοι τον θεωρούσαν σαν όρκο ενός άμυαλου νεανία, και δεν έδιναν καμία βάση στα λόγια του, γιατί δεν ξέρουν πως ο εγκέφαλος του ανθρώπου αναπτύσσεται ως τα δεκαπέντε του, ύστερα αρχίζει σιγά-σιγά να φθίνει. Κι ένιωσε έτσι ο Έρασμος ένα ξαλάφρωμα στην ψυχή του. Τώρα όλα θα πήγαιναν καλύτερα. Ίσως να κατάφερνε με την απόφασή του να διώξει ότι είχε απομείνει από τις αλλεπάλληλες συμφορές. Για δες, και ο καιρός καλυτερεύει κάθε μέρα! Κι αν κάνει και έρθει το καλοκαιράκι και περάσουν οι μαύρες μέρες, ε, τότε θα ριχτεί με τα μούτρα στη δουλειά. Δουλειά, δουλειά, δουλειά, μόνο έτσι, μόνο σ' αυτή θα 'βρισκε τη σωτηρία...

ΑΝ ΚΑΙ ΠΙΣΤΕΥΕΙ, ΟΤΙ

Εκείνος που η αγάπη του χαϊδεύει

ποτέ δεν περπατάει στο σκοτάδι.

Ο Μικρός πρίγκηπας του Εξυπερύ είναι ένα παραμύθι που μιλάει για την αγάπη και για τις διαπροσωπικές σχέσεις. Στη μικρή αυτή ιστορία, τόσο γεμάτη από διδάγματα και γνώση, συναντάμε μια αλεπού, η οποία, όπως πολλοί από μας, δεν θέλει να είναι μόνη. Γνωρίζοντας τον μικρό πρίγκιπα, η αλεπού αναγνωρίζει ότι είναι άγρια, ότι είναι επικίνδυνη, αλλά κι ότι στο βάθος επιθυμεί να έχει σύντροφο, κάποιον που να τον ακολουθεί και με τον οποίο πια δεν θα μπορεί να νιώθει μόνη. Ξέρει ότι η αγάπη θα την εξημερώσει αλλά και θα της επιτρέψει να δει τον κόσμο με διαφορετικό τρόπο. Είναι ένα σοφό ζώο. Και όπως εξηγεί η αλεπού στον μικρό πρίγκηπα!

Για μένα, δεν είσαι ακόμα παρά ένα παιδί ίδιο με άλλα εκατό χιλιάδες παιδιά. Και δεν σ' έχω καμία ανάγκη. Κι εσύ, δεν με χρειάζεσαι.

Για σένα, δεν είμαι παρά μια αλεπού όπως πολλές άλλες αλεπούδες.

Αλλά αν με εξημερώσεις, τότε θα έχουμε ανάγκη ο ένας από τον άλλο.

Για μένα, εσύ θα είσαι ο μοναδικός σε όλο τον κόσμο.

Κι εγώ θα είμαι η μοναδική για σένα.

*

Και όντως η αγάπη, όπως κανένα άλλο συναίσθημα, μας επιτρέπει να ανοιγόμαστε στον κόσμο και σε όλα τα θαύματά του.

Και το κάνει μέσα από την σοφία, γιατί όταν ερωτευόμαστε ξέρουμε πως διακινδυνεύουμε να υποφέρουμε, να χάσουμε κάτι που μας είναι αγαπημένο και χωρίς αυτό θα νοιώθουμε κενοί. Αλλά, συγχρόνως, ξέρουμε πως μέσω αυτής της αγάπης, θα μπορέσουμε να ζήσουμε εμπειρίες και να απολαύσουμε τη ζωή μ' έναν τρόπο πολύ πιο έντονο και σημαντικό.

Όπως διαβεβαιώνει η αλεπού τον μικρό πρίγκιπα:
Αλλά αν εσύ με εξημερώσεις, θα είναι σαν να ήρθε ο ήλιος
να φωτίσει τη ζωή μου. Θα ξέρω ότι μια πατημασιά
είναι διαφορετική από τις άλλες. Οι άλλοι με κάνουν
να κρύβομαι κάτω από το έδαφος, αλλά τα βήματά σου
θα είναι σαν μουσική και θα με κάνουν να βγαίνω
από τον κρυψώνα μου. Και κοίτα: Βλέπεις τα
σταροχώραφα; Εγώ δεν τρώω ψωμί, γι' αυτό και το σιτάρι
μου είναι άχρηστο. Τα σταροχώραφα δεν έχουν τίποτα να
μου πουν. Αλλά εσύ έχεις τα μαλλιά χρυσαφένια. Σκέψου τι
φανταστικά που θα ήταν όταν θα μ' έχεις εξημερώσει!
Το σιτάρι, που είναι επίσης χρυσαφένιο, θα μου θυμίζει εσένα.
Και τότε θα λατρεύω τον άνεμο μέσα στα σταροχώραφα...

Όπως συνηθίζουν να λένε, είναι καλύτερα χίλιες φορές να υποφέρεις από έρωτα, παρά να μην έχεις αγαπήσει ποτέ σου. Η αλεπού στο παραμύθι του Σαιντ-Εξυπερύ το έχει πολύ ξεκάθαρο στο μυαλό της, γιατί, παρόλο που ξέρει ότι ο μικρός πρίγκηπας θα την παρατήσει, κρατάει το ότι τα σταροχώραφα θα είναι ιδιαίτερα πια για πάντα σ' αυτή την αγάπη.

«Ο έρωτας απ' το στομάχι περνάει» αποφάνθηκε ο Έρασμος. Καθώς έβγαινε απ' το μαντρί, άκουσε το λεπτό βέλασμα κάποιου νεογέννητου και τη φωνή της προβατίνας-μάνας που του απαντούσε, κτυπώντας τα πόδια της. «Άρχισαν οι γέννες» είπε ο Έρασμος κι ένιωσε σαν κάτι να ξεκόλλησε κάτω ακριβώς από το μέρος της καρδιάς. Σαν πολύ νωρίς άρχισαν τα βάσανα των τσοπάνηδων! Κι ανάμεσά τους και του ίδιου. Κι άρχισαν έτσι ξαφνικά και ανελέητα, όπως στην αμυντική γραμμή, όταν βλέπεις τα τανκς νάρχονται επάνω σου κι εσύ να μη ξέρεις πως να αμυνθείς. Και στέκεσαι έτσι στο χαράκωμα και δεν προσπαθείς να φύγεις, γιατί δεν έχεις πουθενά να πας. Και τότε έχεις να διαλέξεις ένα από τα δυο, ή να σωθείς εκ θαύματος ή να πεθάνεις. Αμέσως, λίγο μετά απ' αυτή τη σκέψη, στάθηκε σ' ένα ύψωμα και έριξε, σιωπηλός, μια ματιά τριγύρω του. Έμοιαζε θαρρείς κι έκανε εκτίμηση των θέσεών του. Σαθρή κι άχρηστη ήταν η αμυντική του γραμμή. Όμως αυτός έπρεπε να σταθεί εκεί. Δεν είχε να πάει πουθενά. Είχε δεθεί συναισθηματικά με τα πρόβατα. Αχ, πόσο ήθελε να καθυστερούσαν οι καλοκαιρινές γέννες! Πως ήθελε να φωνάξει σ' αυτά τα ανόητα πρόβατα: Σταματήστε! μη γεννάτε πάλι! Σταματήστε! Επιτέλους, μη με μαντρώσετε καλοκαιριάτικα! Όμως αυτά λες και συνωμότησαν εναντίον του, δόστου και γεννοβολούσαν το ένα πίσω απ' το άλλο. Και η ψυχή του πλημμύριζε από πόνο και φοβερή αγανάκτηση μαζί που του σκοτείνιαζε τα μάτια και τον έκαναν να μισεί αυτά τα πρόβατα, τον εαυτό του, τη ζωή του και τέλος να μισεί εκείνους που εξαιτίας τους κτυπιόταν τώρα σαν ψάρι στη στεριά. Γιατί όλα αυτά;

Κεφάλαιο 3

Αυτόβουλη Κίνηση

Σίγουρα θα έχεις κι εσύ βρεθεί παραπάνω από μία φορά παγιδευμένος σ' ένα κλοιό αναποφασιστικότητας, όπου, όπως διάφοροι άνθρωποι πρέπει να αποφασίσουν τι θα κάνουν, και, με βάση το «κάνε ό,τι θέλεις εσύ», «αποφάσισε εσύ» ή «εμένα το ίδιο μου κάνει» σπαταλάς τον χρόνο σου, ενώ ο υπόλοιπος κόσμος καλοπερνάει και διασκεδάζει γύρω σου. Και το χειρότερο είναι ότι η αναποφασιστικότητα έχει και την ατομική ερμηνεία της, χωρίς να χρειάζεται κάποια ομάδα να την τροφοδοτεί. Στην προσωπική εκδοχή είναι οι εσωτερικές αμφιβολίες, ο φόβος ή οι αβάσιμες επιλογές αυτά που σε εμποδίζουν να αλλάξεις την πορεία σου. Σ' αυτές τις περιπτώσεις είναι σημαντικό να πάρεις την πρωτοβουλία και να σπάσεις το μπλοκάρισμα με προδραστικότητα, μια λέξη που σημαίνει να παίρνεις τα ηνία, να κάνεις κάτι με σκοπό να λύσεις το πρόβλημά σου, αντί απλά να περιμένεις ώσπου να λυθεί από μόνο του και να αντιδράσεις μετά αναλόγως. Παίρνεις από μόνος σου μια απόφαση, ακόμα κι αν δεν είσαι σίγουρος για την επιτυχία και δεν αφήνεσαι να συρθείς στο χάος από περισσότερες αμφιβολίες. Αν είσαι ένα από τα μεταδραστικά άτομα συχνά επηρεάζεσαι από το φυσικό σου περιβάλλον. Αν δηλαδή ο καιρός είναι καλός, αισθάνεσαι καλά. Αν δεν είναι, επηρεάζει τη στάση σου και τον τρόπο να απεμπλακείς από τη δύσκολη θέση στην οποία βρίσκεσαι.

Αντίθετα τα προδραστικά άτομα κουβαλάνε πάντα τον δικό τους καιρό μαζί τους. Είτε χιονίζει είτε έχει ήλιο, δεν επηρεάζονται. Οδηγούνται από τις αξίες τους, κι αν η αξία τους είναι να παράγουν καλή δουλειά, δεν εμποδίζονται να μετακινηθούν αν ο καιρός είναι καλός ή όχι.

*

Ο Κούλης, ο ετεροθαλής αδερφός του Έρασμου και πέντε χρόνια μεγαλύτερός του, από τον ίδιο πατέρα αλλά άλλη μάνα, ζει με το κοπάδι του στο διπλανό χωριό της μάνας του. Μόλις βγήκε έξω από το μαντρί του, είδε να σέρνεται πάνω στο χορτάρι ένα ξένο κοπάδι από πρόβατα. Θα είναι κανένας ξενομερίτης, σκέφτηκε ο Κούλης. Τίνος να 'ναι άραγε; Και γιατί τα φέρνει στο μέρος μου; Θα ανακατευθούν τα πρόβατα, δεν είναι σωστό. Έτρεξε προς το μέρος του άλλου βοσκού να προειδοποιήσει αυτόν τον περίεργο τσοπάνο, να του πει πως μπήκε σε ξένο βοσκοτόπι. Όταν πλησίασε πιο κοντά, είδε, πως ο τσοπάνος αυτός δεν ήταν άλλος από τον Έρασμο.

-Ε, Έρασμε, εσύ είσαι του λόγου σου; Τον ρώτησε αυταρχικά.

Ο άλλος δεν του απάντησε. Συνέχιζε να περπατάει αμίλητος προς το μέρος του, χτυπώντας τα πρόβατα με το μπαστούνι του.

«Μα τι κάνει αυτός, δεν τα βλέπει πως είναι ετοιμόγεννα!» εξοργίστηκε ο Κούλης. -Από που έρχεσαι; Για που τόβαλες; Γειά σου».

-Έρχομαι απ' εκεί, που τώρα δεν βρίσκομαι πια. Και για που πάω; Το βλέπεις ο ίδιος, δεν χρειάζονται τα λόγια, του απάντησε ο Έρασμος, και κρατώντας το μπαστούνι του πισώπλατα, σταμάτησε μερικά βήματα πιο πέρα δίχως να χαιρετήσει τον αδερφό του. Έφτυσε κάτω με κακία και με κακία ποδοπάτησε το φτύμα, στο χώμα. Ύστερα σήκωσε το κεφάλι του ψηλά. Ήταν ολόμαυρος από τα γένια που είχαν μακρύνει και ήταν λες και ήταν κολλημένα στο όμορφο και νεανικό του πρόσωπο. Τα μάτια του σαν της τίγρης, κοίταζαν κάτω από τα φρύδια του με μίσος και φανερή πρόκληση. Έφτυσε για ακόμη μία φορά και κάνοντας μία σπασμωδική κίνηση, σήκωσε το μπαστούνι κι έδειξε μ' αυτό το κοπάδι.

-Πάρτο, δικό σου είναι. Θέλεις τα μετράς, θέλεις όχι. Τετρακόσια κεφάλια.

-Γιατί;

-Φεύγω.

-Τι θα πει φεύγω, για που τόβαλες;

-Είσαι το αφεντικό μου.

-Κι έπειτα; Στάσου, στάσου, που πας; Για που σου το 'στρωσαν;

Μόνο τότε κατάλαβε ο Κούλης το τι σχεδίαζε να κάνει ο Έρασμος. Κι ένιωσε ξαφνικά να λιποθυμάει. Το αίμα του ανέβηκε στο κεφάλι.

-Μα πως, τόσο απότομα; πρόφερε σαν χαμένος ο μεγαλύτερος αδελφός.

-Ναι είναι απλό. Από μένα αρκετά. Βαρέθηκα. Μπούχτισα απ' αυτή τη ζωή.

-Μα καταλαβαίνεις τι λες; Αν όχι σήμερα, αύριο τα πρόβατα θα γεννήσουν. Πως μπορείς και το κάνεις αυτό; Λιποτάχτης είσαι;

-Είναι δυνατόν. Αφού αυτοί οι κολεκτίβοι μας φέρονται έτσι άτιμα, τότε κι εμείς θα τους απαντήσουμε το ίδιο! Αντίο! Και πέταξε το μπαστούνι του με δύναμη πέρα μακριά. Ο Κούλης κοκκάλωσε. Έχασε τα λόγια του. Ο μικρός απομακρύνονταν χωρίς να κοιτάξει πίσω του.

-Σκέψου τι πας να κάνεις, Έρασμε! του φώναξε τρέχοντας από πίσω. -Δεν είναι σωστό αυτό που πας να κάνεις τέτοια εποχή. Σκέψου. Ακούς;

-Παράτα με ήσυχο! του απάντησε Έρασμος, όλος τσαντισμένος, με τις αρλούμπες του.

Θεωρούσε πως ο Κούλης δεν ήταν το κατάλληλο πρόσωπο στην κατάλληλη στιγμή γι' αυτόν να ανοίξεις σοβαρή κουβέντα, όχι γιατί ήταν μισός αδερφός του αλλά γιατί ήταν ένα παρορμητικό στοιχείο, υπερβολικός στην κρίση του, αλλά προ πάντων άπειρος. Ο Έρασμος χρειαζόταν τούτη τη δύσκολη ώρα τον ρεαλισμό και την εσωτερική ισορροπία κάποιου γέροντα, με το «χαρακωμένο» πρόσωπό του, ν' ακούσει τις θλιβερές ιστορίες του, τα όνειρά του που διαψεύστηκαν, τα παραμύθια του και με τα σοφά λόγια του να του μάθει πως η ζωή δεν είναι μια ακύμαντη πορεία. Στα παλιά χρόνια στην Ιαπωνία οι γέροι που δεν μπορούσαν να εργαστούν μεταφέρονταν στα βουνά και αφήνονταν εκεί μόνοι. Αυτός ήταν ο νόμος, που ευτυχώς άλλαξε χάρης την αγάπη ενός γιου και τη σοφία του πατέρα του. Ο Έλληνας φιλόσοφος Πλάτωνας αναφέρει στο έργο του: «Εγώ βλέπω τους γέρους σαν ταξιδιώτες σε ένα ταξίδι που δεν έχω κάνει ακόμα και που πρέπει να κάνω, και μπορώ να τους ρωτήσω αν ο δρόμος είναι ίσιος και εύκολος ή δύσκολος και κακοτράχαλος».

Σήμερα οι γέροι, πολλές φορές, και αδίκως, θεωρούνται όντα μιας άλλης εποχής. Ίσως επειδή δεν ξέρουν να χρησιμοποιούν το τάμπλετ, ξεχνάμε ότι έχουν υπάρξει λαμπροί, σταθεροί, δυνατοί και ευφυείς και ότι έχουν επιβιώσει μέσα σε μεγάλες αντιξοότητες και συγκεντρώνουν πείρα πολλών ετών. Να ένα παράδειγμα:

-Αν θέλουν να σου πουν τις ιστορίες τους, είναι γιατί ξέρουν πως υπάρχει ένα δίδαγμα για σένα πίσω από κάθε βίωμά τους.

-Αν σε παροτρύνουν να φας και να ξαναφάς, είναι γιατί ξέρουν τι σημαίνει να περνάς πείνα.

-Αν γελάνε με την αρρώστια του έρωτά σου, είναι γιατί ξέρουν ότι μπορεί να υποφέρει κανείς στ' αλήθεια, κι όχι εξαιτίας του αγαπημένου σου προσώπου.

Και καταλήγει ο Πλάτωνας: «Την επόμενη φορά που θα μιλήσεις με κάποιο γέρο, να θυμηθείς πως είναι φορέας γνώσης πολλών χρόνων. Αξίζει τον κόπο να πιεις νερό από το βαθύ αυτό πηγάδι της σοφίας».

*

Μία από τις αμέσως επόμενες μέρες, ακόμα ήταν καλοκαίρι, ο Θωμάς, παππούς του Έρασμου από την πλευρά της μάνας του, κόσιζε χορτάρι στην ακροποταμιά. Η μέρα ήταν για θέρισμα, ζεστή και ηλιόλουστη. Παντού βασίλευε απόλυτη ησυχία και μόνο τα τριζόνια ακούγονταν που κελαηδούσαν. Με το πουκάμισο έξω από τα γκρίζα γεροντίστικα παντελόνια του ο Θωμάς έκοβε με την κοσιά το χορτάρι και το τοποθετούσε ύστερα σε ίσιες και πυκνές θυμωνιές, και άμα στεγνώσει θα το δέσει μπάλες για τροφή για τα ζώα το χειμώνα. Ήταν αφοσιωμένος και ούτε καν πρόσεξε πως λίγο πιο πέρα σταμάτησε ένα παλιό ποδήλατο και απ' αυτό πήδησε ένας νεαρός.

-Καλημέρα παππούλη. Ο Θεός να σ' έχει πάντα καλά! άκουσε μια φωνή δίπλα του. Γύρισε και είδε τον Έρασμο, τον δεκαοχτάχρονο εγγονό του, που είχε χρόνια να τον δει. Επειδή χρόνια πριν είχε εναντιωθεί στον γάμο της κόρης του με τον χήρο Ηλιάδη, διέκοψε κάθε σχέση με την κόρη του τη Ζαχά, και όπως λέγεται «αμαρτίες γονέων παιδεύουσι τέκνα» φυσικό κι επόμενο ήταν να μην έχει ο εγγονός καμία επαφή με τον πολυταξιδεμένο παππού.

-Να που επιτέλους σε βρήκα, παππούλη μου, του χαμογέλασε φαρδιά ο Έρασμος. Ήθελα τόσο πολύ να σε δω.

«Αχ αλεπού!» πρόφερε μέσα του ο Θωμάς. Σε κάθε δύσκολη στιγμή βρίσκει θέση για τον εαυτούλη του. Κοίταξε πως γαλιφίζει. Πολύ μαλαγάνας, ξέρει να κάνει στους άλλους τα χατίρια για να εξυπηρετηθεί ο ίδιος».

-«Καλώς τον», του έσφιξε τα χέρια ο Θωμάς, ενώ τον κοίταζε με απορία.

-Σε γνώρισα παιδί μου. Αυτό έλειπε να μη σε γνωρίσω! Γεια σου ακόμα μια φορά. Χαίρομαι που σε βλέπω.

-Ε! λοιπόν με γνώρισες, παππούλη. Έλα να κουβεντιάσουμε λιγάκι, παππού. Πάμε να περπατήσουμε στην ακροποταμιά. Είναι τόσο όμορφα εδώ!

Ο Θωμάς έσκυψε με ευλυγισία και πήρε από κάτω την κοσιά. Ύστερα είπε:

-Δεν θ' αργήσω πολύ. Στο διάστημα αυτό πάρε την κοσιά και κόσισε, πρότεινε του Έρασμου ο γερο-Θωμάς. Ο εγγονός πήρε το κοπτικό εργαλείο με προθυμία, έβγαλε το μπουφάν και του είπε:

-Μετά χαράς καλέ μου παππούλη.

Κι ενώ έκοβε τα ξερόχορτα σβέλτα και αεράτα, το μάτι του δεν έφευγε στιγμή από τον κινούμενο στόχο του. Ο Θωμάς με γυρισμένες τις πλάτες του στον Έρασμο περπατούσε άκαμπτος και ευθυτενής σαν στρατιώτης σε παρέλαση. Λένε πως από τον τρόπο που περπατάει ο άνθρωπος, καταλαβαίνεις τον χαρακτήρα του. Ο 70χρονος Θωμάς πήγαινε στην αντίθετη κατεύθυνση με βήμα σταθερό, δεν παρέκλινε ούτε ίντσα δεξιά ή αριστερά, και ήταν τόσο ήρεμος, σίγουρος για τον εαυτό του, απόλυτος κυρίαρχος του νου του. Γιατί το μυαλό είναι αυτό που κινεί το σώμα, τα χέρια και τα πόδια μας. Και είχε πολύ μυαλό, νου και γνώση και πριν είκοσι χρόνια όταν είχε αντίθετη άποψη στο θέμα του γάμου της κόρης του Ζαχαρούλας να παντρευτεί τον χήρο και πατέρα ενός πεντάχρονου αγοριού, τον Ηλιάκη. Η ιστορία του, ένας σάλος για την τότε εποχή: Ο Ηλιάκης, ένας νεαρός τσοπάνος που το αίμα του έβραζε μέσα του, είχε βάλει στο μάτι την Ζαχά, ήθελε να την κατακτήσει ψυχή τη και σώματι κι αν, όπως έλεγε, τα χνώτα τους ταιριάζανε, να την παντρευτεί κατόπιν. Και η Ζαχά τον ήθελε, της άρεσε το δυναμικό αντριλίκι του, πλην όμως δεν είχε την ελευθερία από τον πατέρα της, που τη φύλαγε σαν κέρβερος, να μη βγαίνει από το σπίτι χωρίς την άδειά του, και μάλιστα μετά τη δύση του ήλιου, στα σκοτάδια, γιατί πίστευε πως το σκοτάδι κρύβει όλα τα κακά και παράνομα.

Στον αντίποδα της Ζαχάς ήταν η Σμάρω, ένα κορίτσι από πολυμελή οικογένεια, όπου ο πατέρας είχε τη γνώμη τα κορίτσια του να είναι συνεχώς μέσα στον κόσμο, στα χωράφια και στα δάση, παντού, μέρα και νύχτα, για να συνταυτιστούν με κάποιο άντρα, με σκοπό το γάμο.

Ο Ηλιάκης που είχε στήσει τη ξόβεργά του να ξεγελάσει τη Ζαχά που όλο και του ξέφευγε, παγιδεύει αντί την Σμάρω και την παντρεύεται πάνω στη ορμή του πάθους. Η καρδιά του τραγουδούσε ένα τραγούδι για τη Ζαχά, μα ήταν ημιτελές, ώσπου κάποια μέρα, πολύ σύντομα, ήρθε η Σμάρω να μουρμουρίσει την απάντηση. Τότε ο Ηλιάκης ένιωσε άνετα με τη Σμάρω και τη σχέση της. Ήταν ο τύπος σχέσης που ήθελε και χρειαζόταν εκείνη τη στιγμή, και το άλλο πρόσωπο βρισκόταν στην ίδια συχνότητα με αυτόν. Όλα φάνταζαν τέλεια. Είχε σχηματίσει μια ιδέα πως η Ζαχά ίσως ήταν η γαλάζια πριγκίπισσά του, ήταν το ιδεατό γυναικείο πρόσωπο που πιθανόν δεν υπήρχε, αλλά βέβαια υπήρχε μια άλλη γυναίκα με σάρκα και οστά ιδανική για εκείνον, και επειδή είχε την καρδιά του στη γη, δεν την άφησε τη Σμάρω να του φύγει. Από ψυχολογικής πλευράς ο ήρωάς μας δεν είναι τίποτε άλλο παρά ένα κυκλοθυμικό ανθρωπάκι που είχε αφεθεί στο έλεος των ορμονών του και δεν είχε καταφέρει να εδραιώσει τη συναισθηματική ισορροπία και να αναγνωρίσει ενδεχόμενα και κινδύνους όταν έσπευδε να κάνει σχέσεις με τις γυναίκες.

Γιατί το καλό και το κακό με τα συναισθήματα είναι ότι είναι εφήμερα και εύκολα αλλάζουν, μια αλλαγή που μας κάνει να υποφέρουμε από βαθιές αλλαγές διάθεσης και, εκεί που είσαι χαρούμενος, σε καταπλακώνει η θλίψη.

Ο ήλιος έριχνε κάθετα τις χρυσές του ακτίνες πάνω στο γυμνό στήθος του Έρασμου και άσπρες στάλες ιδρώτα είχαν καθίσει πάνω στο καστανοκόκκινο χνούδι μπροστά στο μπούστο του. Ένιωθε εξαντλημένος από την προσπάθεια να κόψει τα ξερά χορτάρια, αλλά δεν τα παρατούσε γιατί δεν ήθελε να απογοητεύσει τον παππού του, που μετά από πορεία περίπου εκατό μέτρα σταμάτησε κάτω από μία τεράστια συκιά που τα κλωνάρια της γεμάτα ώριμα σύκα ακουμπούσαν στην επιφάνεια του ποταμίσιου νερού. Εκεί από κάτω στην άκρη-άκρη ο Θωμάς είχε φκιάξει ένα μικρό υδάτινο φράγμα με κοτρόνες, και στο παγωμένο νερό διατηρούσε ένα μακρόστενο καρπούζι, ένα δίχτυ με γλυκά μελωμένα σύκα και ένα μεταλλικό πινάκιο με κατσικίσιο γιαούρτι ερμητικά κλειστό. Πήρε μια πλατιά φέτα από το καρπούζι, ξεφλούδισε λίγα σύκα κι αφού τα έκοψε σε κομματάκια με το σουγιά τα έριξε στο πιάτο με το παχύ γιαούρτι, που το έβαλε στο δισάκι του μαζί με δύο φέτες κριθαρόψωμο. Το κρέμασε στην πλάτη του ενώ στα χέρια του κρατούσε το μισό καρπούζι. Ο Έρασμος όταν τον είδε να έρχεται προς το μέρος του βαρυφορτωμένος, έτρεξε γρήγορα να τον βοηθήσει. Οι δυο τους, πλάι – πλάι διέσχισαν το θερισμένο χωράφι και μετά κάθισαν στις πέτρες στην όχθη του ποταμού.

-Ασφαλώς θα έχεις μαντέψει για ποιο πράγμα ήρθα να σε δω, άρχισε ο Έρασμος. Σε κοιτάζω και σε θαυμάζω, είσαι ακόμα δυνατός γιατί να κόβεις χορτάρι θα πει, πως με την υγεία σου τα πας πολύ καλά. Πολύ χαίρομαι γι' αυτό.

-Σ' ακούω παιδί μου. Κι εγώ χαίρομαι που σε βλέπω ύστερα από χρόνια.

-Λοιπόν για να με καταλάβεις πιο καλά παππού μου, τώρα, όπως ξέρεις, πολλά πράγματα άλλαξαν. Πολλά από τα λάθη διορθώθηκαν.

-Ξέρω. Το σωστό – σωστό. Άλλωστε το βλέπω και από τη μοιρασιά που κάνατε με τον Κούλη. Οι δουλειές σαν να πήγαν καλύτερα. Δύσκολο ακόμη και να το πιστέψει κανείς. Τις προάλλες κατά τύχη, βρέθηκα στην παλιά γειτονιά των «πέντε δέντρων» εκεί ακριβώς που έπαθε ο πατέρα σου τη μεγάλη συμφορά, πέντε ακριβώς χρόνια μετά το γάμο με τη Σμάρω και τη γέννηση του γιου τους, και εννοώ φυσικά τον Κούλη. Τα χρόνια που πέρασαν με έκαναν να καταλάβω το κακό που έκανα στον Ηλιάκη και στη Ζαχά, τον πόνο που τους προκάλεσα και το πόσο πολύ πονάω τώρα για την πράξη μου. Ας ήταν δυνατόν να έπεφτε κεραυνός να με κάψει εκείνη τη στιγμή, παρά που είμαι ζωντανός ακόμα και υποφέρω. Νιώθω τόσο ένοχος! Ψέλλισε ο συγκινημένος Θωμάς, και για να κρύψει το τρέμουλό του από την ταραχή του δοκίμασε ν' ανοίξει το κλειδοπίνακο με το γιαούρτι, έψαξε να βρει το κουταλάκι στον πολυσουγιά του και τα έδωσε με ευλαβικό τρόπο στο παιδί, ακριβώς σαν τον παπά με το αγιοπότηρο στον αμαρτωλό άνθρωπο που ζητάει συγχώρεση από το Θεό.

-Όλοι μας έχουμε πάθει κάποιο κακό από άλλους, κι όλοι μας σε κάποιον έχουμε κάνει κακό, με συνέπεια να έχουμε ματώσει οι ίδιοι τον εαυτό μας με τον έναν ή τον άλλο τρόπο, και γι' αυτό πρέπει να συγχωρήσουμε τελείως κι εμάς τους ίδιους. Γιατί αν δεν μας συγχωρούμε, θα ζούμε συνέχεια με την ενοχή. Ίσως, συνέχισε ο Έρασμος μετά από λίγη παύση, μα τι ίσως λέω, σίγουρα παππούλη δεν ήθελες να κάνεις αυτό το κακό σκόπιμα, ό,τι έκανες το έκανες θαρρώ από πατρικό ενδιαφέρον, αγάπη και στοργή του έμπειρου γονιού στο νεαρό βλαστάρι του.

-Αχ, αγόρι μου, μόνο εσύ που είσαι αίμα μου μπόρεσες επιτέλους να με καταλάβεις. Αν ήξερες πόσο με πονούσαν τα βρωμόλογα που εκστόμιζε η τσαούσα πονηρή αλεπού, καμωματού Σμάρω όταν περνούσε επιδεικτικά έξω από το σπίτι μας με το μωρό της στο καρότσι και όταν σταματούσε κάτω από τα παράθυρο της Ζαχάς άρχιζε την τρελή, θεατρική της παράσταση:

-Τότε πούθελα δεν ήθελες, τώρα που με θέλεις, δεν θέλω!!!

-Την έπαθες σαν αγράμματη!

-Κλάψτα Χαράλαμπε!

-Είσαι για πνίξιμο, Ζαχά; Έλεγε η Σμάρω και τα λόγια της τα συνόδευε με χειρονομίες: έκανε τα χέρια της γροθιά και χτυπούσε τη μία πάνω στην άλλη, μα έγινε δικός μου. Ζήλεια, ζήλεια!

Ήταν τόσο προκλητική η συμπεριφορά της, φαρμάκι, δηλητήριο τα λόγια της πότιζαν τη σάρκα μου και τσιγάριζαν την καρδιά μου. Προσπαθούσα να της πότιζαν τη σάρκα μου και τσιγάριζαν την καρδιά μου. Προσπαθούσα να παρηγορήσω την κόρη μου, να μη δίνει σημασία σε μια σαχλή, χυδαία γυναίκα.

-Με τη σοβαρή στάση και τη σιωπή σου, θα βγεις εσύ νικητής κάποια μέρα, συμβούλευα τη Ζαχά, αλλά εκείνη με έδιωχνε από κοντά της αγριεμένη και τσαντισμένη.

-Και πως αντιδρούσε πάνω σ' αυτό ο άντρας της; ρώτησε ο Έρασμος με περιέργεια. Δεν ήξερε τα καθέκαστα; συμπλήρωσε ανήσυχα.

-Γυρεύει ο κλέφτης να κρυφτεί κι η χαρά δεν τον αφήνει, όπως σωστά λέει η παροιμία. Επειδή κανένας δεν την έκανε έλεγχο, η παντρεμένη και μικρομάνα Σμάρω συνέχισε να τραβάει το σκοινί ως τα άκρα. Τα βράδια όταν μαζεύονταν ο Ηλιάκης σπίτι του, εκείνη του έκανε το κήρυγμα, κατηγορώντας τη Ζαχά μπροστά του για εγωίστρια, ψηλομύτα, ακατάδεχτη να κάνει παρέα με τη λαϊκούρα, στοχεύει να παντρευτεί κάποιον πλούσιο και μορφωμένο από την πόλη, και πως δεν την νοιάζει διόλου αν δεν παντρευτήκατε, άλλωστε το βροντοφωνάζει παντού πως αυτή ήταν η πρώτη που σου έδωσε τα παπούτσια στο χέρι. Ήταν δική της απόφαση, κελαηδούσε η Σμάρω πανευτυχής.

Ο Ηλιάκης άκουγε το ψαλτήρι της για εβδομάδες χωρίς να απαντά. Απορούσε με την επιμονή της Σμάρως να λέει πράγματα που δεν τα ήξερε με βεβαιότητα κι ότι ο άντρας της θα τα πίστευε με κλειστά μάτια, θα τον έπειθε με το πες και πες κάθε βράδυ, θα τον άφηνε ξάγρυπνο τη νύχτα ή και να πάθει νευρική κρίση τη μέρα και να αντιδράσει άσχημα. Της είχε γίνει πάθος της γυναίκας του να τον φέρει σε σημείο να σκοτώσει την πρώην αρραβωνιαστικιά του, και μετά να εξαφανίσει το πτώμα της αντιζήλου της.

Με τα κακοήθη ασύστολα ψέματά της επιχειρούσε να υποβιβάσει τη Ζαχά στα μάτια και το μυαλό του Ηλιάκη, αρχικά. Όταν όμως ξεσκεπάστηκαν τα ψέματά της τότε οι όροι αντιστράφηκαν. Με την προσπάθειά της να εξαπατήσει τον άντρα της, υποβιβάστηκε η ίδια στα μάτια του, έχασε τον αυτοσεβασμό της. Η σχέση τους κλονίστηκε. Η ρήξη που επήλθε απομάκρυνε τον έναν από τον άλλο. Ο Ηλιάκης κρατούσε απόσταση από τη Σμάρω κάθε μέρα όλο και μεγαλύτερη. Περνούσε πολλές ώρες τα βράδια στο καφενείο, έπινε πολύ και όταν γυρνούσε σπίτι τους ήταν τύφλα στο μεθύσι. Και προ πάντων, όχι σε καλή ψυχολογική κατάσταση, σε σύγκριση με αυτή της γυναίκας του που έμοιαζε ηφαίστειο έτοιμο να ξεβράσει από μέσα του τόνους καυτής λάβας, αν την τσιγκλίσεις σε κάτι. Η συνεχιζόμενη προσπάθειά της να κατασκευάζει ψέματα σε βάρος της Ζαχάς την είχε εξουθενώσει.

Είχε αγχωθεί και της είχε ανέβει η πίεση, γιατί το να λέμε ψέματα προκαλεί τα ίδια αποτελέσματα στον οργανισμό όπως το στρες. Κι αυτό οφείλεται στο ότι γνωρίζουμε ότι αναλαμβάνουμε κάποιο ρίσκο κι ότι πιθανόν θα βρεθούμε ένοχοι χωρίς κανένα περιθώριο για θετικές συνέπειες.

Είχε ξοδέψει τις μπαταρίες της η Σμάρω κι έπρεπε να δράσει πριν αδειάσουν παντελώς και της είναι άχρηστες.

Είχε νυχτώσει για τα καλά. Δέκα το βράδυ. Το χιόνι έπεφτε ασταμάτητα. Βασίλευε απόλυτη ησυχία, τόσο που ακούγονταν και το θρόϊσμα από τις νιφάδες που έπεφταν στη γη και ευθύς γίνονταν κρύσταλλα πάγου. Ο Ηλιάκης πήγε σπίτι του αλλά απέφευγε να κουβεντιάσει με τη γυναίκα του. Ούτε κι αυτή τον πλησίασε, ήταν σαν δύο ξένοι. Όταν τον κοίταξε για μια στιγμή, τον είδε να βγάζει τα βρεγμένα ρούχα της δουλειάς για να ξαπλώσει.

-Όχι τώρα πια δεν με νοιάζει για τίποτε, είπε μέσα της η Σμάρω.

Πήρε το αδιάβροχό του, τις καινούργιες του μπότες, τα γάντια και το σκούφο του.

-Εμπρός ντύσου, του φώναξε εκείνη.

-Άδικα προσπαθείς, δεν πάω πουθενά, απάντησε νευρικά εκείνος.

-Μη χασομεράς. Μπορεί να συμβεί κάτι που ύστερα να το 'χεις αγκάθι σ' όλη σου τη ζωή, πρόσταξε εκείνη.

-Μη φοβάσαι τίποτε κακό δεν πρόκειται να συμβεί στο παιδί. Δεν είναι η πρώτη φορά που έχει διάρροια ο μικρός. Θα του περάσει.

-Ηλιάκη, ποτέ μου δεν σου ζήτησα μια χάρη. Όμως τούτη τη φορά σε παρακαλώ. Κρίνε με ότι έχω λάθος, πες ότι φταίω εγώ. Όμως πήγαινε τώρα αμέσως σπίτι της και εξηγήσου μαζί της.

-Όχι, κούνησε εκείνος πεισματωμένα το κεφάλι. Δεν πρόκειται να πάω. Αδιαφορώ για τις θεωρίες σου. Εσύ έχεις αρρωστημένες ιδέες στο μυαλό σου. Δεν σκέφτεσαι καν τι θα πει ο κόσμος; Εγώ όμως θέλω να είμαι τυπικός στις υποχρεώσεις μου. Εγώ δεν πιστεύω τίποτε απ' όλα αυτά που σκαρώνεις για τη Ζαχά.

-Έλα στα συγκαλά σου Ηλιάκη, ντύσου τώρα, κι εγώ θα μείνω εδώ να συνδαυλίζω τη φωτιά να μη κρυώσει ο Κούλης.

Έφυγε να φέρει ξύλα, αφήνοντας τα ρούχα του. Εκείνος όμως ούτε καν σάλεψε από τη θέση του. Καθόταν σε μια γωνιά και αναλογιζόταν πως δεν μπορούσε να το αποφασίσει από τη μια στιγμή στην άλλη ούτε να ξεχάσει τα λόγια του Θωμά εκείνα της άρνησης που του πέταξε πέντε χρόνια πριν όταν του ζήτησε το χέρι της κόρης του, και εκείνος του είπε: «Υπάρχουν κι αλλού πορτοκαλιές, Θωμά, που κάνουν πορτοκάλια». Έτσι απλά και πολιτισμένα χωρίς βρισιές και κατάρες λύσανε τις διαφορές τους χωρίς κακία και μαυρίλα στην καρδιά. Και τώρα, θα πρέπει να πάει και να του πει: «Γειά σου. Ήρθα να σε δω, πως πάει η υγεία σου; Μήπως σας πείραξα σε κάτι και πάτε για αντίποινα, σκοτώνοντας το γιο μου;». Όχι, δεν μπορεί να το κάνει αυτό, δεν είναι στο χαρακτήρα του να ψεύδεται. Η Σμάρω στο μεταξύ μπήκε μέσα με μια αγκαλιά ξύλα.

-Ακόμα δεν ντύθηκες; του 'βαλε τις φωνές.

-Μη μου γίνεσαι φόρτωμα. Είπα δεν πάω, πάει τέρμα...

-Εμπρός σήκω! Τον πρόσταξε οργισμένα εκείνη. Κι αυτός σαστισμένος σαν στρατιώτης πετάχτηκε πάνω στο πρόσταγμά της. Εκείνη πλησίαζε τώρα προς το μέρος του, κοιτάζοντάς τον κατάματα. Στο θαμπό φως της λάμπας, γυάλιζαν τα αγανακτισμένα, μισερά μάτια της.

-Αν δεν είσαι άντρας, αν δεν είσαι άνθρωπος και πατέρας ανήλικου παιδιού, αν είσαι γυναικούλα κλαψιάρα, τότε θα πάω εγώ αντί για σένα, κι εσύ κάτσε εδώ και βάλε τα κλάματα! Θα πάω και μάλιστα τώρα αμέσως. Εμπρός, σέλωσέ μου γρήγορα το άλογο!

Κι εκείνος, σαν υπνωτισμένος, υπακούοντάς την, της σέλωσε το άλογο. Έξω έπεφτε χιόνι. Στο σκοτάδι, οι νιφάδες στριφογύριζαν, αθόρυβα και αργά σαν καρουσέλι στο βυθό της λίμνης. Τα βουνά δεν διακρίνονταν πια, τόσο βαθύ ήταν το σκοτάδι. «Τι μπελάς τώρα κι αυτό! Σωστή τιμωρία. Που θα πάει μόνη της μέσα στη νύχτα!» συλλογίζονταν ο Ηλιάκης, βάζοντας τη σέλα. «Και είναι και ξεροκέφαλη, με τίποτε δεν την κάνεις ν' αλλάξει γνώμη. Καλύτερα να τη σκοτώσω. Κι αν χάσει το δρόμο; Αφού τα θέλει ας τα πάθει...».

Όσο ο Ηλιάκης σέλωνε το άλογο, άρχισε σιγά-σιγά να ντρέπεται τον εαυτό του. «Ζώο είμαι ανήμερο. Ένα θηρίο. Με τύφλωσε το πάθος. Την αφήνω να πάει, σαν να θέλω να τους πω: Να ορίστε, κοιτάξτε τι δυστυχισμένος που είμαι, κοιτάξτε τα χάλια μου. Τη βασανίζω την καημένη τη γυναίκα μου. Εξαιτίας σας και τι φταίει; Γιατί να την αποπέμπω έτσι; Είμαι ένας τιποτένιος. Ένα άγριο άλογο είμαι και τίποτε άλλο!».

Ο Ηλιάδης ταλαντεύτηκε για λίγο. Του ήταν δύσκολο να παραιτηθεί από την απόφαση που είχε πάρει να την αφήσει να πάει στο σπίτι της Ζαχάς. Γύρισε στο σπίτι και μπήκε μέσα κατσουφιασμένος και με μάτια κατεβασμένα.

-Δεν θα 'ταν καλύτερα να πας το πρωί; τη ρώτησε.

-Όχι, πάω τώρα αμέσως. Το πρωί ίσως να είναι αργά για τη ζωή του Κούλη.

Όταν έμεινε μόνος ο Ηλιάκης στο σπίτι, αισθάνθηκε πως μια κρυφή ανησυχία φώλιαζε τώρα μέσα του και τον πονούσε. «Πως θα εξελιχθούν τάχα τα πράγματα;» Κι αν στ' αλήθεια είναι σοβαρά άρρωστος ο γιος του με το γλυκό που του έδωσε η Ζαχά; Και γιατί κάλεσαν και τον γιο του στη γιορτή της Πρωτοχρονιάς;». Κάθε φορά που θυμόταν τη Ζαχά αυτά τα πέντε τελευταία χρόνια η ψυχή του μαλάκωνε κι έλιωνε. Αλλά υπήρχαν και μέρες που τα έβαζε με τον εαυτό του και εξοργίζονταν που άφησε την ευκαιρία να ευτυχήσει κοντά στη Ζαχά να χαθεί για πάντα. Έπρεπε να παλέψει και να αποτρέψει την κακιά κατάληξη της σχέσης τους.

Μας ενθουσιάζει να τα έχουμε όλα υπό έλεγχο. Να γνωρίζουμε την έκβαση κάθε κατάστασης, τη λύση σε κάθε πρόβλημα και να ξέρουμε τι γράφει ο δρόμος της ζωής. Είναι αλήθεια πως δεν μπορούμε να υπομένουμε την αβεβαιότητα, την θεωρούμε απειλή. Αλλά η ζωή είναι αβέβαιη. Το μέλλον είναι ένας ορίζοντας άγνωστος στον οποίο δεν ξέρουμε αν θα υπάρχει ήλιος ή μαύρα σύννεφα. Ακόμα κι αν έχουμε τα νήματα της ζωής μας καλά δεμένα, μπορεί να συμβούν χίλια πράγματα που θα την ανατρέψουν και θα μας αναγκάσουν να ξεκινήσουμε απ' την αρχή. Ένα είναι βέβαιο: Πως έχουμε τον έλεγχο στον τρόπο που θα αντιμετωπίσουμε τόσο το κακό όσο και το άσχημο.

Η νύχτα προχωρούσε και το σκοτάδι είχε κυριαρχήσει παντού. Το χιόνι συνέχιζε τον τρελό χορό ου. Η Σμάρω σπιρούνιασε το άλογο. Σύντομα θα διέσχιζε τα χωράφια με το σιτάρι όπου κάποτε η ίδια δούλευε μεροκαματιάρα και η Ζαχά ήταν η κόρη του αφεντικού της, του Θωμά Μπέη που τ' απόχτησε όλα με τον ιδρώτα του, και είχε προφανώς πολλούς εχθρούς.

-Εμπρός τι κάθεστε λοιπόν; Αρχινάτε τη δουλειά! Είπε η Ζαχά και απευθυνόταν πιο πολύ στην Σμάρω, που έγνεψε σιωπηλά με το κεφάλι, ενώ μέσα της έβραζε από μίσος και οργή! «Στέκεσαι εμπόδιο στο δρόμο μου γι' αυτό πρέπει να σε βγάλω από τη μέση» φαντάστηκε τότε η Σμάρω. Αυτή ήταν η τελευταία τους κουβέντα. Από τότε πάνε κάπου οκτώ χρόνια που δεν αντάλλαξαν ούτε μια λέξη μεταξύ τους. Πόσες συζητήσεις και πόσα κουτσομπολιά έγιναν τότε! Σοφίστηκαν ακόμη και το εξής: Ότι δήθεν η Σμάρω εκνευρισμένη από τη Ζαχά σκόρπιζε τα δεμάτια με τα στάχια και μετά τα ποδοπατούσε και τα τσαλάκωνε, σαν θηρίο στην παγίδα. Ήρθαν δύο χωροφύλακες και με το ζόρι τα 'βγαλαν πέρα μαζί της. Και φεύγοντας, λένε, πως έκλαιγε πικρά και καταριόταν τη Ζαχά και τον Θωμά, που όμως δεν πολυπίστευε στις διαδόσεις αυτές. «Κουτσομπολιά είναι των εχθρών, έλεγε, να με πιρουνιάζουν». Το άλογο έτρεχε μέσα στη νύχτα και η Σμάρω έγερνε πότε από το ένα και πότε από το άλλο μέρος της σέλας κλαίγοντας με λυγμούς και αναφιλητά για την παλιά δειλία της μπροστά στον πανίσχυρο εχθρό της. Τώρα όμως δεν πρόκειται να του παραδοθεί ποτέ, ποτέ, ποτέ δεν θα παραδοθεί στη δύναμη του φαινομενικά πανίσχυρου εχθρού της. Γιατί όπως είχε ήδη πει ο Νίτσε πώς ό,τι δεν μας σκοτώνει μας κάνει πιο δυνατούς όσον αφορά τους εχθρούς.

Κεφάλαιο 4

Ποτέ μην παραδίνεσαι, παρά μόνο στις πεποιθήσεις της τιμής και της σύνεσης

Εχθροί είναι τα άτομα εκείνα που νομίζουμε ότι συνιστούν εμπόδιο ή απειλή για μας. Κάποιες φορές είναι εχθροί στ' αλήθεια, όπως στις ταινίες, αλλά πολλές φορές είναι απλά άτομα στα οποία εστιάζουμε την προσοχή μας, λόγω των δικών μας πεποιθήσεων και φόβων. Για την Σμάρω εχθρός είναι η Ζαχά, η αντίζηλος που θέλει τον Ηλιάκη, το αντρικό πρόσωπο για τον οποίο η Σμάρω ζει κι αναπνέει. Αλλά αν σταθεί και σκεφτεί με φρονιμάδα και σύνεση προτού ανακαλύψει κάποιο φονικό τρόπο προκειμένου να τελειώνει μια κι έξω με την αντίπαλό της, τότε θα μάθει πολλά ελαφρυντικά για την δήθεν αντίπαλό της. Η εχθρότητα είναι επιλογή. Αν δεν θέλεις, δεν έχεις λόγο να θεωρείς ότι αυτό το άτομο είναι αντίπαλός σου.

Βέβαια καταλάβαινε η Σμάρω, πως έπεσε σε βαρύ παράπτωμα ότι, δηλαδή, σήκωσε χέρι κατά του εργοδότη της, κατέστρεψε την περιουσία του, αλλά αν το πράγμα έγκειτο μόνο σ' αυτό, τότε η περίπτωσή της ήταν απλή. Για την ανάρμοστη αυτή συμπεριφορά της ήταν έτοιμη να δεχτεί οποιαδήποτε τιμωρία. Αλλά αυτή πάνω στον θυμό της έβγαλε στη φόρα όλο το πόνο, ότι αφορούσε τα αισθήματα της Ζαχάς και κηλίδωσε με μιας όλες της τις θυσίες και τις αγωνίες της. Τώρα πια ποιος θα την πιστέψει, ποιος θα την νιώσει; «Κι όμως παρ' όλα αυτά μπορεί να την καταλάβουν;» σπίθισε κάποια στιγμή κάποια αμυδρή ελπίδα.

-«Θα τους τα πω όλα: Για την σκευωρία να δηλητηριάσει το πεντάχρονο αγόρι μου σε συνεργασία με τον κατηχητικό σύλλογο της ενορίας. Κι ας βρούνε αυτοί οι δικαστές την άκρη μετά. Είναι άραγε δυνατόν να λειτουργεί έτσι ένα θρησκευτικό δόγμα;». Και μ' αυτές τις σκέψεις ήταν σίγουρη πως είχε δίκιο και δεν μετάνοιωνε για ότι κι αν έκανε...». Ας με τιμωρήσουν, συλλογίζονταν, αν πληρώσω εγώ, όμως θα είναι πιο εύκολα μετά για τους άλλους γονείς. Ίσως μετά απ' αυτό προσέξουν οι αρχές και τους μεροκαματιάρηδες, τη ζωή τους και τα βάσανά τους. Κι ύστερα από ένα λεπτό, φέρνοντας στο μυαλό της, όλα όσα τράβηξε εκείνη τη χρονιά, εξαγριώνονταν, έσφιξε τις γροθιές της ανάμεσα στα γόνατά της. Και πεισματικά επιβεβαίωνε στον εαυτό της! «Όχι, δεν είμαι φταίχτης σε τίποτε, όχι. Κι ύστερα αμέσως πάλι έπεφτε σε αμφιβολίες».

Ο Ψαρής βάδιζε με σφιχτά τα χαλινάρια και με βήμα σταθερό. Μπούχτισε να ξεροστολιάζει στον στάβλο όσο καιρό τ' αφεντικό του ήταν άρρωστο. Τώρα όμως τ' άλογο δεν κουβαλούσε τον Ηλιάκη, το αφεντικό του, αλλά την γυναίκα του, που σπάνια, αν όχι ποτέ, δεν συνέβαινε ο Ηλιάκης να παραχωρεί το άλογό του σε άλλον αναβάτη. Όσο για τον Ψαρή, λίγο τον ένοιαξε τώρα ποιον κουβαλούσε. Από τότε που τον πήραν από το πρώτο αφεντικό του, πάρα πολλοί κάθισαν πάνω του. Πολλοί και διάφοροι, άλλοι καλοί κι άλλοι κακοί, βολικοί και άβολοι. Καμιά φορά είχε πέσει και στα χέρια θεοπάλαβων. Αχ, τι παλαβομάρες σκάρωναν στο άλογο! Ήταν κάποιος απ' αυτούς που το εξανάγκαζε να τρέχει μ' όλη του τη δύναμη και ξαφνικά του έκοβε τη φόρα, σφίγγοντας τα χαλινάρια, το σήκωνε στα πισινά του πόδια και ύστερα το σπηρούνιαζε να τρέξει και μετά του έκοβε τη φόρα του θανατά. Και ο ίδιος δεν ήξερε τι άλλες τρέλες έκανε ο καθένας για να τον προσέξουν οι άλλοι που ήταν καβάλα στον Ψαρή. Σε όλα συνήθισε πια το άλογο. Και τα προτιμούσε όλα αυτά παρά να ξεροσταλιάζει ώρες ολόκληρες στο στάβλο! Μέσα του εξακολουθούσε να υπάρχει ακόμη το αλλοτινό του πάθος για τρέξιμο, τρέξιμο, τρέξιμο. Ποιος ήταν αυτός που κουβαλούσε δεν τον ενδιέφερε πια. Όμως ετούτη η διαβολογυναίκα δεν ήταν συνηθισμένη. Της δώσανε τον κούλο Ψαρή, σημαίνει πως την σέβονται μα και την φοβούνται. Ήταν δυνατό και όμορφο άλογο ο Ψαρής. Και η καβαλάρισσα ένιωθε ήσυχη και σίγουρη σ' αυτό.

Καλός ο Ψαρής, της λικνίζεται σαν καράβι και καρφί δεν του καίγεται ούτε για τη λάσπη ούτε για το παγωμένο χιόνι. Μόλις είχε αρχίσει να ιδρώνει.

Η Σμάρω, με τη σειρά της, σκέφτονταν από τη δική της σκοπιά. Η όψη της έδειχνε κουρασμένη. Μια χλωμάδα είχε σκεπάσει το ισχνό πρόσωπό της και τα μάτια της είχαν χωθεί ακόμη πιο βαθιά στις κόγχες. Χρόνια τώρα υποφέρει από την καρδιά της. Κι όσο πάει γίνεται χειρότερα. Και οι σκέψεις της κι αυτές ήταν βαριές. Ναι, φαίνεται, πως ο άντρας της είχε δίκιο. Ήξερε τι έλεγε, να αφήσει το ταξίδι για το πρωί. Η Σμάρω του έβαλε τις φωνές, άρχισε να κάνει φασαρία, αλλά όφελος δεν έφερε κανένα. Τις περισσότερες φορές περνούσε το δικό της.

-Κολοκύθια! Αρκετά με τις αερολογίες σου, του είπε. Κι έφυγε μέσα στη νύχτα πατώντας στο παχύ κι άγγιχτο ακόμη χιόνι με τέτοια δύναμη, που τα ίχνη από τις πατημασιές του μαύριζαν και γέμιζαν στο λεπτό από λάσπη...

-Σμάρω, άκουσέ με! Την πρόλαβε ο Ηλιάκης. Στάσου, θα σου εξηγήσω πως έχουν τα πράγματα. Ο καιρός είναι επικίνδυνος, μη το παίρνεις στ' αστεία.

-Να τα εξηγήσεις στην άλλη. Βρες άλλη χαζή για να τα πεις αυτά!

-Στάσου Σμαρούλα να το κουβεντιάσουμε.

Εκείνη όμως έφυγε, δεν ήθελε να τον ακούσει. Έτριξε τα δόντια της και έφυγε. Γύρισε ξημερώματα λιπόθυμη στη ράχη του Ψαρή.

Ο γερο-Θωμάς σώπασε για λίγο, σηκώθηκε πήγε παραπέρα, περπάτησε λίγο, ύστερα γύρισε πίσω, ξανακάθισε στην πέτρα, αναστέναξε βαριά και κοίταξε τον Έρασμο βαθιά στα μάτια να δει την αντίδρασή του. Το παλληκάρι που όση ώρα ο παππούς του διηγιόταν τα παρελθοντικά γεγονότα της πρώτης οικογένειας του πατέρα του, απολάμβανε το γευστικό γιαουρτάκι με τα γλυκά σύκα κουταλιά-κουταλιά και ρουφούσε το χυμό καρπουζιού με όρεξη αδιάκοπη, γουλιά-γουλιά. Όλα αυτή η ταραγμένη εποχή έφεραν στη θύμησή του τις απειλές που δέχονταν οι ντόπιοι γαλακτο-παραγωγοί, συμπεριλαμβανομένου και του εαυτού του, από τους ελεγκτές που επισκέπτονταν το τυροκομείο μια φορά το μήνα, και πόσο κατσουφιασμένοι έδειχναν αν το γάλα ήταν επίτηδες νερωμένο, λες κι εδώ πάνω στα βουνά υπάρχουν μόνο εγκληματίες και ότι μοναχά αυτοί από την πρωτευουσιάνικη εξουσία αγωνίζονται για το καλό του εμπορίου.

Στα παλιά του τα παπούτσια τα έγραφε όλα αυτά ο Έρασμος ενώ δεν δοκίμασε ποτέ να τους πει την δική του άποψη: Πως οι άνθρωποι του βουνού και της καθαρής ατμόσφαιρας είναι ήρεμα και αγαθά πλάσματα και ποτέ δεν βάζουν στο μυαλό τους το κακό, γιατί είναι όλοι τους οι άνθρωποι του Θεού, ζουν πολύ κοντά του. «Μηδένα προ του τέλους μακάριζε» φιλοσόφησε ο Έρασμος.

-«Και λοιπόν, τι έγινε τότε; Έφτασε η καβαλάρισσα στο σπίτι σου;» ρώτησε ο εγγονός έτσι για να ενθαρρύνει τον παππού να συνεχίσει την διήγηση με την επικείμενη φρικιαστική σκηνή.

Κεφάλαιο 5

Η ανάκριση
του δράστη

Όταν έφυγε η Σμάρω ο Ηλιάκης όλη τη νύχτα περπατούσε πάνω-κάτω στο δωμάτιο όπου κοιμόταν ο μικρός γιος τους όλος αγωνία για τη γυναίκα του. Κατηγορούσε τον εαυτό του πως δεν έκανε το πικρό καθήκον του να την συγκρατήσει στο σπίτι. Κι αναρωτιότανε με παράπονο: Γιατί, τάχα όλα πάνε τόσο ανάποδα; Κι αν κάνει λάθος, αν δεν πάρει το σωστό δρόμο; Αν το άλογο λοξοδρομήσει μέσα στο βαθύ χιόνι; Μα δεν γίνεται αυτό, ποτέ ο Ψαρής δεν έχασε το δρόμο. Είχε βαρεθεί ο Ηλιάκης να σκέφτεται συνεχώς τα ίδια και τα ίδια, κι αφού λύση δεν έβρισκε, τον κατέλαβε μια αδιαφορία και αναισθησία για τα πάντα, κι επειδή του πονούσε το κεφάλι, τελικά έπεσε κατά τις δύο το πρωί στο κρεβάτι κι αμέσως αποκοιμήθηκε. Τον ξύπνησε μια σπαραχτική φωνή κι ένας εκκωφαντικός γδούπος στη γη κατά τις πέντε το χάραμα. Τινάχτηκε πάνω. Τα είχε χαμένα. Είχε φέξει πια.

-Ηλιάκη, Ηλιάκη, βοήθεια, τον καλούσε απεγνωσμένα η γυναίκα του ενώ ο Ψαρής χλιμίντριζε δυνατά κι έσπρωχνε με τα πίσω πόδια την πόρτα στο αχούρι.

Ήταν κάτω από το υπόστεγο. Κοιτάζει καλά, τι να δει, ένα δοκάρι που έπεσε από τη σκεπή, την είχε χτυπήσει και πλακώσει ολόκληρη. Από το νοτισμένο τοίχο είχε ξεφύγει η μία άκρη του και τα υπόλοιπα δοκάρια σωριάστηκαν κάτω από το βάρος του. Ο ύπνος πέταξε με μιας.

-Σμάρω! Ξεφώνισε εκείνος και χωρίς χασομέρι έχωσε την πλάτη του κάτω από το δοκάρι και προσπαθούσε να το σηκώσει. Έτρεξαν και οι δυο γειτόνισσες, η Μάχη και η Ρήνα να βοηθήσουν. Τελικά όλοι μαζί κατάφεραν να την ανασύρουν από το βάρος που την πλάκωνε κι εκείνη άρχισε να αγκομαχά. Οι γυναίκες με κλάματα κι οδυρμούς, την ψηλάφιζαν να δουν μήπως είχε πληγές από το χτύπημα. Ο Ηλιάκης, σαστισμένος, τις έσπρωξε πέρα και με χέρια που έτρεμαν την ψαχούλευε κάτω από τη φανέλα.

-Τι έπαθες; Πες μου που κτύπησες;

-Αχ, το στήθος μου! Το στήθος μου! έλεγε ξεψυχισμένα η Σμάρω.

-Χτύπησες; Φτωχούλα μου! Εμπρός γρήγορα, θα σε κάνω καλά! Έβγαλε το αδιάβροχο και μ' αυτό τη σκέπασαν και οι τρεις μαζί την αναίσθητη Σμάρω. Ύστερα την πήρε στην πλάτη του και την έβγαλε από το αχούρι.

-Πηγαίνετε σπίτια σας, είπε στις δύο γυναίκες. Θα τα καταφέρω μόνος μου!

Την ακούμπησε στον τοίχο όρθια αλλά αμέσως την είδε να γλιστράει σιγά-σιγά έτσι όπως ήταν ακουμπισμένη στον τοίχο ώσπου σωριάστηκε κατάχαμα. Αποκοιμήθηκε έτσι σ' αυτή τη στάση με το κεφάλι γερμένο στα γόνατά της. Εκείνος δεν την ξύπνησε. Ακούμπησε κι εκείνος για λίγο στον τοίχο να ξεκουραστεί γιατί είχε πια εξουθενωθεί μ' αυτό το φορτίο που είχε στις πλάτες του, και τον πίεζε συνεχώς προς τα κάτω. Ξεκουράστηκε εκεί για πέντε λεπτά και μετά μπήκε στο στάβλο να δέσει το άλογο. Ήταν βρεγμένο ως το κόκκαλο από το χιόνι που έλιωνε στο κορμί του. Το σκούπισε με μια παλιά κάπα, αφού πρώτα το ξεσέλωσε και του έριξε ένα δεμάτι άχυρα να φάει. Ήταν για λύπηση. Αξιοθρήνητο.

Πιο πέρα στο μαντρί ο Ηλιάξης βρήκε μια προβατίνα που την είχε ξεκοιλιάσει κάποιο δοκάρι. Δεν την είχε προσέξει πριν. Το βυζανιάρικό της είχε το μουσούδι του χωμένο στις ρώγες της ψόφιας προβατίνας. Και ο Ηλιάξης ένιωσε μια μιας τόση φρίκη από το θέαμα αυτό όσο απέραντη ήταν η χαρά του για τη γυναίκα του που στάθηκε δυο φορές τυχερή, τη πρώτη φορά που ο Ψαρής, ο γενναίος μαχητής την έφερε σπίτι μισοπεθαμένη και δεν την πέταξε κάτω να θαφτεί μέσα στο πουπουλένιο, άθικτο χιόνι του μονοπατιού και τη δεύτερη με το δοκάρι. Πήρε την αγκαλιά του το ορφανό αρνάκι και πήγε να του βρει μια άλλη μάνα. Πήρε το σαμάρι που το είχε ακουμπήσει δίπλα στο άλογο και πήγε να το βάλει πάνω στο ξύλινο τραπέζι κοντά στο παραθύρι. Τότε πρόσεξε το δισάκι που ήταν κρεμασμένο στη σέλα. Καθώς το ξεκρεμούσε πρόσεξε πως ήταν πολύ βαρύ. Έχωσε το χέρι του μέσα και έπιασε το όπλο. Κι ενώ ως τώρα στο μυαλό του στριφογύριζε η έννοια της γυναίκας του και πως να την συνεφέρνει, ξαφνικά μια μακάβρια ιδέα σφηνώθηκε στο μυαλό του, και η μορφή της πρώην αγαπημένης του Ζαχάς παρουσιάστηκε μπροστά του, να κυριαρχεί ολόγυρα.

Βλέπει την να ανοίγει την εξώπορτα του σπιτιού της ξεθαρρεμένη, σίγουρη πως κάποιος ξένος διαβάτης χάθηκε νυχτιάτικα μέσα στο πυκνό χιόνι και ζητάει τη βοήθειά της για ένα βράδυ, κι αν του προσφέρει τη φιλοξενία της θα της είναι παντοτινά ευγνώμων για την καλή της πράξη, κι αντί, αντικρύζει και αναγνωρίζει αμέσως την γνωστή της Σμάρω με το όπλο στραμμένο επάνω της να την πυροβολεί, στο ωραίο πρόσωπό της και σε κλάσμα δευτερολέπτου να πέφτει στο κατώφλι της πόρτας φαρδιά-πλατιά με το αίμα της να σχηματίζει λίμνη και να πεθαίνει ακαριαία.

Η θανατερή αυτή οπτασία τον τρομάζει, ο φόβος του παρέλυσε τα νεύρα, τρέμει ολόκληρος, πάει να χάσει την ισορροπία του, κάνει μόνο δύο μέτρα παραπέρα και σωριάζεται σ' ένα σωρό από ξερά άχυρα. Κλείνει τα μάτια του και συλλογίζεται:

-Τάχα γιατί να γεννηθώ στον κόσμο τούτον Μοίρα; Αφού μονάχη εσύ έσπειρες στο δρόμο μου αγκάθια, και μέσα στα χέρια μου έβαλες το ψαλίδι, να κόψεις, η σκληρόκαρδη, να σβήσεις τις ελπίδες, τις μόνες που μου χάρισες στη ζωή μου για στολίδι; Τάχα γιατί πια να ζω; Τι θέλω πια στον κόσμο τώρα; Ας κοιμηθώ... Ναι, είναι αλήθεια, έχει παράπονο ο Ηλιάκης από τη μοίρα του. Ήταν γραφτό του να χωρίσει με την Ζαχαρούλα. Ό,τι γράφει, δεν ξεγράφει, την μοίρα δεν την αλλάζεις. Το αυτό λέει και το ποίημα, κάποιου που έπαθε τα ίδια:

Σε γλάστρα φτωχογειτονιάς, εφύτρωσες λουλούδι
κι εγώ δοκίμασα τη μοίρα σου ν' αλλάξω,
σε μια άλλη γλάστρα πλουμιστή να σε φυτέψω,
να σε θρονιάσω στης καρδιάς μου τ' άγιο θρόνο
βασίλισσα, να ζήσεις δίχως πόνο.
Όμως δεν είναι βολετό, του καθενός τη μοίρα
να την αλλάξεις όταν θες,
γιατί έχει βαθιά τις ρίζες του στο χώμα,
που ανάστησε το κάθε το λουλούδι.
Δεν θέλησες, στη γλάστρα της χαράς για να βλαστήσεις,
γιατί στα βάθη της καρδιάς σου ένα αγκάθι,
και τιποτένια πάθη,
σε κράταγαν στης μοίρας σου τη γλάστρα,
μέσα στη βρωμιά, φοβόσουνα την πάστρα.
κι όσες φορές στάθηκε χαμογελαστή μπροστά σου,
την πρόδωσες αλύπητα.

Πολλοί άνθρωποι πιστεύουν ότι η τυφλή μοίρα - πεπρωμένο κατευθύνει τη ζωή τους και ότι η τύχη τους είναι από την αρχή καθορισμένη. Με αποτέλεσμα να μένουν άπρακτοι, αφού δεν μπορούν ν' αλλάξουν την πορεία των πραγμάτων. Φυσικά πρόκειται για άτομα χωρίς εκπαίδευση και χωρίς σοβαρή θρησκευτική αντίληψη. Κάποτε ο Ηλιάδης όταν ήταν δεκαοχτώ χρόνων και περίμενε στο σαλόνι αναμονής σ' έναν οδοντίατρο να βγάλει το σάπιο δόντι, διάβασε ένα μικρό βιβλίο από κάποιον Γάλλο συγγραφέα και διηγιόταν την ιστορία μιας νεαρής και πολύ όμορφης κοπέλας την οποία είχε ερωτευτεί παράφορα ένας διάσημος χειρούργος και ενώ αυτή αγαπούσε έναν συνομήλικο νεαρό, τελικά τα χάλασε μαζί του και παντρεύτηκε τον μεσήλικα, αλλά διάσημο και πάμπλουτο χειρούργο, που έλειπε συνεχώς στο νοσοκομείο, μέρα και νύχτα αφήνοντάς την Άντα μονάχη στην πολυτελέστατη έπαυλή του. Αυτό κράτησε πέντε χρόνια, διάστημα κατά το οποίο το κορίτσι συνειδητοποίησε πως είχε αφήσει τον εαυτό της να παρασυρθεί σε μια θανατερή παρέκκλιση της τροχιάς της μοίρας. Αυτή η υποταγή στη μοίρα κράτησε όση ώρα ο άντρας της κάποιο βράδυ ήταν ακόμα στο σπίτι τους. Όταν ο γιατρός έφυγε για το νοσοκομείο, η Άντα, τηλεφώνησε στον πρώην εραστή της και με τόνο υπεροπτικό, θαρρείς και ήταν η ίδια η μοίρα, τον πρόσταξε να βρει τρόπο να την απαλλάξει από τον βάρβαρο σύζυγό της. Ύστερα το νεαρό ζευγάρι έφυγε για καλοκαιρινές διακοπές στη Νέα Ζηλανδία. Και περάσανε αυτοί καλά κι εμείς καλύτερα...

Βέβαια ο Ηλιάκης ήξερε πως αυτό ήταν μόνο ένας μύθος, αλλά σίγουρα και πάντα πίσω από το μύθο υπάρχει η καθαρή και μόνη αλήθεια. Η Άντα του βιβλίου όλο δικαιολογούσε τον εαυτό της με το γεγονός πως ο πολυάσχολος γιατρός την ζήλευε φοβερά και για τούτο προσέλαβε μια υπηρέτρια – φύλακα στο σπίτι του να κατασκοπεύει τη γυναίκα του τα βράδια, αλλά πέτυχε το αντίθετο: Χρόνο με το χρόνο η αγάπη του παράνομου ζευγαριού ριζώθηκε και η σχέση τους πήγαινε καλύτερα. Όλη αυτή την ιστορία την θυμήθηκε τώρα ο Ηλιάκης μέχρι και την τελευταία τους λεπτομέρεια. Θαρρούσε πως και ολόκληρη η δική του ζωή σταμάτησε σε εκείνη την απίθανη εποχή όταν ήταν αγαπημένο ζευγάρι με την Ζαχά. Και θυμήθηκε πάλι τις σπηλιές όπου συναντιόνταν, τα κρυφά ερωτικά τους ραντεβού, τα φλογερά φιλιά και τις παθιασμένες σαρκικές τους επαφές πάνω στη βελούδινη χλόη. Ε, και τι να πει για την αναζήτηση των βοτάνων! Η Ζαχά ήξερε περισσότερα βότανα με το όνομά τους και τη χρήση τους, ενώ ο Ηλιάκης την ξεπερνούσε στα ζωΰφια και με την τροφή τους, κάνοντάς την να νιώθει μειωμένη απέναντί του. Τότε η Ζαχά, στον τελικό τους γύρο σχετικά με τις φωλιές των πουλιών του νικούσε λέγοντάς του: -Κάνεις λάθος, αγόρι μου. Αυτή εδώ δεν είναι φωλιά κούκου μα της πέρδικας.

-Μα τα αυγά δεν είναι αυτά μιας πέρδικας; Την αποστόμωνε εκείνος.

-Σωστά τα λες. Όμως ίσως δεν ξέρεις πως ο κούκος δεν φκιάχνει ποτέ δική του φωλιά, κι όταν είναι να γεννήσει ρίχνει τ' αυγά του σε ξένη φωλιά και φεύγει. Δεν του αρέσουν οι οικογενειακές ευθύνες, όπως μου λέει ο πατέρας μου.

«Μοιάζε με τεμπέλη και ρεμπέτη άντρα. Να έχεις το νου σου να τον αποφεύγεις για να μην κακοπεράσεις στη ζωή σου, Ζαχαρούλα μου». Ο Ηλιάκης χαμήλωνε τότε το βλέμμα του από ντροπή γιατί ήξερε ότι γι' αυτόν κτυπούσε η καμπάνα. Ο Θωμάς από τότε τον είχε προκαταδικάσει για άντρα της κόρης του. Το κορίτσι του, ωστόσο, είχε αντίθετη γνώμη. Της άρεσε τόσο πολύ να κάνει παρέα με τον Ηλιάκη, παίζανε μαζί για ώρες με τις περισσότερες φορές να κερδίζει η Ζαχά χωρίς αυτό να σημαίνει ότι ο Ηλιάκης γινότανε ο εχθρός της. Δεν ήταν ανταγωνιστικός τύπος αλλά ούτε και η Ζαχά ήταν προκλητική. Εκείνος ναι μεν παραδέχονταν την ήττα του για σήμερα αλλά δεν ήταν από εκείνους που πετάει την πετσέτα γιατί θεωρούσε πως ήταν ο αδύναμος κρίκος του παιχνιδιού. Δεν ήταν απαισιόδοξος, ο τύπος του άντρα που χάνει πριν καν αρχίσει, αλλά που πάνω απ' όλα ήθελε πολύ τη συντροφιά της κοπέλας και γι' αυτό φρόντιζε να της φέρεται καλά, σαν αληθινός ιππότης. Μέσα από τα παιχνίδια τους η Ζαχά γνώρισε καλύτερα τον Ηλιάκη και ήταν αισιόδοξη ότι αν ο πατέρας τους έφερνε εμπόδια στο γάμο τους, ο σύντροφός της θα πάλευε μέχρι την τελευταία ρανίδα του αίματός του να μεταπείσει τον πατέρα της, τον ψυχρό υπολογιστή του χρήματος, και να προχωρήσουν μαζί στο δύσκολο παιχνίδι της ζωής.

Δυστυχώς, και παραδόξως ο Ηλιάκης δεν πάλεψε δυναμικά με τον ισχυρογνώμονα Θωμά στη δύσκολη φάση όταν ο ακτήμονας νεαρός ζήτησε το χέρι της κόρης από τον πατέρα της και δεν του έκανε τη χάρη να την παντρευτεί. Τα παράτησε όλα, χωρίς καν να υπεραμυνθεί τον εαυτό του, γιατί νόμιζε πως ο γέρος ήθελε το κακό του.

Το να παρατάμε μια σχέση που δεν προχωράει είναι κάτι το υγιές, αλλά εφόσον υπάρχει κάποια βάση. Πολλές φορές αμφιβάλλουμε αν υπάρχει έρωτας, επειδή παίρνουμε ως σημείο αναφοράς αυτό που μας λένε ότι πρέπει να είναι. Είναι σημαντικό να ανακαλύψουμε αν, εκτός από αγάπη, πάθος και σεβασμός, υπάρχει και συμβατότητα, αν το έτερό σου ήμισυ μπορεί να ανεχτεί τα γούστα σου, να δεχτεί όχι μόνο το χόμπι σου αλλά και τις βιοποριστικές ανάγκες.

Ο Ηλιάκης, γιος μιας πάμφτωχης οικογένειας, ήλπιζε πως με το γάμο του με την Ζαχά, θα ζούσε καλύτερη ζωή, θα γινόταν αφεντικό και θα είχε στη δούλεψή του εργάτες γης και φτωχά τσοπανόπουλα να βόσκουν τα πρόβατά του για ένα κομμάτι ψωμί και με τρύπια παπούτσια στα πόδια τους.

Οι αντίθετοι πόλοι έλκονται, αλλά τα άτομα με πολύ διαφορετικά επίπεδα ενέργειας μπορεί να χάσουν το ένα το άλλο στη διαδρομή τους.

Ήταν ο χωρισμός ίδιος με τον θάνατο για τον Ηλιάκη. Ένιωθε ταπεινωμένος, ξεφτελισμένος και φτωχότερος από φτωχός που ήταν. Πολλοί επιστήμονες λένε πως η επιτυχία στη ζωή εξαρτάται από τις προσωπικές, μεθοδευμένες κινήσεις του καθενός μας, αλλά και η τύχη παίζει σημαντικό ρόλο στην εξέλιξη των καταστάσεων. Η Σμάρω περίμενε χρόνια κάτω από την μηλιά, και όταν το μήλο έπεσε, το έπιασε σφιχτά μέσα στα δυο της χέρια.

Ένας από τους καλύτερους τρόπους να ανακαλύψεις σε ποιο βαθμό μπορείς να συμβιώσεις με τον ερωτικό σου σύντροφο είναι τα ταξίδια, εκεί όπου εμφανίζεται η ανάγκη να συζήσεις σε άγνωστο περιβάλλον, να πάρεις αποφάσεις και να κάνετε πράγματα σχεδόν πάντα μαζί, και συνεπώς είναι ένας καλός τρόπος να καταλάβεις αν μπορείς να συμβιώσεις με το άλλο πρόσωπο. Ήταν Νοέμβρης, μήνας που στη γειτονική παραθαλάσσια πόλη άρχιζε η συγκομιδή της ελιάς, αλλά και των πορτοκαλιών. Η Σμάρω που σεργιανούσε στο κέντρο του χωριού, διάβασε την τοιχοκολλημένη αγγελία στο κοινοτικό γραφείο. «Ζητάμε νέους εργάτες, άντρες και γυναίκες, για αγροτική εργασία, με δωρεάν τροφή και στέγη. Καλή αμοιβή».

-«Να την, αυτή είναι η χρυσή ευκαιρία και για σένα και για μένα» πρότεινε χωρίς να χασομερήσει στον ερωτικά απογοητευμένο Ηλιάκη.

«Δυο τρεις μήνες σε άλλη πόλη, με θερμό κλίμα, καλό φαγητό, καλά λεφτουδάκια, λίγες ώρες δουλειά την ημέρα και το βράδυ ελεύθεροι για βόλτες στην παραλία. Κι αν τύχει να είναι ζεστή η θάλασσα, ποιος θα μας εμποδίσει αλήθεια να βουτάμε γυμνοί στα χλιαρά, αλμυρά νερά της, να σφίξουν τα κορμιά μας;» φλυαρούσε και χαμογελούσε πλατιά η Σμάρω, παρασύροντας μαζί της τον απελπισμένο νεαρό στον τεράστιο ωκεανό της ευτυχίας της.

Τρεις μήνες σε άλλη πόλη, σε διαφορετικό περιβάλλον και μακριά από τα γνωστά τους πρόσωπα και τις κακές αναμνήσεις το ζευγάρι Ηλιάκης – Σμάρω είχαν κιόλας αποφασίσει να ενώσουν τις τύχες τους και να προχωρήσουν μαζί στον παραδεισένιο δρόμο της ζωής. Την άνοιξη ο πατέρας της Σμάρως έδωσε προίκα στην κόρη του το πέτρινο σπίτι ενώ βοήθησε τον Ηλιάκη να στήσει το μαντρί και τον αχυρώνα στην άλλη πλευρά του οικοπέδου. Το καλοκαίρι, την ίδια χρονιά, παντρευτήκανε και εγκατασταθήκανε εκεί.

Ζούσαν όμορφα, ήρεμα και απλά χωρίς κανένας συνταρακτικός έρωτας να αναστατώνει την καθημερινότητά τους, μα πάνω απ' όλα με την επίγνωση πως ο τέλειος έρωτας δεν σημαίνει να έχει κανείς έναν τέλειο σύντροφο, αλλά να ξέρει ότι τα άσχημα πράγματα ωχριούν μπροστά στα καλά.

Και ήταν περισσότερο η Σμάρω που απολάμβανε μια καλή ζωή, τρισευτυχισμένη σύζυγος στο πλευρό του όμορφου άντρα, ψηλός, γύρω στα 185, με κανονικό βάρος, δυνατά, μυώδη μπράτσα και γάμπες, μαύρα πυκνά και πρασέ μαλλιά, μαύρα στρογγυλά μάτια και παχύσαρκα χείλη, που όταν χαμογελούσε αποκάλυπτε μια σειρά από μικρά, άσπρα δόντια. Ήταν εν ολίγοις ένα γλειφιτζούρι για όλες τις γυναίκες που όταν περπατούσε στο δρόμο αγκαζέ με την κοντορεβιθούλα και χαμηλοκώλα Σμάρω, η μεγάλη κακοφκιασιά της τον έκανε να φαντάζει στα μάτια τρίτων όμοιος με τον Απόλλωνα. Ένα μόνο ήταν το παράπονο της Σμαρώς: Λαχταρούσε δύο χρόνια τώρα να κάνει ένα γιο που να έχει όλα τα όμορφα σουσούμια του πατέρα του, να σουλατσάρει στο δρόμο ανάμεσα σε δυο άντρες – σωματοφύλακές της, να τη ζηλεύουν όλοι, να μη φοβάται κανένα και να μη της λείπει τίποτα.

Ο Ηλιάκης όμως, άγνωστο γιατί, την απέφευγε σαν το διάολο το θυμίαμα στο κρεβάτι και όταν εκείνη τον πίεζε τόσο πολύ, το έκανε μηχανικά χωρίς να εκσπερματώνει. Κάποτε όμως ο διάολος πέφτει και σπάει το ποδάρι του, μένει έγκυος η Σμάρω και γεννάει ένα αγόρι, φτυστό η μάνα του. Το βαφτίσανε Κυριακούλη, επειδή γεννήθηκε Κυριακή αλλά το φωνάζανε χαϊδευτικά Κούλη.

Όταν ο Κούλης άρχισε να περπατάει, η μαμά του τον έκανε την πρώτη του βόλτα «ντεπούτο» μια ανοιξιάτικη μέρα περνώντας έξω από το σπίτι της Ζαχάς. Κοντοστάθηκε στην αυλόπορτα και χάζευαν δήθεν ρίχνοντας πετρίτσες στο καβούκι μιας χελώνας ώσπου να βγάλει το κεφάλι της έξω. Και όταν αυτό έγινε η μαμά είπε:

-«Να, να, βλέπεις Κούλη μου, πόσο περίεργη είναι αυτή η χελώνα! Ξεμύτισε από το καβούκι της για να σε δει, να δει πόσο όμορφο παιδάκι έχει η Σμάρω» φώναξε δυνατά, όλο σαρκασμό να την ακούσει η καλόγρια Ζαχά, ενώ δεν έπαιρνε τα μάτια της από το παράθυρο να τη δει να κρυφοκοιτάζει πίσω από την κουρτίνα με ζήλεια τον γιο της. Ήταν φοβερά προκλητική η μεν, αλλά υπομονετική η δε.

Οι τρεις γυναίκες που κάθονταν στην αυλή στο απέναντι σπίτι, αφού είδαν την σκηνή ως το τέλος, δεν μπόρεσαν να μη κουτσομπολέψουν τα παλιά γεγονότα.

-Τέτοια σατανική γυναίκα δεν έχω ξαναδεί. Όσο μπόϊ της λείπει, άλλη τόση διαολιά έχει μέσα της αυτή η πιθαμιάρα. Πήγε να τη σκάσει την δύστυχη Ζαχά, είπε η πρώτη.

-Αμ δε! Δεν της έκανε τη χάρη να βγει στο δρόμο να ξεμαλλιαστούνε. Να δώσει λαβή για σχόλια στη γειτονιά της η Ζαχά, μια περήφανη αρχοντοπούλα!» συμπλήρωσε η δεύτερη.

-Μη κοιτάς το ποδάρι το στραβό, κοίτα τη τύχη την ίσια» κατέληξε η τρίτη.

-Έχει η γούνα της ράμματα, της Σμάρως. Ο Θεός αργεί, αλλά δεν λησμονεί», πήρε ξανά το λόγο η πρώτη. «Έχει ο καιρός γυρίσματα» πρόσθεσε σουφρώνοντας τα χείλη.

-Φταίχτης είναι ο Θωμάς, ο πατέρας της. Το πήρε στο λαιμό του το κορίτσι. Βρήκε όμως παρηγοριά στον ουράνιο πατέρα, αφού της κατέστρεψε την ευτυχία της ο επίγειος. Που να μη γλυκαθεί η ψυχή του Θωμά», μουρμούρισε η πρώτη.

Και ποιος ξέρει πόση λάσπη θα της έριχναν ακόμα της Σμάρως αν από την ντροπή της δεν έβαζε τη ουρά στα σκέλια της και σαν βρεγμένη γάτα ξεκίνησε να φύγει, σέρνοντας νευρικά το παιδί από το χέρι του. Περπατούσε άσκοπα μέσα στους δρόμους πλαταγίζοντας με τις μπότες της μέσα στις λακκούβες και δόστου συνέχιζε να πηγαινοέρχεται γύρω από το σπίτι της Ζαχάς με το κεφάλι της βαρύ από τις σκέψεις και η νευρικότητα μετατράπηκε σε σιωπηλή οργή. Και ήταν λες και στην ψυχή της είχε ένα αγκάθι που δεν την άφηνε να σκύψει. Αυτή η παλιά ερωτική σχέση του Ηλιάκη με τη Ζαχά ήταν ένα φαρμακερό τριβόλι που της τρυπούσε και μάτωνε την καρδιά της. Κι όλο έφερνε στη θύμησή της την περασμένη ζωή του άντρα της.

Λένε ότι στη σκοτεινή πλευρά του φεγγαριού κρύβονται πολλά πράγματα, όμως το ίδιο συμβαίνει και με τη σκιερή πλευρά κάθε ανθρώπου. Οι άνθρωποι είμαστε ζώα δύσκολα, σκεπτόμενα, κινούμε από διάφορες ορμές, πέραν των βασικών. Αναπτύσσουμε ισχυρές προσωπικότητες, χαρακτήρες πολύ διαφορετικούς. Μπορεί, βέβαια, να είναι καλό να κρατάμε την κακή μας διάθεση στη σκοτεινή πλευρά, όμως το να κρύβουμε εκεί ολόκληρες πλευρές της προσωπικότητάς μας είναι συνήθως χειρότερο από την αντιμετώπισή τους. Γιατί έτσι τις κληροδοτούμε στο σκοτάδι. Και ήδη ξέρουμε ότι το κακό τρέφεται με τα σκοτάδια. Ο Ηλιάκης ήταν ολιγομίλητος και φευγάτος από το σπίτι τους όλη μέρα. Γυρνούσε αργά το βράδυ για να κοιμηθεί. Μέσα στο σκοτάδι έμοιαζε με επικίνδυνο τέρας με το οποίο η Σμάρω έπρεπε να παλέψει σαν τέρας ενάντια σε τέρας. Προσπαθούσε να δει στην άβυσσο της ψυχής του, αλλά το μόνο που κατάφερε ήταν να κοιτάξει η άβυσσος μέσα από τη δική της ψυχή. Το να ζούμε μόνο το παρόν είναι μία από τις μεγάλες προκλήσεις της ζωής. Αν κοιτάξουμε στο παρελθόν και στο μέλλον γεννιούνται μέσα μας φόβοι, ψευδείς πεποιθήσεις και δεισιδαιμονίες που μας εμποδίζουν να έχουμε ήσυχη ζωή και πλήρη ικανοποίηση. Σχεδόν σε κάθε τι που κάνουμε, ξαναθυμόμαστε μια προηγούμενη κατάσταση ή αναρωτιόμαστε τι θα συμβεί με αυτή στο μέλλον. Κι έτσι, το παρόν αποδυναμώνεται. Η προσοχή έχει μεγάλη σημασία, αλλά όχι στο παρελθόν. Δώσε την προσοχή σου στην συμπεριφορά σου, στις αντιδράσεις σου, στις ψυχικές καταστάσεις σου, στους φόβους και στις επιθυμίες όπως συμβαίνουν στο παρόν. Σ' αυτό βρίσκονται το παρελθόν για σένα. Δεν θα βρεις τον εαυτό σου πηγαίνοντας προς το παρελθόν. Θα τον βρεις μονάχα ζώντας στο παρόν.

*

Είχε χωθεί μέσα στα άχυρα, να κρυφτεί από τον φόβο, να μείνει μόνος του και να βάλει μια τάξη στο μυαλό του για τα χθεσινοβραδυνά γεγονότα. Η φάτνη ζεστή από τα χνώτα των αλόγων και των προβάτων αγκάλιασαν το σώμα και το πνεύμα του, ζεστάθηκε και αποκοιμήθηκε. Ξύπνησε τρεις ώρες αργότερα, σαν μέσα από βαθύ λήθαργο και κοίταξε γύρω του. Εκείνη τη νύχτα φύσηξε κρύος βοριάς, έπεσε χιόνι, όχι και πολύ πυκνό, όμως ως τις εννέα-δέκα το πρωί όλα ήταν κατάλευκα. Στο αχούρι έκανε κρύο. Οι νυφάδες του χιονιού γλιστρούσαν τώρα από τη καταφαγωμένη από τις βροχές σκεπή, στροβίλιζαν στο θαμπό φως του φαναριού κι ύστερα έπεφταν ανάλαφρα πάνω στις ξυλιασμένες προβατίνες και τα μικρά τους. Ο Ηλιάκης περιφέρονταν ασταμάτητα ανάμεσα στα πρόβατα, εκτελώντας το καθήκον του, σαν στρατιώτης του σώματος ενταφιασμού στο πεδίο της μάχης. Μπήκε σε ενέργεια η αιώνια μαεστρία και σκοτούρα του τσοπάνη: Το να βρει τροφή για το κοπάδι εκεί στο βουνό, εκεί που άλλος στη θέση του θα τα παρατούσε. Όμως ο Ηλιάκης ο καϋμένος μένει μόνος, πρόσωπο με πρόσωπο με το χειμώνα. Στην αυλή είχε αστροφεγγιά. Το χιόνι έπεφτε πυκνό, ωστόσο το υπόστεγο ήταν στεγνό και η σκεπή έδειχνε γερή όπως πρέπει. Όταν από την γωνία που σχημάτιζε ο τοίχος του σπιτιού με το υπόστεγο άκουσε την γυναίκα του:'

-Έλα, Ηλιάκη, ξύλιασα εντελώς, με σκέπασε το χιόνι. Η φωνή της τον ξύπνησε. Την είχε ξεχάσει έξω για 3 ώρες. Την πλησίασε. Τα χέρια της ήταν παγωμένα και μύριζε ολόκληρη από φρέσκο χιόνι. Κουνούσε ανήσυχα το κεφάλι της και ξερόβηχε. Το όπλο της ήταν παγερό και μουσκεμένο. Σιωπούσε ο καινουργιοφερμένος χειμώνας, αθόρυβα και βιαστικά έκανε τη δουλειά του στα σκοτεινά, χωρίς να ρωτήσει κανένα… ώστε το πρωί όλοι σαν τον δουν να βγάλουν ένα επιφώνημα και ν' αρχίσουν τα τρεχάματα και τις ετοιμασίες. Ο Ηλιάκης σήκωσε το βλέμμα του και κοίταξε ψηλά. Οι πελώριοι και σκοτεινοί όγκοι των βουνών είχαν παγώσει μέσα στη νύχτα. Όμως αυτωνών καρφί δεν τους καίγεται. Βουνά είναι και όπως έστεκαν έτσι και θα εξακολουθούσαν να στέκονται. Η Σμάρω ξαπλωμένη κατάχαμα τον ικέτεψε.

-Να μου έφερνες τουλάχιστον το παιδί μου. Αυτή είναι η μοναδική μου παράκληση. Να το δω για τελευταία φορά. Μετά κάνε τη δουλειά σου. Έχεις το δικαίωμα…

Έκανε μια προσπάθεια να ανασηκωθεί, μα αμέσως έπεσε στην αρχική της θέση. Δεν συμπόνεσε ο Ηλιάκης τη Σμάρω, αν και στο βάθος της ψυχής του, τη εκτιμούσε για την ειλικρίνειά της αυτή. Χάνονταν μέσα της η δύναμη του χαρακτήρα της. Ο Ηλιάκης έβλεπε μετά λύπης του, πως το κορίτσι δεν θα έπαιρνε ακόμα και αν συνέχιζε να ζει, το σωστό δρόμο… Ό,τι κι αν της έλεγε δεν θα τον άκουγε, αλλά ούτε κι εκείνος θα καθόταν να την ακούσει. Δεν ήθελε πια να τον μαλακώσει κι άλλο.

*

Τρεις μήνες γνωριμίας δεν είναι αρκετός χρόνος για να διαλέξεις κάποια να κάνεις οικογένεια, μαθαίνεις τον σύντροφό σου φιλτράροντάς τον με το πέρασμα των χρόνων. Πολλοί από αυτούς προσθέτουν στη ζωή μας, αλλά υπάρχουν άλλοι που μας απογοητεύουν και μας φθείρουν. Τελευταία γίνεται πολύς λόγος για τις σχέσεις – φίλοι ή σύζυγοι – που μας βλάπτουν ψυχολογικά, για τα τοξικά άτομα, τους βρικόλακες συναισθημάτων και τους κλέφτες ενέργειας. Ωστόσο, στην αρχή δεν αντιλαμβανόμαστε πάντα την παρουσία τους και όταν το καταλαβαίνουμε πολλές φορές τους αποφεύγουμε σαν να είναι τέρατα, χωρίς να σκεφτούμε ότι μπορεί όλοι να γινόμαστε τοξικοί κάθε τόσο στους άλλους, και πριν κατακρίνουμε τον άλλον για κακή συμπεριφορά, καλό είναι να εξετάσουμε τον δικό μας τρόπο συμπεριφοράς. Όλοι περνάμε άσχημα πότε – πότε.

Υπάρχουν άτομα που δεν είναι τοξικά, αλλά περνάνε μια άσχημη στιγμή και τότε χρειάζονται τη στήριξή σου. Όμως, όπως λόγου χάρη η Σμάρω, υπάρχει κι αυτός – ή που ποτέ δεν θ' αλλάξει. Αυτοί που δεν ακούνε και αντιστέκονται στην βελτίωση. Είναι τελικά αυτά τα τοξικά άτομα χωρίς γιατρειά. Τις κακές σχέσεις κι εκείνες που διατηρούνται από καθαρή συνήθεια ή ανάγκη πρέπει να τις αφήνεις να φεύγουν. Χωρίς ενοχή και χωρίς τύψεις, κυρίως, χωρίς φόβο. Η μέρα προχωρούσε προς το μεσημέρι και το χιόνι συνέχιζε τον τρελό χορό του, και μέσα στη σιγαλιά του πρωινού και από την πλευρά του υπόστεγου ακούστηκε μια σπαραχτική, απόμακρη φωνή. Η κραυγή έκοψε τον αέρα σαν σπαθί και με μιας σώπασε. Ήταν η φωνή της Σμάρως που τον παρακαλούσε να δει τον Κούλη για τελευταία φορά πριν το εγκαταλείψει για πάντα κι εκείνος κρατούσε το πείσμα του και την κακία. Μα μπορεί να λέγεται άνθρωπος μετά απ' όλα αυτά; Τι άλλο είναι στον κόσμο το πιο ιερό από την τελευταία επιθυμία ενός ετοιμοθάνατου; Και πάλι μπροστά στα μάτια του φάνηκε η μορφή της γυναίκας του που προσπαθούσε καβάλα στο άλογο να φτάσει μέσα στη νύχτα στο σπίτι της άλλης με κακές προθέσεις. Κι αυτός τις της απάντησε τότε; Την εμπόδισε με κάποιο τρόπο να φύγει; Κι όταν έφυγε τι έκανε, τι συνέβηκε στην Ζαχά Την σκότωσε εξ επαφής στο ίδιο της το σπίτι χωρίς λόγο; Κι αν κατηγορηθεί ως συνεργός της γυναίκας του ενός εγκλήματος; Άραγε είναι δυνατόν να συγχωρέσει ποτέ τον εαυτό του; Ο Ηλιάκης μπήκε στο σπίτι. Το παιδί στέκονταν στο παράθυρο και κοίταξε έξω το χιόνι. Ένα πεινασμένο σπουργίτι, χτυπούσε με το ράμφος του το τζάμι. Ο Ηλιάκης το πλησίασε, το πήρε στη αγκαλιά του κι ύστερα το άφησε ξανά. Το πήρε από το χέρι και μαζί διέσχισαν το χιονισμένο δρομάκι που οδηγούσε στον στάβλο. Στο υπόστεγο η ετοιμοθάνατη Σμάρω, άπλωσε τα αδύναμα χέρια της να το υποδεχτεί.

-Συγχώρα με Κούλη, συγχώρα με, έκλαιγε με σπαραγμό η μάνα.

Ο Ηλιάκης γύρισε το πρόσωπό του προς τον τοίχο. Ο Κούλης δακρυσμένος την πλησίασε, αγκαλιάστηκαν και αναλύθηκαν και οι δυο σε λυγμούς.

-Δεν θα έχεις πια τη μαμά σου, δεν θα έχω πια τον γιο μου! Συγχώρα με Κούλη, συγχώρα με, έλεγε με αναφιλητά η Σμάρω.

Εκείνη τη στιγμή ήρθε η γιαγιά, η μάνα του Ηλιάκη και τους χώρισε. Η Σμάρω τους κοίταξε κλαίγοντας σιωπηλά και ο Κούλης άρχισε να κλαίει ακόμα πιο σπαραχτικά για τη μαμά του. Ράγιζε η καρδιά του Ηλιάκη καθώς έβλεπε το παιδί να τινάζεται στην αγκαλιά της γιαγιάς του γιατί μακριά από τη μαμά του δεν μπορούσε να ζήσει, δεν μπορούσε να φανταστεί την ζωή του, τον εαυτό του χωρίς αυτή. Ένας σπαραχτικός αποχωρισμός. Ναι, όμως αυτή ήταν η τελευταία επιθυμία της Σμάρως, που το είπε πεθαίνοντας μπροστά στους δύο άντρες. Μπορεί να το επιβεβαιώσει κι ο γιος της στους άλλους. «Και τι μ' αυτό, ένας ετοιμοθάνατος μπορεί να λέει ότι του κατέβει, στο παραμίλημά του». Τι θα τους απαντούσε τότε ο Ηλιάκης;

Την ευθύνη την έχει εκείνος που επιλέγει.

Υπάρχουν άνθρωποι που είναι αληθινά αρκετά έμπειροι στο να ρίχνουν το φταίξιμο αλλού: στις περιστάσεις, στους ανθρώπους γύρω τους, στην κοινωνία, ακόμα και στην κακή τύχη.

Αλλά το βέβαιο είναι ότι, τις περισσότερες φορές, ό,τι μας συμβαίνει είναι δική μας ευθύνη. Αν δεν περάσουμε στο πανεπιστήμιο, οφείλεται στο ότι δεν μελετήσαμε αρκετά. Αν χωρίσουμε από τον άντρα μας, σημαίνει ότι δεν έχουμε φροντίσει αρκετά αυτή τη νόμιμη σχέση. Αν αρρωστήσει το άλογό μας, οφείλεται στο ότι δεν το περιποιηθήκαμε καλά μετά από ένα τόσο μεγάλο ταξίδι μέσα στο χιόνι. Οι σκέψεις μας είναι αυτές που μας εμπλέκουν στις καθημερινές μας καταστάσεις. Δεν είναι τα γεγονότα που κάνουν την πραγματικότητα αλλά οι κρίσεις και οι ερμηνείες μας σχετικά με το τι συμβαίνει. Αν το μικρό παιδί σου πάθει διάρροια, οφείλεται στο ότι του έδωσες χαλασμένο φαγητό, κι όχι ότι κάποιος άλλος θέλησε να το δηλητηριάσει.

Την άλλη ώρα ο Ηλιάκης, λίγο πριν το μεσημέρι, μπήκε στο στάβλο. Ο Ψαρής στέκονταν με ριγμένη την μαύρη κάπα στην πλάτη του σαν το πένθιμο χασά. Το χιόνι που έπεφτε πάνω του από την τρύπια σκεπή έλιωνε αμέσως. Ορφάνεψε τ' άλογο έμεινε δίχως τη νοικοκυρά. Στέκεται τώρα ολομόναχο, μ' αδειανό σαμάρι. Ο Ηλιάκης το πλησίασε και έπεσε πάνω στη χαίτη του, σηκώθηκε κι ύστερα έπεσε ξανά. Ο άντρας ταλαντεύτηκε για λίγο. Του ήταν δύσκολο να παραιτηθεί από την απόφαση που είχε πάρει. Είχε πάει ως την πόρτα αλλά αμέσως γύρισε πίσω και με μάτια βουρκωμένα και βαριά φωνή μίλησε στο άλογό του.

-Εμπρός ετοιμάσου. Πάρε δύναμη. Ξεκινάμε αμέσως. Κι άρχισε να ντύνεται σιωπηλά. Η καταχνιά στροβίλιζε στα βουνά, σαν τα νερά που κυλούν αργά σε σιγανό ρεύμα. Μαλακά κι ανάλαφρα έπεφταν οι μεγάλες τούφες του πρώιμου χειμωνιάτικου χιονιού. Ολομόναχος, στις σκοτεινές πλαγιές, πήγαινε ο Ηλιάκης στο νοερό κάλεσμα τις φίλης του Ζαχά που την είχε απαρνηθεί οκτώ χρόνια πριν. Το χιόνι ράντιζε το κεφάλι, πλάτες, γένια και τα χέρια. Καθισμένος σαν άγαλμα στη σέλα δεν το τίναξε, επειδή αυτό βοηθούσε να σκέφτεται καλύτερα. «Πως να είναι άραγε; Κι αν στ' αλήθεια είναι βαριά τραυματισμένη; Ή μήπως έχει πεθάνει;». Η κρυφή του ανησυχία για την αιώνια και μεγάλη του αγάπη φώλιαζε τώρα μέσα του και τον πλήγωνε κατάκαρδα. Το χιόνι συνέχιζε τον τρελό χορό του. Ο Ηλιάκης σπιρούνιασε το άλογο. Σύντομα πίσω από τον λόφο κάτω στον κάμπο θα φαίνονταν το χωριό της Ζαχάς. Πως να είναι τάχα; Ας γίνονταν θεέ μου να την έβλεπε το συντομότερο. Και μέσα στη σιγαλιά του μεσημεριού και από το μέρος το δικό της, ακούστηκε μια σπαραχτική φωνή. Ο καβαλάρης έκοψε τη φόρα του αλόγου και αφουγκράστηκε. Όχι δεν ακούγονταν τίποτε. Ίσως να παράκουσε. Έφτασαν στο υψωματάκι. Κάτω χαμηλά, ανάμεσα στους άσπρους και χιονισμένους κήπους και στους γυμνούς μπαξέδες ξεχώρισαν τα σοκάκια του Βίκου, που εκείνη την ώρα ήταν έρημα. Ψυχή δεν υπήρχε πουθενά. Και μόνο σε μια αυλή ήταν μαζεμένος κόσμος πολύς που από μακριά ξεχώριζε σαν ένας μαύρος σωρός. Ήταν η αυλή της Ζαχάς. Μα τι θέλουν και μαζεύτηκαν τάχα; Τι να συνέβηκε άραγε; Μήπως στ' αλήθεια… Ο Ηλιάκης ανασηκώθηκε στη σέλα, ύστερα άρχισε να καταπίνει σπασμωδικά τον παγωμένο αέρα που τον τσίμπαγε. Για μια στιγμή κοκκάλωσε, αμέσως όμως σπιρούνιασε το άλογο και πήρε τον κατήφορο. -«Δεν είναι δυνατόν! Μα πώς; Δεν είναι δυνατόν η Σμάρω να πέτυχε διάνα τον στόχο της». Κι αμέσως ένιωσε τόσο άσχημα, λες κι ήταν αυτός ο φταίχτης για ότι συνέβαινε εκεί κάτω.

Η Ζαχά, η μοναδική του φίλη και αγαπημένη, του έστειλε με τηλεπάθεια το μήνυμά της, τον παρακάλεσε να 'ρθεί να τον δει για τελευταία φορά πριν τον εγκαταλείψει για πάντα κι εκείνος καθυστερούσε να τακτοποιήσει την δολοφόνα γυναίκα του.

Ο Ηλιάκης κρατώντας τα χαλινάρια του αλόγου έλεγε μέσα του: «Ναι Ψαρή, εμείς οι δύο χάσαμε τη Ζαχά μας. Δεν υπάρχει πια…. Γιατί τότε δεν είχες μιλιά να μου φωνάξεις, να με σταματήσεις;

Γιατί δεν σου 'δωσε γλώσσα κι εσένα ο Θεός; Κι εγώ που λέγομαι λογικός άνθρωπος αποδείχθηκα χειρότερος από σένα. Εγκατέλειψα τη φίλη μου καταμεσής του δρόμου, δεν γύρισα να την δω, δεν αντιστάθηκα στην πίεση του πατέρα της. Σκότωσα τη Ζαχά, την σκότωσα με τα ίδια μου τα λόγια αγάπης που δεν τα είπα....». Είχε φτάσει τώρα κοντά στο σπίτι της, ο δρόμος πίσω από τον αυλότοιχο ήταν στρωμένος με πουπουλένιο χιόνι. Γύρω, μόλις που διέκρινε σαν σε ομίχλη τα πρόσωπα των άλλων, που σκυμμένοι με τα φτυάρια ξεχιόνιζαν την αυλή του σπιτιού της ως τον δρόμο. Δεν άκουσε όταν κάποιος είπε:

-Πάρτε τον Ηλιάκη, πηγαίνετέ τον στη φυλακή.

Μερικοί άπλωσαν τα χέρια και με τη βία τον κατέβασαν από το άλογο και αγκαζέ τον πέρασαν ανάμεσα από τους εργάτες, που άρχισαν να ξεφωνίζουν.

-Είσαι λιποτάκτης! Τους λιποτάκτες στον πόλεμο τους εκτελούσαν!

Ο Ηλιάκης ατρόμητος συνέχιζε να προχωρά προς την πόρτα του σπιτιού.

-Σταμάτα, σου λέω, του ξαναφώναξε ο άντρας με το φτυάρι, πιάνοντάς τον απ' το μανίκι.

Μα ο Ηλιάκης του ξέφυγε και συνέχισε το δρόμο του. Και ξαφνικά είδε να πλέουν μπροστά στα μάτια του άσπρες σπίθες που έσβυναν σιγά-σιγά σ' ένα σύννεφο από καπνό. Ένα αναπάντεχο κτύπημα στο σαγόνι τον έριξε κάτω. Όταν συνήρθε πέντε λεπτά μετά, είδε εκείνη τη στιγμή μία γυναίκα που κρεμάστηκε από τα χέρια του σκαφτιά, προσπαθώντας να του αποσπάσει το φονικό φτυάρι. Ήταν η Ζαχά, είχε τυλιγμένο το κεφάλι της με κόκκινο, πλεχτό σάλι.

-Φύγε, Ηλιάκη. Αυτός έχει σκοπό να σε σκοτώσει! Ξεφώνησε ο Ζαχά, ενώ μπήκε μπροστά του για να τον προφυλάξει από την οργή του Νικήτα, που του πετούσε μπάλες από χιόνι, ενώ εφώναζε συνεχώς:

-Στη φυλακή είναι η θέση σου! Στη φυλακή! Έξω! Έξω απ' εδώ! Στη φυλακή!

Ο Ηλιάκης έκανε πίσω μουρμουρίζοντας λαχανιασμένος. «Ναι, στη φυλακή είναι η θέση μου!» επανέλαβε ήρεμα και τα χείλη του τρεμόπαιξαν και ξέσπασαν σ' ένα γέλιο σπαραχτικό που το προκάλεσε η προσβολή που τον έκαιγε τώρα μέσα του και η στενοχώρια και όλα όσα έκαναν να ξεχειλίσει το ποτήρι.

-Λοιπόν, είπε καρφώνοντας το βλέμμα του στον Νικήτα, προσπαθώντας με το ζόρι να κατευνάσει τα χείλη που χόρευαν.

-Τι άλλο έχεις ακόμα να μου σύρεις; Γιατί μου μιλάς μ' αυτό τον τόνο; συνέχισε ο Ηλιάκης. «Αφήστε με να σας εξηγήσω ήρεμα, να σας δώσω να καταλάβετε». -«Ώστε έτσι! Ήρθες εδώ να μας εξηγήσεις. Κάνε πέρα», τον έσπρωξε ο Νικήτας. «Να βράσω τις εξηγήσεις σου τις μπαγιάτικες. Φύγε! Η θέση σου είναι στη φυλακή!».

Καταφοβισμένος και από τη σαστιμάρα του ο Ηλιάκης πάνω στον Ψαρή τραβούσε τα λουριά του. Το πήγαινε πότε απ' εδώ και πότε απ' εκεί με τα χαλινάρια να ξεσχίζουν τα κόκκινα και ζεστά του χείλη, ενώ στα γουρλωμένα μάτια του ήταν ζωγραφισμένα η φρίκη και ο τρόμος.

-«Φύγε, Ψαρή, κάνε πέρα! Μια άλλη μέρα θα επιστρέψω να πιάσω αυτόν τον δούλο του άρχοντα με το φτυάρι!» συνέχισε να ουρλιάζει ο Ηλιάκης, χτυπώντας ασταμάτητα το κεφάλι του αθώου αλόγου, τον Ψαρή, το φημισμένο άλογο, ο Ψαρής, παρών πάντα σε χαρές και λύπες, έτρεχε τώρα θρυψαλίζοντας με τις οπλές του τους παγωμένους σβώλους στο δρόμο. Πέρα μακριά στον αχανή ορίζοντα, φάνταζε η ρόδινη ανατολή. Και μέσα στο γλυκοχάραμά της μια καινούργια αυγή γεννιόταν για τον καβαλάρη του, που όλο μεγάλωνε κι απλώνονταν μέσα στη γκρίζα καταχνιά του σούρουπου. Το άλογο έτρεχε προς τα εκεί, σ' εκείνη την αυγή, λες και πήγαινε να συναντήσει το μοναδικό αστέρι που ακόμα έλαμπε στον ουρανό του Ηλιάκη. Πήγαινε ολομόναχος μες στον έρημο δρόμο, που βροντολογούσε από το ρυθμικό του τρέξιμο. Καιρό είχε να πάει ο Ηλιάκης με τον Ψαρή. Το τρέξιμό του ήταν όπως πάντα ορμητικό και σταθερό. Ο αέρας ανέμιζε τη χαίτη και χάϊδευε το πρόσωπο του καβαλάρη. Ήταν καλό άλογο ο Ψαρής πάνω στην ακμή του.

Σ' όλη τη διαδρομή ο Ηλιάκης σκέφτονταν με απορία; Γιατί άραγε η Σμάρω γύρισε σπίτι τους το χάραμα; Έχασε τον προσανατολισμό της και περιπλανιόταν άσκοπα μέσα στα λαγκάδια, εκτεθειμένη στον παγερό αέρα της νύχτας;

Κι ας υποθέσουμε ότι η γυναίκα του δεν το κατηύθυνε στο σωστό δρόμο προς τη Ζαχά, πράγμα απίθανο για μια μικρή απόσταση, ο Ψαρής όμως; Τι ήθελε; Μήπως ξεστράτισε σκόπιμα για να της αποδείξει πως δεν ήταν σύμφωνος με την απόφασή της να σκοτώσει τη Ζαχά; Τώρα πια ποτέ δε θα το μάθει ο Ηλιάκης το γιατί, όσο και να προσπαθούσε, γιατί εκείνη η γυναίκα του στο υπόστεγο ποτέ πια δεν θα μπορέσει να μιλήσει. Αλήθεια υπάρχουν μερικές λέξεις που είναι φοβερές στο άκουσμά τους: «Ποτέ πιά». Μετά απ' αυτό τίποτε δεν χωράει να πεις. Διάφορες σκέψεις τον πλημμύριζαν και όσο προσπαθούσε να τα ξεχάσει και να τα ξεριζώσει όλα τόσο ξαναζωντάνευαν μέσα του. Όχι, φαίνεται πως δεν τέλειωσαν όλα ακόμη. Μαζί του και πάνω του είχε το φουσκωμένο πορτοφόλι του. Θα πάει σ' ένα γνωστό καταφύγιο, κάτι σαν χάνι, που σερβίρουν ζεστό κρασί και ψητά παϊδάκια γίδας του βουνού. Θα πιεί αρκετά να λυθεί η γλώσσα του και θα τους πει ποιος ήταν ο Θωμάς για τον κόσμο και γι' αυτόν τον ίδιο. Θα τους μιλήσει για τον εαυτό του και πως η Ζαχά κι αυτός ήταν όμοιοι σαν δύο σταγόνες νερού, αγαπημένοι, σφιχτά δεμένοι, ένα σώμα, μία ψυχή, κι έτσι έπρεπε και ο Θωμάς να τους βλέπει: Σαν τα δάχτυλα ενός χεριού.

*

Δεν χρειάζεται οι φίλοι να είναι πολύ παλιοί για να είναι σύντροφοι. Πραγματικά, ένας καινούργιος και ανέλπιστος φίλος, αλλά με τον οποίο δημιουργούμε μια έντονη συντροφικότητα, μπορεί να φτάσει να μας καταλαβαίνει καλύτερα από κάποιον με τον οποίο κάνουμε χρόνια παρέα. Η Ρήνα και η Σμάρω παντρευτήκανε με τρία χρόνια διαφορά. Πρώτα η Ρήνα παντρεύτηκε τον Αντρέα κρυφά επειδή δεν την ήθελε η μάνα του και ούτε θέλει να την αναγνωρίζει ακόμα και τώρα για νύφη της, και το ίδιο συνέβηκε και στη Σμάρω μετά το βιαστικό γάμο της με τον Ηλιάκη. Οι δύο απορριπτέες νύφες από τις πεθερές τους που έτυχε να είναι και γειτόνισσες πολύ σύντομα ανακάλυψαν η μία την άλλη στην αρχή με μισόλογα και τραυλίσματα ότι είναι ομοιοπαθείς. Και έτσι γεννήθηκε η φιλία τους, δύο νέες γυναίκες να ορθώνονται μαζί μέσα στην απέραντη ερημιά του δάσους. Πίσω από τις δύο έστεκε η Μάχη, γειτόνισσα μεν αλλά όχι κολλητή φίλη τους, έπιανε κάπου-κάπου τη κουβέντα με την Ρήνα πάνω σε γενικά και αόριστα θέματα.

Ποτέ της η Σμάρω δεν θα εξομολογούνταν στη Μάχη την απόφασή της να αντιμετωπίσει κατά πρόσωπο την αντίζηλό της Ζαχά ακόμα και με κίνδυνο της ζωής της λόγω του άσχημου καιρού, το περασμένο βράδυ. Το φορτίο ήταν καθαρά δικό της και μόνο με τη Ρήγα είχε τη χαρά να το μοιραστεί. Η Ρήνα την καταλάβαινε πριν ακόμα ανοίξει το στόμα της, η παρηγοριά και η στήριξή της άξιζαν όσο χίλιες λέξεις. Ωστόσο, και κατ' εξαίρεση, όταν και οι δυο γειτόνισσες άκουσαν το γδούπο που έκανε η σκεπή στο αχούρι της Σμάρως έτρεξαν τρομαγμένες και βοήθησαν τον Ηλιάκη να την ανασύρει αναίσθητη, εξαντλημένη και παγωμένη, μέσα από τα συντρίμμια. Ο πονηρός άντρας τις έστειλε και τις δυο στα σπίτια τους αφού πρώτα τις ευχαρίστησε για τη βοήθειά τους. —«Πηγαίνετε, θα τα καταφέρω μόνος μου» είχε πει πολύ νωρίς το πρωί όταν η Σμάρω είχε πέσει από το άλογο.

Η Ρήνα τον κοίταξε στα μάτια, τον καθρέφτη της ψυχής του όπου μέσα του καθρεφτίζονταν η ντροπή και ο φόβος. Στο πρόσωπο της Σμάρως διέκρινε την κρυφή ελπίδα ότι μπορεί να υπολογίζει σε μια αδερφή ψυχή που την γνωρίζει σε βάθος και δεν θα την αφήσει αβοήθητη. Η Ρήνα ασχολήθηκε με τις δουλειές του σπιτιού της και δεν κατάλαβε πως πέρασε η ώρα. Είχε πάει σχεδόν τρεις το απόγευμα όταν σκέφθηκε να πάει να δει πως τα πάει η Σμάρω με την υγεία της. Έβαλε ζεστή κοτόσουπα σ' ένα κατσαρολάκι και πήγε δίπλα στο σπίτι της. Χτύπησε την πόρτα, αλλά κανένας δεν απαντούσε. Δοκίμασε να την ανοίξει, μα ήταν κλειδωμένη.

-Σμάρω, άνοιξε την πόρτα. Εγώ είμαι η Ρήνα. Ήρθα να δω πως είσαι», φώναξε δυνατά.

-Ρηνούλα, Ρηνούλα, βοήθεια, την καλούσε απεγνωσμένα η φίλη της η Σμάρω, κάτω από το υπόστεγο ξεψυχισμένα. Αγκομαχούσε. Δεν μπορούσε να σαλέψει. Έκλαιγε, έκλαιγε, έκλαιγε.

-Και τώρα τί θα γίνει; Τόσες δουλειές κι εγώ να είμαι ανήμπορη. Πως θα τα βγάλουν πέρα μοναχοί τους; Μιλούσε αχνά η Σμάρω.

Η Ρήνα της χάιδεψε το κεφάλι. «Τι είναι αυτά που λες Σμάρω, μην ανησυχείς. Φτάνει εσύ να σταθείς στα πόδια σου. Κι όλα τ' άλλα είναι ανοησίες, θα τα βολέψουν», την καθησύχασε η Ρήνα. Και η βαριά τραυματισμένη Σμάρω σαν να ξαλάφρωσε απ' τα λόγια της χαμογέλασε μέσα από τα δάκρυα.

-Καλά τα λες. Έτσι είναι. Μη μου κρατάτε κακία. Σε δυο-τρεις μέρες θα σηκωθώ, θα δείτε, μουρμούρισε η Σμάρω κι αμέσως έκλεισε τα μάτια της. Σώπασε για λίγο κι ύστερα ξαναμίλησε. «Που είναι ο Ηλιάκης; Ακόμα δεν ήρθε;». Η Ρήνα της είπε: «Έχει πάει το γάλα στο τυροκομείο. Όπου να 'ναι θα φανεί». «Ναι, ναι. Πρέπει να τον δω. Δεν θα συγχωρέσω ποτέ αυτό στον εαυτό μου. Εγώ φταίω. Σε παρακαλώ, πες στο παιδί μου, είπε στη Ρήνα, πως του ζητώ συγνώμη, να μη μου κρατάει κακία που το αφήνω ορφανό, μη το ξεχάσεις».

Ύστερα έχασε τις αισθήσεις της. Πονούσε. Πεθαίνοντας, είχε στυλώσει το βλέμμα της με αγωνία θαρρείς και κάποιον περίμενε. Ύστερα βουβάθηκε. Σιγόκλαιγε τραβώντας τα μαλλιά της. Έφυγε η Σμάρω, πήρε μαζί της και τη μισή Ρήνα, ένα κομμάτι από τη ζωή της. Έτρεμε ολόκληρη, πήγε να χάσει την ισορροπία της και θα έπεφτε κάτω λιπόθυμη αν δεν την βαστούσε από τους ώμους της η Μάχη που στέκονταν ώρα πίσω της άναυδη με όσα άκουγε τη Σμάρω να λέει. Το όπλο δίπλα στο άψυχο κορμί της ήταν τώρα πια άχρηστο. Ωστόσο έβαλε τις δύο γυναίκες σε σκέψεις:

-Τι ξέρεις; ρώτησε η Μάχη με τρεμάμενη φωνή από το φόβο τη Ρήνα.

-Τα ξέρω όλα. Ένα μόνο θέλω να μάθω. Αν η Ζαχά είναι ακόμα ζωντανή ή έχει πεθάνει νωρίτερα από τη Σμάρω.

-Πολύ λυπάμαι, ψιθύρισε η Μάχη. Περισσότερο λυπάμαι για τον Ηλιάκη, πως του 'τυχε τέτοια συμφορά. Δεν θα 'ταν καλύτερα να πας και να τα πεις όλα η ίδια στην αστυνομία;

-Δεν ξέρω, Μάχη. Δεν έχω αποφασίσει ακόμα τι θα κάνω. Εγώ πάντως θα εκτελέσω την τελευταία επιθυμία της φίλης μου. Με παρακάλεσε και της το υποσχέθηκα. Θα κάνω έτσι όπως μου το ζήτησε εκείνη προτού πεθάνει. Θέλω να έχω ήσυχη τη συνείδησή μου απέναντι στη μνήμη της. Μου εμπιστεύτηκε το μυστικό της, πως μπορώ να την προδώσω;

-Αν αυτή σου το εμπιστεύτηκε, πως μπορώ εγώ να μη το εμπιστευτώ στον ανακριτή, να ξεμπλέξει ο άμοιρος Ηλιάκης; αναρωτήθηκε η Μάχη.

Κεφάλαιο 6

Η γνώμη χωρίς γνώση είναι τυφλή

Λέγεται πως υπάρχουν περισσότερες γνώμες απ' ότι άνθρωποι, κι αυτό είναι αλήθεια, ενώ συνηθίζουμε να έχουμε γνώμη για όλα, για ό,τι γνωρίζουμε με βεβαιότητα, για ό,τι πιστεύουμε με κλειστά μάτια, για ό,τι σκεφτόμαστε χωρίς να το στριφογυρνάμε και πολύ στο μυαλό, ακόμα και για κάτι που δεν του έχουμε αφιερώσει ούτε δύο σκέψεις. Επειδή προτιμάμε να λέμε κάτι παρά να σωπαίνουμε και να δείχνουμε ότι δεν ξέρουμε για τι πράγμα μιλάμε. Ο μεγάλος εχθρός της αλήθειας πολύ συχνά δεν είναι το ψέμα, αποφασισμένο, κατασκευασμένο και ανέντιμο, αλλά ο μύθος, επίμονος, πειστικός και εξωπραγματικός. Πρέπει να ξέρουμε ότι τα λόγια μας θα τα ακούσουν ή θα τα διαβάσουν και, προπαντός, θα τα θυμούνται. Αυτά είναι το σήμα κατατεθέν μας και μας προσδιορίζουν ως ανθρώπους. Και, όπως λέει το ρητό, υπάρχουν τρία πράγματα που δεν ξαναγυρνάνε: Η χαμένη ευκαιρία, το εκτοξευμένο βέλος και η λέξη που ήδη είπαμε. Και όπως τόνιζε ο Ράσσελ «Οι γνώμες που διατηρούνται με πάθος είναι πάντα αυτές που δεν έχουν μία καλή βάση».

Η συζήτηση που έκανε η Ρήνα με τη Μάχη πάνω από τη νεκρή Σμάρω είχε ως εξής: Η Ρήνα γνώριζε από πριν, όπως της είχε πει η εκλιπούσα τώρα Σμάρω, ότι θα πήγαινε το προηγούμενο βράδυ στο σπίτι της Ζαχάς, να την απειλήσει να μην ασχολείται με τον γιο της με πρόφαση την χριστιανική του διαπαιδαγώγηση μέσα από το κατηχητικό, γιατί πίστευε πως στην πραγματικότητα η Ζαχά ζήλευε τη μάνα του που με την καπατσοσύνη της διέλυσε τη σχέση που είχε με τον Ηλιάκη και τον παντρεύτηκε αυτή. Όταν όμως η Ρήνα είδε δίπλα στο πτώμα της το όπλο, φαντάστηκε χωρίς να το καλοσκεφθεί, ότι η Σμάρω πάνω στη νευρική ταραχή της έβαλε πυρ και τη σκότωσε. Περιπλανήθηκε με το άλογό της όλη νύχτα μέσα στο χιονισμένο τοπίο του δάσους ώρες και ώρες κυνηγημένη από τις τύψεις. Όταν γύρισε τα χαράματα σπίτι της ξυλιασμένη και φοβισμένη, με το αίμα της να έχει παγώσει στις φλέβες της, έπαθε κρίση άγχους, λιποθύμησε και η καρδιά της σταμάτησε να χτυπά.

Η Μάχη, σύμφωνα με αυτά που της είπε η Ρήνα, συμπέρανε κάτι πιο φριχτό: Ότι και οι δύο γυναίκες του Ηλιάκη, η πρώην και η νυν, είναι και οι δύο σήμερα πεθαμένες;

Αιτία του διπλού φονικού το πάθος δύο γυναικών για ένα άντρα. «Το πάθος είναι το μέτρο εκείνων που δεν έχουν μία λογική πεποίθηση». Όταν το μυστικό το ξέρουν περισσότεροι από δύο, παύει να είναι μυστικό. Ήταν Σάββατο, μέρα αργίας. Μέσα σε λιγότερο από μία ώρα το χωριό είχε βουΐξει με το τραγικό συμβάν. Η καμπάνα στο χωριό της Σμάρως χτυπούσε πένθιμα πολλές φορές ώστε να ξέρουν οι χωριανοί για τον θάνατο της άτυχης νέας γυναίκας και να παρευρεθούν στην κηδεία της, που θα γινόταν στην εκκλησία της Παναγίας Φανερωμένης, μια εκκλησία κοινή για δύο οικισμούς, τον οικισμό Μελίσσι της Σμάρως και τον διπλανό Βίκο όπου έμεινε η Ζαχά. Ήταν ακόμη άγνωστο για τους Μελισσιώτες αν και οι δυο κηδείες θα γίνονταν την ίδια ώρα. Δυο φέρετρα το ένα δίπλα στο άλλο. Δυο αντίπαλες νέες γυναίκες εν ζωή, δύο διαφορετικοί χαρακτήρες, δύο θανάσιμες εχθρές, να τις φιλιώνει ο Χάρος. Όσο μικρότερο το χωριό, τόσο πιο κακοί και περίεργοι οι άνθρωποι. Του ενήλικα η περιέργεια έχει να κάνει με τις υποθέσεις των συνανθρώπων του, οι οποίες δεν τον αφορούν και η οποία δεν έχει καμία σχέση με την ουσιαστική γνώση, όπως του μικρού παιδιού. Είναι ελάττωμα και το έχουν κυρίως γυναίκες, -χωρίς ενδιαφέροντα που η ζωή τους σε μικρές κοινωνίες κυλάει μέσα στην μονοτονία και την πλήξη. Η διπλή κηδεία, αν και ένα ουσιαστικά θλιβερό γεγονός για τα δυο χωριά, το κουτσομπολιό και η κακολογία ωστόσο, θα τους έδινε την ευκαιρία να σπάσουν την μονοτονία ακόμα και μέσα στον ιερό ναό. Δεν έχουν το Θεό τους οι άνθρωποι! Η φύση κάνει τη φαντασία να οργιάζει! Η εγκράτεια τότε είναι οδυνηρή!

Το τι έχουν να δουν τα μάτια τους δεν περιγράφεται. Προβλέπεται πάντως η νεκρική σκηνή να ξεπεράσει σε θεαματικότητα και την πιο μελοδραματική ταινία του σινεμά. Ο Ηλιάκης, σαν άλλος δίδυμος αδερφός του σταρ του σινεμά Αλεξανδράκη, ανάμεσα σε δυο μεγάλες αγάπες, με το πένθος του να τον δείχνει πιο γοητευτικό, μέσα στο μαύρο γαμπριάτικο κουστούμι, ο πόνος για τον χαμό της Ζαχάς που κάποτε την είχε ερωτευτεί παράφορα αλλά και η σκληρή μοίρα διέλυσε το δεσμό τους, και της Σμάρως που την παντρεύτηκε βιαστικά-βιαστικά αμέσως μετά την ερωτική απογοήτευση για να ξεχάσει την πρώτη, η θλιμμένη όψη του μαγνήτης να τραβά όλα τα γυναικεία βλέμματα μέσα στην εκκλησία. Και να η εύλογη απορία όλων που αψήφησαν το τσουχτερό κρύο και το παγωμένο χιόνι, εν πρώτοις να πουν το τελευταίο τους αντίο στις δυο μοιραίες γυναίκες, προ πάντων όμως να κάνουν χάζι με τον χηρευάμενο για δεύτερη φορά, Ηλιάκη: Για ποια πονάει πιότερο η καρδιά του; Για ποια χύνουν μαύρο δάκρυ τα μάτια του; Αν ήταν να κοπεί στα δύο στη μέση σε ποια θα χάριζε το πάνω μισό του κορμιού του και σε ποια το κάτω μισό; Πως θα είναι η ζωή του στο μέλλον; Ένας βοσκός σώγαμπρος σε ξένο σπίτι και μ' ένα μικρό παιδί, ορφανό από μάνα στα πέντε του χρόνια; Πόνος και η ανέχεια έχουν χτυπήσει την πόρτα του, σκέφτονται οι γύρω του ανήσυχα.

Κήδεψαν τη Σμάρω το απόγευμα του Σαββάτου. Ο θαμπός δίσκος του ηλίου μόλις που διακρίνονταν ανάμεσα από τα ξεθωριασμένα σύννεφα που έμεναν στο ίδιο μέρος λες και ήταν καρφωμένα. Κολυμπούσαν ακόμη στον αέρα μαλακές, υγρές νιφάδες χιονιού. Στον άσπρο κάμπο, σαν μαύρο σιωπηλό ποτάμι, κυλούσε η νεκρική πομπή. Κι έμοιαζε πως το ποτάμι αυτό ξεφύτρωσε εντελώς ξαφνικά και πως για πρώτη φορά χάραζε την κοίτη του. Μπροστά, στο αυτοκίνητο, ένα κλειστό φορτηγό, με ανοιχτά τα πλαϊνά του πήγαινε η σορός της Σμάρως, σφιχτά κι ερμητικά τυλιγμένη σε άσπρο σάβανο. Δίπλα στον οδηγό καθόταν ο πατέρας της, και πίσω στα δεξιά της η μητέρα της και η μεγαλύτερη αδελφή της ενώ στ' αριστερά της ήταν οι δύο άλλες της αδερφές.

Δυο μοναχά πήγαιναν πίσω ακριβώς από τη νεκροφόρα, με τα πόδια. Ήταν ο άντρας της ο Ηλιάκης και ο γιος τους ο Κούλης, που κρατούσε τα χαλινάρια του αλόγου της μακαρίτισσας μάνας του, τον Ψαρή, με αδειανό το σαμάρι. Όλες οι γυναίκες του χωριού ακολουθούσαν πίσω της, σιγοτραγουδώντας μοιρολόγια. Τελευταίοι την ακολουθούσαν οι άλλοι καβάλα στα άλογα. Ο δρόμος ήταν στρωμένος με πουπουλένιο χιόνι. Μια φαρδιά και σκούρα, σκαμμένη από τις οπλές των αλόγων λωρίδας ακολουθούσε στο κατόπι τα ίχνη της πομπής. Κι ήταν και θαρρείς πως υπογράμμιζε κι αυτή τον τελευταίο δρόμο της Σμάρως.

Ο δρόμος που έβγαζε στο λόφο κι απ' εκεί στην εκκλησία και το νεκροταφείο, τελείωνε για τη Σμάρω, δίχως επιστροφή. Ο Ηλιάκης, κρατώντας τον Κούλη από το χέρι του, έλεγε μέσα του: «Ναι Κούλη, εμείς οι δύο χάσαμε τη Σμάρω μας. Δεν υπάρχει πια...».

Το αυτοκίνητο μπήκε στο προαύλιο της εκκλησίας. Κατέβαιναν ένας-ένας τα μέλη της οικογένειάς της. Ο Ηλιάκης με το γιο του περπάτησαν για λίγο κατά μήκος του αυλακιού, ύστερα σταμάτησαν κοντά σ' ένα πεσμένο δέντρο. Κάθισα. Σώπαιναν. Ο κόσμος τους κοιτούσε και ο καθένας σκέφτονταν τα δικά του. «Τι είναι η ζωή, σκέφτονταν – ήξεραν τον Κούλη από τη μέρα που γεννήθηκε και τώρα κοίταξε πως μεγάλωσε. Νομίζω πως το μέστωσε η ίδια η στενοχώρια. Σε λίγα χρόνια θα πάρει τη θέση του Ηλιάκη. Κι έτσι έπρεπε να γίνει. Τα παιδιά βλέπεις παίρνουν τη θέση του πατέρα. Και η ζωή συνεχίζεται. Μόνο να δώσει ο Θεός να μοιάσει του πατέρα του, να μυαλωθεί και να ανεβεί ψηλότερα από εκείνον, για να κάνει και τον εαυτό του ευτυχισμένο και τους άλλους. Γι' αυτό και γινόμαστε γονείς, πατεράδες και μανάδες, με την ελπίδα πως κάποια μέρα τα παιδιά μας θα γίνουν καλύτεροι από μας, αυτό είναι το πάν.

Τέσσερις άντρες κατέβασαν τώρα το φέρετρο απ' το αμάξι, το σήκωσαν στους ώμους και όταν έφτασαν στην είσοδο της εκκλησίας, το κατέβασαν. Ο κόσμος πίσω από το φέρετρο στριμώχνονταν ποιος θα μπει πρώτος. Ανυπομονούσαν να δουν τη στιγμή που η νεκρή Ζαχά, από τον Βίκο, θα υποδέχονταν σοβαρή και σιωπηλή την επαναστάτρια Σμάρω, που της άρεσε πάντα να «μπουκάρει» στα προσωπικά των άλλων. Ύστερα, αμέσως μετά ακούστηκε η λυπητερή ψαλμωδία, μελωδία που έβγαζε η συριχτική χορδή του παλιού αρμόνιου. Έμοιαζε σαν τον αέρα που ουρλιάζει ανήσυχα και σαν κάποιος άνθρωπος να τρέχει στα χωράφια, κλαίγοντας, μοιρολογώντας λυπητερά. Η Ζαχά, όρθια, σκυμμένη ελαφρά πάνω από τα πλήχτρα, μαυροφορεμένη, ξεχώριζε ανάμεσα σ' ένα πλήθος γυναικών που είχε έρθει νωρίτερα από τον Βίκο να αποχαιρετήσουν για τελευταία φορά την πνευματικά άρρωστη γυναίκα από το Μελίσσιο.

Γύρω, μέσα στην εκκλησία, θαρρείς και όλοι κρατούσαν την αναπνοή τους, σώπαιναν, κεραυνόπληκτοι από την απρόσμενη τροπή που πήρε η υπόθεση και έμοιαζε να τρέχει μόνο μια φωνή μέσα στον κάμπο, μια φωνή γεμάτο ανθρώπινο πόνο.

Και η γυναίκα αυτή έτρεχε και δεν ήξερε που να σταθεί από την σύγχυση. Που να παρηγορηθεί μέσα στη σιωπή και την ερημιά του δάσους, που κανείς δεν της απαντούσε. Έκλαιγε έτσι μόνη της, ακούγοντας το ίδιο της το κλάμα. Ο Ηλιάκης κατάλαβε, πως η Ζαχά έπαιζε για την Σμάρω το «μοιρολόϊ του εγωϊστή κυνηγού».

«Μη με ρωτάς πατέρα», του απάντησε ο γιος. «Είμαι εδώ για τιμωρία μου. Μ' έφερε εδώ η Γκρίζα Γίδα, και με καταράστηκε βαριά. Σκότωσέ με και θάψε με εδώ δα».

Όταν η Ζαχά σταμάτησε να παίζει το μοιρολόϊ στο παλιό αρμόνιο, ο ιερέας άρχισε να ψάλλει τη νεκρώσιμη ακολουθία με απόλυτο σεβασμό και βαθιά κατάνυξη, με περίλυπο ύφος και σπασμένη φωνή από τη συγκίνηση για τη συγχωριανή του που έφυγε για πάντα από αυτό τον κόσμο. Και με τον ίδιο τόνο συνέχισε τον επικήδειό της: «Άνθρωπος σημαίνει «άνω θρώσκω», κοιτάξω ψηλά. Η αδελφή μας Σμάρως, λόγω της πολύχρονης ασθένειάς της, η οποία είχε δαιμονική προέλευση κατά τα λόγια του Χριστού, είχε χάσει εδώ και χρόνια αυτή την αίσθηση. Κάθε άνθρωπος με τον τρόπο ζωής του μπορεί να χάσει την αναφορά του στο Θεό, υποκύπτει στις πιέσεις και τις απαιτήσεις των παθών και των δαιμόνων. Απομακρύνεται από τον Θεό και ο νους του γίνεται «η κτηνώδης ή δαιμονιώδης». Ενώ πλάστηκε να κουμαντάρει την ψυχή και το σώμα του, καταλήγει χειρότερος και από τα ερπετά και τα τετράποδα. Πραγματικά σέρνεται. Η εκλιπούσα Σμάρω υπέμενε μαρτυρικά την ασθένειά της, τελικά θεραπεύτηκε σήμερα Σάββατο μέσα στην εκκλησιαστική τούτη αίθουσα. Οκτώ χρόνια υπομονής με την ασθένειά της βρήκε την πολυπόθητη υγείας της από τον Χριστό, τον υιό του Θεού. Γι' αυτό όσα και όποια κι αν είναι τα παραπτώματά μας, οι πτώσεις μας, τα βάσανα, τα τραύματα, οι θλίψεις, οι στενοχώριες και οι συμφορές μας, να μη λησμονούμε ποτέ τη θεία λειτουργία που γιατρεύει τα συντρίμματα των ψυχών και των σωμάτων μας. Ο χειρότερος σύμβουλος είναι η απελπισία. Υπομονή κι επιμονή στην προσευχή μας προς τον Θεό για τη σωστή, ευλογημένη αντιμετώπιση κάθε πειρασμού του διαβόλου. Ο φθόνος, ένα πρόβλημα του σημερινού ανθρώπου. Βλέπουμε, ωστόσο, μεταστροφές πολλών ανθρώπων με άσχημο πρότερο βίο. Η χάρη του Θεού οδήγησε πολλά πληγωμένα πρόβατα στο σωστό δρόμο, κι εμείς αντί να χαιρόμαστε για την αλλαγή τους, ασκούμε απρεπείς κριτικές σε αυτά τα αδέλφια μας. Ας κάνουμε χώρο θαλπωρής και στοργικής υποδοχής στην καρδιά μας για τη φίλη μας τη Σμάρω, ας μην αντιδράσουμε αφύσικα ή και με κάποια υποσυνείδητη ζήλεια για τη μεταθανάτιο σωτηρία της ψυχής της. Ας κάνουμε όλοι μας μια αυστηρή ενδοσκόπηση, ώστε να νιώσουμε ότι θα είμαστε ο τελευταίος ασθενής όλων. Τότε δεν θα έχουμε λόγο να υποφέρουμε από αυτού του τύπου τους βλαβερούς λογισμούς για τον συνάνθρωπό μας, τόνισε με γλυκύτητα ο πατέρας Νικόλαος σταυρώνοντας με τα ενωμένα δάχτυλά του το πολυπληθές εκκλησίασμά του. Ξαφνικά σώπασαν τα χείλη του, μα κάρφωσε επίμονα το βλέμμα του στις δυο επιστήθιες φίλες της πεθαμένης Σμάρως: Τη Ρήνα και τη Μάχη. Θυμήθηκε κάτι σπουδαιότερο και ξαναμίλησε:

«Ευλογημένη σιωπή που μέσα σε σένα ακούω τις μυριάδες μυστικές φωνές του παντός! Ω! ταραχή και βουή της πολιτείας που με εμποδίζεις να ακούω τον υπερκόσμια αυτή και πολύηχη σιωπή». «Αυτό που ακούσατε είναι φιλοσοφημένοι στίχοι για τη σημασία της σιωπής» εξήγησε. «Με απλά λόγια εννοεί ότι είναι εύκολο για όλους και όλες μας να μιλάμε για να μιλάμε, να δίνουμε λάθος πληροφορίες για να πείσουμε τους άλλους για το μήκος νήματος της ζωής των άλλων», χωρίς να σκεφτόμαστε ότι συκοφαντούμε άδικα τυχόν αθώους και άσχετους με τα γεγονότα συνανθρώπους μας», πρόσθεσε με στόμφο. «Φυσικά όλοι σας έχετε ακούσει πως στο τέλος δεν γίνεται αυτό που θέλουν οι άνθρωποι, αλλά αυτό που θέλει ο Θεός. Και ήταν πράγματι θέλημα θεού, το άλογο που καβαλούσε η συγχωρεμένη Σμάρω, όταν κατάλαβε τις κακές προθέσεις που είχε για τη Ζαχά, άλλαξε πορεία πεντακόσια μόνο μέτρα πριν φτάσει στο σπίτι της και πάνω στο θυμό της την σκοτώσει με το όπλο που είχε μαζί της, και της αφαιρέσει τη ζωή της. Με αποτέλεσμα να θρηνούμε σήμερα δυο θύματα. Και ήταν θεϊκό πρόσταγμα ο Ψαρής να διασχίζει το χιονισμένο δάσος με αργό βήμα αντί να καλπάζει ξέφρενο και ρίξει την παράλυτη από τον πάγο καβαλάρισσά του σε κανένα γκρεμό, πράγμα που θα δυσκόλευε την ανεύρεση του πτώματός της. Κι ύστερα, σε τελευταία ανάλυση να αφηνόταν να την ξεσχίσουν και να την κατασπαράξουν τα θηρία και τα άγρια πουλιά. Οι ψυχές εκείνων που μένουν άταφοι, περιπλανώνται βουτηγμένες στην απελπισία, χωρίς να έχουν κάπου να αναπαυτούν. Η ταφή των νεκρών είναι το πιο ιερό καθήκον κάθε ανθρώπου και όχι μόνο των συγγενών αλλά και κάθε ξένου που μπορεί να βρει κανείς».

-Θα άκουγα τη φωνή της, όπου κι αν βρισκόταν, να με ικετεύει: «Αδελφή μου, εχθρά μου, αλλά πάντα αγαπημένη. Θάψε με στο χωριό μου, για να με σκεπάσει λίγο χώμα από την πόλη μου», τον διέκοψε η Ζαχά με αποφασιστικότητα. «Κι όχι μόνο αυτό, αλλά έχω φροντίσει με τη βοήθεια του Συλλόγου Γυναικών του Βίκου να μοιράσουμε κόλλυβα, μία μερίδα ψάρι πλακί με ρύζι, κόκκινο κρασί και ένα κομμάτι σιροπιαστή καρυδόπιτα σε όλο το εκκλησίασμα για να μείνει αξέχαστη η μνήμη της Σμάρως. Όλα αυτά στο κυλικείο της εκκλησίας μας μετά την ταφή. Καλό της ταξίδι».

Οι περισσότεροι ένευσαν ναι με το κεφάλι τους. Σε όλη τη διαδρομή ως το νεκροταφείο ο Ηλιάκης ζητούσε από τη Σμάρω συγχώρεση. Και μέσα στον τάφο όταν κατέβηκε στο λάκκο με τον Κούλη, μιλούσε στη νεκρή γυναίκα του, αγγίζοντας το κορμί της που κείτονταν στο αιώνιο χωμάτινο κρεβάτι.

-Συγχώρα με, Σμάρω. Αντίο. Ακούς Σμάρω, συγχώρα με! Ήταν λάθος μου που δεν σε κλείδωσα στο σπίτι προχθές το βράδυ. Δεν θα μας άφηνες τώρα μόνους. Ήσουνα τόσο ξεροκέφαλη. Επίμονη στις δικές σου ιδέες. Δεν άκουγες κανένα άλλο, να γίνεις καλύτερη! Δεν είμαι Ιησούς να κάνω θαύματα. Στο καλό, να μας θυμάσαι πάντα, αγνή παρθένα, Σμάρω!» απολογιόταν δυνατά ο Ηλιάκης να τον ακούνε όλοι που στέκονταν πάνω από τον τάφο. Έσκυψε και την φίλησε στο μέτωπο. «Έλα, αγόρι μου, η σειρά σου να αποχαιρετήσεις τη μαμά σου», είπε με πατρική στοργή στον Κούλη. Ο μικρός γονάτισε και χάιδεψε τα κρύα χέρια της. «Μαμάκα, πότε θα γυρίσεις σπίτι; Αύριο το πρωί;» τη ρώτησε με πικρό παράπονο ο μονάκριβος γιος της, χωρίς να πάρει απάντηση.

Έπεσαν στο φέρετρο οι πρώτοι σβώλοι από χώμα κι ύστερα έπεσαν βροχή απ' όλες τις πλευρές και από τα φτυάρια. Γέμισαν τον λάκκο κι ένας νωπός τάφος υψώθηκε στο λοφίσκο. «Καλό σου ταξίδι Σμάρω!...».

Προχώρησαν όλοι, ο ένας πίσω από τον άλλο, εκτός από την οικογένεια της νεκρής, για το μακρόστενο κυλικείο, εξοπλισμένο με όλα τα είδη εστιατορίου, μια σπουδαία δωρεά, ένα τεράστιο κοινωφελές έργο του Ηπειρώτη ευεργέτη Μάνου Κωστίκα που ζει και εργάζεται στη Σουηδία. Στα δύο τζάκια, στη βόρεια και νότια πλευρά, έκαιγαν κούτσουρα πεύκου και βελανιδιάς σκορπίζοντας λάμψη και ζεστασιά στην αχανέστατη αίθουσα. Οι θαμώνες μετά το πρώτο ποτηράκι κρασιού, έβγαλαν τα πανωφόρια τους να νιώθουν πιο άνετα. Η ζωή έχει τις χαρές έχει και τις λύπες της. Και το καλό δεχούμενο και το κακό δεχούμενο. Και η ζωή συνεχίζεται... χάρη στο μεγαλείο ψυχής της ωραίας Ζαχάς!!!

-Ζαχαρούλα, σε θέλω... να κουβεντιάσουμε

*

Ο Θωμάς, ο παππούς του Έρασμου σώπασε.

-Λοιπόν αυτά. Εγώ φεύγω τώρα αμέσως, πρέπει να είμαι στη συγκέντρωση στις πέντε. Νομίζω πως θα προλάβω να είμαι μέχρι τότε εκεί, αν πάω με το άλογο, δεν πηγαίνει χειρότερα από ένα αυτοκίνητο, αστειεύτηκε ο παππούς, σκουπίζοντας τα μάτια του που είχαν δακρύσει από τα νευρικά γέλια.

-Πολύ βιαστικός μου είσαι παππούκα μου, πρόφερε ο Έρασμος κι έπειτα έπεσε σε βαθειά συλλογή. Κοίταξε κατάματα τον Θωμά, ύστερα άγγιξε με τα δάχτυλά του τα βαθουλωμένα και ρυτιδιασμένα μάγουλά του και χαμογελαστός του είπε:

-Εσύ παππού ποτέ δεν θα γέραζες. Ο αέρας του βουνού και το κατσικίσιο γάλα είναι μεγάλη υπόθεση για την εξωτερική εμφάνιση του ανθρώπου. Κάτι άλλο σε γέρασε. Ο Έρασμος σοβαρεύτηκε. Τώρα έπρεπε ν' αρχίσει με τον Θωμά μια μεγάλη συζήτηση «Βαρύ πράγμα να φεύγεις από το σπίτι σου, κόποι μιας ολόκληρης ζωής να πάνε χαμένοι, να τ' αφήνεις σε άλλα χέρια και να πας σε άλλο τόπο να ζήσεις, ν' αρχίσεις μετά από πολλά χρόνια από την αρχή. Να το βλέπεις και να σου πιάνει η καρδιά».

-Έχω μια όρεξη να δουλεύω σ' όλη μου τη ζωή, είναι γιατρικό μου» γέλασε ξανά ο Θωμάς. Ο Έρασμος όμως δεν γέλασε.

-«Η αλήθεια είναι ότι κι εγώ δεν τον αγαπάω», είπε με βιαστική ζωηρότητα σαν μαθητριούλα ο Έρασμος. Μα ο γέρος απάντησε σε όλη του τη σοβαρότητα!

-«Ποιόν;»

-«Τον Ηλιάκη, τον πατέρα μου». Ο Θωμάς δίστασε μια στιγμή, κι έριξε ένα λοξό βλέμμα στον εγγονό του.

-«Και γιατί δεν τον αγαπάς;»

-«Δεν ξέρω. Μου φαίνεται πως είναι κούφιος άνθρωπος, κούφιος και κακός συνάμα».

-Ε, λοιπόν ξέρεις, εσένα δύσκολο να σε ικανοποιήσει κανείς. Εμένα όλη τη ζωή με κατηγορούσες για τη σκληρότητά μου, αυτόν όμως βλέπω δεν τον συμπαθάς... Δεν ξέρω. Δεν τα έχω ξεκαθαρισμένα καλά ακόμα τα πράγματα. Ακόμη δεν μπορώ να ξέρω.

Σώπασαν και οι δύο. Ο Θωμάς ήθελε να διηγηθεί στον Έρασμο πως με την σκληρότητά του απέρριψε την πρόταση του Ηλιάκη να παντρευτεί την κόρη του. Από την μεριά του ο Ηλιάκης απόδειξε τον μαλθακό του χαρακτήρα, αυτού του άντρα που δεν μπορεί να αντιμετωπίσει τις δυσκολίες, που κατέρρευσε κάτω από την πίεση του μελλοντικού πεθερού του, που έγινε χίλια δυο ψίχουλα. Το να είναι κανείς υπερβολικά μαλακός ίσως είναι εμπόδιο σε μια ανταγωνιστική κοινωνία. Ωστόσο, η ακαμψία επίσης μπορεί να είναι πρόβλημα. Τα υπερβολικά σκληρά άτομα δύσκολα τα χειριζόμαστε, γιατί ποτέ δεν μπαίνουν σε καλούπι. Κι αν τα πιέσουμε πολύ, κάποιες φορές καταλήγουν να σπάσουν και να διακόψουν εντελώς τις σχέσεις τους. Για παράδειγμα ο ίδιος. Εξοργίστηκε με την επιμονή του Ηλιάκη να θέλει να παντρευτεί την Ζαχά και τον έστειλε στον διάολο.

Τότε ο γελοιοποιημένος, απορριπτέος και υποτιμημένος Ηλιάκης, ένας νεότατος, ωραιότατος και υγιέστατος άντρας έδειξε τη δύναμή του, την έκανε να λάμψει μέσα από την αδυναμία του: Υπάρχει μια ιστοσελίδα σήμερα στο Facebook, όπου προβάλλονται ειδήσεις όπου άντρες απ' όλο τον κόσμο δείχνουν τη συμπόνια και την τρυφερότητά τους σώζοντας κατοικίδια ή άγρια ζώα. Και οι περισσότεροι είναι στρατιωτικοί, αστυνομικοί ή πυροσβέστες, γιατί αυτοί περισσότερο από τον καθένα γνωρίζουν ότι η καλοσύνη και η τρυφερότητα, πιο πολύ από τα όπλα, είναι που θα σώσουν τον κόσμο. Ο Ηλιάκης παντρεύτηκε την φτωχή, κοντοστούμπου Σμάρω και μαζί της απέκτησε ένα γιο, τον Κούλη. Ήταν με οικογένεια.

Προχώρησε τη ζωή του. Εμ' πως δεν ήταν δα μικρό πράγμα να αποκτήσει δικό του μαντρί μ' ένα μεγάλο κοπάδι πρόβατα, αλλά κυρίως το προσωπικό του άλογο. Να αγαπητέ Θωμά, να φίλοι και γνωστοί μου, οι καρποί της ευγένειας και της τρυφερότητας!

Ο Έρασμος ήθελε τώρα να πει στον Θωμά: -Πραγματικά, ο Ηλιάκης κατάφερε όχι μόνο να επιβιώσει αλλά να ζήσει σε μια καταπληκτική εποχή, σαν ανατολή του ήλιου. Με τα πρόβατά του, τον ΨΑΡΗ του, το άλογό του. Τι αυτοκίνητο μου λες! Όμως του φάνηκε πως η ώρα ήταν ακατάλληλη και πως ήταν μάταιος ο κόπος, δεν θα τον έπειθε τον παππού. Άλλαξε κι άρχισε να μιλάει γι' αυτό που θα τον χαροποιούσε ιδιαίτερα:

-Πολύ καλά ως εδώ για τον Ηλιάκη. Μα τα καλά πράγματα δεν κρατάνε για πάντα. Υπάρχει άνοδος, υπάρχει και κάθοδος. Και τώρα είμαστε στη φάση που πεθαίνει η γυναίκα του, και έρχεται η ώρα η καλή για την Ζαχά να γεμίσει το κενό που άφησε πίσω της η Σμάρω. Σωστά τα λέω, παππού; είπε ο Έρασμος. Ο Θωμάς θύμωσε. Δεν ένιωθε και τόσο καλά με τον Έρασμο, που του αρέσει όλα να τα λέει ορθά-κοφτά, να προσέχει πως θα την πει την κάθε λέξη, χωρίς να τρέμει και να κομπιάζει, αλλά να την ξεστομίζει λες και την είχε κάπου γραμμένη. Και σε ποιόν; Στον παππού που είχε μεγάλη πείρα από κατεργαριές και πισώπλατα μαχαιρώματα. Σκεπτόταν να σταματήσει τον διάλογο που είχε ανοίξει με τον Έρασμο, μα κάτι τον έτρωγε μέσα του. Άλλωστε ο συνομιλητής του το καλό του παππού του ήθελε.

-Και ήρθε ο Ηλιάκης να μείνει στο σπίτι σου αμέσως μετά την κηδεία;

-Όχι, όχι την ίδια ημέρα. Έδωσε περιθώριο χρόνου στη Ζαχά να το κουβεντιάσει το ζήτημα μαζί μου πρώτα.

-Και πως αντέδρασες εσύ τούτη τη δεύτερη φορά; ρώτησε ο Έρασμος.

-Την κατσάδιασα. Δεν θα την άφηνα να κάνει του κεφαλιού της, γιατί θα 'βρισκε τον μπελά της με τον πιτσιρίκο του, τον Κούλη.

-Μάντης είσαι πατέρα; Έχεις καμιά προαίσθηση; μάνιασε η Ζαχά. Σ' αρέσει να κρίνεις τα πράγματα πριν της ώρας. Είσαι εκτός θέματος.

-Ωραία κόρη μου. Ας υποθέσουμε πως εγώ πέφτω έξω. Ο Θεός να δώσει εγώ να κάνω λάθος. Όμως και οι άλλοι στο χωριό έτσι σκέφτονται.

-Οι άλλοι δεν είναι ο πατέρας μου. Είναι οι κακοί άνθρωποι που θέλουν να με βλέπουν μοναχή και δυστυχισμένη. Ένας γονιός μονάχα θέλει το καλό του παιδιού του. Αχ μπαμπά, μπαμπά! Αφελής που είσαι. Τίποτα δεν σ' έμαθε εσένα η ζωή. Τίποτα δεν ξέρεις και δεν καταλαβαίνεις. Όποιο μυαλό φορούσες πριν οκτώ χρόνια το ίδιο έχεις ακόμα. Κι όμως πέρασα οκτώ μίζερα χρόνια, εξαιτίας της στενοκεφαλιάς του. Μου τα 'κανες όλα μούσκεμα. Μου κατέστρεψες μια φορά την ευτυχία μου, ας μην το επαναλάβεις. Θα παντρευτώ τον Ηλιάκη και τότε όλα θα πάνε ρολόι. Τίποτε άλλο να μη μου πεις, ούρλιαξε η Ζαχά.

-Θέλω να με ακούσεις. Να είσαι πολύ προσεχτική με τον Ηλιάκη. Να έχεις σαν παράδειγμα την σκλαβιά της Σμάρως, πόσο καλλιτεχνικά την καταπίεζε. Ήταν η δούλα του που έπρεπε να τον υπακούει, είπε ο Θωμάς με λύπη στη Ζαχά.

-Η πρώτη δούλα και η δεύτερη κυρά» όπως λέει και η παροιμία. Φαίνεται, πως έμαθα πια να είμαι πιο καπάτσα...» τον καθησύχασε η Ζαχά.

Ο Ηλιάκης, μετά τα εννιάμερα, μαζί με τον Κούλη, μετακόμισε στο σπίτι μου. Άλλη ζωή άρχιζε τώρα γι' αυτόν. Μια ζωή που ενθουσίαζε, συνάρπαζε και που ξεμυάλιζε. Το πρώτο πράγμα που έφκιαξε ήταν ένα τεράστιο κρεβάτι από ξύλο κερασιάς, που την έκοψε από το δάσος. Τα φόρτωσε σ' ένα φορτηγό και τα πήγε σε μαραγκό. Όταν το έφεραν στο σπίτι δυο βδομάδες μετά, το ανέβασε στο πάνω μεγάλο δωμάτιο. Ήταν το νυφικό τους κρεβάτι και η συζυγική τους κρεβατοκάμαρα. Όλα του γάμου έτοιμα, μόνο γάμος δεν έγινε ποτέ. Για να μη γκρινιάζει η Ζαχά, της υποσχέθηκε ότι το καλοκαίρι θα κάνανε ένα υπέροχο ταξίδι οι δυο τους, το «γαμήλιο» ταξίδι στην κοντινή Ιθάκη. Πρώτα όμως, όπως της εξήγησε, είχαν χρέος να περνάνε πολλές ώρες στο σπίτι με το παιδί, για να γνωρίσει η μάνα το γιο και ο γιος τη μάνα του. Και όχι μόνο τη νέα μάνα του, αλλά και τον παππού και τη γιαγιά του. Έτσι περνούσαμε όλοι μαζί τη μέρα στο κάτω πάτωμα και το βράδυ το ζευγάρι αποσυρόταν πάνω στο δωμάτιό τους. Για δέκα μέρες σχεδόν ο Κούλης ήταν ήσυχος, έτρωγε καλά, έπαιζε με τα ξύλινα στρατιωτάκια για ώρες αλλά μετά τα βαριότανε και τα πετούσε νευριασμένος ίσια στο πρόσωπο της Ζαχάς.

-Πρόσεχε Κούλη, του έλεγε ο πατέρας του. Θα βγάλεις τα μάτια της μαμάς σου.

-Αυτή δεν είναι η μαμά μου, απαντούσε αγριεμένος ο μικρός. Η μαμά μου κοιμάται στο λόφο. Όταν ξυπνήσει θα έρθει να με πάρει απ' εδώ.

Κι έπειτα άρχιζε να ρίχνει κλωτσιές και μπουνιές στη Ζαχά. Ύστερα κούρνιαζε στην πολυθρόνα και έδειχνε λυπημένος και μουτρωμένος. Προσπαθούσε να καταλάβει αν η βιολογική του μάνα το έδωσε στη θετή γιατί δεν το αγαπούσε, το αρνήθηκε από παιδί της. Αισθάνονταν κατάθλιψη, ήταν απελπισμένο, ένιωθε ένοχος με τον εαυτό του και ξεσπούσε σε νεύρα.

Από την πλευρά της η Ζαχά έκανε τεράστιες προσπάθειες να το ηρεμήσει, το έπαιρνε στην αγκαλιά της, το φιλούσε και το γλυκομιλούσε. Αλλά όλες της οι καλές προσπάθειες για στοργή, αγάπη, ζεστασιά και φροντίδα πήγαιναν χαμένες. Ένιωθε ότι ήταν ανίκανη να παίξει σωστά το ρόλο της σαν θετή μητέρα, φοβόταν ότι δεν θα του φερόταν καλά και σύντομα θα το έχανε. Ακόμα κι όταν γεννήθηκες εσύ, ο Κούλης συνέχισε το βιολί του. Ήταν επιθετικός και βίαιος και σε σένα, που ήσουνα δεν ήσουνα ακόμα χρονιάρικο, όταν αυτός ήταν κοτζάμ παιδί, έξι κιόλας χρόνων. Τι πατέρας είναι αυτός που δεν μπορούσε να επιβάλει κάποια πειθαρχία στο παιδί του; Τι αναρχία, τι χάος! Το σπίτι ήταν ακατάστατο, σκέτο τρελοκομείο. Μία – δυο μέρες ακόμη έτσι, και θα τρελαθούμε όλοι. Αχ, Ζαχά, Ζαχά... μουρμούριζα αγανακτισμένος.

-Είχαν οι γονείς μου εντωμεταξύ παντρευτεί όταν γεννήθηκα; ρώτησε ο Έρασμος τον παππού.

-Μακάρι να γινόταν έτσι, μακάρι να μη ντρέπεται ύστερα ο Ηλιάκης να βλέπει τους ανθρώπους, εξαιτίας του πρόστυχου τρόπου με τον οποίο είχε φερθεί στην Ζαχά. Έκανε παιδιά μαζί της εκτός γάμου, κάτι σαν μπάσταρδα ας πούμε. Αλλά ήταν έξυπνος, είχε θηλυκό μυαλό που γεννούσε ιδέες κατεβατά για να βγαίνει αυτός λάδι: Τους έλεγε πως τον γάμο τον καθυστερεί η Ζαχά, γιατί θέλει πρώτα να τελειώσει το δαντελένιο σάβανο για τον πατέρα της, τον Θωμά, για να τον σαβανώσουν μ' αυτό όταν θα πέθαινε, και ότι αυτός, μπροστά σε μια τόσο ευλαβική πρόθεση, αναγκαζόταν να υποχωρεί και να περιμένει μέχρι να τελειώσει το εργόχειρο.

Στο μεταξύ περνούσε καλά καθισμένος στο σαλόνι του παλατιού μου, έσφαζε τα πρόβατα έπινε το κρασί μου, έτρωγε τα καρύδια με το μέλι και έκαιγε τα ξύλα στο τζάκι το χειμώνα ενώ έδινε διαταγές στους υπηρέτες μου. Έκανα γαϊδουρινή υπομονή μαζί του δυο σχεδόν χρόνια. Κάποια μέρα τα μάζεψα τα πράγματά μου, πήρα τη γιαγιά σου και πήγαμε να ζήσουμε οι δυο μας στο παλιό, πατρικό μου σπίτι. Μακριά και αγαπημένοι. Τέλος». Είπε ο γέρο Θωμάς κι έβγαλε ένα δυνατό αναστεναγμό ανακούφισης από μέσα του.

Ύστερα έπιασε το πρόσωπό του με τα χέρια, έσκυψε το κεφάλι κι άρχισε να κλαίει.

-Ηρέμησε, ηρέμησε, τον παρηγορούσε ο εγγονός του κλαίγοντας κι αυτός μαζί του.

Όμως εκείνος δεν μπορούσε να σταματήσει το κλάμα κι άρχισε να βαδίζει πέρα-δώθε.

Πρώτη φορά ο Έρασμος έβλεπε το Θωμά να κλαίει...

Πολλά παιδιά, πολλά προβλήματα! Λίγα παιδιά, λιγότερα προβλήματα!

Κανένα παιδί, κανένα πρόβλημα! Μονολόγησε ο Θωμάς βαθιά πικραμένος.

Γύρισε ο Έρασμος το βράδυ στο σπίτι και για πολλή ώρα δεν του κολλούσε ο ύπνος. Έσπαζε το κεφάλι του: που άραγε να βρίσκεται ο κόμπος; Αλλά δεν έπαιρνε καμία απάντηση. Ήθελε πολύ να του δοθεί μία ακόμα ευκαιρία να κουβεντιάσει με τον Θωμά, πριν πνιγεί στις ετοιμασίες για το ταξίδι. Ένα ταξίδι σε άγνωστο για το παρόν τόπο. Αν και έχουν περάσει δυο μήνες, δεν του βγαίνει απ' το μυαλό ο τρόπος που μεταχειρίστηκε το αφεντικό του ο Παναγής να τον ξεφορτωθεί, να αφήσει ήσυχη την κόρη του Αρέθα. Τα λόγια του, σφυριές τρυπούν τα μηνίγγια του Έρασμου: «Τον Ντορή τον εμπιστεύομαι ακόμα σε σένα. Και κοίταξε να το προσέχεις. Στο ταξίδι σου μη το κουράσεις πολύ. Κι αν το κρατήσεις ζωντανό, να 'ρθεις να μου το δείξεις αν ως τότε ζω...». Και την άλλη πάλι σκηνή με τον Παναγή να τον διώχνει με το μπαστούνι πάνω απ' το κεφάλι του και να του φωνάζει: «Ξεκουμπίσου με. Αυτό να το θυμάσαι καλά». Τον είχε απορρίψει ο Παναγής από γαμπρό του, τον κατέβασε σε επίπεδο ζώου, άγριου θηρίου, ο Παναγής ο διευθυντής του εργοστασίου γάλακτος με τις βάρβαρες, ζωώδεις ορέξεις του. Μα πως συμβιβάζονται όλα αυτά; Τουλάχιστον να τους μάζευαν όλους τους πρωτεργάτες, Θωμά και Παναγή, και να εξηγούσαν στον Ηλιάκη κα τον Έρασμο: Εσείς να δουλεύετε, να εκτελείτε τα πλάνα και αυτό είναι όλο...

Αδιαφορούμε για το τι κρύβει ο καθένας στην ψυχή του, για τις σκέψεις σας και τις έγνοιες σας.

Οι άνθρωποι είναι υποκειμενικά όντα, γι' αυτό και υπάρχουν ένα σωρό από συναισθήματα. Ωστόσο, δεν είναι πάντα καλό να είναι κανείς υποκειμενικός προπαντός όταν έρθει σε αντιπαράθεση με τους άλλους. Και είναι ο τρόπος που βλέπουμε τα πράγματα αυτός που δημιουργεί προβλήματα εκεί που δεν υπάρχουν, γιατί ο καθένας μας αντιμετωπίζει μια δύσκολη κατάσταση ανάλογα με την πείρα μας. Αν όμως είμαστε αντικειμενικοί, θα μας βοηθήσει να τα βγάλουμε πέρα με οτιδήποτε μας τύχει να παλέψουμε. Θα γλιτώσουμε καβγάδες. Γιατί δεν θα επιμένουμε στον εγωισμό ή στην παγίδα να πείσουμε τον άλλο για τη δική μας άποψη..

Την άλλη μέρα μετά τη συνάντησή του με τον εγγονό του τον Έρασμο ο Θωμάς βγήκε στον κήπο του και σκάλιζε με το τσαπί το χώμα γύρω από ένα δεντράκι που το είχε φυτέψει η συγχωρεμένη γυναίκα του που της άρεσαν τα φρούτα. Αγαπούσε πολύ τον Έρασμο, όχι μόνο γιατί ήταν γιος της αγαπημένης του μοναχοκόρης Ζαχά, αλλά και γιατί ήταν ένας νέος σοβαρός, διακριτικός, σταθερός, φρόνιμος και αξιόπιστος. Σκέφθηκε πως θα του έκανε καλό να κάνει ένα ταξίδι ενώ ο Ηλιάκης θα ωρίμαζε η σκέψη του να νομιμοποιήσει τη σχέση του, αντί να κάθεται και να παρακολουθεί συνεχώς βράζοντας από οργή για την απερίγραπτη συμπεριφορά του «μνηστήρα» της μητέρα του. Το ταξίδι αυτό παράλληλα θα τον ανέβαζε και στα μάτια όλων των συμπολιτών του αν σκοπός του ταξιδιού του ήταν να τους αποδείξει πως αν και γιος μιας παράνομης σχέσης ήταν ένας «τετραπέρατος» μπάσταρδος. Θα πίστευαν όλοι, όπως συνέβαινε και πραγματικά, πως επρόκειτο για ένα ευσεβή νέο με τα πιο θαυμάσια ηθικά συναισθήματα. Αυτές τις ευχάριστες σκέψεις έκανε ο Θωμάς για τον Έρασμο ενώ συνέχιζε το σκάψιμο με το κασετόφωνο κρεμασμένο σ' ένα κλαδί να παίζει μουσική στη διαπασών. Του άρεσε ανέκαθεν η μουσική του Θωμά. Όπου γάμος και πανηγύρια με λαϊκούς οργανοπαίχτες και ο Θωμάς παρών. Αλλά όταν του έτυχε αυτό το κακό ν' αφήσει το αρχοντικό του και να μετακομίσει εδώ με τη γυναίκα του στο παλιό του σπίτι για να μη τσακώνεται με τον «άντρα» της κόρης του και τον γιο του από τον πρώτο του γάμο, τόση ήταν η στενοχώρια του που αγόρασε ένα μεγάλο κασετόφωνο και κασέτες να διασκεδάζει σπίτι του όταν του ανέβαινε η πίεση από τη σκασίλα κα το άγχος του. Το πόσο χρήσιμο αποδείχτηκε αυτό το μουσικό εργαλείο δεν φαντάζεστε! Η μουσική ήταν το όπλο που τον βοήθησε να τα βγάλει πέρα από τη δύσκολη κατάσταση στη ζωή του. Του έδινε τόση χαρά, άγγιζε η μελωδία τις χορδές της ψυχής του, του έφερνε ωραίες αναμνήσεις.

Με το κασετόφωνο στο σπίτι του ο Θωμάς ένιωθε πως μπορούσε να θεραπεύσει τα κρυολογήματα, τα κανονικά μα και της ψυχής του. Και όχι μόνο τη δική του αλλά και από τα αγαπημένα του πρόσωπα, την κόρη του Ζαχά και πιο πολύ το βλαστάρι τους τον Έρασμο, που για πολλή ώρα παρακολουθούσε από κάποια απόσταση τον Θωμά να δουλεύει. Τον έβλεπε να σκαλίζει το χώμα γύρω από το δέντρο. Τα ρούχα του ήταν μπαλωμένα και στα πόδια του φορούσε σανδάλια. Στο κεφάλι του είχε ένα τριμμένο ψάθινο καπέλο, τα σκασμένα χείλη του να σεγκοντάρουν το τραγούδι:

«Χωρίσαμε ένα δειλινό, με δάκρυα στα μάτια,

η αγάπη μας ήταν γραφτό, να γίνει δυο κομμάτια».

Βούρκωσαν τα μάτια του Έρασμου, έτσι που είδε σαν ζητιανοντυμένο το γέρο Θωμά. Στην αρχή κοντοστάθηκε, δεν ήξερε τι να κάνει, να τον πλησιάσει ή να περιμένει να δει αν θα τον προσκαλούσε εκείνος. Ο παππούς τον κοίταζε μα δεν μπορούσε να πιστέψει πως στ' αλήθεια μπροστά του στέκονταν ο Έρασμος, που σιγά-σιγά πήρε θάρρος και σίμωσε τον παππού του. -«Εγώ είμαι, παππούλη», του μίλησε ο νέος. Έκλαψε απ' τη χαρά του ο γέρος, αγκάλιασε τον εγγονό του και του είπε: -«Έλα να σου δείξω τα καρποφόρα δέντρα που σου φύτεψε η γιαγιά σου όταν ήσουνα ακόμα παιδάκι».

Ο Έρασμος θαύμασε τον Θωμά για το πόσα πολλά πράγματα γνώριζε για τα δέντρα. Δικαιολογημένα το Δασαρχείο του είχε δώσει την θέση του δασοφύλακα στην περιοχή. Δούλεψε με υπευθυνότητα και είχε άριστη συνεργασία με όλους τους ανθρώπους που δούλευαν και ζούσαν από τον πλούτο του δάσους, για τριάντα ολόκληρα χρόνια. Του άρεσε η δουλειά του, γέμιζε ευχάριστα τη μέρα του κάθε μέρα ένιωθε ευτυχισμένος με την εργασία και ολοκληρωμένο άτομο μέσα από την οικογένειά του. Ήταν τα καλύτερα χρόνια της ζωής του, ώσπου ήρθε ο τρελός έρωτας της Ζαχάς να διαλύσει την οικογένεια, γιατί μετά απ' αυτό για τη Ζαχά υπήρχε και υπάρχει μόνο το αγαπημένο της πρόσωπο, ο Ηλιάκης. Αν αυτός την αφήσει, θα μείνει μόνη και παρατημένη, αν και οι άλλοι αγαπημένοι της άνθρωποι στέκουν πάντα δίπλα της. Ήρθε ο έρωτάς της με τέτοια ένταση που σάρωσε τη λογική και την ηρεμία του σπιτιού του, κάτι σαν σοβαρή ψυχική ασθένεια για το κορίτσι του. «Έρωτας με τη πρώτη ματιά», έβλεπε η Ζαχά. «Δεν ταιριάζουν τα χνώτα σας» ισχυρίζονταν ο πατέρας της «Μόνο η ανθρώπινη μυρωδιά εγγυάται την ταυτότητα ενός καλού υποψηφίου για τη συζυγική σου ευτυχία» την συμβούλευε. Και είχε δίκιο, γιατί πολύ σύντομα ο αβάσταχτος αυτός έρωτας με τον Ηλιάκη σταμάτησε να την ταλανίζει, μόνο που κάποιους άλλους τους τράβηξε στο δρόμο της πίκρας και του χωρισμού. Ο Θωμάς νιώθει φοβερά ένοχος για την τραγική τους κατάληξη. Η σύγκρουσή του με τον Ηλιάκη που ακόμα δεν επιλύθηκε έκανε ζημιά στον Έρασμο. Ο χρόνος και ο κόσμος κατάφεραν να καταστρέψουν τον δεσμό του με την Αρέθα.

Πρέπει κάτι να κάνει να διορθώσει την κατάσταση, να συγχωρέσει τον εαυτό του για να του φύγει η ενοχή. Και υπάρχει μεγαλύτερος πόνος από την ενοχή;

-Τι σε σκοτίζει; ρώτησε ο Έρασμος τον *παππού* του κάποια στιγμή που τρώγανε έξω. Μια γριά που είχε στο σπίτι ο Θωμάς να τον γηροκομάει τους είχε φέρει φαγητό και κρασί, τυρί και κομπόστες φρούτων. Ένα πλούσιο τραπέζι για δυο άτομα. Μετά το φαγητό οι δυο τους μίλησαν μεταξύ τους. Ο Θωμάς μίλησε πρώτος. Σήκωσε το ποτήρι του και τσούγγρισε με του Έρασμου:

-Στην υγειά σου, παληκάρι μου. Εύχομαι πολύ γρήγορα να παραβρεθείς σ' άλλα πλουσιότερα τραπέζια, με καλύτερο φαγοπότι και ευγενικότερους ανθρώπους. Δεν θέλω να προσβάλω το φαΐ που *σου δίνει ο πατέρας σου*, αλλά οποιοσδήποτε άνθρωπος με καλούς τρόπους θα ήταν δικαιολογημένος αν έδειχνε αηδία για τον τρόπο που του φέρεται στο σπίτι του» δήλωσε ο Θωμάς.

Ο Έρασμος έδειξε τη μεγάλη του αποδοκιμασία. -«Είναι αισχρός. Μας έχει καταντροπιάσει όλους» είπε με μίσος ο νέος. «Τους φίλους τους διαλέγεις, μα την οικογένειά που την πας» πρόσθεσε στωικά. «Έχεις μπει στα δεκαεννέα. Μόλις χθες μέτρησα τα χρόνια σου. Δεν έχεις παρά ν' ανοίξεις τα φτερά σου και να αποδημήσεις σε πιο θερμό τόπο, να χτίσεις τη φωλιά σου».

Ο Έρασμος έμεινε έκπληκτος με τα σχέδια του παππού του για την αλλαγή του και πίστεψε πως ο συμβουλάτοράς του πρέπει να ήταν σταλμένος από το θεό. Αναπόφευκτα σύγκρινε τον Ηλιάκη με τον Γίγαντα του βουνού, τον εχθρό του κάθε καλού, ήταν η κτηνώδης δύναμη της γης και στον αναπόφευκτο ανταγωνισμό ανάμεσα σ' αυτόν και στη θεία δύναμη του ουρανού, η χτηνώδης δύναμη να υπερισχύει, γιατί ο Θεός ήταν καταδικασμένος και το τέλος ήταν ο θάνατος. Μια τέτοια πίστη, όμως είναι αντίθετη προς τις βαθιές πεποιθήσεις του ανθρώπινου πνεύματος, πως το καλό είναι ισχυρότερο από το κακό. Ακόμη και αυτοί οι απελπισμένοι Σκανδιναβοί που ζουν σε σκοτεινούς χειμώνες διέκριναν ένα μακρινό φως να διαλύει τα σκοτάδια. Υπάρχει μια προφητεία ίδια με αυτή της Αποκάλυψης και λέει, πως ύστερα από την ήττα των Θεών, όταν ο ήλιος θα σκοτεινιάσει, η γη θα βυθιστεί στη θάλασσα, τα πυρωμένα άστρα θα πέσουν από τον ουρανό, τότε θα δημιουργηθεί ένας καινούργιος ουρανός και μια καινούργια γη, όμορφη, υπέροχη με τ' άσπαρτα χωράφια γεμάτα ώριμους καρπούς και όπου θα βασιλεύει για πάντα η ευτυχία. Ο παππούς ο Θωμάς αντιπροσωπεύει το όραμα της απομακρυσμένης στο άπειρο ευτυχίας, μοιάζει σαν ένα αδύνατο τονωτικό ενάντια στην απελπισία του Έρασμου. Ήταν όμως η μόνη ελπίδα που του επέτρεπε αυτή τη στιγμή η ανωτέρα δύναμη, ο Θεός. Ο Έρασμος είναι δυνατός. Τα χέρια του είναι γερά και μυώδη και επιπλέον είναι πολύ νεότερος του Θωμά. Όμως η πείρα είναι μεγάλη υπόθεση, ώστε το μακρινό ταξίδι του νέου με το άλογό του να φανεί σαν ένα γενναίο αγώνισμα, αγώνισμα για ατρόμητους εγγονούς με την καθοδήγηση του παππού, το μοναδικό του στήριγμα, ο δικός του άνθρωπος να τον υπερασπιστεί ενάντια στο νόμο αν κάτι κακό προκύψει για τον Έρασμο: «Αυτό το παιδί μη το αγγίζετε, γιατί είναι δικό μου παιδί. Κι αν αμφιβάλετε, ανοίξτε τις φλέβες μας. Το ίδιο αίμα κυλάει μέσα μας» θα πρότεινε ο Θωμάς, βέβαιος πως θα του κάνανε τη χάρη. Ο λόγος του, η εξουσία του κράτους. Όταν ήταν να ξεκινήσει το σχολείο, δεν τον δέχονταν επειδή στη ληξιαρχική πράξη δεν ήταν καταγεγραμμένη η γέννησή του, ούτε ο γάμος των γονιών του. Η μητέρα του για να δηλώσει τη γέννησή του σκαρφίστηκε ότι το έκανε με κάποιον υπηρέτη της και το ίδιο έγινε και με τα δυο κορίτσια της. Ο Ηλιάκης με τον πληγωμένο εγωισμό του αρνήθηκε και αρνείται ακόμα και τώρα την πατρότητα του Έρασμου. Μόνο για τον Κούλη σχίζεται η καρδιά του.

Όταν ήταν στο ορφανοτροφείο από τα εννέα ως τα δεκαεπτά του χρόνια ο Ηλιάκης και τι δεν κουβαλούσε στο ίδρυμα για να καλοπιάνει την διεύθυνση.

-Πατέρα, του έλεγε ο Κούλης, να φέρνεις όσο μπορείς πιο συχνά γάλα και αρνίσιο κρέας στο διευθυντή!». -«Και γιατί, παρακαλώ;» ρωτούσε ο Ηλιάκης.

-«Για να πηγαίνω στα γράμματα καλύτερα από τον Έρασμο» απαντούσε ο Κούλης.

-Ποτέ δεν θα λυπηθώ για τον Ηλιάκη, ακόμα κι αν ήταν ο πατέρας που με γέννησε. Κι όσο για τον Κούλη, για το ότι είναι «μισός» αδερφός μου, λίγο μ' ενδιαφέρει τι γνώμη έχει για την απόφασή μου να ταξιδεύσω κάπου αλλού: «Πάει χάθηκε το παληκάρι, χάθηκε. Πήραν αέρα τα μυαλά του». Αυτά ήταν τα τελευταία λόγια που αντάλλαξε με τον Κούλη όταν πήγε να του παραδώσει το κοπάδι του. Λυπήθηκε ο Έρασμος για την κακή προφητεία του Κούλη, όμως τώρα τη λύπη του την επισκιάζει η χαρούμενη προοπτική για ελευθερία, ανεξαρτησία και υπηρέτης κανενός. Μόνο που το άγνωστο του μέλλοντός του τον τρομάζει λιγάκι.

-Αν είχα κάποια υποψία ότι κάτι θα πήγαινε στραβά, θα σε είχα σταματήσει να ξεκινήσεις το ταξίδι, τον βεβαίωσε ο Θωμάς. Έχω εμπιστοσύνη στον άνθρωπο που σε στέλνω.

«Κάποτε ήμουν νέος και ταξίδευα μόνος.

Συνάντησα κάποιον άλλον και πίστεψα πως ήμουν πλούσιος.

Ο άνθρωπος είναι η χαρά του ανθρώπου.

Γίνε φίλος του φίλου σου.

Δώσε το γέλιο για γέλιο.

Ο δρόμος προς το σπίτι ενός φίλου είναι ίσος,

έστω κι αν αυτό βρίσκεται μακριά»

Απήγγειλε ο Θωμάς σχεδόν εύθυμος, ώστε να ανεβάσει την αυτοπεποίθηση του ταξιδιώτη σε ξένος μέρος.

-Πως τον λένε τον φίλο σου; ρώτησε με περιέργεια ο Έρασμος.

-Ο Σέργιος έφυγε νέος. Ήταν παιδί της φτωχολογιάς. Έπρεπε να αγωνιστεί για μια καινούργια, καλύτερα ζωή. Στην Αμνόβρυση παντρεύτηκε μια χήρα κι έγινε νοικοκύρης. Είχε ζώα και πολλά χωράφια ποτιστικής γης. Στον θερισμό έπαιρνε εργάτες. Βέβαια, δεν μπορούσες να πεις πως έγινε βαθύπλουτος όμως δεν ήταν και από τους φτωχούς. Ζει πλουσιοπάροχα και οι δουλειές του πάνε πολύ καλά. Κι όλα αυτά τα χρωστάει στη γυναίκα του. Ήταν πολύ έξυπνη, προκομένη γυναίκα, ικανή ακόμα κι έναν αχαΐρευτο και ανεπρόκοπο άντρα να τον προβιβάσει σε αφέντη. Έχει δίκιο η παροιμία που λέει πως «η καλή γυναίκα, τον τιποτένιο άντρα τον κάνει μέτριο, τον μέτριο καλό και τον καλό τον δοξάζει σ' όλο τον κόσμο». Αν δεν ήταν τόσο άξια η γυναίκα του, ο Σέργιος θα είχε πάρει τα μάτια του κι όπου φύγει-φύγει. Γι' αυτό άλλωστε δεν έφυγε νωρίτερα απ' όσο υπολόγιζε. Έχω να σου δώσω κάτι. Είναι ένας βαλσαμωμένος αετός, δώρο από μένα για τον φίλο μου. Είχε πάθος με τα πτηνά. Θα του δώσει μεγάλη χαρά το δώρο μας. Ο φίλος μου, του είπε, είναι πολύ πιθανό να είναι σε θέση να σε βοηθήσει στην Αμνόβρυση. Ύστερα ο Θωμάς μπήκε στο σπίτι αφήνοντας το νέο παιδί γεμάτο ορμή και αποφασιστικότητα. Είχαν συμφωνήσει ο Έρασμος να ξεκινήσει το ταξίδι αύριο νωρίς το πρωί, να έχει όλη τη μέρα μπροστά του. Ήταν τώρα δώδεκα το μεσημέρι και για να είναι όλα έτοιμα ως αύριο αρχίσανε κιόλας τις ετοιμασίες, για την αναχώρηση. Έλεγε πως θα έπαιρνε μαζί του λίγα πράγματα, αλλά που μαζεύτηκαν τόσο πολλά! Είχε δίκιο μια παλιά παροιμία που λέει: Αν νομίζεις πως είσαι φτωχός, δοκίμασε να μετακομίσεις. Ο παππούς έβγαλε το αντίσκηνο από την αποθήκη που το είχε στοιβαγμένο σ' ένα ράφι από τότε που ήρθε με την γυναίκα του σ' αυτό το παλιό σπίτι. Έμειναν σ' αυτό όλο το καλοκαίρι κι αν δεν γκρίνιαζε η γιαγιά θα ζούσαν έτσι μόνιμα. Τόσο αλτρουιστής ήταν!

-Όχι, όχι, αρνιόταν η γυναίκα του. Τα αντίσκηνα κάνουν για τους μπεκιάρηδες, και πάλι για προσωρινά, εμείς όμως έχουμε οικογένεια, έχουμε παιδιά, εγγόνια. Θα έρχονται να μας βλέπουν. Δεν θα ξέρεις που να τα βάλεις. Ούτε κουζίνα έχει, ούτε μπάνιο!

Το έπλυνε καλά κι ύστερα το δίπλωσε σε μικρό δέμα. «Θα σε χρησιμεύσει για ένα-δυο βράδια στο ταξίδι σου» είπε στον Έρασμο, και κούνησε θλιμμένα το κεφάλι του.

Εκείνη την ώρα έφτασε η Ζαχά που έψαχνε τον γιο της δυο μέρες τώρα. Ο Έρασμος της τα είπε όλα. -Μα πότε και γιατί το σκεφτήκατε αυτό, πατέρα; διαμαρτυρήθηκε η Ζαχά. Ο Θωμάς είδε τον θυμό της και βουβάθηκε. Που πάει να πει πως και ο ίδιος ήταν εν μέρει φταίχτης. Πετάχτηκε όμως ο Έρασμος και τον έβγαλε απ' τη δύσκολη θέση.

-«Θα λείψω μόνο για ένα χρόνο, διάστημα που θα μπορέσω να μάθω περισσότερα για τον εαυτό μου και την τύχη μου», υποσχέθηκε μελιστάλαχτα στη μάνα του.

«Εσύ κάθισε ήσυχα σπίτι σου και περίμενε τα νέα μου από τον παππού» πρόσθεσε χωρίς να περιμένει την απάντησή της.

Ως το βράδυ τα είχε όλα έτοιμα. Πλησίαζαν μεσάνυχτα. Το άλογό του, ο Ψαρής, ήταν ξαπλωμένο στην αυλή στο μουσκεμένος ανοιξιάτικο χορτάρι και αναστέναζε. Κρύωνε, τουρτούριζε.

-Λοιπόν, τί, νοιώθεις άσχημα; Ξεπάγιασες Ψαρή. Κι όμως πριν ποτέ δεν κρύωνες.

Ο Έρασμος του ψιθύρισε και κάτι ακόμη, όμως το άλογο δεν άκουγε πια τίποτε. Η καρδιά του θαρρείς και χτυπούσε μέσα στο ίδιο το κεφάλι με εκκωφαντικούς κτύπους: τουμ-ταμ, τουμ-τουμ... λες και ήταν κοπάδι που έτρεχε πανικοβλημένο να γλυτώσει από τους κυνηγούς του. Το φεγγάρι πρόβαλε πίσω από τα βουνά, κρεμάστηκε στην ομίχλη, πάνω από τον κόσμο. Αθόρυβα κάπου έπεσε και έσβησε κάποιο αστέρι. Το άλογο πήγαινε αργά, ανηφόριζαν και κατηφόρισαν με μικρό καλπασμό. Ώσπου τελικά βγήκαν στο ξέφωτο. Κι εδώ λες και ένας άλλος κόσμος ξανοίχτηκε ξαφνικά μπροστά στα μάτια του Έρασμου.

Κατέβηκε από το άλογο και περπάτησε για λίγο στο χορτάρι, με κατεβασμένο το κεφάλι, όταν ξαφνικά έπεσε με κρότο καταγής. Ποτέ ο Ψαρής δεν είχε δει το αφεντικό του σ' αυτά τα χάλια. Ήταν ξαπλωμένος μπρούμυτα και οι πλάτες του συνταράσσονταν από λυγμούς. Έκλαιγε από ντροπή και στενοχώρια. Ήξερε, πως έχασε την ευτυχία, που του έλαχε για πρώτη και τελευταία φορά στη ζωή του. Προσπαθούσε να μη κοιτάζει το σπίτι της. Ο Ψαρής προχώρησε προς τα εκεί, σ' εκείνη την αυλή, αλλά αμέσως πληρώθηκε γι' αυτό με μια βιτσιά. Στάθηκε πέρα μακριά, μαρτυρικά, αναστενάζοντας σαν άνθρωπος.

Ο Έρασμος μ' ένα σάλτο στάθηκε όρθιος, έβαλε το χέρι του στην τσέπη του μπουφάν και αφού έψαξε για λίγο, έπιασε τον κόκκινο χοντρό μαρκαδόρο, περπατώντας στα δάχτυλα των ποδιών του, έγραψε με κεφαλαία γράμματα ο ερωτευμένος βανδαλιστής, στο δεξί μέρος της εξώπορτας.

«ΑΝ Σ' ΑΡΝΗΘΩ ΦΙΛΩ ΣΤΑΥΡΟ, ΚΙ ΟΡΚΟ ΒΑΡΥ ΣΟΥ ΚΑΝΩ,

ΑΝ Σ' ΑΡΝΗΘΩ ΑΓΑΠΗ ΜΟΥ, ΝΑ Μ'ΑΡΝΗΘΟΥΝ ΟΙ ΦΙΛΟΙ,

ΑΝ ΠΟΤΕ ΣΕ ΑΡΝΗΘΩ, ΝΑ ΠΕΣΩ ΝΑ ΠΕΘΑΝΩ...»

Κι έτσι δεν ξαναπήγαν σ' εκείνη τη γυναίκα, την Αρέθα, με τα καταπληκτικά χέρια τα σφιχτοδεμένα και τρυφερά, σαν τα χείλη εκείνης της μικρής φοραδίτσας με τ' άστρο στο μέτωπο. Καβάλησε στο άλογο και ξεκίνησαν. Στην πορεία ο Ψαρής ζεστάθηκε για τα καλά και σταμάτησε να τρέμει. Σύρθηκαν κουτσά-στραβά μέσα στο φαράγγι αφού σταμάτησαν καμιά δεκαριά φορές. Κι όταν ο Έρασμος πήγε να ξαπλώσει, ξάπλωσε και το άλογο. Πότε φέγγει, πότε σκοτεινιάζει, πότε φέγγει, πότε σκοτεινιάζει... Ο Ψαρής έτρεχε πετώντας μέσα στη θυελλώδη νύχτα, με την βροχή να τον μαστιγώνει, μαντεύοντας το δρόμο από διαίσθηση. Πέρασε τον ανεξουσίαστο αφεντικό του μέσα από το φουσκωμένο ποτάμι, ανάμεσα από θάμνους, χαντάκια και ρεματιές, τρέχοντας ασυγκράτητο παντού μπροστά. Ο Έρασμος δεν θυμόταν που τον πήγαινε το φρενιασμένο άλογο. Μια μόνο σκέψη του τρυπούσε το κεφάλι: «Μη πέσεις Ψαρή, βοήθησε θεέ μου! Κρατήσου Ψαρή. Βγάλε με απ' το φράγμα, στην ΑΜΝΟΒΡΥΣΗ!» Νάτη η ταμπέλα «ΑΜΝΟΒΡΥΣΗ 3 Km».

Κεφάλαιο 7

Το πιο γλυκό
μου λάθος

Πανέμορφος ήταν τούτος ο τόπος, ένας απέραντος κάμπος γεμάτος πλατάνια, λεύκες, συκαμιές και πεύκα. Παχύ χορτάρι σκέπαζε τα λιβάδια κι ανάμεσα στις πρασινάδες κόκκινες παπαρούνες, κίτρινες μαργαρίτες και μωβ άγρια ζουμπούλια σκόρπιζαν τις θαυμάσιες ευωδιές τους. Από τις πηγές έτρεχε το νερό που σχημάτιζαν ρυάκια και φιδοσέρνονταν ανάμεσα απ' τα σπαρτά. Μποστάνια γεμάτα καρπούζια και πεπόνια, κλήματα φορτωμένα άγουρα ακόμα σταφύλια, στάρια καταπράσινα με ώριμα σχεδόν στάχυα σκέπαζαν πέρα ως πέρα την τεράστια έκταση του θεσσαλικού κάμπου. Προχωρούσε αργά ο Έρασμος πάνω στο άλογό του για να θαυμάσει καλύτερα το τοπίο. Ο χαλικοστρωμένος αγροτικός δρόμος ανοίγονταν ευθύς μπροστά του, οδηγώντας τον αλάθητα στον προορισμό του. Κιόλας απ' αυτό το σημείο μπορεί να βλέπει τα πρώτα σπίτια της Αμνόβρυσης, αραιά κτισμένα, ψηλά και αρχοντικά. Τα βουνά με τα αγέρινα περιγράμματα, είναι μια μοναδική ευχαρίστηση για τα μάτια, μα οι άνθρωποι που πορεύονται στο καθημερινό πεπρωμένο τους δεν χορταίνουν με τα αισθητικά κατορθώματα. Το κατάλαβαν τούτο οι καλόβουλοι θεοί και διάλεξαν τη γη τους την κοντινή, αυτή την ανοιχτόκαρδη

Θεσσαλία για να αντισταθμίσουν τα πνευματικά τους δοσίματα με μια υλικότερη προσφορά, που θα πλούταινε τη σωματική ύπαρξη, χωρίς να φτωχύνει την ψυχική. Άφησαν στη άκρη τα βουνά και τις θάλασσες. Έμεινε μοναχό σημάδι ο Πηνειός και οι ακραίοι φρουροί, οι απλησίαστοι βράχοι των Μετεώρων και ο βυθός της απέραντης λίμνης έγινε εύφορος κάμπος, παράγει αυτό το χρυσό σπυράκι του σιταριού και κυλάει από αιώνα σε αιώνα.

Πηγαίνει απ' το χωράφι στην πολιτεία για να δώσει στον άνθρωπο του κάμπου τη δύναμη να περάσει ήσυχα το χειμώνα του και ξαναπέφτει το φθινόπωρο στη γη, για να γίνει μια πράσινη θάλασσα κάτω από το θάλπος του ανοιξιάτικου ουρανού, αυτή θυμάται τώρα ο Έρασμος από το μάθημα της ιστορίας που τότε φάνταζαν στο παιδικό του μυαλό σαν μυθικά γεγονότα της παλιάς εποχής. Και να που τώρα βιώνει όλα αυτά στην πραγματικότητα. Ένα τσούρμο κοριτσάκια 8-10 χρόνων παίζουν τα «μήλα» σε μια αλάνα δίπλα στον κεντρικό δρόμο. Πετάει τη μπάλα η μία απ' αυτές με το δυνατό της χέρι και τη ρίχνει στο κεφάλι του Έρασμου που έτυχε να περνάει με το άλογό του εκείνη τη στιγμή. Ο καβαλάρης κατεβαίνει, σκύβει κάτω από την κοιλιά του Ψαρή και σηκώνει τη μπάλα. Τα κορίτσια φοβήθηκαν και έκαναν πέρα. Μονάχα η Λιλή στάθηκε εκεί ακίνητη και περίμενε άφοβα. Ο Έρασμος δεν θέλει να πλησιάσει το κοριτσάκι που ήταν πολύ όμορφο γιατί ήξερε τα χάλια του και πιθανόν να το φόβιζε η ασχήμια του. Μονάχα την παρακάλεσε από μακριά να τον βοηθήσει.

-Γειά σου καλό μου κορίτσι, της λέει, έλα κοντά μου να πάρεις τη μπάλα που έχω στα χέρια μου, παραδίνομαι σε σένα και σε παρακαλώ, να χαρείς την ομορφιά σου, να με ακούσεις για δυο λεπτά. Τρεις μέρες τώρα παραδέρνω στη βροχή και στον αέρα ώσπου να φτάσω εδώ, στην Αμνόβρυση. Γυρεύω το σπίτι του Σέργιου Κάκλα. Μπορείς να με πας;»

-Ταξιδιώτη, του απάντησε η Λιλή. Από τα λόγια σου κρίνω ότι δεν είσαι κανένας επικίνδυνος δραπέτης από ξένο μέρος. Ίσως ατύχησες στη ζωή σου. Εδώ όμως, στην πόλη μας, δεν θα μείνεις αβοήθητος. Η μητέρα μου θα σου δείξει το σπίτι του φίλου σου. Είμαι η κόρη του Αλκίνοου και της Αλίκης Δρέγη. Το σπίτι μας είναι αυτό το ψηλό με τα γαλάζια παράθυρα, είπε η μικρή και δείχνοντάς του με το χέρι της το σπίτι έκανε μεταβολή και χοροπηδώντας ενώθηκε με τις φίλες της.

Ο Έρασμος ενθουσιάστηκε με την εμφάνιση και την συμπεριφορά της Λιλής και μέσα από την κόρη μάντευε τον χαρακτήρα και την σωματομετρία της μάνας. Για να το διαπιστώσει «ιδίοις όμασι» χτύπησε το κουδούνι. Μια γυναίκα τον δέχθηκε στο κεφαλόσκαλο.

-Λυπάμαι, αλλά δεν δέχομαι συλλυπητήριες επισκέψεις, είπε.

-Δεν ήρθα για συλλυπητήρια, κυρία, αλλά για κάποιες πληροφορίες, είπε ο Έρασμος κι αμέσως έπεσε μια σιωπή. Ο νεαρός δεν μιλούσε, μόνο την κοίταζε με μάτια γεμάτα θαυμασμό – ίσως και κάτι άλλο. Ήταν φανταστικά ωραία μέσα στα πένθιμα ρούχα. Πέρασαν στο σαλόνι. Τα παράθυρα κλειστά, με μαύρες κορδέλες στις κουρτίνες. Οι τοίχοι γεμάτοι πίνακες ζωγραφικής και στη σιφονιέρα, ανάμεσα σε δύο λαμπάδες αναμμένες, η φωτογραφία του νεκρού συζύγου. Εκεί περνούσε τις ώρες της με ψυχή συντριμμένη από λύπη και μοναξιά. Μονάχα σαν νύχτωνε έβγαινε να περπατήσει λιγάκι, πάντα μονάχη.

-Ζητώ συγνώμη για την ενόχληση, αλλά η κόρη σας μου είπε ότι ίσως γνωρίζεται που είναι το σπίτι του Σέργιου Κάκλα, δικαιολογήθηκε ο Έρασμος, που την κοιτάει στα μάτια.

Εκείνη σηκώνει το κεφάλι και ρωτάει:

-Σέργιος Κάκλας; μουρμούρισε. Τα μάτια της γυάλισαν για μια στιγμή κι ύστερα θόλωσαν. Το πρόσωπό της ήταν στυγνό, πικρό και τρομαγμένο. Πήγε στο παράθυρο κι άνοιξε την κουρτίνα. Ο πρασινοκόκκινος ήλιος έγερνε στη δύση.

-Οι γλώσσες του κόσμου είναι τόσο κακές, του είπε, που αν μ' έβλεπαν μ' έναν ωραίο άντρα σαν εσένα, θ' άρχιζαν να φαντάζονται κάθε είδους πράγματα. Φαίνεσαι κουρασμένος. Τα ρούχα σου στάζουν βροχή. Ανέκαθεν το σπίτι μας ήταν ανοιχτό για φιλοξενία σε άτυχους που περιπλανιόνταν εδώ κι εκεί. Γιατί όχι σε σένα; του είπε ευγενικά η Αλίκη. «Να σου ετοιμάσω ένα ζεστό τσάι;» τον πρόλαβε.

Ο Έρασμος συμφώνησε αμέσως. Θαύμασε τη σωστή της κρίση και αφού της συστήθηκε με το όνομά του, ακολούθησε τις συμβουλές της. Έβαλε το άλογό του πίσω στον μικρό στάβλο, μετέφερε τα πράγματά του στο δωμάτιό του, και ήταν έτοιμος να μπει στο μπάνιο όταν η Αλίκη του έδωσε καθαρά εσώρουχα, πιτζάμες και παντόφλες του άντρα της. «Είμαι σίγουρη πως είσαι στο νούμερό του» του χαμογέλασε ευγενικά.

Όση ώρα ο Έρασμος έκανε το μπάνιο του, η Αλίκη καθόταν στην πολυθρόνα, είχε χώσει το κεφάλι της στις παλάμες της κι έκλαψε. Του είχε πει ψέματα πως δεν ήξερε που ακριβώς ήταν ο Σέργιος, που υποσχέθηκε όμως πως θα ρωτούσε τη γειτόνισσά το άλλο πρωί να μάθει τη διεύθυνση και να τον οδηγούσε εκείνη στο σπίτι του. Στην ουσία δεν ήθελε ο νεαρός επισκέπτης της να συναντηθεί με τον Σέργιο και την οικογένειά του.

«Τι να του πω; Πως να του εξηγήσω; Εκείνος από τη χαρά του δεν θα μπορέσει να καταλάβει. Πως δυο μήνες τώρα χήρα κλείστηκε στο σπίτι με συντροφιά μονάχα την εννιάχρονη Λιλή που ρωτάει και περιμένει με ανυπομονησία να ξαναδεί τον πατέρα της. Τι να της εξηγήσει; Πως δεν θα τον ξαναδεί ποτέ, όσο κι αν της έλειπε η πατρική του φροντίδα. Ύστερα σκεφτόταν τον εαυτό της με πίκρα, το μαύρο και αμετάτρεπτο ριζικό της: «Ανέραστη, αναφροδίσια.

Πρέπει να το πάρω απόφαση. Απόφαση, απόφαση». Μα η ψυχή της δεν ανεχόταν μια τέτοια απόφαση. Την περασμένη νύχτα είδε ένα όνειρο. Ήταν, λέει, ένας Γρύπας, όπως οι αρχαίοι τον εικόνιζαν στα αγγεία και στα νομίσματα: Είχε κορμί λιονταριού αλλά κεφάλι και φτερά αετού. Μέσα όμως στον συμβολικό παραλογισμό του ονείρου πίστευε πως ο Γρύπας ήταν Χίμαιρα. Η γρυπόμορφη Χίμαιρα κάθισε στο κεφαλάρι του κρεβατιού, σιωπηλή σαν οιωνός, και την κοίταζε με μάτια γαλάζια, φωτεινά. Άπλωσε η Αλίκη το χέρι της να πιάσει το μυθικό πουλί, μα δεν πρόφτασε γιατί η Χίμαιρα πέταξε απ' το ανοιχτό παράθυρο και τράβηξε προς το ποτάμι. Δεν πιάνεται μια Χίμαιρα… γιατί όπως το λέει η λέξη, είναι κάτι το ασύλληπτο, το ανέφικτο. Αυτό ήταν το όνειρο. Το πρωί ξύπνησε με κακή διάθεση. Ήταν Κυριακή, μια μέρα ανίας, χαμένη. «Πως θα περάσω τούτη τη μέρα; Θα πάω στο νεκροταφείο να μιλήσω στον άντρα μου». Δεν άναψε το καντηλάκι, πέρασαν οι σαράντα μέρες που η ψυχή τριγυρίζει μέσα στο σπίτι, άναψε μόνο τις δύο λαμπάδες και ανάμεσά τους η φωτογραφία του. Περπατάει σιγά και συλλογιέται: «Να φύγω. Τι κάνω σ' αυτή την πόλη; Τι άλλο με δένει μαζί της πέρα από τον τάφο του; Είμαι πλούσια. Θα γυρίσω στο Παρίσι και θα 'ρχομαι μια φορά το χρόνο να φροντίζω τον τάφο του Αλκίνοου. Αυτό πρέπει. Έτσι είναι. Τον ακολούθησα στην Ελλάδα γιατί έτσι ήθελε ο πατέρας του, να κληρονομήσει το σπίτι και τα κτήματά του στην Αμνόβρυση κι ύστερα, με τα μέσα που είχε, τον διόρισε δάσκαλο στο σχολείο. Δημόσιος υπάλληλος, σίγουρος μισθός. Κι όταν όλα ήταν έτοιμα, ο θεός αποφάσισε γυρνώντας στη φωτεινή πατρίδα του να πάρει μαζί του μια ξανθή κοπέλα, με λευκό δέρμα και γαλανά μάτια, που την λέγανε Αλις, Αλίκη. Ο γάμος τους έγινε ύστερα από μια εβδομάδα, περικυκλωμένη από τις ανήμερες παρθένες με άγρια μάτια, έτοιμες να ξεσχίσουν την ξένη απειλή. Μία απ' αυτές τις άγριες τίγρεις ήταν η κόρη του Σέργιου.

-Όχι, ούρλιαξαν. Δεν θα σ' αφήσουμε να την πάρεις;

Στη μέση της εκκλησίας, ο νέος άντρας, με σταρένια επιδερμίδα και μάτια λαμπερά τις είπε:

-Να! Σας έφερα μια όμορφη γυναίκα από τον Βορρά!...

Πέρασαν είκοσι χρόνια. -Τον Αλκίνοο τον τίμησα και δεν θα πάψω να τον τιμώ. Ο νέος όμως που θα αγοράσει την περιουσία του θα την αγοράσει με τα χρήματά του και θα πάρει το όνομά του. Έτσι είναι ο ελληνικός νόμος. Μα δεν είναι μονάχα αυτός ο λόγος. Είναι και κάποιος άλλος... Η Αλίκη κοιτάζει τον Έρασμο από πάνω ως κάτω. Λιγότερο από είκοσι χρόνων παιδί, άπραγο στα πράγματα της αγάπης. Ξέρεις τι σημαίνει αυτό; Πως επιθυμεί να χορτάσει την πείνα της γυναίκας με μια γυναίκα είκοσι χρόνια μεγαλύτερή του, αλλά είναι και πολύ πρακτικός. Δεν έχει φρεναπάτες. Ζυγιάζει τα πράγματα, βάζει το καθετί στη θέση του. Παίρνει τη θέση που του ταιριάζει απέναντί της. -Είμαι φτωχός και άπειρος. Ήμουν τόσο ανόητος που θάρρεψα πως με το πρώτο σκίρτημα της καρδιάς, ξεσκόλισα τις γυναίκες! Προσπάθησα να της πουλήσω ψεύτικη γλύκα και άμυαλους όρκους κάλπικης αγάπης.

-Είμαι χαροκαμένη. Καταλαβαίνεις... Κι ήρθες εσύ και με βρήκες μέσα στο σπίτι μου, και ένιωσα τι πάει να πει άντρας, τι πάει να πει αγάπη... Αν βέβαια δεν με συγκρίνεις με τις δημόσιες γυναίκες.

-Ξέρεις πως δεν είναι έτσι. Ξέρεις τι ακριβώς είσαι. Ξέρεις πως οποιοσδήποτε άντρας θα λαχταρούσε την ευτυχία της αγάπη σου. Ούτε στο πιο τρελό μου όνειρο δεν κυνήγησα τη χίμαιρα της αγάπης μιας γυναίκας σαν κι εσένα. Ξέρω πως δεν σου αξίζω...

-Λες ανοησίες. Σ' αγαπώ. Είσαι ο θεός, που ήμουν νεκρή και με ανάστησε. Ζω γιατί εσύ το θέλεις. Θα ζω μονάχα όσο εσύ θα το θέλεις.

-Δεν θα με βλέπεις πάντοτε έτσι. Κάποτε θα με δεις όπως είμαι πραγματικά.

Πήρε το χέρι της και το φίλησε με λατρεία και με σεβασμό.

Και με τη Λίλη; Τι βέλη φυλάει στην φαρέτρα του ο Έρασμος για την κόρη της; αναρωτιότανε η Αλίκη.

Μετά το βραδυνό φαγητό ο Έρασμος ανέβηκε στο δωμάτιό του. Όταν κατέβηκε κρατούσε στα χέρια του μια χαρτοκούτα. Μέσα από τα άχυρα έβγαλε προσεκτικά το βαλσαμωμένο αετό που του είχε δώσει ο παππούς του δώρο για τον φίλο του τον Σέργιο. Η Λίλη όταν είδε το υπέροχο πουλί πετάχτηκε όρθια, κι απόμεινε ασάλευτη, απολιθωμένη από το πολύχρωμα όραμα, που με το φως του της τυράννησε περισσότερο την ψυχή παρά τα μάτια. Ο Έρασμος απλώνει το χέρι του προς τα αριστερά, προς τη Λίλη: -Βλέπεις αυτό το θεόρατο πουλί. Μόνο επειδή θα γίνει ο σωματοφύλακάς σου σου το χαρίζω. Με τον αετό στα χέρια σου θα νικάς όλους τους εχθρούς που θέλουν να σε βλάψουν».

Κατενθουσιασμένη η Λίλη και με ασυγκράτητη ορμή βρέθηκε στην αγκαλιά του. -Ω, Ραμόν, είσαι πραγματικά τόσο καλός; Μόνο εγώ κατάλαβα πόσο ενδιαφέρων τύπος είσαι όταν οι φίλες μου το 'βαλαν στα πόδια όταν σε είδαν, είπε αυθόρμητα η Λίλη. Μαμά, που έχεις τη φωτογραφική μηχανή; ξεφώνησε.

Η Αλίκη άνοιξε το ντουλάπι στο καθιστικό κι έψαχνε για τη μηχανή ενώ παράλληλα σκεφτόταν το χθεσινο-βραδυνό όνειρο. Ο Γρύπας, μισός λιοντάρι – μισός αετός, ήρθε μεν στο κρεβάτι της μα της ξέφυγε. Καμιά φορά τα όνειρα βγαίνουν ακριβώς το αντίθετο. Είναι αισιόδοξη τώρα για το μέλλον της και το μέλλον της κόρης της. Ο Ραμόν, όπως τον βάπτισε η Λίλη τον Έρασμο μόλις πριν λίγο -τι να πεις πια, ότι δεν μαθαίνεις πολλά πράγματα από τα παιδιά – είναι δυο φορές βασιλιάς, το λιοντάρι, ο βασιλιάς των ζώων, και ο αετός βασιλιάς στο βασίλειο των πουλιών. Κυρίαρχος, ένδοξος καρδιοκατακτητής στο παλάτιτης.

Ο Θεός Ήλιος που ήρθε έτσι ξαφνικά και πλημμύρισε με φως το σπιτικό της. Μονάχα μια μαύρη σκιά παραμονεύει κάτω από τη σκάλα. Μια γυναίκα γύρω στα σαράντα πέντε, αδύνατη, μαραζωμένη. Τη λένε Στέλλα και είναι η μεγάλη κόρη του Σέργιου, συμμαθήτρια του Αλκίνοου στο Δημοτικό, κολλητή του παιδική φίλη που η φιλία έγινε τρελός έρωτας μετά για την Στέλλα;, χωρίς καμία ανταπόκριση από τον Αλκίνοο, που μετά το Λύκειο συνέχισε τις σπουδές του σε γαλλικό πανεπιστήμιο. Εκεί γνωρίστηκε με την Αλίκη, ερωτευτήκανε κι όταν ο Αλκίνοος τελείωσε τις σπουδές του, μαζί γυρίσανε στην Αμνόβρυση και παντρευτήκανε στην εκκλησία του Αγίου Νικολάου με πολλούς καλεσμένους. Η Στέλλα πήγε στο γάμο του τυπικά χαρούμενη, μέσα της ωστόσο φώλιαζε το μίσος για την περιφρόνησή του. Σχεδίαζε δυο χρόνια πως να τον εκδικηθεί. Και όταν ανακάλυψε τον τρόπο προχώρησε στη εκτέλεση του σχεδίου της: Με σύμμαχο τον ανεψιό της που ήταν μαθητής στην τάξη του Αλκίνοου, τον κατηγόρησε στον σύλλογο γονέων και κηδεμόνων πως δεν μπορεί να επιβάλλει την πειθαρχία στα παιδιά και πως κατά την διάρκεια του μαθήματος επικρατεί τέτοια αναρχία και χάος που μόνο μάθημα δεν γίνεται. Ο δάσκαλος αρχικά δοκίμασε να τα ηρεμήσει με καλοσύνη και ευγένεια, αλλά όταν είδε τελικά πως με τα λόγια του δεν έφερε το ποθητό αποτέλεσμα, επέλεξε διαφορετικό τρόπο: Αντί να πάρει τη βέργα στα χέρια του, άνοιξε το στόμα του και με τις αγριοφωνάρες του να τα φοβερίζει πως αν δεν κάτσουν ήσυχα θα τα αποβάλλει από το σχολείο. Τα συμμοριτάκια ούτε που χαμπαριάζανε από απειλές, απεναντίας το διασκεδάζανε αφάνταστα με την παραφροσύνη του κυρίου τους.

Η λαρυγγίτιδα του Αλκίνοου χειροτέρευε χρόνο με το χρόνο. Πέντε χρόνια μετά διαγνώστηκε με καρκίνο στις φωνητικές του χορδές, ήταν δυο χρόνια σε αναρρωτική άδεια και πριν τρεις μήνες πέθανε. Όσο για την δολοφόνα Στέλλα πολλοί κάτοικοι της Αμνόβρυσης λένε, πως παρ' όλο που τον έστειλε στον άλλο κόσμο που γυρισμό δεν έχει, η μανία της για εκδίκηση δεν έχει καταλαγιάσει. Τι σύμπτωση! Πως να τα ερμηνεύσει η Αλίκη τα δυο αυτά γεγονότα. Ο Έρασμος να φεύγει από τα Γιάννενα με προορισμό το σπίτι του πατέρα της Στέλλας, και η μοίρα να ανατρέπει τα σχέδιά του στέλνοντας την κόρη της στο δρόμο του;

Τώρα που έφερε στο μυαλό της όλα τα παλιά, η Αλίκη κυριεύεται και πάλι από φόβο. Αλήθεια, ένα δεύτερο σκληρό χτύπημα της αιμοβόρας Στέλλας δεν θα το άντεχε τώρα πια. Τώρα που ήρθε γι' αυτή η ώρα η ωραία, η γλυκιά; Όσο ο Αλκίνοος ήταν άρρωστος και υπέφερε, πήγαινε στην εκκλησία για να νιώσει αυτή τη γλυκιά αμεριμνησία, που ίσως την φέρνει ο θεός, ίσως και όχι. Ο χρόνος θα το δείξει, πίστευε. Ο χρόνος έδειξε πως γι' αυτήν δεν υπήρχε θεός. Ωστόσο πιστεύει πολύ στην ειλικρινή συζήτηση. Στην δυνατή διαίσθηση της Λίλης, το λυτρωτικό της χάρισμα. Ήταν ασφαλώς μια θεϊκή έμπνευσή της η μετονομασία του Έρασμου σε Ραμόν.

Ας πούμε το ψευδώνυμό του. Είναι ζωγράφος από τη Γαλλία. Κανένας δεν το ξέρει. Πήρε τις αποφάσεις της, γαλήνεψε. Έχει ανακατέψει τα δυο συρτάρια από σκρίνιο στο καθιστικό για τη φωτογραφική μηχανή, μα δεν την βρίσκει πουθενά. Ίσως την έχει βάλει τη μεγάλη ντουλάπα της στην πάνω κρεβατοκάμαρα. Ανεβαίνει πάνω, την ανοίγει. Στέκεται όρθια κοιτάζοντας τα φορέματά της, όλα με έντονα χρώματα ραμμένα από λινό και μεταξωτό ύφασμα. Βγάζει ένα κίτρινο, γαρνιρισμένο με μαύρη δαντέλα στο μπούστο και μαύρες τιράντες, μακρύ ως τον αστράγαλο, εξώπλατο πίσω και βαθύ ντεκολτέ. Ντύνεται γρήγορα χωρίς να κάνει θόρυβο. Ύστερα με τη μηχανή στα χέρια, άνοιξε την πόρτα και αφού κατέβηκε την σκάλα μπήκε στο σαλόνι. Βρήκε την Λίλη και τον Ραμόν σε πόζα, έτοιμη για φωτογράφηση. Η Λίλη κάθεται στην πολυθρόνα με το κεφάλι της να ακουμπά στη ράχη της, πίσω της σκυμμένος ο Ραμόν να ακουμπάει το δεξί του μάγουλο στο αριστερό της Λίλης, ενώ ο καθένας τους αγγίζει με τα δάχτυλά τους τα φτερά του αετού με προσποιητή ανεμελιά.

-Γρήγορα μαμά, απαθανάτισε αυτή τη στάση μου με τον Ραμόν, διατάζει η Λίλη.

Η Αλίκη φιξάρει τη μηχανή και πατάει το κουμπί. Αυτομάτως βγάζει τη φωτογραφία, λαμπερή και έγχρωμη. Η Λίλη με ανυπομονησία την πιάνει στα χέρια της και την κοιτάζει σαν γκαβή. Δείχνει σαν καμιά σταρ του σινεμά με συμπρωταγωνιστή της τον Ραμόν. «Στον Ραμόν, τον φτερωτό θεό μου. Λιλή» την υπογράφει και του την δίνει. Ο Έρασμος που παρακολουθεί την πρωτοφανή εξέλιξη των πραγμάτων με απορία, ρωτάει: -«Ποιος είναι αυτός ο Ραμόν;» η φωνή του είναι σκληρή και βραχνή, σαν ένας κακοποιός. Τα μάτια του είναι διαπεραστικά.

-Ξέρω. Είναι μόνο λίγες ώρες που είσαι στο σπίτι μου και βέβαια σε τυραννάει η απορία της παλιάς μου ζωής. Ήμουν αποφασισμένη να μη σου μιλήσω ποτέ, γιατί δεν είχα τίποτα αξιόλογο να σου πω. Βλέπω όμως ότι πρέπει να σου μιλήσω», είπε η Αλίκη.

-Σ' ευχαριστώ, να είσαι πάντα καλά, απάντησε ο Έρασμος.

-Θα σου πω την αλήθεια. Λεπτομέρειες μη μου ζητάς. Αρκέσου στο ότι θα σου πω την αλήθεια, ψιθύρισε η Αλίκη.

-Και πάλι σ' ευχαριστώ….

-Πεινάω σαν λύκος. Ευχαρίστως θα 'τρωγα μια μπριζόλα με πατάτες, πρότεινε η Αλίκη.

-Κι εγώ πεινάω.

Ο ήλιος είχε βασιλέψει. Ήρθε το σούρουπο που αμέσως έδωσε τόπο στη νύχτα. Το αυτοκινητάκι της Αλίκης, ένα παλιό citroen, έτρεχε διασχίζοντας τους δρόμους, προχωρούσε άσκοπα, προς κάποιο ανύπαρκτο τέρμα. Ο Ραμόν δίπλα της δεν μιλούσε, ούτε καν την κοίταζε. Κάποια σκέψη τον παίδευε, κάποια πάλη γινόταν μέσα του. Προσπέρασαν τα μισοκοιμισμένα χωριά του κάμπου. Ο αέρας σκορπούσε γύρω άρωμα ανθισμένης μηλιάς και ποτισμένης χλόης. Πάνω στον ουρανό, τ' αστέρια στέκονταν ασάλευτα. «Είχα σηκώσει το κεφάλι και κοιτούσα τ' άστρα. Πρώτη φορά κατάλαβα πως τ' αστέρια παραστέκουν τη ζωή μου. Τι μου έλεγαν, εκείνο το βράδυ, οι απόμακροι κόσμοι του άπειρου; Αναπολεί τη στιγμή τώρα ο Έρασμος. Τα φανάρια του αυτοκινήτου φωτίζουν μία επιγραφή: «Ταβέρνα Το Αίσιο Τέλος». Το αφεντικό τρέχει με χαμόγελο και υποκλίσεις. -Καλησπέρα σας. Που προτιμάτε να δειπνήσετε; Μέσα ή έξω στο μπαλκόνι;

-Που προτιμάς, Ραμόν;

-Αφήνω σ' εσένα την πρωτοβουλία, της λέει.

-Στην Γαλλία, όταν ήμουνα είκοσι χρόνων είχα γνωρίσει δύο άντρες. Τους δόθηκα χωρίς να πολυσκεφθώ, ίσως από μία υποσυνείδητη, φυσιολογική ανάγκη. Δεν τους αγάπησα. Ύστερα γνώρισα τον Αλκίνοο. Ζούσαμε μαζί πέντε χρόνια, κι ύστερα ήρθαμε στην Ελλάδα, εδώ στην Αμνόβρυση. Ο Αλκίνοος διορίστηκε δάσκαλος στο Δημοτικό, αλλά το μεγάλο του πάθος ήταν η ζωγραφική τέχνη. Ζωγράφιζε τα απογεύματα, στον ελεύθερό του χρόνο. Τα έργα του τα υπέγραφε με το ψευδώνυμο Ραμον. Ήταν ικανοποιημένος γιατί με την πρωινή δουλειά του εξασφάλιζε την υλική ασφάλεια ενώ η απογευματινή ενασχόλησή του τον ανέβαζε πνευματικά. «Η τέχνη από μόνη της, δεν σου δίνει να φας» ισχυρίζονταν.

Κάτι που το ανακάλεσε όταν ο διευθυντής τον αντιμετώπισε σαν αδιαπαιδαγώγητο εκπαιδευτικό ύστερα από το σκάνδαλο με την Στέλλα και τον έβγαλε σε υποχρεωτική άδεια. Στη θέση του έβαλαν ένα νεότερο συνάδελφο. Τότε ένιωσε την επιθυμία να δοθεί αποκλειστικά στην τέχνη, μόνο που ήταν πια πολύ άρρωστος. Τον έβλεπα να γερνάει πριν την ώρα του από την απογοήτευση και τον λυπόμουνα. Το γεγονός αυτό τον έκανε να αποφασίσει να μείνει η

Λίλη ανεξάρτητη και να μη δουλέψει για κανέναν άλλο, αν μπορούσε. Αυτά ήταν τα τελευταία του λόγια», είπε πικραμένη η Αλίκη. -Να γιατί η Λίλη σε αποκαλεί Ραμόν, δίνει στον εαυτό της την εντύπωση ότι εσύ θα μπορούσες να γεμίσεις το κενό που δημιούργησε στη ζωή της η μόνιμη απουσία του πατέρα της» του εξήγησε η Αλίκη πιάνοντας τρυφερά το χέρι του. Εκείνος της ανταπέδωσε την κίνηση και μετά ανασήκωσε μια μπούκλα από τα μαλλιά της. «Έβαλα τα χρήματα της σύνταξής του στην Τράπεζα. Τουλάχιστον θα έχουμε τη δυνατότητα να στείλουμε τη Λίλη στο πανεπιστήμιο, αν το θελήσει» του ξεκαθάρισε. «Η αποζημίωση για την απόλυση του πατέρα της θα είναι η δική της ασφάλεια. Συμφωνείς;»

«Ναι», της απάντησε χωρίς να το σκεφτεί. «Αν και νομίζω ότι πουθενά δεν υπάρχει ασφάλεια» πρόσθεσε με βαθύ στοχασμό.

-Σίγουρα, είπε η Αλίκη, ενώ πετάχτηκε από την καρέκλα της και άρχισε να βηματίζει πάνω-κάτω μπροστά στον Ραμόν, προσπαθώντας να συγκεντρώσει το μυαλό της που πλανιόταν μακριά από τους ζωγραφικούς πίνακες του Αλκίνοου. «Ο κόσμος ξέρει πως ο Ραμόν είναι ανύπαρκτος. Τον είχε εφεύρει ο ζωγράφος για να κάνει μια φάρσα. Στην πραγματικότητα τα έργα τα έχεις φκιάξει εσύ. Μπορείς να κάνεις ακόμα δυο-τρία και να τα κυκλοφορήσεις με το όνομά σου».

Οι ιδέες της Αλίκης προβλημάτισαν τον Έρασμο, του έβαλαν ψύλλους στ' αυτιά του όπως λένε. Βέβαια δεν επρόκειτο να κάνει κάτι τέτοιο, αλλά και μόνο η σκέψη έφερνε στο νου του παράξενες ιδέες. Τι σημαίνει για ένα συγγραφέα ή ζωγράφο να βάζει το όνομά του σ' ένα βιβλίο ή πίνακα; Γιατί μερικοί συγγραφείς – ζωγράφοι προτιμούν να χρησιμοποιούν ψευδώνυμο; Έχει ένας συγγραφέας αληθινή δική του ζωή; Του Έρασμου του πέρασε από το νου πως μπορεί και να μη του άρεσε να γράφει με άλλο όνομα -να εφεύρει μια μυστική ταυτότητα για τον εαυτό του- κι αναρωτήθηκε γιατί η Αλίκη έβρισκε τόσο ελκυστική την ιδέα αυτή. Η μία σκέψη τον οδηγούσε στην άλλη κι όταν εξάντλησε το θέμα, διαπίστωσε πως το μπουκάλι με το κρασί είχε τελειώσει. Σήκωσε το άδειο μπουκάλι στον σερβιτόρο που τσακίστηκε να το φέρει. Γέμισε ξανά το ποτήρι του και ρούφηξε μια γερή γουλιά. Με το ποτήρι στα χείλη του γύρισε και την κοίταξε με θαυμασμό. «Κάθε λεπτό που περνάω μαζί σου, της είπε, μου αποκαλύπτεις και μια καινούργια ομορφιά σου. Το κάνεις επίτηδες για να σ' αγαπώ όλο και πιο πολύ;

-Το μυαλό μου δεν είναι άξιο για τέτοιες πονηρές σκέψεις. Σ' αγαπώ μ' όλη μου τη ψυχή. Και είμαι ευτυχισμένη να ξέρω πως κι εσύ μ' αγαπάς. Και για να τελειώνουμε αυτή την ανιαρή συζήτηση, θα μου έδινες μεγάλη χαρά αν δεχόσουν να πάμε στον συμβολαιογράφο αύριο να σου μεταβιβάσω τα κτήματά του.

-Η εμπιστοσύνη σου με συγκινεί. Μα γιατί να κάνεις διαθήκη; Γιατί να πληρώνεις φόρο κληρονομιάς; Την αγκάλιασε, την κοίταξε στα μάτια και είπε με φωνή τρυφερή και βαριά: Το πράγμα είναι απλό. Εγώ θα καλλιεργώ τα χωράφια σου και θα μοιραζόμαστε τις εισπράξεις από τις πωλήσεις. Εσύ θα παίρνεις το 51% και εγώ το 49%.

Γιατί; Το σωστό είναι να τα μοιραζόμαστε φίφτυ-φίφτυ. Η περιουσία θα είναι δική σου. Εσύ θα τη δημιουργήσεις με το σωματικό σου μόχθο. Εσύ θα την διευθύνεις. Χάρη σε σένα τα τραπεζικά μου κεφάλαια θα αποδώσουν και θα αυξηθούν. Αυτή η λεπτομέρεια του 1% που σου παραχωρώ από τα χρήματά μου, σου δίνει την απόλυτη πλειοψηφία των μετοχών. Ας υποθέσουμε πως παίρνουμε διαζύγιο. Με το 49% δεν μπορώ να σου δημιουργήσω περιπλοκές.

-Αν εννοείς τη Στέλλα, άδικα ανησυχείς. Δεν την γνωρίζω, ούτε με γνωρίζει. Δεν την αγάπησα ποτέ. Εσένα σ' αγαπώ. Αυτή είναι η αλήθεια. Και σε παρακαλώ ας μην ξαναμιλήσουμε γι' αυτό το ζήτημα.

-Πίστευε και μη ερεύνα. Σ' ευχαριστώ για την ειλικρινή συζήτηση που κάναμε, ώστε η σχέση μας να έχει ένα Αίσιο Τέλος. Παρακαλώ τον Θεό να κυβερνάει τις σαρκικές ορμές σου προς την δική μου σάρκα ώστε όταν συνευρεθούμε στο κρεβάτι να γίνουμε «ένα σώμα μία ψυχή» τον ικέτευσε με σαγήνη.

Το μάτι του Ραμόν θόλωσε. -Πάμε, της είπε με φωνή βραχνή.

Τον ακολούθησε με τα πόδια της να τρέμουν. Ποτέ μέσα στα πέντε τελευταία χρόνια ύστερα από την αρρώστια του Αλκίνοου η σαρκική επιθυμία δεν την εξουσίασε με τόσο κυρίαρχη απαίτηση, μα και ποτέ η βουλιμική σάρκα της δεν έφτασε σε τέτοιο κορύφωμα ηδονής. Προσπαθούσε όλο αυτό το διάστημα να κατευθύνει τις επιθυμίες της προς τον άντρα της. Όχι, κανείς εκτός από τον άντρα της δεν μπόρεσε να της γεννήσει τον παραμικρό πειρασμό. Κι αν καμιά φορά στη φαντασία της κάποιος άλλος άντρας υποκαθιστούσε τον Αλκίνοο, η παλιά απέχθεια για το αρσενικό ξυπνούσε και της έκοβε την ορμή, σαν με μαχαίρι.

Με ασυναίσθητη κίνηση τέντωνε τα χέρια της να διώξει από πάνω της το σιχαμερό κορμί. Απόψε όμως τα χέρια της ήρθαν σ' επαφή με την υλική πραγματικότητα του Ραμόν. Ήθελε τόσο πολύ να ξαναβυθιστεί στο χάος της γλύκας του σεξ.

Ήταν όμορφη, εκείνη τη στιγμή. Ο μαύρος μπερές πάνω στα ξανθά της μαλλιά. Η φαρδιά σατέν κάπα που έκρυβε πονηρά τις σοφές αναλογίες του κορμιού της. Ήταν όμορφη και το 'ξερε. -Τι σκοπεύω να κάνω; Να ξεχάσω όλα αυτά τα άχρηστα που έμαθα, και να γίνω πόρνη για το κελεπούρι μου, σοφίστηκε με περηφάνεια.

Είχε πάει έντεκα και μισή όταν φτάσανε στο σπίτι. Βρήκανε τη Λίλη να κάθεται στο τραπέζι γεμάτο με βιβλία, παραμύθια τα περισσότερα και να διαβάζει με προσοχή. Φαίνεται πως αυτό που διάβαζε της ήταν τόσο ενδιαφέρον που την είχε κυριολεκτικά απορροφήσει σε τέτοιο βαθμό που ακόμα και η παρουσία του ζευγαριού δεν κατάφερε να την αποσπάσει. Ο Ραμόν έκανε το πρώτο βήμα προς το μέρος της για να την ρωτήσει:

-Ετοιμάζεσαι για τ' αυριανά σχολικά μαθήματά σου; Φορτωμένο το πρόγραμμα;

-Καθόλου, του είπε ξερά. Μακάρι αυτά τα βιβλία να ήταν στο σχολικό πρόγραμμα. Αυτά που μας διδάσκουν στο σχολείο είναι τόσο βαρετά που μας κουράζουν. Μας τσαντίζουν. Δεν συγκρίνονται μ' αυτό εδώ το παραμύθι που αφήνει στο τέλος ένα σπουδαίο δίδαγμα. Ο Ραμόν διάβασε με περιέργεια τον τίτλο: «Η κουκουβάγια και η πέρδικα». Το ήξερε αυτό το παραμύθι. Τους το είχε διαβάσει ο δάσκαλος στο Δημοτικό του χωριού του, στον Βίκο. Θυμάται τον κύριό του να αναλύει τη σχέση της εξυπνάδας με την εξωτερική ομορφιά του καθενός. Το συμπέρασμα του σοφού Ηπειρώτη δάσκαλου μεταδίδει τώρα στη Λίλη:

«Η ομορφιά στον κόσμο αυτό έχει μεγάλη αξία, μεγαλύτερη δε αν ζευγαρώσει με τη φρονιμάδα του μυαλού». Η Λίλη κατενθουσιασμένη με τη γνώση του Ραμόν, συμπληρώνει:

-Ο πιο τέλειος συνδυασμός για να πετύχει ένας γάμος». Ο Ραμόν πειράχτηκε κάπως με τον αυθόρμητο γυναικείο συλλογισμό της Λίλης, εντελώς αντίθετος με τον χαρακτήρα του. Της απάντησε αμέσως με λίγες λέξεις: «μια ματαιόφρονη Ελληνίδα είσαι κι εσύ. Ούτε εσύ καταλαβαίνεις τον πατέρα σου. Πως δεν το 'ξερες αυτό εσύ η παντογνώστρια;»

-Μη γίνεσαι κακός... Η Λίλη βρήκε την ειρωνεία του Ραμόν άτοπη. Στενοχωρέθηκε. Εκείνος το κατάλαβε και είπε χαϊδεύοντάς τη τα μαλλιά:

-Κι εσύ μην είσαι κουτή... της χαμογέλασε. Δεν περιμένω από μια δεκάχρονη κοπέλα να έχει την ωριμότητα και το μυαλό μιας γυναίκας να σκεφτεί και το δεύτερο δίδαγμα του παραμυθιού: Την τιμωρία. Ο δάσκαλος του παραμυθιού αφήνει νηστικές το μεσημέρι στο σχολείο τις όμορφες κόρες της πέρδικας και της κουκουβάγιας γιατί δεν ήξεραν το μάθημα. Δίκαιη, σιωπηλή τιμωρία. Ο πατέρας σου ουρλιάζει μέσα στην τάξη. «Σκυλί που γαβγίζει μη το φοβάσαι» το γνωρίζουν καλά το ρητό οι εωσφόροι μαθητές. Ο πατέρας σου, εν αγνοία του, αυτοτιμωρήθηκε». Η Λίλη παίρνει το βιβλίο και το ακουμπάει στο κομοδίνο δίπλα στο κρεβάτι της. Σβήνει το φως και κλείνει τα μάτια. Μα ο ύπνος αργεί να έρθει. Αναπολεί τη συζήτηση με τον πατριό της.

«Λογικός, μορφωμένος, λεπταίσθητος. Στην αριστοκρατική του εμφάνιση φωλιάζει ο ηθικός κόσμος. Θαυμάζω το κριτικό πνεύμα που συνοδεύει την πλατιά του καλλιέργεια. Η πρωτότυπη νοοτροπία αρμονικά δεμένη με το συναίσθημα. Και είναι μόλις είκοσι χρόνων! «Άνοιξε τα μάτια της μέσα στο σκοτάδι. Της ήταν αδύνατο να κοιμηθεί. Και πάλι παραδόθηκε στις σκέψεις: «Μου έγινε πραγματικά συμπαθητικός, αγαπητός. Αν ήμουνα μόνο Ελληνίδα, θα έπρεπε να τον αγαπούσα επειδή είναι ο άντρας της μητέρας μου. Αλλά δεν είμαι... Μου είναι αγαπητός σαν άτομο, ξεχωριστά από κάθε οικογενειακό δεσμό. Το νόημα της οικογένειας στην Ελλάδα... Ο πατέρας μου έζησε μαζί μου δέκα χρόνια πριν εξαφανιστεί τελείως με τον θάνατό του. Να παραδεχτώ τον Ραμόν για πατέρα μου κι όχι σαν εραστή. Να παραδεχτώ την Αλίκη ξανά για μητέρα μου...».

Η Αλίκη ξαπλωμένη στο κρεβάτι της στο πάνω πάτωμα δεν νύσταζε. Πήρε ένα βιβλίο να διαβάσει αλλά το μυαλό της ήταν αλλού: Στις 15 ώρες της επίσκεψης του Ραμόν στο σπίτι της. «Τώρα μπορώ να πω πως τον γνωρίζω. Ο αρχικός χαρακτηρισμός μου «θηλυπρεπής» δεν στέκεται. Είναι οπωσδήποτε άντρας, με κάτι παραπάνω από τα φυσικά γνωρίσματα του φύλου: άντρας με χαρακτήρα όσο δεν παίρνει αντρίκιο. Είναι τυπικός, συγκρατημένος στις εκδηλώσεις του. Μας φιλάει το χέρι, μας χαϊδεύει τα μαλλιά, μας αγκαλιάζει στοργικά σαν αδερφός την αδερφή του προς τη Λίλη, σαν ανεψιός την θεία του προς εμένα, δημόσιες συγγενικές εκδηλώσεις. Αλλά είμαι σίγουρη πως ο πανίσχυρος ερωτικός δεσμός μας θα έρθει αργότερα. Μου αρκεί η αίσθηση πως μπόρεσε μέσα σε λίγες ώρες να γεμίσει με ζεστασιά το σπίτι».

Ο Έρασμος μόνος του στην πίσω κρεβατοκάμαρα του ισογείου τριγυρίζει μέσα στο δωμάτιο αμήχανα. «Εδώ είσαι τώρα Ραμόν, νεοφώτιστος, σε μια νεοσύστατη οικογένεια, όπου τα τρία αίματά μας καλούνται να περιπλεχτούν με τους συμβολικούς τέσσερις τοίχους τούτου του σπιτιού και από σένα εξαρτάται να γίνεις και νεόπλουτος. Βάλε τα δυνατά σου. Πρέπει». Η τελευταία σκέψη παίδευε το μυαλό του πολύ, δούλεψε υπερωρίες αρκετές όλη νύχτα, κι όταν ξύπνησε νωρίς το πρωί τα είχε όλα τακτοποιημένα στο νου του, έτοιμα για εφαρμογή.

Στο σαλόνι βρήκε την Αλίκη να κρατάει στα χέρια της ένα δίσκο.

-Σου έφτιαξα καφέ με δυο μουστοκούλουρα, του είπε. Ο Ραμόν πήρε τον δίσκο απ' τα χέρια της.

-Θα τον πιούμε στο γραφείο. Έχουμε να μιλήσουμε σοβαρά ζητήματα, πέρα απ' το ότι είσαι μια χρυσοχέρα γυναίκα», της κομπλιμεντάρει ο Ραμόν.

-Βεβαίως. Και ακριβώς, θα ήθελα να σου μιλήσω για τα οικονομικά μας. Πάμε στο γραφείο, όπου έχω όλα τα στοιχεία. Το γραφείο ήταν δυτικό κι έβλεπε προς τη μεριά του λόφου. Κάθισαν στις αναπαυτικές πολυθρόνες, ρούφηξαν μια γουλιά καφέ, η Αλίκη άναψε τσιγάρο και ο Ραμόν είπε: -Οι καλοί λογαριασμοί κάνουν τους καλούς φίλους. Θα κάνουμε δύο συμβολαιογραφικές πράξεις, ένα συμφωνητικό ελεύθερης συμβίωσης για 30 χρόνια, και ένα άλλο που θα ορίζει τη σύμπραξη μεταξύ των δυο μας μιας εταιρείας εξαγωγής σιτηρών προϊόντων από τα 500 στρέμματα της γης σου που εγώ θα καλλιεργώ. Τα χρήματα θα μοιράζονται σε τρεις δικαιούχους: Το

40% θα πηγαίνουν στον λογαριασμό σου καθώς και το άλλο 40% στον δικό μου. Το υπόλοιπο 20% θα τα δώσουμε στην Λίλη, την μικρή μας κόρη, την οποία και αγαπώ… Το νούμερο είναι εντελώς συμβατικό μέσα στην πραγματικότητα της αγάπης μας. Αν παραστεί ανάγκη, είμαι πρόθυμος να κάνω κάθε οικονομική θυσία για την ευτυχία της. Σώπασε, μισόκλεισε τα μάτια. Η εικόνα της μικρής κόρης του 'φερε ένα στοργικό χαμόγελο στα χείλη: -Την Λίλη δεν την καλογνωρίζεις… Τι εντύπωση σου έκανε;

-Την πιο καλή εντύπωση, αποκρίθηκε ο Ραμόν. Είναι έξυπνη, ιδιοφυΐα. Έχω χρέος όχι μονάχα να κάνω κάθε θυσία για να την σπουδάσω, αλλά και να της εξασφαλίσω πανεπιστημιακές σπουδές χωρίς οικονομικά προβλήματα. Όσο εγώ είμαι πλούσιος, η Λιλή δεν θα χρειαστεί να κερδίζει τη ζωή της. Είσαι σύμφωνη;

-Βεβαίως. Αλλά ελπίζω να μη φτάσεις ποτέ σ' αυτό το ενδεχόμενο. Όσο καιρό οι δουλειές μας θα πηγαίνουν καλά, τα κέρδη του μερδικού της θα είναι αρκετά για να ζει πλουσιοπάροχα.

-Χμ… ξερόβηξε ο Ραμόν. Βλέπω πως παρ' όλη την ερωτική σου αφηρημάδα, δεν είσαι εκτός πραγματικότητας.

-Είμαι Γαλλίδα.

-Κι εγώ Έλληνας, από την Ήπειρο. Ίσως μπορέσουμε να τα βρούμε… Πήγε και κάθισε στο μπράτσο της πολυθρόνας της. Έσκυψε και έβαλε το χέρι του στους ώμους της.

-Νομίζω πως το θέμα «υποθέσεις» εξαντλήθηκε για σήμερα. Θα ήθελα να σου πω αν είναι καλύτερα να πάμε στο γραφείο του συμβολαιογράφου ή να τον καλέσουμε στο σπίτι». Ένα μαύρο σύννεφο σκίασε τα μάτια της. Σώπασαν και οι δυο. Ύστερα ο Ραμόν είπε: -Ίσως είναι χρήσιμο να πάμε στο γραφείο του.

-Δεν πιστεύω να χρειαστεί. Θα σου κάνω πληρεξούσιο, να χειριστείς μόνος σου το ζήτημα. Ο κύριος Τσάκας θα τα καταφέρει μια χαρά. Του έχω απόλυτη εμπιστοσύνη.

-Η εμπιστοσύνη σου με συγκινεί. Να είσαι σίγουρη πως...

-Δεν πρόκειται για εμπιστοσύνη. Στον κόσμο, στην Ελλάδα, δεν έχω άλλον από σένα.

Ο Ραμόν όρθιος μπροστά στον μεγάλο καθρέφτη του χωλ κοιτάει με θαυμασμό τον εαυτό του, δείχνει πως είναι φιλόσοφος, ζει ένα θαύμα: Αυτό του ανοιχτού μυαλού και της ευαίσθητης καρδιάς. Το πλατύ χαμόγελό του τράβηξε την προσοχή της Αλίκης. Οι μαύρες μέρες έρχονται σε όλους μας. Όμως οι αποκαρδιωτικές ημέρες φέρνουν μαζί τους χρυσές ευκαιρίες όταν καταφέρνουμε να είμαστε ευγενικοί με τον εαυτό μας. Είτε το πιστέψεις είτε όχι, το σήμερα φέρνει ένα δώρο κρυμμένο. Αν θέλεις μπορείς να το βρεις. Η ομορφιά επιστρέφει σ' εκείνον που την κατέχει. «Η ομορφιά δεν έχει να κάνει με καλλυντικά, χρήματα ή κοινωνικό επίπεδο, αλλά με το να είσαι ο εαυτός σου. Ο Ραμόν είναι νέος, πανέξυπνος, ευγενικός, πλούσιος σε αισθήματα. Όλα αυτά τον κάνουν να φαίνεται επιθυμητός. Ωστόσο, αν η ομορφιά της ψυχής δεν πάλλει κάτω απ' όλα αυτά, η λάμψη τελειώνει γρήγορα. Και φυσικά δίπλα σ' όλα αυτά, αναμφίβολα το καλύτερο προϊόν ομορφιάς που υπάρχει είναι το να αγαπάμε τον εαυτό μας. Να μην το κατακουράζουμε κάνοντας πολλά πράγματα συγχρόνως γιατί νομίζουμε πως έτσι κερδίζουμε χρόνο.

Δεν είναι καλό να σκορπιέσαι εδώ κι εκεί. Βάλε προτεραιότητες. Πρώτα οι σημαντικές και άσε τις ασήμαντες για το τέλος. Υπολόγιζε τον χρόνο για την ξεκούρασή σου. Βάλε την προσοχή σου στη δουλειά που κάνεις την κάθε στιγμή. Αυτό εγγυάται για την επιτυχία. Κάνε ένα πράγμα τη φορά. Κάνε το με όλο το πάθος, το ενδιαφέρον και την αυτοσυγκέντρωσή σου.

Είχε μεγάλο άγχος όση ώρα ήταν στον συμβολαιογράφο. Η αγωνία του για την υπογραφή των συμβολαίων ήταν δικαιολογημένη, ήταν μια καινούργια προοπτική στη ζωή του, κάτι το ακατόρθωτο να γίνει ξαφνικά τσιφλικάς, να διαχειριστεί σωστά μια τεράστια έκταση εύφορης γης, ώστε να μη το μετανιώσει μετά ή να χρεοκοπήσει ίσως. Και τι νόημα θα είχε τότε η ζωή του αν δεν μπορούσε να αποδείξει στους δικούς του ανθρώπους πόσο σπουδαίος, πόσο τέλειος και αρεστός έγινε ο Έρασμος μακριά από το χωριό του; Του είχε γίνει εμμονή να ακούσει την υστερινή γνώμη των εχθρών του στον Βίκο. Δεν ζούσε παρά μόνο για την ξένη γνώμη. Αμυαλοσύνη.

Κεφάλαιο 8

Η χαρά του μεγάλου πλούτου

Ο Ραμόν γύρισε νωρίς εκείνο το απόγευμα.

-Που είναι η κυρία Αλίκη; Ρώτησε την Νίτσα.

-Στο γραφείο, τακτοποιεί τα συρτάρια. Να της πω πως ήρθατε; Όχι, μην την ενοχλείς. Η μικρή είναι εδώ;

-Πήγε στο φροντιστήριο και στο γυμναστήριο.

-Καλά. Κάνε μου έναν καφέ.

Ξάπλωσε στον καναπέ του σαλονιού, έβγαλε από την τσάντα του τη φωτογραφία μιας τεράστιας αλωνιστικής μηχανής και την κοίταξε με επιμονή. Ήταν το πρώτο επαγγελματικό μηχάνημά του, το αγορασμένο με τα χρήματα της Αλίκης: η «Αλίκη» - Ας είναι καλά ο Τάσκας, συλλογίστηκε ο Ραμόν με συγκίνηση. Είναι θαυμάσιος άνθρωπος για να μου δώσει αυτή την ιδέα.

Ξαφνικά σηκώνει το κεφάλι ανήσυχος. Απ' το γραφείο που ήταν η Αλίκη ακούγονται δυνατές φωνές στα Γαλλικά. -Θεέ μου! τι συμβαίνει; Μισανοίγει την πόρτα και ρίχνει μια ματιά ερευνητική. Βλέπει την Αλίκη, όρθια να κοιτάζει ψηλά, με μάτια ονειροπαρμένα και να απαγγέλλει; Amour, Amour!

Γύρισε στο σαλόνι και όρθιος κοίταξε απ' το παράθυρο τον λόφο που χρύσωνε στη δύση του ήλιου. Κατάλαβε πόσο κατώτερος ήταν απέναντι στην Αλίκη. «Πρέπει να μορφωθώ. Πρέπει», σκέφθηκε, αλλά αμέσως σήκωσε τους ώμους με αδιαφορία. Ήξερε πως αυτό ήταν αδύνατο. Άδικος κόπος να πιέσει τον εαυτό του. Όλα αυτά δεν τον ενδιέφεραν, του έφερναν ανία. «Με αγαπάει έτσι όπως είμαι. Αν μισοπασαλειφτώ με γαλλικά βιβλία, θα γίνω γελοίος στα μάτια της». Η σκέψη αυτή τον ανακούφισε. Και χαμογέλασε με τη αναπάντεχη εξέλιξη που πήραν τα πράγματα με την συμβουλή του συμβολαιογράφου Τάσκα να αγοράσει την αλωνιστική μηχανή, ένα εργαλείο, μια χειροπιαστή πραγματικότητα, που μου δίνει τη χαρά της εργασίας και την ευτυχία του πλούτου.

-Κοίτα τη φωτογραφία της «Αλίκης» σου και θαύμασέ την. Μου είπαν πως η γυναίκα σου είναι όμορφη. Αν είναι όμορφη σαν την καινούργια θεριστική μηχανή σου, πρέπει να είναι πολύ ωραία!» μου είπε ο προϊστάμενος της εταιρείας. «Όταν την κοίταξα ξανά μ' έπιασε ταχυπαλμία απ' τη λαχτάρα. Τέτοιο κελεπούρι δεν έπρεπε να το χάσω! Δεν σου κρύβω πως η πρώτη μου σκέψη ήταν να το αγοράσω με δόσεις για τον εαυτό μου. Σκέφτηκα όμως πως έπρεπε να σου κάνω άξιο δώρο για το γάμο σου. Και την αγόρασα για λογαριασμό σου!» εξήγησε περιχαρής ο Ραμόν στην Αλίκη. «Αν θέλει ο θεός, σ' ένα χρόνο θα την έχω ξεχρεώσει ολότελα», συμπλήρωσε.

-Θα την ξεχρεώσεις σ' ένα μήνα. Αν με θέλεις συνέταιρο στις αγροτικές σου επιχειρήσεις, δεν έχω αντίρρηση, τον διαβεβαίωσε η Αλίκη, και κοιτάζοντάς τον στα μάτια, είπε σιγανά, μισόφωνα:
-Σ' αγαπάω... Χαϊδεύτηκε στο ώμο του, με κίνηση του κεφαλιού γατίσια και είπε στα αρχαία Ελληνικά. «Έρως ανίκατε μάχαν».

Στον έρωτα όσα λιγότερα δίνεις, τόσα περισσότερα παίρνεις. Με μια γρήγορη κίνηση το στόμα του δάγκωσε τον λαιμό της. -Τέρας! Μούγκρισε ο Ραμόν. Την σήκωσε στα χέρια του και την πέταξε στον καναπέ. Η πόρτα άνοιξε και μια σκοτεινή σκιά πρόβαλε μπροστά της. Ήταν η Λίλη που γύρισε από το φροντιστήριο Γαλλικών.

Βλέποντάς τους σκανταλίστηκε «Ξεδιάντροπιάστηκε πια. Το 'χε ρίξει λιγάκι έξω» σκέφτηκε. Χαμογέλασε, αναστέναξε. «Ίσως έτσι είναι καλυτερα» μουρμούρισε η Λίλη κι έφυγε όπως είχε μπει αθόρυβα.

*

Ύστερα από τρεις εβδομάδες μαθήματα ο Τάσος, ο επιστάτης στα κτήματά της και ο Ραμόν μπορούσαν με αρκετή ευκολία να χειριστούν την θεριστική μηχανή που ήταν παρκαρισμένη στο κοινοτικό λιβάδι απέναντι ακριβώς από το σπίτι της Αλίκης. Ήταν καλή ιδέα της να βιαστούν οι δύο άντρες να ξεκινήσουν την εκπαίδευση οδήγησης της μηχανής πριν αρχίσει ο θερισμός. Ο Ραμόν χαιρόταν τον διανοητικό πυρετό της γυναίκας του, που είχε άμεσο αντίκτυπο στον αισθησιακό της κόσμο. Η ομορφιά της ήταν πασιφανής. Δεν προσπαθούσε να την κρύψει γιατί της άξιζε. Είχε πιστέψει στις ικανότητες του Ραμόν. Ήταν η θηλυκή του «Πυγμαλίων» τον στήριξε, τον βοήθησε χρηματικά, τον ενθάρρυνε με την καλή της στάση να μάθει πως μπορεί να γίνει από ένας τσομπάνος σε ένα πραγματικό επιχειρηματία. Του έδωσε φτερά να απογειωθεί και ελπίζει πως σύντομα θα πάει μακρύτερα απ' εκεί που οι στενόμυαλοι Αμνοβρυσιώτες, τύπου Στέλλας και Σία, περιμένουν. Πολλά λέγονται εκεί για το νεαρό που εγκαταστάθηκε στη βίλα της Γαλλίδας. Η Στέλλα ένιωσε ένα δυνατό δάγκωμα ζήλειας στην καρδιά της: «Δεν μπορεί να την αγαπάει. Όχι, δεν την αγαπάει». Προσπαθούσε δυο μήνες τώρα να συγκρατήσει την περιέργειά της, δεν άνοιγε κουβέντα με κανέναν για το αταίριαστο ζευγάρι, έκανε πως δεν ενδιαφερόταν. Φρόντισε, ωστόσο, δήθεν τυχαία να συναντήσει τον Τάσο, που ήταν δικό της άνθρωπος, επιστάτης στα κτήματα και τώρα οδηγός στην καινούργια αλωνιστική μηχανή: -Πως γίνεται να σε παρεξηγήσω; Θέλεις να με ρωτήσεις κάτι;». -«Νομίζεις πως θα σε ρωτούσα, αν δεν καταλάβαινα πως θέλεις να μιλήσεις; Φαίνομαι για ανέμυαλη;».

-Τί; Η Στέλλα το έβρισκε δύσκολο να του πει αυτό που ήθελε να μάθει:

-Σου μίλησε η Αλίκη για το νέο της αμόρε;

-Όχι, ποτέ. Ούτε θα μου μιλήσει. Η Αλίκη δεν είναι σαν τις δικές μας γυναίκες. Σκέπτεται αλλιώτικα, νιώθει αλλιώτικα. Δεν θα 'θελε ποτέ να την ρωτάνε για την προσωπική της ζωή. Αν νιώσει την ανάγκη, θα μιλήσει πρώτη αυτή.

Έτσι φαίνεται είναι οι ξένες. Δεν έχουν την καρδιά στο χέρι. Διαφεντεύουν την γλώσσα τους...». Η Στέλλα προσπάθησε να συγκρατηθεί να μην καταλάβει ο Τάσος την ανησυχία της.

-Πως τον λένε; Ρώτησε μουδιασμένα.

-Ραμόν.

-Πάντως μιλάει άπταιστα τα ελληνικά. Αλήθεια, δεν ξέρω την καταγωγή του.

Έτσι η συζήτηση της Στέλλας με τον παιδικό της φίλο τον Τάσο θα ήταν ατελέσφορη για την πρώτη, αν ο παππούς και η μάνα του Έρασμου στα Γιάννενα, δυο δικοί του άνθρωποι με το ίδιο αίμα, την ίδια ψυχή δεν είχαν το παιδί τους συνέχεια στη σκέψη τους. Ο κοινός πόνος για την τύχη του παιδιού τους τους έφερε κοντά τον ένα στον άλλον μετά από είκοσι στερημένα χρόνια επαφής και ψυχικής αποξένωσης. Η Ζαχά άκρως αναστατωμένη έριχνε τις ευθύνες στον πατέρα της.

-Μη φοβάσai γιατί ο Έρασμος δεν είναι κανένα μαμμόθρεφτο. Είναι σκληραγωγημένο παιδί, γενναίος στρατιώτης σαν τον Μέγα Αλέξανδρο που δάμασε τον άγριο Βουκεφάλα για να τον υπηρετεί. Αποκλείεται ο Ψαρής να τον άφησε στη μέση στο ποτάμι. Είμαι σίγουρος ότι έφτασε σώος στην Αμνόβρυση. Καμιά γυναικοδουλειά μυρίζομαι. Κάποια του έδωσε να φάει τον Λώτο και μας ξέχασε, είπε μισογελώντας ο Θωμάς στην Ζαχά.

-Πατέρα, άσε τις αστείες εικασίες σου κατά μέρος, είπε αγριεμένη η Ζαχά. Πρέπει να μάθουμε με βεβαιότητα που είναι το παιδί μου και πως τα περνάει. Αν βέβαια ζει! Ο Θωμάς που συμμερίστηκε επιτέλους την αγωνία της κόρης του, έστυψε το μυαλό του και το βρήκε! -Πολύ καλά. Σκέφτομαι να γράψω στον φίλο μου τον Σέργιο. Αυτός μόνο ξέρει.

Ιωάννινα 4-6-19...

Αγαπητέ φίλε Σέργιε

Εύχομαι πρώτα απ' όλα το γράμμα μου να σ' εύρει γερό και δυνατό, κι αν έρωτας και για μένα σε πληροφορώ πως γενικά θα σου 'λεγα ότι είμαι καλά, αν δεν ανησυχούσα για τον εγγονό μου, τον Έρασμο Νάσκα, γιο της κόρης μου.

Έφυγε, και ήταν δική του αποκλειστικά ιδέα, να έρθει στην Αμνόβρυση να σε βρει. Περάσανε κιόλας τρεις μήνες και δεν έχουμε λάβει καμία είδησή του. Αν πραγματικά ανταμώσατε, σε παρακαλώ γράψε μου χωρίς καθυστέρηση, να μαζέψω το κεφάλι μου.

Ο επιστήθιος φίλος σου

Θωμάς Κωστίκας

Έβαλε το γράμμα στο φάκελο, έγραψε τη διεύθυνση και φώναξε την κόρη του στο δωμάτιό της.

-Πάω στο ταχυδρομείο να στείλω το γράμμα. Δεν θ' αργήσω πολύ, πιστεύω.

-Κάνε γρήγορα να βρεθεί ο Έρασμος. Αλλιώτικα θα βγει δικαιωμένος ο Κούλης. Όταν έμαθε την απόφασή του μισαδερφού του να πάρει τα μάτια του και να φύγει, ξέρεις τί είπε! Κρίμα το παλληκάρι! Πήρανε τα μυαλά του αέρα! Γυρεύει το χαμό του!!! Τι διάβολο πήγες κι έκανες, πατέρα; είπε η Ζαχά με τα μάτια της που άστραφταν από θυμό καρφωμένα στο πρόσωπο του Θωμά που στέκονταν μπροστά της ασάλευτος.

Τι στέκεσαι ακόμα; συνέχισε να μιλάει η Ζαχά με μια φωνή τραχιά και τρομαχτική. Δεν άκουσες τι είπα;»

Ο γέρος βγήκε τρέχοντας σαν τρελός. Η Ζαχά κατέβασε απ' το εικονοστάσι το μπουκαλάκι με το αγιασμένο νερό και με το ξύλινο σταυρό στα χέρια της άρχισε να ραντίζει το σπίτι: «Ιησούς Χριστός περνά, κι όλα τα κακά σκορπά», θυμήθηκε την επίκληση (ξόρκι), της γιαγιάς της, όταν τα πράγματα δυσκόλευαν και χρειαζόταν ενέργεια και ψυχική δύναμη να τα επιλύσει. Ξέσπασε η Ζαχά σ' ένα παράφορο κλάμα. Αιτία: Η ανάμνηση της προετοιμασίας του γάμου της με τον Ηλιάκη.

-Πολύ ωραίο νυφικό, Ζαχά, της έλεγε και ξανάλεγε η Γιούλα η φίλη της, κι έγερνε πίσω να την κοιτάξει. Αυτό το φόρεμα θα μπορούσε να το βάλει και η βασίλισσα. Παιδευόταν να πέφτουν οι μπούκλες ωραία δεξιά κι αριστερά από το πρόσωπό της. Η Γιούλη στεκόταν πίσω από τον ώμο της. Έβλεπε μέσα στον καθρέφτη το πρόσωπό της πίσω από της Ζαχάς, με τα μάτια της γεμάτα λάμψη και τα χείλη μισάνοιχτα. Δεν αναγνώριζε αυτό το πρόσωπό που την κοίταζε μέσα απ' τον καθρέφτη. Τα μάτια της ήταν ασφαλώς μεγαλύτερα, η επιδερμίδα άσπρη και λεία. Οι μπούκλες στεφάνωναν το κεφάλι της σαν ένα μικρό σύννεφο. Κοίταξε αυτό το πλάσμα που δεν ήταν αυτή η ίδια, και χαμογέλασε. Ένα αλλιώτικο, αργό χαμόγελο.

-Αχ, Ζαχά! είπε. Αχ, Ζαχά! Έπιασε με τα δυο της χέρια τη φούστα κι έκανε μία υπόκλιση. Ενθουσιασμένη, έκανε πόζες καμαρωτή μπρος στον καθρέφτη. Ποτέ της δεν είχε νιώσει τόση συγκίνηση, τόση ευτυχία, τόση περηφάνια. Είχε το ένα της πόδι κιόλας στη σκάλα έτοιμη να χαιρετήσει τους καλεσμένους κάτω στο σαλόνι. Στον διάδρομο δεν υπήρχε ψυχή. Και ξαφνικά είδε πως η πόρτα που οδηγούσε στη σάλα ήταν ανοιχτή και κάποιος στεκόταν στο κατώφλι. Ήταν η Σμάρω. Ποτέ της η Ζαχά δεν θα ξεχάσει την έκφραση του προσώπου της. Μια αποτρόπαιη φάτσα, γεμάτα θρίαμβο, σαν του διαβόλου που αναγαλλιάζει. Στεκόταν εκεί και της χαμογελούσε σαρκαστικά. Η Ζαχά τρικλίζοντας ανέβηκε στο δωμάτιό της. Τα δάκρυα της τύφλωναν τα μάτια της για οκτώ χρόνια.

-Άντε επάνω ν' αλλάξεις, της είχε πει ο πατέρας της. Βάλε ένα άλλο φουστάνι, ό,τι-ό,τι. Άντε γρήγορα, προτού έρθει ο κόσμος», είπε με παγερή, άγνωστη, ξένη φωνή.

Δεν μπόρεσε να του πει λέξη. Στεκόταν στον εξώστη και τον κοίταξε. Είκοσι χρόνια μετά βρίσκεται μόνη στο σπίτι του και κοιτάει την φωτογραφία του κρεμασμένη στον τοίχο. Είναι μια σταχτόασπρη φωτογραφία. Χωρίς καθόλου χρώμα στο πρόσωπό του. -Ότι διάβολο πήγες κι έκανες σε μένα παλιότερα εντάξει, μα δεν θα σ' αφήσω να κάνεις το ίδιο στον γιο μου τώρα. Ο γάμος του θα είναι ένα μοναδικό, κοσμικό γεγονός, με τραπέζια γεμάτα φαγητά, γέλια και τραγούδια δυνατά και μια πρωτόγνωρη ζεστασιά. Θα βγάλω το μεράκι μου, με τον γάμο του γιου μου», έλεγε η Ζαχά στον εαυτό της. Πολλές φορές πέφτουμε σ' εκείνο το γνωμικό «κάνε αυτό που σου λέω, αλλά όχι αυτό που κάνω εγώ», περιμένοντας απ' τους άλλους να τηρήσουν αυτό που εμείς προτείνουμε, αλλά δεν το κάνουμε. Για παράδειγμα όταν είμαστε μικρά παιδιά οι γονείς μας μας απαγορεύανε να λέμε βρωμόλογα που στην πραγματικότητα τα περισσότερα τα μαθαίναμε από εκείνους. Αν θέλεις να πείσεις το παιδί σου ότι κάνει κάτι άσχημα, κάνε το εσύ ο γονιός καλά. Αλλά μην είσαι βέβαιος ότι θα τον πείσεις. Οι νέοι θα πιστεύουν πάντα ό,τι βλέπουν. Ας τους να το δουν».

Κεφάλαιο 9

Η πλεκτάνη

Κάθε αλλαγή, όσο μικρή κι αν είναι, δημιουργεί μία επανάσταση. Ήταν μέσα Ιούνη, μήνας που οι Αμνοβρυσιώτες ξεκρεμούσαν τα δρεπάνια, τα τροχούσαν, έτοιμα για τον θερισμό. Όσοι είχαν δική τους περιουσία, και ήταν λίγοι αυτοί, νοιάζονταν να μαζέψουν τα στάχυα απ' τα χωράφια τους στην ώρα τους. Οι περισσότεροι δούλευαν μεροκάματο στον πεθερό της Αλίκης, τον Δρέγη, τον μεγαλοκτηματία με τα 500 στρέμματα χρυσής γης. Λιγότεροι, μετρημένοι στα δάχτυλα του χεριού, απασχολούνταν στο θέρισμα για δυο-τρεις βδομάδες από τον πατέρα της Στέλλας. Ο θέρος, μια καθαρά χειρωνακτική εργασία, πέραν του ότι εξασφάλιζε στους εργάτες με τα χρήματα για να περάσουν καλό χειμώνα, ήταν παράλληλη και μια γιορτή για τους νέους άντρες και τις νέες κοπέλες να «γνωριστούν». Πολλά ερωτικά ειδύλλια συνάπτονταν τις μέρες εκείνες και πολλά ζευγάρια προχωρούσαν... ως τα σκαλιά της εκκλησίας χάριν του θερισμού. Το φετινό καλοκαίρι προβλέπεται να είναι... ανέραστο εν πρώτοις και δεύτερον απένταρο, επειδή μια μηχανή θα κάνει όλη τη δουλειά που για πολλά χρόνια έκαναν εκατοντάδες άνθρωποι μέσα στα χωράφια. Η ανεργία... θερίζει την εργατική τάξη. Αφανίζει τους πάντες και τα πάντα. Οι συνθήκες ζωής έχουν αλλάξει την εργατική τάξη. Αφανίζει τους πάντες και τα πάντα. Οι συνθήκες ζωής έχουν αλλάξει για τους αγρότες δραματικά.

Η τεχνολογία τους... άλλαξε τα φώτα. Η χήρα του δάσκαλου, η Αλίκη από τη Γαλλία με τα πολλά λεφτά της το πιο μισερό άτομο μέσα στην Αμνόβρυση. Οι φήμες λένε πως ένας περιπλανώμενος νεαρός ζήτησε να τον φιλοξενήσει για δυο-τρεις μέρες στο σπίτι της και αυτή έκανε το σπίτι της φυλακή, μισητή για τον άτυχο ταξιδιώτη, που εξαντλημένος από το τριήμερο ταξίδι του καβάλα στο άλογο, ζήτησε τη βοήθειά της. Από τη μέρα εκείνη -τρεις μήνες πριν- τον περιποιείται συνεχώς. Φυσικά όλοι πρέπει να υποκύπτουν στη θέληση της Αλίκης, αλλά ήταν μεγάλη αδικία. Και πως θα κατάφερνε να τον κρατήσει για πάντα δικό της; Ακόμα κι ένα σπουργίτι ορφανό, παγωμένο και νηστικό σαν ζεσταθεί και χορτάσει, θ' ανοίξει τις φτερούγες του και θα πετάξει μακριά για να προδώσει πάλι μία καινούργια αγκάλη. Του υποσχέθηκε πως θα τον βοηθούσε να ιδρύσει μια εταιρεία εξοπλισμένη με κάθε τι που θα του χρειαζόταν για να πλουτήσει και να γίνει οικονομικά ανεξάρτητος: Η καινούργια αλωνιστική μηχανή ήταν το μέσον να πετύχει το στόχο του. Αδιάφορο αν άλλοι άνθρωποι έχασαν τη δουλειά τους. «Ο σκοπός αγιάζει τα μέσα» του θύμισε το λαϊκό ρητό. «Πάνω απ' όλα το προσωπικό σου όφελος» τον συμβούλεψε. Η Στέλλα που δεν ζούσε σε άλλο πλανήτη, έβλεπε την απελπισία και τη μεγάλη απόγνωση των θεριστάδων. Ο φόβος ότι μπορούσαν να ψηφίσουν από την πείνα τους παρέλυε.

-Μη φοβάστε βρε! Εδώ είμαι εγώ για όλους σας! Όσο για τον Ραμόν, της Αλίκης, να! Και με την παλάμη κάθετη ανάμεσα στα αχαμνά, εξαπόστελνε τον προοδευτικό Ραμόν στη συμβολική περιφρόνηση των βουβόνων του.

Όχι, δεν είχε σεβασμό για κανένα η Στέλλα. Ήταν αξιαγάπητη η κατεργάρα με το νόστιμο μούτρο της – μούτρο διεφθαρμένου παλιοκόριτσου. Είχε την απάντηση για κάθε ζήτημα έτοιμη στα χείλη της, κι όλοι γελούσαν, κι όλοι διασκέδαζαν μαζί της!

«Εδώ χωρίς παλιανθρωπιές
αδύνατο να ζήσεις
πρέπει να βγάζεις που και που
καμιά εφημερίδα, αλλιώς με αλήθειες ημπορείς
της πείνας να ψοφήσεις».

Τους άρεσε τους φουκαράδες Αμνοβρυσιώτες ή ξετσίπωτη
φλυαρία της και ενθουσιάζονταν όταν με την εξυπνότατη μαγκιά
της περιγελούσε το παράταιρο ζευγάρι με τη συνηθισμένη της
αισχρή χειρονομία. -Πάντως, για το καλό σας, καλό είναι να πάτε
στο γραφείο του θείου μου του δικηγόρου να κάνετε μία αίτηση
για εργασία, τους έλεγε και με χαριτωμένη χυδαιότητα έστελνε
όλο τον κόσμο, απ' τον Τάσο, τον επιστάτη, τον Ραμόν και την
ερωτευμένη χήρα Αλίκη ως και την κόρη της την Λίλη στους
ασελγείς βουβώνες τους. Οι άνεργοι εργάτες της συγχωρούσανε τα
πάντα, γιατί τίποτα κακό δεν έβρισκαν στην ανώδυνη ασυδοσία
της Στέλλας.

Εδώ όμως και τρεις μήνες έγινε κάτι στην πόλη τους που δεν
μπορεί να περάσει χωρίς συνέπειες. Η Στέλλα χτύπησε το κουδούνι
στο γραφείο του δικηγόρου.

-Εδώ είναι, της είπε η γραμματέας του. Περιμένετε να τον
ειδοποιήσω.

Ο Παύλος Γκέκας, πρώτος εξάδελφος της μάνας της Στέλλας,
της έσφιξε το χέρι και μαζί περάσανε στο ιδιαίτερο γραφείο του.
Της ζήτησε την άδεια να ανάψει την πίπα του και μετά την άκουσε
με προσοχή, σιωπηλός. Η Στέλλα του διηγήθηκε την υπόθεση
κατακράτησης του Ραμόν από την Αλίκη.

-Τι έκανε, της είπε, τι έκανε, θεέ μου! Αποπλάνηση ανηλίκου,
απαγωγή! Έχει μπλέξει η χήρα Αλίκη πολύ άσχημα. Κινδυνεύει
πέντε με δέκα χρόνια φυλακή. -Αλήθεια! Φώναξε η Στέλλα. Επειδή
φιλοξενεί το παιδί;

-Είναι ο νόμος! απάντησε ο Παύλος. Ξέρω αρκετά καλά τον ποινικό κώδικα για να πληροφορώ τους συμπολίτες μου. Η Αλίκη είναι μία πατσαβούρα.

Πήγε στη βιβλιοθήκη, πήρε τον κώδικα κι άρχισε να τον ξεφυλλίζει:

«Πταίσματα και εγκλήματα... κατακράτηση προσώπων... απαγωγή ανηλίκων, ΑΡΘΡΟ 345 – Όποιος με δόλον ή βία απάγει ο ίδιος ή μέσω τρίτων ανήλικους ή τους παρασύρει, κατακρατεί ή μετακινεί από τον τόπον της καταγωγής του, τιμωρείται δια ποινής φυλάκισης πέντε ή δέκα ετών. Δεν είναι ξεκάθαρο, Στέλλα;

-Απολύτως.

-Πάμε παρακάτω. ΑΡΘΡΟ 357. Σε περίπτωση κατά την οποία η απαγωγεύς προέλθει εις γάμον μετά του απαχθέντος υπ' αυτής νέου, δεν δύναται να διωχθεί παρά κατόπιν σχετικής αγωγής των οικείων του προσώπων, που σύμφωνα με τον αστικό κώδικα έχουν δικαίωμα να ζητήσουν την ακύρωση του γάμου. Δεν δύναται να καταδικασθεί παρά μόνον μετά την ακύρωση του γάμου». Δεν ξέρω αν η Αλίκη έχει την πρόθεση να παντρευτεί τον νεαρό Ραμόν, γιατί τη βλέπω σε άσχημη κατάσταση. Πως μπόρεσε αλήθεια να φανταστεί ότι μπορούσε να απαγάγει ατιμωρητί έναν έφηβο με το πρόσχημα του γάμου χωρίς τη θέληση ή συγκατάθεση των γονέων ή κηδεμόνων του;

Η Στέλλα τον διέκοψε πως πραγματικά δεν είχε διαβάσει ποτέ τον κώδικα αυτό και παραξενεύτηκε με την ποινή του νόμου.

-Καταλαβαίνεις τώρα, πρόσθεσε ο δικηγόρος, την σοβαρότητα της πράξης που έκανε.

-Τι πρέπει να κάνει; Είναι χαμένη, δεν έχει ελπίδα σωτηρίας και μαζί της κι αυτό το καημένο το παιδί, που θέλησε τάχα να σώσει;

Ο Παύλος γέμισε σιωπηλά την πίπα του και την άναψε τόσο αργά. Έπειτα είπε:

-Με ρωτάς τι να κάνει εκείνη, είπε. Δεν ξέρω ακόμη τίποτα για την άλλη, αλλά εσύ ανηψούλα μου, μην κάνεις τίποτα, απολύτως τίποτα. Η υπόθεση είναι αρκετά άσχημη, όμως εσύ μην ανακατευτείς περισσότερο, μη γίνει χειρότερα. Υποσχέσου μου μόνο πως θα συμφωνήσεις με ό,τι θα κάνω: Θα πάω την άλλη εβδομάδα στην αστυνομία να δω τον φάκελο της Αλίκης Δρέγη κι αν είναι αυτό που πιστεύουμε πως είναι μια παληοβρώμα, θα βρω οπωσδήποτε τρόπο να την καταστήσω ανίσχυρη. Γιατί όλα εξαρτώνται απ' αυτήν. Θα δούμε αν θα μπορέσει να κρατήσει το παιδί ακόμα στο σπίτι της ή να το ξαναπάει στο σπίτι του, ή σε τρίτη οικογένεια.

-Να, είπε η Στέλλα, το τελευταίο είναι μια πολύ ωραία ιδέα. Το πρόσωπό της φωτίστηκε για τρία λεπτά κατακόκκινο, σαν κανενός σιδερά απ' τη φωτιά του καμινιού του. Φαντάστηκε η Στέλλα να κουβαλάει σεντόνια που μύριζαν λεβάντα στο δωμάτιο που θα κοιμόταν ο φιλοξενούμενός της. Κι αν ο πόθος αυτός είναι μεγάλος για μια χήρα Γαλλίδα με μια δεκάχρονη κόρη, γιατί τα δικά της ζεστά σεντόνια, αρωματισμένα με λεβάντα, να μην γίνουν πυρωμένο καμίνι να ανάψει πιότερο τον δικό της πόθο;

Και ο πόθος αυτός είναι τόσο μεγάλος για μια σαραντάρα γυναίκα που έχει όλη τη ζωή μπροστά της. Δεν είναι δα καμιά γριούλα ογδόντα χρόνων και, που θα θέλει τα σεντόνια της προίκας της, τα ευωδιασμένα με ξερά άνθη γιασεμιού, να τα χρησιμοποιήσει για σάβανο στο φέρετρό της. Αντίθετα, θεωρεί πως «η γριά κότα έχει το ζουμί». Ο ανήφορος και ο αντίθετος ισχυρός άνεμος και οι πολλές βαριές σκέψεις την είχαν αναγκάσει να περπατάει με σκυφτό κεφάλι. Όταν ξαφνικά το σήκωσε, είδε την κάτασπρη εκκλησία της Παναγίας. Είχε λειτουργία με λιγοστούς πιστούς. Αλλά το πλήθος και η ποικιλία των αφιερωμάτων έδιναν εντελώς αλλιώτικη ατμόσφαιρα στο σύνολο. Η Στέλλα τα κοίταξε με ερευνητική ματιά.

-Καθένα απ' αυτά μαρτυράει κάποιο απ' τα πολλά μικροδράματα

της ανθρώπινης ζωής. Είναι ο άρρωστος που ποθεί την υγεία του, η στείρα γυναίκα να καρπίσουν τα σπλάχνα της, ο χρεωμένος νοικοκύρης που παρακάλεσε την Παρθένα να του σώσει το σπίτι από τον τοκογλύφο δανειστή, η κοπέλα που ανησυχεί για την αγάπη του καλού της... Η Στέλλα κούνησε σκεφτική το κεφάλι. «Ναι, δράματα. Η ζωή, η υγεία, ο πλούτος, ο έρωτας... Όλα όσα στηρίζουν την ατομική μας ευτυχία. Άραγε έρχεται κανείς εδώ να ζητήσει από το θεό τη δύναμη να αντέξει την ψυχική οδύνη, να λυτρωθεί από το συναίσθημα της δυστυχίας, την αγωνία να ξέρει το μέλλον του; Πάλι χαμογέλασε με σκεπτικισμό, ενώ κοίταξε το θαυματουργό εικόνισμα ντυμένο στο χρυσάφι, η αμοιβή στην ύλη που εκπροσωπεί το αγαθοποιό πνεύμα.

-Παναγία μου, σε παρακαλώ, κάνε το παλληκάρι να με ποθήσει περισσότερο απ' ότι τον ποθώ. Προσβλέπω σε Εσένα να μου δείξεις με όραμα τις επιθυμίες του, Εσύ που γνωρίζεις καλύτερα τις Γραφές του Δημιουργού μας» ικέτευσε για την αισθηματική της επιτυχία η Στέλλα. Έβγαλε το χρυσό σταυρό με τη μακριά λεπτή αλυσίδα από το λαιμό της και τον ακούμπησε στο εικόνισμά της. Η λειτουργία είχε τελειώσει, ενώ η απόλυτη σιωπή προμηνύει κάτι το εξαιρετικό. Προχωράνε όλοι στην βορεινή πύλη, με τα μάτια χαμηλωμένα στο δάπεδο του διαδρόμου, εκεί όπου τέσσερις άντρες πίεζαν μια κοπέλα με μάτια απλανή να ξαπλώσει. Αυτή αντιστέκονταν αμίλητη. Τελικά την ξάπλωσαν και την κρατούσαν ακίνητη απ' τους ώμους και τα πόδια. Ο παπάς την πλησιάζει με το δισκοπότηρο. Ξαφνικά η κοπέλα αρχίζει να ουρλιάζει, τινάζεται σε υστερική κρίση. Ο κόσμος έχει πανικοβληθεί. Και τότε η κοπέλα ξεφεύγοντας απ' τα χέρια που την κρατούσαν, ξεσχίζει την μπλούζα της και αποκαλύπτει τη γύμνια της. Το ουρλιαχτό της έχει μεταλλάξει σε γέλιο κτηνώδες, ασελγές, αποτρόπαιο. Η Στέλλα κλείνει το στόμα της με τις παλάμες της να μην ακουστούν οι λυγμοί της. Έξω στον δρόμο ο ήλιος του απογευματινού καλοκαιριού σκορπάει χαρούμενο φως στην καταπράσινη πόλη, στον γαλανό ουρανό, στους λουλουδιασμένους κήπους. Όλα τα πάντα είναι ωραία, αρμονικά και χαμογελαστά. Η Στέλλα ανασαίνει το δροσερό φύσημα του ανέμου. Τα μάτια της ημερεύουν. Στο πρόσωπό της, μαζί με το αίμα ξανάρχεται η ηρεμία. Προ πάντων όμως η ελπίδα... για το δικό της θαύμα.

Δυο μέρες μετά ο ταχυδρόμος έφερε ένα γράμμα που ήταν συστημένο στο όνομα του πατέρα της. Αποστολέας κάποιος Θωμάς Κωστίκας από τον Βίκο Ιωαννίνων, το χωριό απ' όπου κατάγονταν ο πατέρας της. Η Στέλλα παραξενεύτηκε, γιατί ο Σέργιος δεν είχε καμία επαφή για πολλά χρόνια με ανθρώπους απ' το χωριό του. Ποιος τάχα τον θυμήθηκε τώρα, και γιατί; Έσκισε χωρίς κανένα δισταγμό το φάκελο και άρχισε να το διαβάζει. Ήταν πολύ σύντομο και τυπικό. -«Ένας φίλος από τα παλιά ζητάει να επανασυνδέσει τη φιλία του με τον πατέρα μου» σκέφθηκε η Στέλλα αρχικά. «Τίποτα το ενδιαφέρον». Δίπλωσε το χαρτί και ήταν έτοιμη να το ξαναβάλει στο φάκελο όταν μια φλασιά πέρασε από το μυαλό της. «Ανησυχώ για τον εγγονό μου, τον Έρασμο Νάσκα... Αν ανταμώσατε, γράψε μου αμέσως...». Αυτό ήταν! Η ίσκα για να λαμπαδιάσει το μυαλό της! Ο αστυνομικός που υποψιάζεται τον δολοφόνο, ύστερα ερευνά και τελικά τον συλλαμβάνει για το έγκλημα που έχει κάνει. Η έμπνευση είναι μια δύσκολη στη σύλληψη διαδικασία, έχει θεϊκή προέλευση και σαν τέτοιο είδος μόνο ο Θεός μπορεί να το εξηγήσει.

Η Στέλλα ακαριαία συνδέει τον αγνοούμενο Έρασμο Νάσκα με τον Ραμόν, συγκάτοικο της Αλίκης, αγνώστων όμως λοιπών στοιχείων. Δεν μπορώ να πω πως η Στέλλα είχε σαν αρχή της το τρίπτυχο! Σκέφτομαι – αποφασίζω – δρω, μα τούτη η περίσταση την συγκλόνισε πατόκορφα, ένιωσε μια έντονη επιθυμία να την ερευνήσει προς όφελός της. Χώνει το φάκελο άτσαλα στην τσάντα της, και μια και δυο παρουσιάζεται στο γραφείο του δικηγόρου.

-Η σκέψη μου σ' έφερε στο γραφείο μου, είπε ο Παύλος. Σε ήθελα!

-Έχεις μάθει τίποτα συνταρακτικό για τη Γαλλίδα; ρώτησε η Στέλλα με φούρια.

Ο Παύλος ανακάτεψε ένα σωρό με κόλες χαρτιού πάνω στο γραφείο του.

-Να, εδώ είναι όλο το βρώμικο παρελθόν της Αλίκης, είπε και η φωνή του είχε την χροιά του δικαστή. Με αυτό το έγγραφο και μόνο μπορούμε να συντρίψουμε την αντίπαλό σου στο δικαστήριο, κάτι που δεν την συμφέρει από κάθε άποψη, πρόσθεσε με έμφαση ο νομικός.

Ακούγοντάς τον να ρητορεί η Στέλλα ένιωσε μερική ικανοποίηση. Δεν αποζητούσε από τον συνήγορό της απλά το ηθικό διασυρμό της άλλης ενώπιον του δικαστηρίου, μα να της παραδώσει την «κεφαλή της επί πίνακι» για να νιώσει σίγουρα πλήρης, ανεβασμένη.

Ο Παύλος αντιλήφθηκε την απογοήτευσή της από τα ξινισμένα μούτρα της, και έσπευσε να διορθώσει την ανικανότητά του δίνοντας στην πελάτισσά του πρόσθετες πληροφορίες. Κι αφού της χαμογέλασε πικρά της είπε: «Επίτρεψέ μου να σου διαβάσω την διαθήκη της μητέρας της Αλίκης από την αρχή μέχρι το τέλος». Κι άρχισε να διαβάζει:

-«Ζητώ τη συγνώμη της κόρης μου για το ηθικό κακό που της έκανα. Αν έγινα όμως αυτό που έγινα, δεν το έκανα από ελαφρότητα ή φιλοχρηματία. Ήθελα, πεθαίνοντας να ασφαλίσω την οικονομική άνεση αυτού του κοριτσιού με την δύστυχη ψυχή που θα σερνόταν στην εξαθλίωση, αν αφηνόταν αβοήθητη στη ζωή. Η θυσία μου δεν έγινε κατανοητή. Μην μπορώντας να ομολογήσω την αλήθεια, ήπια το πικρό ποτήρι της περιφρόνησης και του μίσους ως τη τελευταία σταγόνα».

Ο Παύλος σηκώθηκε και είπε με φωνή ξερή: -Είχε το δικαίωμα η Αλίκη ν' αρνηθεί τα βρώμικα χρήματα της μητέρας της, μα δεν το έκανε. Όχι μόνο τα δέχτηκε, μα συνέχισε να κάνει τη δουλειά της μάνας της, ενώ σταμάτησε να παίρνει μαθήματα κοπτικής-ραπτικής σε σχολή στη Λυών.

-Με άλλα λόγια, ήταν επαγγελματίας πόρνη; Αυτό εννοείς; Είπε αηδιασμένη η Στέλλα.

-Ακριβώς. Δούλευε από τις δέκα το πρωί ως τις τέσσερις το απόγευμα σε οίκο ανοχής, τις ώρες που ο Αλκίνοος ήταν στο πανεπιστήμιο. Τον συντηρούσε με τα πρόστυχα γαμημένα χρήματά της, για επτά χρόνια στο Παρίσι, με τα χρήματα αγοράζεις ακόμα και τον έρωτα, κατά τον Froyd, αφήνοντας έτσι ανέπαφη την κτηματική περιουσία των γονιών του στην Ελλάδα, κάτι που εκτιμήθηκε δεόντως και για να της ανταποδώσουν το καλό που έκανε στον γιο τους, της γράψανε γύρω στα 250 στρέμματα στο όνομά της μετά το γάμο και τα υπόλοιπα στη Λιλή μετά τη γέννησή της.

-Πω,-πω! Αυτά κι αν δεν είναι συγκλονιστικά νέα! Τσίριξε η Στέλλα. Είσαι φοβερός, Παύλο! Πραγματικά, ένα αστυνομικό δαιμόνιο. Με ατράνταχτες αποδείξεις για τη διεφθαρμένη προσωπικότητα της Αλίκης, ικανή να συμπαρασύρει στην φαύλα ζωή ένα άβγαλτο αγόρι. Είναι σκέτη φρίκη! Πρέπει άμεσα να απομακρυνθεί από το σπίτι της πριν την σκατένια κατακρύλα του. Εγώ μπορώ να του εγγυηθώ όχι μόνο μια άνετη διαμονή στο σπίτι μου αλλά και μια τίμια, σε ηθικά πλαίσια μελλοντική ζωή του. Κανένας δεν θα έχει αντίρρηση. Είμαι γνωστή σε όλους στην Αμνόβρυση. Η ζωή μου ως τώρα είναι καθαρή σαν το κρύσταλλο. Κι ύστερα είναι και το άλλο: «Παπούτσι από τον τόπο σου και ας είναι μπαλωμένο» λένε. Όλα αυτά πρέπει να τα γράψεις στην καταγγελία που θα παραδώσεις στην αστυνομία» του θύμισε η Στέλλα. Ο Παύλος που τόση ώρα την άκουγε σιωπηλός, σκέφτηκε καλά πριν της απαντήσει.

-Να μη βιαστούμε να ανακατέψουμε την αστυνομία προτού έχουμε στα χέρια μας όλα τα προσωπικά στοιχεία του άγνωστου νεαρού

Ραμόν, Έλληνας ή Γάλλος δεν έχει σημασία, σε καμία περίπτωση δεν θα είμαστε ρατσιστές, αρκεί μόνο να μην είναι κάτω των 18 χρόνων, οπότε ανήλικος. Θα χρειαστώ γι' αυτό το θέμα τουλάχιστον μία και πλέον εβδομάδα, εξήγησε ο δικηγόρος. Η Στέλλα, που είχε αυτό το ελάττωμα να βιάζεται πάντα – αυτή η βιασύνη της κατέστρεψε την ερωτική της ζωή και έμεινε γεροντοκόρη στο ράφι – της φάνηκε τώρα πως η αναμονή μίας εβδομάδας, ήταν σαν αιώνας, πετάχτηκε όρθια σαν τσίτα και καταχαρούμενη αναφώνησε σαν τον Αρχιμήδη. -Το βρήκα, το βρήκα! έλεγε χοροπηδώντας πάνω-κάτω, λικνίζοντας το κορμί της πέρα-δώθε, προκαλώντας κατ' αυτόν τον τρόπο τον θαυμασμό μα και την απορία του συνομιλητή της; Τι διάολο ήταν αυτό το πράγμα που της προκάλεσε τόσο ξαφνικά τον ανυπολόγιστο ενθουσιασμό της;

Το τρελό της ξεφάντωμα κράτησε περίπου πέντε λεπτά. Όταν ξεθύμανε η ορμή της, αποκαμωμένη σαν την κουκουβάγια έκατσε στην καρέκλα, ψαχούλεψε την τσάντα της κι ύστερα αγγίζοντας με τα δάχτυλά της το φάκελο το κράτησε επιδεικτικά μπροστά στα μάτια του Παύλου. -Εδώ τον έχω τον δραπέτη τώρα! είπε με τραχιά φωνή όμοια με ενός δικτάτορα. Ο Παύλος κοιτάζοντάς την ερευνητικά από πάνω ως κάτω την πέρασε για καμιά τρελή που το έσκασε από τρελοκομείο, γιατί ο άμοιρος, αν και διακεκριμένος, έμπειρος δικηγόρος που υπερηφανεύονταν πως ήξερε απ' έξω και ανακατωτά όλους τους νόμους, ωστόσο δεν ήξερε τίποτα από τους νόμους της ερωτευμένης γυναικείας καρδιάς. Τι ήταν άραγε αυτό που την περιέβαλλε, που τύλιγε το μυαλό της, μπέρδευε την περίφημη λογική της και την μετάλλασσε από δυναμική γυναίκα σε ανασφαλή «μετα-γεροντοκόρη» όπως όλες οι γυναίκες νιώθουν και συμπεριφέρονται όπως οι παλιές γεροντοκόρες. Μπορεί ο έρωτας, που θα 'πρεπε να δίνει δύναμη, να το κάνει αυτό; Μπορεί, αντί να μεγαλώνει την καρδιά μέσα στο στήθος, να τη μικραίνει σε μια τούφα από μπερδεμένες τρίχες; Μπορεί ο έρωτας, αντί να εξυψώνει το πνεύμα, να ωθεί στη αναξιοπρέπεια; Όχι, γιατί δεν είναι έρωτας αν ασχημαίνει τους ανθρώπους, αν παραμορφώνει τις ψυχές. Είναι κάτι πλαστές ανάγκες που είναι πάντα αναξιοπρεπείς, που κάνουν τα στερεότυπα και κάνουν το κοπάδι να προχωράει στα τυφλά. Ένα τούλι είναι αυτό που τυλίγει και μπερδεύει το μυαλό της Στέλλας - είναι από πέπλο, από μπομπονιέρα ή από φουρό; Είναι ένα ακόμα από τα πεδούκλια που φυλακίζουν ένα συνηθισμένο άντρα ή γυναίκα. Όμως αυτός που δεν μπορεί μόνος του να ελευθερωθεί είναι δύσκολο να ζητήσει να τον ελευθερώσει κάποιος άλλος, επειδή, για να σπάσει μια αλυσίδα, χρειάζεται κάτι αποτελεσματικό -ένα τσεκούρι ή άλλο εργαλείο εξίσου τρομακτικό- δεν είναι σπάνιο η ελευθερία του νου να φαίνεται σε πολλούς σαν τρομερή απειλή και ο απελευθερωτής να θεωρείται... απειλητικός.

-Τόσο μισητή σου έγινε η Αλίκη; την ρωτάει ο Παύλος, με γενική θλίψη.

«Προσπαθώ με κάθε τρόπο να μη μου γίνει. Τόσο εύκολα γίνεται κανείς μισητός; Και πως να το εξηγήσω; Μπορείς εσύ να το εξηγήσεις, ...κύριε σοφέ;» ρωτάει η μαραζιάρα Στέλλα. «Αυτή είναι τυχερή, ερωτεύεται όποτε θέλει. Εμένα η καρδιά μου μένει πάντοτε κλειστή, σαν κάποιος να μ' έχει καταραστεί» λέει.

«Σύνελθε, Στέλλα, καμιά καρδιά δεν κάνει κάτι από μόνη της. Εσύ την κρατάς κλειστή. Κλειδωμένη, για την ακρίβεια. Σίγουρα, για την ευκολία σου, θα την έβαλες ν' ανοιγοκλείνει αυτόματα, ξέχασες και η ίδια το σωστό κουμπί» της λέει αυστηρά ο Παύλος.

Ήταν κάτω από το βλέμμα του που είχε βιαστεί να του φανερώσει το γράμμα του παππού Θωμά που είχε στείλει στον φίλο του Σέργιο, πατέρα της Στέλλας και τον παρακαλούσε να ερευνήσει για τα ίχνη ζωής του εγγονού του, τον Έρασμο.

Είχαν καθίσει σε δυο πολυθρόνες στο σαλόνι και η ίδια ήταν που αμήχανη, σχεδόν είχε πανικοβληθεί που είχε κρύψει το γράμμα από τον πατέρα της, αλλά ο Παύλος έμοιαζε σαν να μην είχε ποτέ καταλάβει το λάθος της. Ήταν μάλιστα χαμογελαστός και πήγε στο τραπέζι με τα ποτά, ρωτώντας τη από μακριά τι είχε διάθεση να πιει. Η Στέλλα που δεν έπινε αλκοόλ πολύ συχνά αρνήθηκε, αλλά ο Παύλος της πρότεινε ένα γλυκό χωνευτικό. Ήταν πολύ γευστικό, και με λίγο πάγο δεν καταλάβαινες ότι έπινες αλκοόλ.

-Κοίτα, δεν περιμένω να το πιστέψεις... αλλά θέλω να σε βοηθήσω. Είμαι θείος σου και είσαι ανεψιά μου, και επιπλέον είμαι σοβαρός δικηγόρος, κι όταν εκτίθεσαι εσύ, εκτίθεμαι μαζί σου», την αφήνει άναυδη.

-«Εκτίθεμαι εγώ;! Αν είναι δυνατόν!» αγανακτεί.

«Εκτέθηκες, και το θυμάσαι. Και τώρα είσαι πάλι έτοιμη να εκτεθείς. Κι αν είχες κάποιο εμφανές πρόβλημα, όπως πριν χρόνια που παραιτήθηκες από τη δουλειά σου στο νοσοκομείο γιατί σε είχανε υποβιβάσει σε απλή νοσοκόμα να βάζεις πάπιες στους ασθενείς αντί να φροντίζεις τα πρόωρα νεογνά σαν διπλωματούχος μαία που είσαι. Κι αυτός δεν ήταν ο πραγματικός λόγος παραίτησης, αλλά επειδή είχες ερωτευτεί παράφορα ξελογιάστηκες μ' εκείνον τον τραγουδιστή και τον ακολούθησες στις διάφορες συναυλίες του από πόλη σε πόλη, δεν θα μ' ενδιέφερε, γιατί θα το έβλεπαν όλοι. Αλλά είσαι μορφωμένη, εργατική, δυναμική... Αν θέλεις να κάνεις τη σύζυγο, είναι δικαίωμά σου. Δεν είναι όμως δικαίωμά σου να καταλαμβάνεις τη θέση μιας γυναίκας που θέλει να εξελιχθεί η προσωπική ζωή της, εννοώ την Αλίκη, ούτε να αντιπροσωπεύεις γυναίκες πελάτισσες σ' ένα δικηγορικό γραφείο σαν το δικό μου», της εξηγεί το λόγο που ενδιαφέρεται.

«Δεν έχω σκοπό να εκτοπίσω καμία, και πόσο μάλλον εκείνη που... δεν έχουμε πολλά κοινά», λέει η Στέλλα. «Όσο για τη θέση μου, ήθελα να την καταλάβω με την αξία μου».

«Και η αξία σου είναι ακριβώς αυτό που με κάνει να προσπαθώ να σε καταλάβω. Λοιπόν! Έχω βαρεθεί να βλέπω γυναίκες αξιόλογες, που έπρεπε να έχουν όποιον άντρα θέλουν, να πέφτουν πάνω σε κάποιον, σίγουρα μέτριο, και να κολλάνε σαν τις μύγες στη μυγοπαγίδα. Έχω ορκιστεί να μην το αφήσω να ξανασυμβεί. Είσαι γυναίκα με καριέρα, όχι απλά μια εργαζόμενη. Δεν έχουν όλοι οι άνθρωποι καριέρα, ούτε όλοι οι άντρες. Και η καριέρα δεν είναι επάγγελμα, είναι τρόπος ζωής, και πρέπει να είναι το πιο σημαντικό απ' όλα. Αλλά αυτό δεν σημαίνει ότι δεν πρέπει να έχεις και καλή προσωπική ζωή...».

Κεφάλαιο 10

Αμοιβαία εξομολόγηση

«Εσύ; Γιατί δεν έχεις παντρευτεί θείε Παύλο;» κάνει πως ρωτάει, αλλά στ' αλήθεια επισημαίνει.

«Άσε με εμένα, εγώ έχω προσπαθήσει πάρα πολύ για να διαφυλάξω τώρα την αξιοπρέπειά μου», λέει με στωικότητα. Γιατί αν παντρευόμουν πλουσιότερη, θα νόμιζε ότι την θέλω για τα λεφτά της, κι αν παντρευόμουν φτωχότερη, δεν θα ήξερα γιατί με θέλει αυτή. Έτσι σχετίζομαι με ελεύθερη σχέση με κάποια που έχει το ίδιο δίλημμα και σκέφτεται με τον ίδιο τρόπο για το γάμο», αποκαλύπτει την δική του προσωπική ζωή.

«Αλλά...»

Η Στέλλα δεν είναι βέβαιη ότι πρέπει να δεχτεί αυτή την εξομολόγηση, γιατί ξέρει πως οι εξομολογήσεις πρέπει να είναι αμοιβαίες. Η περιέργειά της όμως πρέπει να ήταν μεγαλύτερη, γιατί τελικά υπερίσχυσε.

«Και παιδιά; Δεν θα θέλατε και οι δυο σας να έχετε παιδιά;»

«Φυσικά. Σε δύο χρόνια θα είμαστε έτοιμοι», λέει με σοβαρότητα.

Η Στέλλα τον παρατηρεί προσεχτικά για να βεβαιωθεί ότι δεν την κοροϊδεύει. Ο Παύλος είναι πενήντα-τρία και η Εύα είναι σαράντα-πέντε χρονών. Η επιστήμη έχει βέβαια κάνει προόδους στον τομέα της γενετικής, αλλά το θέμα δεν είναι μόνο να κάνεις παιδιά, είναι να προλάβεις να τα μεγαλώσεις, και να τα καμαρώσεις.

Ο Παύλος τώρα έχει μείνει μετέωρος για το στυλ της σχέσης του. Το πιο πιθανό ήταν να συνέβαινε αυτό που είχε υποθέσει η Στέλλα – αυτό που κι ο ίδιος φοβόταν. Η Εύα μπορεί ποτέ να μην το είπε ευθέως, ήταν όμως φανερό ότι ήθελε μια σχέση με προοπτική, όχι απλά μια σχέση. Ήθελε να δεσμευτεί και, αναπόφευκτα, να δεσμεύσει. Χωρίς μεγάλη προσπάθεια μπορούσε κανείς να καταλάβει ότι ήταν αγχωμένη απ' τον χρόνο κι ήθελε να παντρευτεί. Αυτό που χρειαζόταν προσπάθεια ήταν να καταλάβει η ίδια πως κι αυτός ήθελε να δεσμευτεί για να κάνει οικογένεια όπως όλοι οι συνηθισμένοι άντρες, να πάψει να είναι διαφορετικός, ο τύπος του μποέμ και η εξαίρεση του κανόνα. Ο ίδιος τώρα θα μπορούσε να παρηγορηθεί με τη σκέψη απλώς για άλλη μια γυναίκα που θέλει μόνο να αποκατασταθεί απ' όποιον νάναι. Αλλά είχε τη στοιχειώδη διαίσθηση να αντιληφθεί ότι ήταν απλά ένας άνθρωπος με μεγάλα αποθέματα αγάπης. Γιατί υπάρχουν και τέτοιοι άνθρωποι. Η Εύα ήθελε περισσότερο ν' αγαπήσει παρά ν' αγαπηθεί. Το περίσσευμα αγάπης στην καρδιά της τη βασάνιζε, και θα γινόταν όχι μόνο καλή σύζυγος, αλλά και μια ιδανική γονέας. Το περίσσευμα αγάπης είναι αυτό που λείπει από πολλούς, και, αν ήταν δυνατόν να μετρηθεί η αγάπη που έχει να δώσει κανείς, δεν θα επιτρεπόταν σε όλους να γίνουν γονείς. Η Στέλλα που δεν είχε πάρει τα μάτια της απ' τον Παύλο ούτε στιγμή είχε καταφέρει να διαβάσει τις ενδόμυχες σκέψεις του, τις ανησυχίες του και τους φόβους για το μέλλον της σχέσης του.

-«Δεν είναι τίποτα το σοβαρό» του λέει ψύχραιμη. «Εγώ, ως γυναίκα, έχω καταλάβει τι θέλει».

«Δηλαδή;» ψελλίζει απορημένος.

«Την ανάγκη σου να ζήσεις την καταλαβαίνει καλύτερα απ' την ίδια που κι αυτή την αισθάνεται. Ήταν αυτή η ίδια η Εύα που είχε χάσει πολλά χρόνια χωρίς να ζήσει. Γι' αυτό δεν θα υποβάλλει ποτέ κανέναν άλλο σ' αυτό. Πόσο μάλλον κάποιον που αγαπάει. Και σε αγαπάει, Παύλο. Και θα σε αγαπάει γιατί είχε πεισθεί πια πως ο μόνος λόγος που θα 'θελε να κάνει δικό της παιδί είναι η πιθανότητα να μοιάζει σε σένα».

Ο Παύλος, που μπορεί να ήταν σκληρός και αντικειμενικός στη δουλειά του, αλλά ήταν πολύ έξυπνος για να είναι μοχθηρός, αισθάνθηκε για την Στέλλα ειλικρινή, βαθιά συμπάθεια. Δεν μπήκε στον κόπο να της το δείξει, γιατί ήξερε πως δεν θα την έπειθε. Η Στέλλα δεν θα τον έβλεπε ποτέ σαν την καλή νεράϊδα που την συμβουλεύει να ανταμώσει τον πρίγκιπα, αφού για κείνη ήταν πάντα ο «κακός» και «ανέραστος» συγγενής της.

«Ποπό, το ποτό τελειώνει! Και ήταν το ποτήρι γεμάτο...» αναφώνησε ο Παύλος λίγο μετά. Αλλά σέρβιρε ακόμα από ένα και στους δυο τους. Το Campari είχε σχεδόν φτάσει στον πάτο, κι αυτό εξηγούσε την ηρεμία της Στέλλας, που δεν ήθελε πια να ασχοληθεί με το γράμμα του παππού του Ramon από τα Γιάννενα που ανησυχούσε για τη ζωή του.

-Και τώρα τι σκέφτεσαι; Θέλω να πω... θέλεις να ξέρεις αν θα συνεχίσει να ζει με τη Αλίκη για να δεις αν είναι ελεύθερο το πεδίο να τον καλέσεις να έρθει στο σπίτι σου;» λέει αυτό που θεωρείται πιθανό για τον Ραμόν, ενώ η Στέλλα έχει ήδη καταλάβει ότι αυτός που της μιλάει είναι άλλος – είναι ο πρίγκηπας που ξεκίνησε επιτέλους να βρει τη Σταχτοπούτα του

-Τι να βρω να πω όταν δεν μπορώ να καταλάβω τι συμβαίνει μ' αυτούς τους δυο αλλά ούτε να προβλέψω τι μπορεί να συμβεί; Και δηλαδή, αφού δεν είναι με μένα, με ποια είναι εκτός από την Αλίκη;» Προδίδει και το άλλο που την βασανίζει από τότε που ο άγνωστος εγκαταστάθηκε στην πόλη της.

«Εμένα ρωτάς; Ιδέα δεν έχω... Μπορώ όμως πρώτα-πρώτα να υποθέσω».

«Υπόθεσε, λοιπόν», ασυγκράτητη η Στέλλα.

«Είναι μόνο δικές μου σκέψεις, το ξεκαθαρίζω απ' την αρχή αυτό, θέλει να εξιλεωθεί πριν «αμαρτήσει» ο νομικός της σύμβουλος.

«Απ' ό,τι ξέρω -κι εσύ σίγουρα το ξέρεις- πριν γνωρίσει την Αλίκη ίσως είχε κάποια σοβαρή σχέση που τελικά ναυάγησε και ο ερωτικά απογοητευμένος νεαρός να πήρε τα μάτια του κι έφυγε από τα βουνά... Αν, κάπως, αυτή η... ναυαγισμένη σχέση έμαθε ότι είναι μαζί της – ξέρεις... αυτό που συνήθως πάντα συμβαίνει... που λένε ότι δεν αφήνεις τίποτα αν ξέρεις πως θα το πάρει κάποιος άλλος...»

-«Ποιοι το λένε;» θέλει η Στέλλα κάτι να ρωτήσει.

«Έτσι λέγεται... ότι καταλαβαίνουμε ότι θέλουμε κάποιον όταν δούμε ότι τον θέλει κάποιος άλλος. Είναι συνηθισμένο... Εγώ τέλος πάντων μόνο αυτό μπορώ να υποθέσω... Φεύγει για ένα Σαββατοκύριακο ξαφνικά και μετά... κάτι προκύπτει και καθυστερεί, κι επειδή δεν είναι σίγουρος ούτε ο ίδιος για το τι συμβαίνει, προτιμάει να χαθεί για λίγο απ' όλους, μέχρι το πράγμα να ξεκαθαρίσει».

-Δηλαδή είναι με την Γαλλίδα για να τον καλύπτει. Αυτό υποθέτεις;» εικάζει αυτή.

-Δεν υπάρχει καλύτερος τρόπος για να κερδίσεις κάποιον απ' το να του δείξεις ότι έχει έναν ανταγωνιστή. Δεν έχει σημασία ποιος είναι ή πως είναι, αρκεί να υπάρχει. Αν είναι κατώτερός του, θα εξοργιστεί, αν είναι ανώτερος, θα απελπιστεί. Και τα δυο είναι το ίδιο ένα: Θα αλλάξει ο ψυχισμός».

-Αλλά τρεις-τέσσερις μήνες χωρίς ένα σημάδι ζωής θα μπορούσε η πρώτη να το χειριστεί μόνο αν ήξερε τουλάχιστον τον «ανταγωνιστή» επεξηγεί η Στέλλα.

«Ο ισχυρότερος ανταγωνιστής είναι αυτός που δεν ξέρεις τίποτα γι' αυτόν, ο άγνωστος Χ. Αυτός ήταν τώρα ο αντίπαλος της βουνίσιας που για την Αμνοβρυσιώτισα Αλίκη θεωρείται «ανύπαρκτη». Είναι μπέρδεμα, όπως δεν μπορείς να δεις τη διαφορά που υπάρχει ανάμεσα σε κάθε επίδοξη και την αληθινή Σταχτοπούτα. Αλλά τα περισσότερα τα μαθαίνει κανείς όχι από συνειδητή επιδίωξη, αλλά από τυχαία εμπειρία. Θα κάνω όλες τις έρευνές μου και θα σε ενημερώσω. Έως τότε, εσύ ανηψούλα μου, ασχολήσου με την επικαιρότητα των ημερών μας. Είμαστε σε προεκλογική περίοδο, το παζάρι των ρουσφετιών δίνει και παίρνει... Οι ψηφοφόροι ζητούν από τους υποψήφιους βουλευτές -από νύφη και γαμπρό- μέχρι και καλοπληρωμένες θέσεις εργασίας, όπως για παράδειγμα η δική σου θέση ως μαία στο Δημόσιο Νοσοκομείο της περιφέρειάς μας, την οποία έχασες βλακωδώς, χρόνια πριν. Τώρα είναι η ευκαιρία να την ξαναπιάσεις» είπε ο δικηγόρος στη Στέλλα τρίζοντάς της τα δόντια του.

Αμέσως άνοιξε το πάνω συρτάρι και έδωσε στην 44χρονη Στέλλα μία κάρτα από τον φίλο του και συνεργάτη του δικηγορικού του γραφείου, γιατί οι παροιμίες δεν βγήκανε έτσι στο βρόντο «βόηθα με να σε βοηθώ ν' ανεβούμε το βουνό».

Ο Μιχαήλ Γάκης κατέβαινε για βουλευτής με το συντηρητικό κόμμα. Είχε ανάγκη ικανά άτομα άμεσα που θα στελεχώσουν το πολιτικό του γραφείο άτομα με κύρος στην τοπική κοινωνία, προπάντων να έχουν το χάρισμα της άνετης επικοινωνίας και της πειθούς. Και η Στέλλα, να λέμε και του στραβού το δίκιο, πληρούσε όλους τους όρους, για την συγκεκριμένη δουλειά. Η παρουσία και μόνο μιας ωραίας κοπέλας θα κάνει καλό σ' αυτό το γραφείο. Κάνει πιο ελαφριά την ατμόσφαιρα. Μεγάλη ιδέα έχει για τον εαυτό της αυτή η Γαλλίδα, η μάγκισσα. Ήταν γενικά αγαπητός απ' όλους σχεδόν τους συμπολίτες του, έσταζε καλοσύνη απ' όλους τους πόρους του. Πάντα πρώτος να βοηθήσει. Ευγενικός. Ήτανε διαμάντι. Ένα φωτεινό μυαλό, αστέρι να καθοδηγεί τους επαρχιώτες. Και σαν νομικό πρόσωπο ήταν γνωστός με το παρατσούκλι «Το γέρικο λαγωνικό που μυρίζει απ' εδώ κι απ' εκεί».

«Κάτι δεν πάει καλά μ' αυτόν τον κρυψίνους Ramon ή Έρασμος. Και ύστερα δεν μπορούν να κατηγορήσουν και την Αλίκη. Άντε μπρος, οσμίσου λαγωνικό, ξέθαψε τα παλιά κόκκαλα εκεί ψηλά στις βουνοκορφές της Ηπείρου», παρότρυνε τον εαυτό του.

Κεφάλαιο 11

Σχέση να σπάσει η γκαντεμιά

Η Αλίκη έχει άγχος, συγκεκριμένα περνάει την «κρίση των σαράντα» και κάτι παραπάνω. Το άγχος προκαλείται από κάποια απειλή ή ένα επικείμενο παιχνίδι. Το επικείμενο για αυτή είναι το μέλλον, το μέλλον είναι άγνωστο γενικά και αναπόφευκτο συγκεκριμένα – μακάβριο, σαν την ηλικία. Στα νεανικά της χρόνια είχε φυτέψει ένα δέντρο που το είχε πνίξει στο νερό και στα λιπάσματα να βγάλει φρούτα, να ωριμάσουν γρήγορα και να τα γευτεί. Είκοσι χρόνια μετά η Αλίκη έχει κάνει το δέντρο του έρωτά της σαν χριστουγεννιάτικο δέντρο -με στολίδια και λαμπάκια, αλλά κανένα φρούτο στα κλαδιά.

Ο άντρας που είχε τότε ερωτευτεί «έφυγε» από τη ζωή, αφήνοντας τη μία κόρη δώδεκα χρόνων που τώρα είναι έφηβη κοπέλα με κανονική εμμηνόρροια, έχει τα ρούχα της κάθε μήνα και συμπεριφέρεται σαν φυσιολογική γυναίκα. Για την Αλίκη αντίθετα ο μηνιαίος κύκλος αίματος έχει σταματήσει στα σαράντα – πέντε της, κάτι που της προκαλεί έντονες ψυχικές διαταραχές, στην πραγματικότητα έχει συνειδητοποιήσει το αναπόφευκτο της μοναξιάς, και τελικά γύρισε την πλάτη όχι μόνο στο παρελθόν, αλλά και στο μέλλον, και στριφογυρίζει από τότε σαν ξύλινη σβούρα στο «τώρα». Η ίδια δεν ευχόταν στην κόρη της τη Λίλη να κάνει κάτι σαν αυτό. Ήθελε όμως να τη δει να γεύεται έναν καρπό. Πρότινος τα είχε όλα μελετημένα και οργανωμένα, σπίτωσε ή δέχτηκε να φιλοξενήσει σπίτι της το περιπλανώμενο Έρασμο για να δώσει στον εαυτό της μια δεύτερη ευκαιρία να ξαναφκιάξει τη ζωή της απ' την αρχή και να νιώθει η Λίλη την πατρική σκιά στο πρόσωπο του νεοφερμένου άντρα.

Και τώρα βλέπει πως τίποτα δεν μπορεί να πραγματοποιηθεί. Αφού ήπιε μπόλικο καφέ και κάπως πάταξε την ανταρσία που γινόταν μες στο κεφάλι της, πήρε ένα μπουκάλι νερό και τα πράγματά της και βγήκε πάλι στη βεράντα ν' αποχαιρετήσει τον Έρασμο, ντυμένος με τη φόρμα εργασίας, λαστιχένιες μπότες και καπέλο στο κεφάλι, πήγαινε στο τρακτέρ που ήταν σταθμευμένο στο υπόστεγο. Άκουσε να τον φωνάζει, αλλά δεν γύρισε να την κοιτάξει, έκανε μόνο μια χειρονομία που δήλωσε «πάω στη δουλειά, βιάζομαι. Και μετά μία άλλη, που εννοούσε «Θα τα πούμε αργότερα». Ανέβηκε στο τρακτέρ, έβαλε τη μηχανή μπροστά και βγήκε από την αυλή στο δρόμο. Μπορεί ν α έφταιγε και το κρασί μέρα μεσημέρι, πάντως αυτό του ήρθε στο μυαλό του ύστερα από αρκετό στύψιμο για να ετοιμάσει τον διάλογο που θα έκανε με την Αλίκη:

-Ας τα αυτά, μη μπερδεύουμε τα πράγματα, δεν μετράνε. Ό,τι προσφέρει κανείς, δεν τιμάει τον παραλήπτη, δηλαδή εμένα, τιμάει τον εαυτό του, δηλαδή εσένα, Αλίκη. Τα δώρα τιμούν πάντα τον δωρητή, στον παραλήπτη δεν αλλάζει τίποτα. Αν υπάρχει κάποια κυρία, π.χ. σαν εσένα, δεν θα γίνει περισσότερο ή λιγότερο κυρία αν της κεράσει μία σαμπάνια ή μία μπύρα στο εστιατόριο το βράδυ. Ο Έρασμος θα φανεί ποιος είναι» Του άρεσε κάθε λέξη του, είχε αποθηκεύσει τον διάλογο στο υποσυνείδητο του μυαλού του. Ήταν βέβαιος πως η Αλίκη θα καταλάβαινε τις επιθυμίες του. -«Πιστεύεις ότι το σεξ φέρνει την ευτυχία;» θα τη ρωτούσε. «Και βέβαια! Σίγουρα ναι» κάθετη η Αλίκη. Ο Έρασμος σουφρώνει τα χείλη του. Αποδοκιμάζει. Την περασμένη εβδομάδα είδε μια ταινία στην τηλεόραση όπου ο άντρας οικειοθελώς προσποιήθηκε τον ερωτευμένο για να «αποκαταστήσει» μια κοπέλα που συμπαθούσε ειλικρινά, αλλά δεν είχε καταφέρει να ερωτευτεί. Ήταν σίγουρος πως μόλις ο άλλος που πολύ την ποθούσε για σεξ τους έβλεπε μαζί δημόσια, θα την καλούσε το επόμενο βράδυ. Και είχε δίκιο. Είχε κιόλας φτάσει στο χωράφι και αφού συνέδεσε το αλέτρι άρχισε το όργωμα. Θα έσπερνε αύριο το καλαμπόκι, η τιμή του θα αυξανόταν αυτή τη χρονιά, επειδή είχε μεγάλη ζήτηση. Από την χαρά του άρχισε να τρίβει τα χέρια του. «Όπου γης και πατρίς» έλεγε συχνά ο παππούς του ο Θωμάς. «Φκιάχνεις το σπίτι σου στην πατρίδας σου, αλλά πατρίδα σου είναι ο τόπος που σου δίνει ασφάλεια. Σωστότατο» σκέφτεται ο Έρασμος. Γιατί το μυαλό μπορεί να μοιάζει με μερικά ζώα που δεν γεννούν πια αν τα πάρεις μακριά απ' το κλίμα της μητρικής γης. Το παν είναι η προσαρμογή σε κάθε νέο τόπο, το συντομότερο δυνατόν. Ύστερα πίστευε πως είναι ωραίο να γίνεται κάποια αλλαγή καμιά φορά. Η αλλαγή είναι το αλάτι της γης. Όπως και η δουλειά. Ο Φρόϋντ καταλήγει σε μία ικανότητα να αγαπάμε και να δουλεύουμε, μπορούμε να δηλώσουμε ότι ένας τέτοιος σκοπός συνεπάγεται μια ικανότητα του ατόμου να υπερβαίνει την αυτοσυνειδησία, δηλαδή το να αγαπάμε δεν σημαίνει μόνο να βρίσκουμε το ναρκισσιστικό ιδεώδες του Εγώ μας σε έναν άλλο, σημαίνει να ευχόμαστε το καλό του άλλου. Το να δουλεύουμε σημαίνει να έχουμε εμπειρία των προσωπικών μας δυνατοτήτων, που σημαίνει να είμαστε σε θέση να ανταποκριθούμε στα αντικειμενικά, ανά χείρας καθήκοντα, ξεχνώντας τις άμεσες ανάγκες μας. Η Αλίκη θα ήταν ευχής έργον να το καταλάβει αυτός ευθύς εξ αρχής και να μην τσαντιστεί με τον Έρασμο, γιατί θα ήταν ίσως άδικο, να τερματιστεί η «σχέση» τους πριν καν αρχίσει. Γιατί τότε από μόνη της θα ομολογήσει: «Έπρεπε να παραδεχτώ ότι τα αισθήματά μου για τον Έρασμο ήταν τελείως κτητικά. Ο Έρασμος ήταν αποκάλυψή μου, ιδιοκτησία μου. Δεν θα επιτρέψω σε καμία άλλη να μου τον πάρει». Αν έτσι πράξει, στο τέλος θα νιώσει τόσο πληγωμένη όσο και μια γεροντοκόρη που έχασε τη γάτα της.

Σαν καθαρό βουνήσιο τέκνο ήταν ντόμπρος, αρκετά ειλικρινής με τις σχέσεις του. «Οι καλοί λογαριασμοί κάνουν τους καλούς φίλους» πρέσβευε. Θα κωφευόταν αν σε κάποια έξοδό του με την Αλίκη άκουγε κάποιον να τον αποκαλεί «ζιγκολό». Θα του έδειχνε εδώ και τώρα του άλλου με τι τύπο είχε να κάνει. Θα του έσπαγε τη μύτη για να μη του κολλάει ξένα χερούλια και δυσφημεί το καλό του όνομα. Απόψε το βράδυ χωρίς άλλη καθυστέρηση θα βάλει τα πράγματα στη σωστή τους θέση. Είχε προσέξει ένα μεσήλικα κύριο να τον ακολουθεί με το ποδήλατό του -mountain- κάθε φορά που καβάλα στον Ψαρή του κάλπαζε ντούρος ενάντια σε δυνατούς ανέμους και πάνω σε ανώμαλους δρόμους της εξοχής. Μάλιστα μια-δυο φορές τελευταία είχε πάρει το μάτι του τον «αντίζηλο» που ερχόταν από την αντίθετη κατεύθυνση και σε απόσταση είκοσι ή τριάντα μέτρα να τον φωτογραφίζει με τη μηχανή στο ένα χέρι και το άλλο στο τιμόνι. Του Έρασμου άρχισαν να του μπαίνουν ψύλλοι στ' αυτιά του. Δεν υπήρξε ποτέ καχύποπτος όσο ήταν στο χωριό του, γιατί οι κάτοικοί του εκεί έχουν άλλα επείγοντα και σοβαρά θέματα να ασχοληθούν, πρώτιστα η επιβίωση των μελών της οικογένειάς τους και των παραγωγικών ζώων τους. Αλλά -κάθε τόπος και ζακόνι- όπως λένε. Ήξερε ότι οι φωτογραφίες ήταν σοβαρό αποδεικτικό στοιχείο σε δικαστήρια και... βέβαια, μια αναλαμπή στο μυαλό του, του θύμισε σκοτεινά σπήλαια μάγισσας όπου κάτω από το αμυδρό φως του κεριού εξετάζει τα χαρακτηριστικά στο πρόσωπο της φωτογραφίας κι ύστερα κάνει την πρόβλεψή της για το μέλλον του λιποτάκτη. Ο νους του τώρα πήγε στην Αρέθα, τον φλογερό έρωτά τους και τον βίαιο και άπονο χωρισμό τους από τον πατέρα της. Φυσικά έχουν περάσει μήνες από τότε, και είναι γνωστό πως ο χρόνος και η απόσταση «εξατμίζουν» το ερωτικό πάθος, αλλά αυτό είναι απλά μια γενικευμένη θεωρία, στην πράξη τα πράγματα είναι αλλιώτικα.

Η πιο πετυχημένη συνταγή λησμονιάς είναι η εξοντωτική δουλειά, πέφτει πάνω της με τα μούτρα σου και ούτε γάτα, ούτε ζημιά. Πέντε φορές ο Έρασμος έσκαβε το χώμα, άνοιγε βαθιά αυλάκια, ξερίζωνε αγκάθια και ξερόχορτα για να ετοιμάσει το έδαφος για την αυριανή σπορά. Έκατσε κάτω από ένα δέντρο και σκεπάστηκε ως πάνω με το παλτό του. Ακούμπησε την πλάτη του στον κορμό του πλάτανου και αποκοιμήθηκε. Η συναισθηματική μαζί με τη φυσική κούραση είχαν υπερισχύσει, αλλά, παρ' όλα αυτά το μυαλό του δεν σταμάτησε να σκέφτεται την πρώην αγαπημένη του. Ονειρεύτηκε (?) την είδε καθαρά να συναντάει σε απόμερο σημείο του Βίκου αυτόν τον φωτογράφο, να του δίνει οδηγίες προφορικές, να τον ζωγραφίζει, ψηλός, ξανθός, μακριά μαλλιά που φτάνουν ως τους ώμους, γένεια, πράσινα μάτια. Τέλος τον ρωτάει, κάνοντας τη σχετική χειρονομία για το πόσα χρήματα ζητάει να τον εντοπίσει και να της φέρει νέα του με τη φωτογραφία του για απόδειξη.

Ο Έρασμος συνταράσσεται, προσπαθεί ν' ανοίξει τα μάτια του, να διακόψει τον ύπνο για ν' απαλλαγεί από τον εφιάλτη. Μα δεν μπορεί, είναι ναρκωμένος. Εκείνη νιώθει την τρομάρα του και με γλυκόλογα τον καθησυχάζει: «Αγάπη μου, μη φοβηθείς σαν αισθανθείς κάτι στο πρόσωπό σου, η σκέψη μου είναι που ζητά ένα χαμόγελό σου». Κάποιοι λένε ότι υπάρχει επικοινωνία μέσω της σκέψης. Αυτό δεν έχει αποδειχτεί επιστημονικά, όμως όποιος το πιστεύει, πρέπει να πιστέψει ότι υπάρχει και επικοινωνία μέσω της «μη σκέψης». Αν δηλαδή μπορούμε να σκεφτόμαστε κάποιον και να το ξέρει, έτσι μπορεί και να ξέρει ότι δεν τον σκεφτόμαστε.

Η Αρέθα σκεφτότανε τον Έρασμο και του το φανέρωσε, αλλά ο Έρασμος δεν ήθελε να ξέρει εκείνη ότι την σκεφτότανε. Και δεν θα το μάθαινε από πουθενά, ούτε καν από τον παππού του ούτε και την μητέρα του. Επίτηδες ο νέος άνδρας δεν επικοινώνησε ακόμα με τους δικούς του ανθρώπους στα Γιάννενα, για να μη το μάθει η σκύλα η Αρέθα, που πρώτη τον πλήγωσε βαθιά στα φυλλοκάρδια του και τώρα η σειρά της να πονέσει, να αυτοτιμωρηθεί. Η τιμωρία που επιβάλεις είναι άχρηστη, διότι δεν διδάσκει τίποτα τα παιδιά (ως... άνθρωποι) μαθαίνουν, όταν υποστούν τις φυσικές συνέπειες των πράξεών τους, π.χ. αν δεν προσέχω, είναι να τραυματιστώ και να σπάσω το αρμόνιό μου. Δεν είναι... «το δεν θα παίξω ποδόσφαιρο. Η Τιμωρία ΔΕΝ είναι συνέπεια. Συνεπώς, η Αρέθα του έκανε ζημιά, πρέπει να πληρώσει τώρα για τις συνέπειες της πράξης της. Στο ξύπνιο του κατόπιν ο Έρασμος θα κολακευόταν πολύ αν αληθινά πίσω από το κυνηγητό του ντετέκτιβ – φωτογράφου κρυβόταν η Αρέθα. Θα ανέβαζε τη ματαιοδοξία του, θα ήλπιζε ότι σύντομα θα ερχόταν να τον συναντήσει. Αλλά ήταν μόνο μία ουτοπία, μεγάλη χίμαιρα, φαντασιοκοπία.

Κεφάλαιο 12

Το δίπτυχο ταξίδι

-«Θα μπορούσες πάντως να την ερωτευτείς. Παραδέξου το» λέει ο Παύλος στον Μιχαήλ ή Μικέλη για την Στέλλα.

«Εγώ νομίζω ότι κανένας δεν θα μπορούσε να μην την ερωτευτεί» λέει και ο Στέφανος, πάλι για την ίδια.

«Αυτή είναι η Στέλλα! Ένας μοναδικός συνδυασμός: καρδιά, ομορφιά και πνεύμα», λέει η Εύα. «Αρκεί, φυσικά να τα διατηρήσει, γιατί είναι πολύ πιθανό να ερωτευτεί και να χάσει το πνεύμα, ν' απογοητευτεί και να χάσει την καρδιά, και δεν είναι καθόλου απίθανο... να παχύνει».

-«Αυτά που παθαίνουμε όλοι δηλαδή!» λέει ο Παύλος γελώντας για να κρύψει τον πραγματικό λόγο -όσο περισσότερα λες, τόσο περισσότερο εκτίθεσαι- και το βαθύ νόημα που έχει το ταξίδι που έχουν αποφασίσει να κάνουν στην Ήπειρο, το ζευγάρι Παύλος και Εύα μαζί με τους δυο φίλους τους τον Μικέλη, υποψήφιο βουλευτή στις προσεχείς εκλογές και τον Στέφανο, δημοσιογράφο εφημερίδας. Η Στέλλα, όπως τους έχει εξηγήσει, αν και θα ήθελε να είναι στην παρέα τους, εντούτοις και δυστυχώς, η επιδείνωση της υγείας του πατέρα της την εμποδίζει να το κάνει. Παρ' όλα αυτά δίνει στον Παύλο το κλειδί του πατρικού της στον Βίκο, «στη διάθεσή σας όσο το χρειαστείτε» τους λέει καλοπροαίρετα «Καλή σας διαμονή».

Η φυσική κατάσταση του ανθρώπου δεν είναι η Εδέμ. Είναι η ζούγκλα. Η κυριολεκτική ζούγκλα είναι παράδεισος, ενώ ο τεχνητός παράδεισος είναι ζούγκλα. Ο Αμαζόνιος ανήκει στην πρώτη κατηγορία, την αληθινή όπως και ο Άδος της Ηπείρου, που μπροστά του τύφλα να 'χει ο Αμαζόνιος. Εδώ μπορεί κανείς να δει όλα τα είδη και ν' αναγνωρίσει στο καθένα ξεχωριστά και κάτι απ' τον εαυτό του -εκτός κι αν είναι της Εκκλησίας, οπότε βλέπει μόνο ό,τι θέλει.

«Φτάνει! καταλαβαίνω τι θες να πεις. Το μόνο που θα δεις θα 'ναι αυτές οι δύο τύπισσες που κολυμπούν στον καταρράκτη». Ο Στέφανος έχει μια κρίση φιλοσοφική και ο Μικέλης, που την έχει μόλις ξεπεράσει, καταλαβαίνει τι θα πει πριν το πει. Είναι μόνοι τους οι δύο τους, ενώ οι άλλοι δυο ο Παύλος και η Εύα έμειναν στο σπίτι να ξεκουραστούν. Οι δυο άντρες έπιασαν ένα τραπέζι κοντά στην όχθη και παρακολουθούν μια παρέα πιθήκων που πηδά από κλωνάρι σε κλωνάρι. Κι από δέντρο σε δέντρο. Ξαφνικά ο μεγαλοδύναμος της παρέας πηδά στον ώμο της μιας από τις δύο κοπέλες που είχε μόλις βγει από το παγωμένο νερό και σκουπιζόταν με την πετσέτα. Όταν το συνειδητοποίησε τι την γαργαλούσε άρχισε να ξεφωνίζει ενώ η δεύτερη άρχισε να πετά στον πίθηκο νερό με τη φούχτα της να απομακρυνθεί από την φίλη της. Η μαϊμού της έτριξε τα δόντια νευριασμένη.

Εννοείται ότι οι κύριοι σαν πολιτισμένοι άνθρωποι, δεν άφησαν τις κοπέλες αβοήθητες. Άπλωσαν ένα τεράστιο κλωνάρι και το ανθρωποειδές ζώο πήδηξε πάνω του να σωθεί, -σανίδα σωτηρίας- ενώ τα κορίτσια βρήκαν καταφύγιο στην αγκαλιά η καθεμιά του δικού της ναυαγοσώστη, η Σόφη κόλλησε στον Στέφανο και η Μαρία στον Μικέλη. Η επαφή τους με τη Φύση τους υπενθύμισε και τη φύση του ανθρώπου και τη δική τους φύση. Πίνουν παρέα τον καφέ τους, καπνίζουν και συζητάνε. Ο Στέφανος προτίμησε ν' αφήσει τη Σόφη να μιλήσει πρώτη παρά να της πει για τον εαυτό του. Τον εντυπωσίασαν η ειλικρίνειά της και η αυτοκριτική της για τις πολλές ερωτικές της σχέσεις με άδοξο όλες τέλος, αλλά της άφησαν ωραίες αναμνήσεις. Κι όταν εκείνη τον ρώτησε για τον εαυτό του, ο Στέφανος αρκέστηκε να πει: «Είμαι λιτοδίαιτος, αυτάρκης και θέλω να είμαι καλά με τον εαυτό μου». Ύστερα πήρε το λόγο ο Μικέλης να ρωτήσει τη Μαρία για τη ζωή της.

«Για μένα «καλά» είναι να κάνεις πράγματα που ξέρεις ότι θα μετανιώσεις που δεν τα έκανες. Ήταν στο πεπρωμένο μου να χάσω τον άντρα μου!» Και πρόσθεσε: «Μόνο εγώ μιλάω τόση ώρα...» του χαμογέλασε. «Θάπρεπε να μ' έχεις διακόψει». Ο Μικέλης ξαφνικά δεν βρίσκει τι να πει, σκέφτεται λίγο πριν το ξεστομίσει: «Από την πείρα μου όταν μια γυναίκα δείχνει έτσι τα αισθήματά της δεν αξίζει πολλά. Είναι ξετσίπωτο πλάσμα» λέει κάπως δηκτικά. Σ' όλη τη διάρκεια της βραδιάς, η συζήτησή τους ήταν κάπως έτσι. Ο Στέφανος είχε μεθύσει για τα καλά και όταν φλέρταρε φανερά την Σόφη, ο φίλος του θεώρησε καθήκον του να μη μείνει η φίλη της παραπονεμένη, και κάπως έτσι κατέληξαν μπερδεμένοι στα κρεβάτια του ξενοδοχείου χωρίς κανείς του να το θυμάται την άλλη μέρα. Όμως, ακόμα κι αν οι άνθρωποι ξεχνούν, τα σώματά τους πάντοτε θυμούνται. Η Σόφη ξύπνησε με τα χείλη της πρησμένα και η Μαρία πιασμένη με το σώμα της να πονάει. Πάντως και οι δύο έλαμπαν ολόκληρες.

-Έχεις φανταστεί ποτέ πως θα ήταν να ήσουν... φτωχότερος; ρώτησε ο Στέφανος τον Μικέλη. Θα είχες τόσες ερωτικές περιπέτειες; Θα επέμεναν οι κοπέλες ενώ βλέπουν πως δεν τις θέλεις; Και αν το κάνουν μόνο για την άνεση που έχει η ζωή σου;».

-Όχι, προτιμώ να φαντάζομαι πως θα ήταν αν ήμουν πλουσιότερος, σίγουρα ο Μικέλης που είχε καταλάβει τον τελικό προορισμό της συζήτησης, γιατί το είχε κι ο ίδιος κατά καιρούς

σκεφτεί ότι η άνεσή του έπαιζε ρόλο στις γυναίκες. Εξάλλου, γι'
αυτό είχε δουλέψει κι ακόμα δουλεύει σκληρά σαν κονβόϊ απ' το
χώρο στάθμευσης του ξενοδοχείου, ακούγονταν δυνατά γέλια, που
θα κρατούσε σ' όλη τη διάρκεια επιστροφής τους στην πόλη τους.

Ο Παύλος και η Εύα παρέμειναν στον Βίκο, για τον λόγο ότι ο
Παύλος είχε ένα επαγγελματικό ραντεβού εδώ με κάποιον κύριο.
Ήταν το δεύτερο βράδυ που θα περνούσαν μαζί, σαν ζευγάρι,
στο πατρικό σπίτι της Στέλλας. Έως τώρα οι συναντήσεις τους
περιορίζονταν σε cafe ή σε εστιατόρια στην πόλη τους. Όταν εκείνος
της ανακοίνωσε την απόφασή του να τον συνοδεύει στην Ήπειρο,
η Εύα ένιωθε σαν... αρραβωνιαστικιά του. Την Παρασκευή το
βράδυ την είχε καλέσει σπίτι του να γνωρίσει τη μάνα του και
την επόμενη, Σάββατο μεσημέρι, φόρτωσε στο αυτοκίνητό του τη
βαλίτσα με τα ρούχα και ένα σακ-βουαγιάζ με μπολ γεμάτα φαγητά
που του είχε μαγειρέψει η μάνα του. Λίγο μετά πέρασε απ' το σπίτι
της Εύας και μαζί αναχώρησαν για την Ήπειρο συνοδευόμενοι από
τα δύο αμάξια του Μικέλη και του Στέφανου. Μετά την επίσκεψή
τους στη μάνα του, η Εύα ήταν έτοιμη για μια βέβαιη συνέχεια και
σίγουρη ότι έπρεπε να είναι σε ετοιμότητα ανά πάσα στιγμή να
ικανοποιήσει και την παραμικρή του επιθυμία. Πίστευε ότι αυτό το
ταξίδι, οι μοναχικές διανυκτερεύσεις τους στο ξένο σπίτι ήταν μια
πολύ σημαντική περίοδος που θα καθόριζε το μέλλον της σχέσης
τους, και είχε αποφασίσει να μην κάνει κάποιο λάθος. Το Σάββατο
το απόγευμα ασχολήθηκε για λίγο με την καθαριότητα του σπιτιού,
αέρισμα και ξεσκόνισμα, ενώ μόλις ξέκλεψε λίγο χρόνο, πετάχτηκε
σ' ένα κοντινό μαγαζί και του αγόρασε δύο ακριβά πουκάμισα,
κι όταν είδε το φαγητό της μάνας του, το δοκίμασε και το βρήκε
αρμυρό, βάλθηκε να του μαγειρέψει άλλο φαγητό, γιατί λέει πως
το αλάτι βλάπτει την υγεία του αγαπημένου της. Κοντολογίς, η
Εύα ερωτεύτηκε ένα στενό κορσέ, στενά πουκάμισα και στενά

παπούτσια για τον Παύλο. Όταν το ζήτημα δεν αφορά σε μια ερωτική περιπέτεια αλλά μια σχέση, που μπορεί να οδηγήσει σε δέσμευση ζωής, γάμο, λαμβάνεται υπόψη και η συμβίωση που προϋπάρχει και σημαίνει «καθημερινότητα» δηλαδή λιγότερος ρομαντισμός, κι άλλα πεζά όπως τα... λεφτά που βγάζεις από την εργασία σου. Η Εύα και ο Παύλος επισφράγισαν την επιθυμία τους την προηγούμενη νύχτα Σαββάτου, και υποτίθεται ότι μόλις μπαίνουν στην αρχή του έρωτα. Όταν το επόμενο πρωί της Κυριακής, η Εύα θέλει να μείνει ακίνητη στο κρεβάτι ως τις 10 για να μην τον ξυπνήσει, αλλά δεν αντέχει στον πειρασμό να του ρίξει μια κλεφτή ματιά να απολαύσει τη γυμνή σάρκα του, μόλις διαπιστώνει ότι αυτό που αγκαλιάζει είναι το μαξιλάρι του κι όχι κάτι ζωντανό, ξυπνάει και βλέπει τον εραστή της στο σαλόνι να τακτοποιήσει ένα σωρό χαρτιά σ' ένα φάκελο

-Καλημέρα, αγάπη μου; Με συγχωρείς, με παραπήρε ο ύπνος, ενώ έπρεπε να σηκωθώ πρώτη και να ετοιμάσω το πρωινό μας, το υπέροχο βουνίσιο τσάι και τα νόστιμα πιτάκια», απολογήθηκε η Εύα κι έκανε ένα τεράστιο άλμα να τον αγκαλιάσει.

-Δεν χρειάζεται να απολογείσαι γιατί δεν έκανες κανένα λάθος εσύ. Απλά εμένα ο χρόνο με πιέζει πολύ. Πρέπει να είμαι στις έντεκα στο διπλανό χωριό, να βρω που μένει ο πελάτης μου και να συζητήσω μαζί του. Εσύ μείνε εδώ, ασχολήσου με το νοικοκυριό, βγες στον κήπο, οσμήσου τ' άνθη στα δέντρα και κάνε ένα ευωδιαστό μπουκέτο για το βάζο στο τραπέζι της κουζίνας. Κι όταν τελειώσεις μ' αυτό, πάρε το μονοπάτι που βγάζει στη λίμνη, κάτσε σ' ένα παγκάκι και ηρέμησε, ρεμβάζοντας. Ίσως αργήσω να επιστρέψω, φαντάζομαι πριν τη δύση του ήλιου. Όλα οκ;».

Η Εύα δεν απάντησε αμέσως, σκέφτηκε πριν του δώσει το okey της, γιατί δεν πετάει ο γάιδαρος, πετάει; Μόνο κρέμασε τα μούτρα της, μιλιά δεν βγήκε απ' το στόμα της, γιατί δεν ήθελε να έρθει σε ρήξη μαζί του, σε ξένο μέρος, ποτέ δε ξέρεις.... Προτίμησε την σιωπή που όπως λέγεται κάποιες φορές είναι... σεντόνι για να σκεπάζει πράξεις δειλίας και φυγής, η αλήθεια είναι ότι το αυτό θα προτιμούσε να έκανε και ο σύντροφός της, καλύτερα να σιώπαινε παρά να της αραδιάσει ένα κάρο μπούρδες, τερατώδη ψέματα, το ψέμα λάτρευε για θεό του. Κάθισε στον καναπέ όλη νεύρα και για να ξεσπάσει κάπου άρχισε ν' αλλάζει κανάλια στην τηλεόραση, χαζεύοντας να βλέπει της διαφημίσεις, κάτι ασήμαντο βέβαια, αλλά ήταν μια δικαιολογία για να χαλαρώσει, με το τηλεκοντρόλ στο ένα χέρι και το κινητό στ' άλλο.

Περίμενε να της τηλεφωνήσει ο Παύλος, γιατί της είχε πει ότι θα της τηλεφωνούσε. Και εφόσον τρεις ώρες μετά δεν τηλεφώνησε, είχε κάθε λόγο να του τηλεφωνήσει η ίδια, αλλά αυτός δεν απαντούσε, ίσως, σκέφτηκε, να είχε δυνατά τη μουσική και δεν άκουγε. Χωρίς να το σκεφτεί, θεώρησε φυσικό να επιμείνει.

Όταν για τελευταία φορά δοκίμασε ξανά, άκουσε το: «ο συνδρομητής έχει το τηλέφωνό του απενεργοποιημένο». Τότε, έξω φρενών πια, βγήκε απ' το σπίτι, και κατηφορίζοντας το μονοπάτι έφτασε στην πισίνα που της είχε προαναφέρει. Κάθισε στο άδειο παγκάκι, νιώθοντας έντονα και απελπισμένα την ανάγκη να μιλήσει σε κάποιον δικό της άνθρωπο. Πήρε την Ματίνα, την ξαδέρφη της, που ήξερε τον Παύλο, και ήξερε τις κοπέλες που είχε δει στο γραφείο του και πως καμιά απ' αυτές τις παλιές του δεν μπορούσε να τον φτάσει στο εισόδημα ή τρόπο ζωής. Για κείνες, ό,τι άλλο κι αν ήταν, ο Παύλος ήταν μια καλή ευκαιρία για μια πιο άνετη ζωή, ωστόσο, και στο μυαλό της Ματίνας επικρατούσε η άποψη ότι όλοι οι άνθρωποι παντρεύονται για τα χρήματα, γιατί τότε ο Παύλος να είναι η εξαίρεση του κανόνα;

-«Δηλαδή, αν δεν είναι για τα χρήματα, γιατί άλλο παντρεύεται κανείς;» ρώτησε η Ματίνα την Εύα με φυσικότητα, μα την τελευταία να έχει συνάμα θορυβηθεί με την άποψη της άλλης. «Δηλαδή, όλοι παντρεύονται για τα χρήματα;».

«Και δεν παντρεύονται πάλι για τα χρήματα. Και όταν χωρίζουν για πιο λόγο τσακώνονται; Τα χρήματα. Περίμενα να τα έχεις σκεφτεί αυτά... στην ηλικία σου» συμπληρώνει η Ματίνα.

«Συμπερασματικά, μου λες ότι ο Παύλος είναι δύσκολος άντρας;» ρωτάει μουδιασμένη η Εύα.

«Δυσκολία για εκείνον είναι να προσπαθεί για πράγματα που δεν τον ενδιαφέρουν. Σίγουρα βάζει την εργασία του σε πρώτη προτεραιότητα» είπε με έμφαση η Ματίνα, για ν' ανοίξει τα μάτια της Εύας πως ο λόγος που έκανε το ταξίδι ήταν να κυνηγήσει την δουλειά του ή και τα δύο...;

«Η ξαδέρφη μου τα έμπλεξε μ' έναν αναποφάσιστο άντρα, πονηρό και γιατί όχι – ΔΙΒΟΥΛΟ τύπο – δύσκολος να τον εξιχνιάσει ακόμα και η Αγκάθα Κρίστι. Θέλω να τη βοηθήσω: Θα ρίξω τα χαρτιά. Ωχ! Ο άσος μπαστούνι... αναποδογυρισμένος, κάτι θα συνέβαινε. Τα χαρτιά ποτέ δεν κάνουν λάθος. Προβλέπω χωρισμό τους...» προφήτευσε η Ματίνα, που είχε το ελάττωμα να χώνει τη μύτη της σε ξένες υποθέσεις.

Η Εύα ήταν ακόμα στο παγκάκι, κοίταζε στο κενό και τα είχε χαμένα. Ξαφνικά σήκωσε τα μάτια της στον ουρανό για να αυτοσχεδιάσει μια προσευχή για τους δυο τους, πριν από τον προσωρινό χωρισμό τους:

«Σήμερα θα ακολουθήσουμε δρόμους διαφορετικούς.

κάποιοι από εμάς θα πάρουν το δρόμο της εξοχής,

ο ένας της προσευχής,

και ο άλλος θα οδεύσει προς τα εκεί

που τον καλεί το καθήκον του.

Έλα μαζί μου άγγελέ μου,

γίνε οδηγός σε κάθε μονοπάτι.

Βοήθα με να είμαι πιστή στον εαυτό μου
και στον αγαπημένο μου».

Όμως επειδή η πίστη της στον Θεό δεν ήταν τόσο δυνατή, κι αμφέβαλλε αν είχε εισακουστεί, συνέχισε:

«Θεέ μου, όπλισέ με, με δύναμη να αντιμετωπίσω
ότι επώδυνο με περιμένει, αλλά,
άσε τις ευτυχισμένες μνήμες να διαρκέσουν,
σαν το πουλί που κελαηδά μες στη βροχή,
την πιο μαύρη τούτη ώρα.
Βοήθησέ με να συγκρατήσω την οργή
και όλες τις εναλλαγές της μοίρας».

*

Ο Παύλος οδηγούσε το τζιπ μέσα σε στενά, χωματόδρομους που οι βροχές τους έκαναν δύσβατους και στοές που σχημάτιζαν τα αιωνόβια δέντρα, καστανιές και βελανιδιές με τα γερμένα κλαδιά τους, με μειωμένη ταχύτητα, στις πολύ κλειστές στροφές, ενώ κάθε τόσο σταματούσε ν' ανοίξει το χάρτη, φοβόταν μη χαθεί μέσα στο απέραντο δάσος. Ήταν τώρα σ' ένα ξέφωτο όπου είδε την ταμπέλα ΑΓΝΑΝΤΙΑ 10 χιλιόμετρα. Ανακουφίστηκε σαν είδε τον πλατύ χαλικοστρωμένο δρόμο με την μεθυστική μυρωδιά της υγρασίας και της βλάστησης ν' ανοίγει ευθύς μπροστά του. Έβαλε την κασέτα με βλάχικα τραγούδια που του είχε δώσει η Στέλλα. «Μ' αρέσει πολύ αυτό! Πρώτη φορά τ' ακούω, αλλά νομίζω ότι τους περιγράφει απόλυτα. Πέντε – έξι δυσνόητες λέξεις και μετά μουσική κλαρινάτη και το τραγούδι τελειώνει, αφήνοντάς σε, σε πλήρη ασάφεια. «Οι βλάχοι είναι απλώς… σαν γρίφος» λέει στον εαυτό του σαν να το είχε μόλις σκεφτεί. «Ένας καλός γρίφος. Όσο πιο απλός φαίνεται, τόσο πιο δύσκολο είναι να τον λύσει… Είναι όντως ένας γρίφος που μοιάζει απλός» λέει ενθουσιασμένος. Είχε μπει στην Αγναντιά τώρα και η ώρα ήταν 12 το μεσημέρι Κυριακής. Μόλις είδε ένα καφενείο ανοιχτό, πάρκαρε να πιει ένα καφέ με ένα δροσερό νερό. Σ' ένα τραπέζι έξω στο μπαλκόνι δυο άντρες παίζανε τάβλι, ενώ μια γυναίκα έπινε φραπέ μ' ένα καλαμάκι σε μια πολυθρόνα λίγο πιο πέρα και τους παρακολουθούσε. Ο Παύλος υπέθεσε πως η γυναίκα ήταν μαζί με τον ένα άντρα, αλλά κατάλαβε πως είχε υποθέσει λάθος μόλις τον πλησίασε να πάρει την παραγγελία, και γνωρίστηκαν.

«Εσύ είσαι, λοιπόν, η πρώτη ξαδέρφη της Στέλλας» της χαμογέλασε με τόσο φιλική διάθεση που η Νίκη παραξενεύτηκε.

«Αλλά κι εσύ; Πρέπει να είσαι συγγενής της από την μητέρα της για να μη γνωριζόμαστε. Βλέπεις ο θείος μου ο Σέργιος έφυγε να γίνει σόγαμπρος στον κάμπο κι έριξε μαύρη πέτρα πίσω του», συμπέρανε.

«Είμαι μάλλον πολύ μακρυνός συγγενής της... Παύλος», της έδωσε το χέρι.

«Χαίρω πολύ, Νίκη, Χαίρομαι να γνωρίζω συγγενείς της Στέλλας, που την ξέρουν σίγουρα καλύτερα από μένα και την βλέπουν πιο συχνά...» σχολίασε.

«Α, δε νομίζω ότι υπάρχει κανείς που να μπορεί να πει ότι ξέρει τη Στέλλα» γέλασε ο Παύλος που είχε αρχίσει να του αρέσει η συζήτηση μαζί της.

«Ακόμα δε συστηθήκατε και γίνατε και φίλοι;» λέει ο Βάγγος ο ένας απ' τους δύο άντρες πλησιάζοντας, ενθουσιασμένος ακόμα απ' τη νίκη του στο τάβλι.

«Όχι βέβαια. Όχι τώρα, απλά άνοιξα κουβέντα μαζί της επειδή έχω πολύ ανάγκη από λίγη βοήθεια» λέει ο Παύλος ενώ έχει πλησιάσει και ο άλλος άντρας που έπαιζαν τάβλι μαζί.

«Γνωρίζετε τον Θωμά Κωστίκα, έτσι δεν είναι;» ρωτάει θετικός.

-«Όχι, δεν τον γνωρίζουμε», λέει ο άντρας απότομα.

-«Πως, αφού μένει εδώ στην Αγναντιά, είναι πρόεδρος των δασοκόμων» συμπληρώνει βιαστικά ο Παύλος.

-«Νομίζω ότι είναι αυτός που είναι πεθερός του Ηλιάκη, ο πατέρας της Ζαχά», θυμάται καλύτερα ο Βάγγος. «Έμενε εδώ πριν χρόνια, πριν δώσει το σπίτι του προίκα στην κόρη του τη Ζαχά», υποθέτει γιατί μπερδεύτηκε ο Βάγγος.

«Δηλαδή, είναι αυτός ο ακοινώνητος, που το παίζει δύσκολος» πετάγεται ο άντρας.

«Δεν είναι ανάγκη να είναι δύσκολος κανείς για να μην τον ξέρετε» λέει ο Παύλος σαν φιλόσοφος. Και μάλλον επιτακτικά, με ύφος δικτάτορα. Το αποτέλεσμα ήταν οι δύο παίκτες στο τάβλι να νιώσουν φταίχτες και κόκκινοι από θυμό είπαν:

«Και τι καλό μπορούμε να κάνουμε για σένα, ξένε μας;».

«Να με οδηγήσετε στο σπίτι του. Είναι επείγον. δεν έχω χρόνο για χάσιμο».

«Πες ότι σε αφήνουμε έξω απ' το σπίτι του. Πως θα μπεις; Ο παππούς είναι, αφιλόξενος και πολύ καχύποπτος, φοβάται πως όλοι θέλουν να τον βλάψουν μετά τη μεγάλη συμφορά που χτύπησε το σπίτι τους με την εξαφάνιση του εγγονού του».

Μια απέραντη σιωπή επικράτησε στο τοπίο. Ήταν το θηλυκό μυαλό που μίλησε για να σπάσει τη μουγκαμάρα. «Μόνο με την πονηριά και τα ψεύτικα δάκρυα θα μπεις στο σπίτι του Θωμά» αναφώνησε η Νίκη.

-Ο γιος σου… μουρμούρισε ο Βάγγος, αλλά σταμάτησε.

-Μη μου πεις πως θα κάνει τον ταχυδρόμο, τον αγγελιοφόρο που του φέρνει καλά μαντάτα; Κι όταν ανοίξει την αυλόπορτα για το παιδί, να μπουκάρει δια της βίας και ο Παύλος;» είπε τραυλίζοντας ο άνδρας, πλησιάζοντας τη γυναίκα δήθεν καλοπροαίρετα.

Το παραμύθι αυτό ήταν αρκετά έξυπνο για να πετύχει αφ' εαυτού του το αναμενόμενο αποτέλεσμα, αλλά ο Παύλος ήταν ο μόνος που αμφέβαλλε, ως προς το θέμα της χρήσης βίας να βρεθεί στο σπίτι του Θωμά Κωστίκα. Συμφώνησε ωστόσο πως η ιδέα του 12χρονου γιου της Νίκης στο ρόλο του ταχυδρόμου ήταν καταπληκτική.

Επίσης απέκλεισε παντελώς ότι με την πονηριά βγαίνεις πάντα κερδισμένος, πίστευε πως η ειλικρίνεια και οι καθαρές κουβέντες φέρνουν την καλή έκβαση στην υπόθεση. Μπήκε στο αυτοκίνητό του να μείνει για λίγο μόνος για την αυτοσυγκέντρωσή του.

«Η μοναξιά ακονίζει το μυαλό, όπως το σκοτάδι ακονίζει την όραση» λέει το ρητό.

Έκανε μια προσθήκη στο προηγούμενο ομαδικό σχέδιο, που έκανε σίγουρη την έκβασή του. Βιάστηκε να συντάξει ένα σύντομο σημείωμα για τον πελάτη του.

«Φίλε Θωμά Κωστίκα. – Σε παρακαλώ να μου επιτρέψεις να σε λέω φίλο μου, γιατί ελπίζω ότι θα γίνουμε φίλοι. – Ο Σέργιος είναι κύριος, πολύ κύριος, αλλά βαριά άρρωστος. Κι αν το μάθει αυτό που έκανα, δεν ξέρω τι θα μου κάνει. Αλλά έχω τους λόγους μου και μπορώ όποτε θέλεις να σου τους πω. Με λένε Παύλο και είμαι ξάδερφος της γυναίκας του. Για να σε πείσω ότι λέω την αλήθεια σου παραδίνω το γράμμα – αντίγραφο – που του είχες στείλει, δια χειρός του μικρού Βλάση. Περιμένω την απάντησή σου σύντομα

Σ' ευχαριστώ

Τηλέφωνο επικοινωνίας 6983.......».

Στη συνέχεια έβαλε το αντίγραφο της επιστολής του Θωμά προς τον Σέργιο μέσα σε φάκελο τον οποίο σφράγισε με τη σφραγίδα του γραφείου του, ενώ το σημείωμά του το κρατούσε στα χέρια του ξεχωριστά. Όπως τα είχανε συμφωνήσει στο καφενείο, έτσι κι έγινε. Ο Παύλος καθόταν στο τιμόνι και συνοδηγός του ο Βλάσης που του έδειχνε τη διαδρομή για το σπίτι του Θωμά Κωστίκα. Δεν άργησαν να φτάσουν, περίπου δεκαπέντε λεπτά χρειάστηκαν για να χτυπήσει ο Βλάσης το μάνταλο στην καγκελόπορτα, ύψος δυο μέτρα και από πάνω αγκαθωτό συρματόπλεγμα, σαν να ήταν φυλακή. Ο μικρός, καλά δασκαλεμένος, με ύφος περίλυπο και μάτια βουρκωμένα έτσι όπως απαιτούσε η περίσταση να συμμερίζεται τον πόνο και την αγωνία του σπιτονοικοκύρη, είχε χώσει το δεξί του χέρι, που στα δάχτυλά του κρατούσε τον μεγάλο, κίτρινο φάκελο μέσα από τα κάγκελα και το κουνούσε πέρα-δώθε ενώ δεν σταματούσε να χτυπάει το μάνταλο. Η Ζαχά, που μια δυσάρεστη σκέψη φαινόταν να την τριγυρνά σαν σφήκα, καθόταν σε μια πολυθρόνα κοντά στη τζαμόπορτα ώρες τώρα και σαν κάτι να περίμενε να της συμβεί. Όταν άκουσε το χτύπημα αναταράχτηκε κι όταν είδε τον μικρό με το φάκελο αναστατώθηκε. «Τα κακά προαισθήματα βγαίνουν σχεδόν πάντα αληθινά» μονολόγησε, αλλά ασυγκράτητη προχώρησε ως την αυλόπορτα να παραλάβει το δεματάκι. Το γνώριζε το παιδί του καφενείου, συχνά η μητέρα του τον έστελνε να πάει παραγγελίες στα σπίτια. Χωρίς δεύτερη σκέψη πήρε τον κλειστό φάκελο και το σημείωμα κι έκανε αμέσως μεταβολή για το σπίτι.

«Καλώς τα δεχτήκατε τα ευχάριστα νέα, κυρία Ζαχά» της φωνάζει ο Βλάσης. «Μακάρι να βάλει ο θεός το χέρι του. Αυτό περιμένουμε. Να 'σαι καλά παιδί μου» είπε ξεψυχισμένα η Ζαχά και σκυμμένη σαν γριά ογδόντα χρόνων μπήκε μέσα. Στο μεταξύ ο Βλάσης που απ' την χαρά του πηδούσε σαν αρνάκι έφτασε με ταχύτητα φωτός στο σημείο όπου τον είχε αφήσει ο Παύλος: Μια κλαίουσα ιτιά σ' ένα πλάτωμα έκρυβε για τα καλά το τζιπ απ' τα μάτια του κόσμου. Με επαγγελματική κατασκοπική προφύλαξη ο Βλάσης πήδησε στη θέση δίπλα στον οδηγό κι απ' εκεί στο καφενείο.

-Λοιπόν, τι θα μας κεράσετε; ρωτάει τον Παύλο ο Βάγγος αφού πρώτα εξέτασε τα μούτρα του που έλαμπε ολόκληρος.

-Δώσε στους άντρες μπύρες και γερό μεζέ, διατάσσει τη Νίκη, που δεν είχε μάτια παρά μονάχα για τον τσίφτη τον γιο της, και το στόμα της να πάει ροδάνι, έσταζαν μέλι τα λόγια της, σαν μαμά που παινεύει τον γιο της στον δάσκαλο. Συγκινήθηκε πολύ ο Παύλος από τη στάση της μητέρας αφ' ενός και μετά από ώριμη σκέψη του έκρινε ότι του μικρού του άξιζε ένα καλό χαρτζιλίκι, για την δύσκολη αποστολή του.

-Έλα, Βλάση, ξόδεψέ τα όπως σου αρέσει. Ανοίγει το πορτοφόλι του και του δίνει 20 ευρώ. Να ξέρεις όμως ότι είναι μόνο ένα μικρό χαρτζιλίκι σου. Ο μισθός σου θ' αργήσει ακόμα να έρθει. Προέχει η φοίτησή σου στο Λύκειο και μετά, Θεού θέλοντος, να σε δούμε στο πανεπιστήμιο, τον συμβούλευσε με πατρική στοργή. Και μετά απευθύνθηκε στη Νίκη.

«Να τον προσέχεις. Είναι ακόμα στην εφηβεία, μια δύσκολη περίοδος για τα παιδιά».

«Η εφηβεία, λένε, είναι επινόηση της οικονομικής άνθησης. Κάποτε απλώς δεν υπήρχε. Σίγουρα πάντως διαρκούσε λιγότερο. Τα παιδιά ξεκινούσαν να δουλεύουν από τα δεκάξι τους, ίσως νωρίτερα, κι αναγκάζονταν να πλαστογραφούν την ταυτότητά τους για να μπορούν να βρουν δουλειά. Δεν θέλω ο γιος μου να έχει πτυχίο πανεπιστημίου χωρίς κανένα αντίκρισμα για δουλειά», απάντησε αυθόρμητα η Νίκη.

Ο Παύλος κούνησε το κεφάλι του με βαθιά περίσκεψη για τούτο το σοβαρό ζήτημα. Κι αφού αγόρασε ένα πακέτο φαγητού με ψητή πέστροφα γαρνιρισμένη με γλυκό τραχανά και μυρωδικά του βουνού, ένα κεσεδάκι γιαούρτι κατσικίσιο πασπαλισμένο με μέλι άγριας μέλισσας και δυο φέτες φρυγανισμένο ψωμί, ευχαρίστησε θερμά τη συμπεθέρα του Νίκη για την βοήθειά της μπήκε στο τζιπ που σκέφτηκε -σωστά- να το αράξει κάπου κοντά -απόμερα- στο σπίτι του Θωμά Κωστίκα. Και περίμενε υπομονετικά το τηλεφώνημά τους.

*

Η Ζαχά όταν διάβασε το σύντομο σημείωμα του Παύλου πήγε να λιποθυμήσει, έπεσε απ' το κρεβάτι στο πάτωμα. Γρήγορα όμως συνέρχεται και όπως ήταν γονατιστή σηκώνεται και τρέχει στο δωμάτιο του παππού Θωμά και ξεσπάσει σε λυγμούς. Κλαίει από τη χαρά της, τα δάκρυά της είναι δάκρυα ανέλπιστης ευτυχίας. Ο παππούς την κοιτάζει παγωμένος χωρίς ν' αντιδρά. «Καλά, θα του το πω εγώ», λέει ο Ηλιάκης και του προκαλεί πανικό, αλλά χωρίς λόγο. «Να, ...κοίτα Θωμά, η Ζαχά σου έχει ετοιμάσει μια έκπληξη... γι' αυτό το κρατάει μυστικό. Αν στο πούμε, δεν θα είναι έκπληξη...». Η Ζαχά ξεφυσάει με ανακούφιση κι αμέσως παίρνει μπροστά «Βέβαια, μπαμπά, ψιθυρίζει η Ζαχά, εσένα δεν σ' αρέσουν οι εκπλήξεις, έτσι δεν είναι;».

«Μ' αρέσουν οι εκπλήξεις που ξέρω από πριν», λέει «και πολύ μάλιστα! Αρκεί να τις ξέρω από πριν, και μετά θα χαρώ πολύ και θα κάνω ότι δεν το ήξερα...Δεν είναι καλύτερο αυτό και για σας που θα μου κάνετε έκπληξη, να ξέρετε από πριν πως θα μ' αρέσει».

«Ναι...» ξεκινάει ο Ηλιάκης. «Η έκπληξη έχει πάντα ένα βαθμό... επικινδυνότητας... ρίσκου. Αλλά αυτή είναι η γοητεία της: το ριψοκίνδυνο. Δεν μπορείς να πεις ότι δεν σ' αρέσει το άγνωστο... είναι η περιπέτεια... το αλατοπίπερο της ζωής...».

Ανάλυσε το θέμα πολύ φιλοσοφικά κι έκανε τη Ζαχά να γελάσει άθελά της. «Είσαι και ο πρώτος, αντρούλη μου! Γι' αυτό σε λατρεύω» είπε η Ζαχά και τον πήρε αγκαζέ ξεπροβοδώντας τον ως την αυλόπορτα να πάει στη στάνη. Άφησαν δε τον παππού... να βράσει στο ζουμί του. Όταν ο άντρας της χάθηκε από τα μάτια της -ποτέ η Ζαχά δεν ένιωθε αυτό που η εκκλησία κηρύσσει «ένα σώμα μια ψυχή» για το παντρεμένο ζευγάρι, γιατί ζούσε υπό τη σκιά της πρώτης του γυναίκας, αν και πεθαμένη εδώ και χρόνια, πέντε κοκαλάκια της μαζέψανε μέσα απ' το χώμα, ωστόσο η Ζαχά φοβάται πως το πνεύμα της μπαινοβγαίνει αόρατη μέσα στο πατρικό της σπίτι και κουμαντάρει τον άντρα της δήθεν για το καλό του γιου τους, τον Κούλη, και ο Ηλιάκης που δεν θέλει να την πικράνει, κάνει ότι τον προστάζει, παραδέχεται πως αν ακόμα ζει, το κάνει για να έχει έναν προστάτη ο αδικημένος από τη φύση γιο τους, Κούλης, και μ' αυτόν τον τρόπο περιφρονεί τον άλλον γιο του, τον Έρασμο, που απόκτησε με τη δεύτερη γυναίκα του, Ζαχά.

Ούτως εχόντων των πραγμάτων, φυσικό είναι η Ζαχά να μην εμπιστεύεται τον Ηλιάκη σε ζητήματα που αφορούν τη ζωή του γιου της, Έρασμου. Ευτυχώς για κείνη που έχει τον πατέρα της και στηρίζεται στις πλάτες του, όταν προκύπτουν σοβαρά προβλήματα σαν το τωρινό και απαιτούν άμεση λύση, κι εφόσον έβλεπε πόσο μακάρια αμέριμνος φαινόταν ο άντρας της για οποιοδήποτε επικείμενο πρόβλημα σχετικά με τη ζωή του Έρασμου, κάτι που το έβλεπε και ο πατέρας της, τότε γιατί να καθίσει με τα χέρια του σταυρωμένα, αλλά να αναλάβει τις ευθύνες που του αναλογούν όντας ο παππούς του, και για τον παππού να νιώθει τον Έρασμο όπως λέμε «το παιδί του παιδιού μου, δυο φορές παιδί».

Ο καβγάς που ξέσπασε ανάμεσα στα δύο ετεροθαλή αδέρφια, καβγάς από τους τόσους σπάνιους, σαν τα χελιδόνια του χειμώνα, με τον Κούλη να καταριέται τον Έρασμο πως αν φύγει απ' το χωριό του, επειδή τα μυαλά του έχουν πάρει αέρα, θα χαθεί και γυρισμό δεν θα 'χει, σκηνή όμοια του Κάϊν και του Άβελ, θεός φυλάξοι, δεν αργεί το φονικό να γίνει, ήταν η αφορμή για να λυθούν τα χέρια του παππού Θωμά, να γράψει το γράμμα στον φίλο του Σέργιο ικετεύοντάς τον να συμπαρασταθεί στον Έρασμο όσο γίνονταν καλύτερα, να τον προστατεύσει γιατί ήταν ακόμα παιδί και το παιδί «είναι άπληστο ν' αδράξει το χρόνο» και να προχωρήσει στη ζωή, του εξηγούσε ο Θωμάς, χωρίς όμως ο Σέργιος να τον ενημερώσει σχετικά, αφήνοντάς τους, σε αγωνία για την τύχη του παλικαριού τους. Και να, μόλις τώρα, είχαν την πρώτη είδησή του. Το σημείωμα του Παύλου, τόσο φιλικό, τόσο κατάφωτο, έστειλε ουράνιες ακτίνες ελπίδας, φώτισαν το σπιτικό του, το μέλλον για τον Έρασμο. Όταν η Ζαχά βεβαιώθηκε, μετά από μισή ώρα ότι ο Ηλιάκης ήταν στο μαντρί και καταπιάστηκε με το καθάρισμα του χώρου, και μετά να γεμίσει τις ταΐστρες με τριφύλλι, τότε άνοιξε το ράδιο που έπαιζε μουσική. Όμως γρήγορα το έκλεισε κι άκουσε... την απόλυτη ησυχία. Ξαφνικά, δεν ήθελε να μείνει μέσα. Πήρε τον πατέρα της και πήγαν οι δυο τους μια βόλτα στο άλλο μικρό σπίτι που είχαν χτίσει οι γονείς της στο αγρόκτημα να αποσυρθούν εκεί οι δυο τους αφήνοντας το διώροφο, ευρύχωρο σπίτι για την ίδια, να μην ενοχλούν την οικογένειά της. Ήταν η μεγάλη θυσία του πατέρα, θα έκανε τα πάντα για να νιώθει ότι το παιδί του είναι ευτυχισμένο. Ήταν μια όμορφη μέρα, κανένα σύννεφο δεν σκίαζε τον ήλιο, που έριχνε κάθετα τις ακτίνες του για να ζεστάνει τις καρδιές από τα δύο ανεμοδαρμένα πλάσματα, λέω δυο, γιατί κανένας γονιός δεν νιώθει άνετα όταν ξέρει ότι το παιδί του στενοχωριέται, επειδή δεν περνάει καλά με τον εαυτό του, και όταν κάποιος δεν περνάει καλά με τον εαυτό του, πως μπορεί να περάσει καλά με τον σύντροφό του που είχε την ατυχία να παντρευτεί, να πορευτεί μαζί του, να κάνει αυτός δεύτερο γάμο και δεύτερο παιδί για να στεριώσει ο γάμος του. «Κάνανε λογαριασμό χωρίς τον ξενοδόχο», για να αποδειχτεί ότι το παιδί δεν είναι προέκταση του γονιού, μα μια ξεχωριστή οντότητα, που επιζητά την ελευθερία του, για να μπορέσει ν' αναπτύξει τη δική του προσωπικότητα. Αυτά τα λάθη της Ζαχάς τα ήξερε από πρώτα ο Θωμάς και της τα είχε επισημάνει, απλά τώρα τα ξαναθυμάται, σαν το μηρυκαστικό που αναμασά την τροφή του, σε ώρα χαλάρωσης, όπως αυτοί τώρα που προχωράνε στο δρόμο για το σπιτάκι του, έχοντας την Ζαχά κρεμασμένη κυριολεκτικά πάνω του, στηρίζεται στο μπράτσο του, με το κεφάλι της στον ώμο του, τρεμάμενη, μοιάζει σαν παιδάκι που λαχταρά να τον καθησυχάσουν. Τα πόδια της δεν την βαστούν. Σέρνεται.

-«Ας καθίσουμε για λίγο εδώ στη βρύση, στα πέτρινα σκαμνάκια», πρότεινε ο Θωμάς. Την βοηθάει να καθίσει. Γεμίζει ένα εμαγιέ κύπελλο με τρεχούμενο, δροσερό νερό και της το δίνει να πιει. Ήταν τόσο αδύναμη, φαινόταν πως θα κατέρρεε σαν σκιάχτρο στη βροχή. Κάποιο κακό προαίσθημα, οργή ή φόβος, έκαναν το σώμα της να τρέμει σαν φύλλο. «Όσο και να θέλω να τον συμπαθήσω αυτόν τον Παύλο, δεν το μπορώ, νιώθω κιόλας να τον μισώ για τα άσχημα νέα που μας φέρνει», είπε χωρίς να το θέλει. Ο γιος μου...» σταμάτησε μ' ένα βαθύ αναστεναγμό.

-«Μη κάνεις μαύρες σκέψεις. Κάνε κουράγιο, πρέπει να είσαι δυνατή να αποδεχτείς την απογοήτευση σαν να 'ταν άχυρα στης ζωής σου το ποτάμι» την παρηγόρησε.

-«Μη μου πεις, μπαμπά, πως δεν θα ξαναδώ, δεν θα ξαναφιλήσω το παιδί μου;»

-«Δεν εννοούσα κάτι τέτοιο, απλά κάνε κουράγιο σαν γενναία γυναίκα, δεν είναι μακριά το σκοτάδι. Λοιπόν, καλύτερα να γυρίσουμε πίσω στο σπίτι, να μαζευτούμε και οι τρεις μας, μαζί μας και ο Ηλιάκης, και να του τηλεφωνήσουμε να έρθει. Θα τον περιμένουμε ενωμένη οικογένεια, σαν μια γροθιά. Θα τον ακούσουμε πρώτα, και μετά βλέπουμε τι θα κάνουμε. Δεν θα πουλήσω κάτι που μπορώ να το βάλω ενέχυρο», είπε με στόμφο ο γερο-Θωμάς. Η Ζαχά ήξερε πως αυτά που της έλεγε ο πατέρας της ήταν λογικά πράγματα. Πατέρας και κόρη, επιτέλους, μιλούσανε όμοιες γλώσσες. Πίσω στο σπίτι της η Ζαχά σήκωσε το ακουστικό κι άρχισε να σχηματίζει στο καντράν τον αριθμό του κινητού του Παύλου. Ο Θωμάς σαν την είδε κατέβηκε γρήγορα κι ανάλαφρα τη σκάλα, όπως τρέχεις καμιά φορά σε εφιάλτες, και την σταματάει:

«Για να μη μας τη φέρει δόλια ο καμπίσιος, οφείλω να σε προετοιμάσω: Ξέρεις, ότι αυτός που επιβιώνει είναι ο πιο δυνατός, αλλά ο πιο δυνατός είναι αυτός που προσαρμόζεται πιο εύκολα.

Αυτό το κάνουν όλα τα ζωντανά πλάσματα από καταβολής κόσμου. Και το ένστιχτό μου λέει πως ο Έρασμος έχει προσαρμοστεί καλά εκεί κάτω. Αναθάρρεψε».

Κι ύστερα της έκανε νόημα να τηλεφωνήσει τώρα του Παύλου, ότι τον περιμένουνε στο σπίτι τους σε δύο ώρες από τώρα, δηλαδή στις τέσσερις το απόγευμα.

«Σου είμαι πολύ ευγνώμων μπαμπά μου, για την πολύτιμη ηθική σου συμπαράσταση», είπε γλυκά η Ζαχά.

Η καλή ψυχολογία τους άνοιξε... την όρεξη για καθαριότητα. Οι τρεις ένοικοι του σπιτιού μοιραστήκανε τις δουλειές: ο πρώτος ανέλαβε το σκούπισμα, ο δεύτερος το σφουγγάρισμα και τρίτη, η Ζαχά, το ξεσκόνισμα. Είχαν ανοίξει πόρτες και παράθυρα να μπει καθαρός αέρας. Κι όταν τέλειωσαν μέσα, βγήκαν στην αυλή και στα μπαλκόνια. Με το λάστιχο της βρύσης και σκληρή βούρτσα πλύνανε τα πλακάκια στη μπροστινή βεράντα, μετακίνησαν τις γλάστρες με τα ξεραμένα φυτά και στη θέση τους βάλανε αυτές αειθαλή, γαρδένιες και καμέλιες, ο Ηλιάκης κλάδεψε τα θάμνα κατά μήκος του διαδρόμου που ξεκινούσε από την αυλόπορτα ως τα σκαλιά του σπιτιού, κι όταν τέλειωσε βγήκε στο πεζοδρόμιο να κλαδέψει τις δυο «αγγελικές» δεξιά και αριστερά της καγκελόπορτας, δούλευε με κέφι και σφύριζε ένα χορευτικό σκοπό «να 'σαν τα νιάτα δυο φορές» ο σκύλος του, ο Σαλμάν, δίπλα του χόρευε και γαύγιζε ασταμάτητα, μπερδεύονταν στα πόδια του αφεντικού του που τον νευρίαζε «φύγε απ' τα πόδια μου, παλιόφιλε, μη με χασομεράς, δεν βλέπεις που δουλεύω;» τσίριζε ο Ηλιάκης ενώ ο Σαλμάν ούρλιαξε σαν λύκος. Εν ολίγοις, γινόταν τέτοιος σαματάς που οι γείτονες βγήκαν στο δρόμο περίεργοι να δουν τι τρέχει. Μήνες τώρα, από τότε που χάθηκε ο Έρασμος, ο κόσμος τους έδειχνε με τα δάχτυλα και τους συμπονούσε. Σήμερα βλέπουν άλλη παράσταση και αναρωτιούνται ακόμα και για τα μπλουτζίν που φοράνε:

«Ψύλλους στ' άχυρα γυρεύεις, Κώστα μου. Από μπλουτζίν να φάνε κι οι κότες. Σ' αυτό το σπίτι όλα για τη ρεκλάμα γίνονται. Νομίζεις ότι περιμένουμε ανά πάσα στιγμή την επίσκεψη δημοσιογράφων γι' αυτό πρέπει να 'ναι όλα καθαρά», είπε ο Νίκος.

Μ' όλο αυτό το νταβαντούρι δεν κατάλαβαν πως πέρασε η ώρα. Είχε πάει τέσσερις παρά δέκα και σε δέκα λεπτά ο επισκέπτης θα τους χτυπούσε την πόρτα τους. Μπήκαν γρήγορα μέσα, κλείσανε πόρτες και παράθυρα, καλλωπίστηκαν και περιμένανε. Δυο ώρες περίμενε και ο Παύλος μέσα στο τζιπ. Καθόταν σ' αναμμένα κάρβουνα, τα νεύρα του τεντωμένα απ' την αναμονή και την ακινησία. Ήταν ανέκαθεν κινητικός τύπος, οίκτιρε τους ανθρώπους που επειδή τους ταλαιπωρεί η φλεβίτιδα δυσκολεύονται στην κίνηση και αποκαρδιώνονται. Κι ύστερα όταν και η Εύα με τα απανωτά της τηλεφωνήματα που τον είχε τσατίσει, κι έτσι όταν ήρθε η κλήση που περίμενε απ' τον Θωμά Κωστίκα και κανονίστηκε το ραντεβού τους για τις 4 το απόγευμα, το έκλεισε δέκα λεπτά πριν ξεκινήσει. «Πανάθεμά σε μεγάλε ευεργέτη που το ανακάλυψες!» βλαστημάει. Γιατί τις πιο πολλές φορές αυτό το χρήσιμο εργαλείο επικοινωνίας καταντά εκνευριστικά ενοχλητικό. Αλλά και: «Αργία μήτηρ πάσης... βλακείας» αποκάλεσε την Εύα αηδιασμένος, γιατί του ήταν τούτες τις κρίσιμες ώρες κακή επιρροή. «Βοήθα με, Θεέ μου, να σταθώ στο ύψος μου και τα φέρω με γέλια και χαρούμενα πρόσωπα σε αίσιο τέλος, γέμισε ευθυμία την εργατικότητά του. Δώσε μου ξέγνοιαστη, απογευματινή εργασία. Κάνε με περήφανο για την εργασία μου. Αμίν» σταυροκοπήθηκε ο επιστήμονας ερευνητής. Ο παππούς Θωμάς υποδέχτηκε τον Παύλο στην εξώπορτα χαμογελαστός.

-«Πέρασε φίλε μου στο φτωχικό μας κονάκι. Καλώς ήρθες!».

-«Καλημέρα φίλε Θωμά. Ευχαριστώ πολύ για τη θερμή υποδοχή σας», απάντησε ο Παύλος ανυπόκριτος. Ο γέρος τον οδήγησε στο σαλόνι.

-«Να σου συστήσω την κόρη μου, Ζαχά, και τον άντρα της, Ηλιάκη».

Η Ζαχά πρώτη έδωσε το χέρι της στον Παύλο με μια μικρή υπόκλιση, ο Ηλιάκης δίστασε για λίγο, αλλά το σκούντημα της γυναίκας του τον παρακίνησε να φανεί ευγενικός σ' ένα ανώτερό του άντρα έτσι τουλάχιστον που εκ πρώτης όψεως έδειχνε ο σταθερός βηματισμός, το πλατύ χαμόγελο τα περιποιημένα καινούργια ρούχα του. Ο Παύλος έκατσε σε μια βαθιά πολυθρόνα και απέναντί του στον τριθέσιο καναπέ είχε αντικριστά τους τρεις οικοδεσπότες με το ανήσυχό τους βλέμμα.

Όταν η Ζαχά τον ρώτησε τι προτιμούσε να πιει, ο δικηγόρος ζήτησε ένα βαρύ γλυκό ελληνικό καφέ και κρύο νερό. Η πονεμένη μάνα εκτέλεσε την παραγγελία του στο άψε-σβήσε προσθέτοντας κι ένα μπολ με γλυκό κάστανο του κουταλιού.

Ο Παύλος σήκωσε το ποτήρι του και ευχήθηκε να έχει καλό τέλος η ιστορία τους. «Γιατί αν κρίνω απ' το γράμμα που έστειλες εσύ Θωμά στον γαμπρό μου τον Σέργιο, καταλαβαίνω, χωρίς να κάνω λάθος, ότι αυτή η άθλια ιστορία με τον Έρασμο σας έχει συγκλονίσει, σαν δυνατός σεισμός ήρθε άξαφνα να ταρακουνήσει το σπιτικό σας, την άνετη βόλεψή σας, να το γκρεμίσει συθέμελα. Αλλά ως εδώ η θύελλα, γιατί η καλή μοίρα σας φρόντισε να φτάσει στα χέρια μου η δραματική επιστολή σας, να τη διαβάσω και αμέσως να ενεργήσω ώστε να συγκεντρώσω κάποια πρώτα στοιχεία για την ζωή του παιδιού σας» ρητόρευσε ο νομικός που τον διέκοψε απότομα η κραυγή της Ζαχάς:

«Πέστε μου, σας παρακαλώ, σας ικετεύω σ' ότι ιερό έχετε, είδατε τον γιο μου;»

«Όχι, εγώ δεν σε παρακαλώ, απαιτώ εδώ και τώρα να μου πεις αν είναι ζωντανός ο εγγονός μου», διέσχισε πέρα ως πέρα το δωμάτιο η γοερή, γέρικη φωνή. «Και ο Σέργιος, τι έκανε για μένα αυτός ο φίλος μου να με βοηθήσει; Τίποτα, μόνο που με άφησε πέντε μήνες να βολοδέρνω απ' την στενοχώρια μου. Μακάρι, αγαπητέ μου, να μη σκιαστεί ποτέ η ζωή σου από ένα τέτοιο φίλο-κουφό φίδι» αναστέναξε ο Θωμάς.

Κι όπως ο γλάρος προβλέπει την καταιγίδα, είχε και ο Παύλος προαισθανθεί, από αδιόρατα σημάδια την ψυχική φουρτούνα που αναστάτωσε την οικογένεια κι έκανε τον ψόφιο. Η ζωή είναι μια σειρά από κομπίνες, που πρέπει να μελετάς και να τις εφαρμόζεις για να κρατιέσαι πάντα σε καλή οικονομική θέση.

-«Σιχαίνομαι τις κοροϊδίες, γιατί μαραίνουν την καρδιά και τσαλακώνουν τα αισθήματα», φιλοσόφησε ο Θωμάς, υπονοώντας τον δήθεν φίλο του, Σέργιο στην Αμνόβρυση.

-Μ' αρέσει ο τρόπος σου να τα φιλοσοφείς πάντα τα πράγματα, κύριε Θωμά. Όμως τα χτυπήματα της μοίρας είναι όντως σκληρά. Και ο κύριος Σέργιος, σε πληροφορώ, πως έχει χτυπηθεί σκληρά από τη μοίρα. Είναι βαριά άρρωστος, πάσχει από άνοια κι όσο κι αν η κόρη του ξοδεύει μια περιουσία να τον κάνει καλά, είναι σαν να πετάει τα λεφτά της στο βρόντο. Μη βιάζεσαι, λοιπόν, να τον κατακρίνεις τόσο άδικα. Ελπίζω να καταλαβαίνεις τη σκληρή δοκιμασία του, την σοβαρή κρίση που περνάει η υγεία του», πρόσθεσε ήρεμα ο Παύλος, ενώ περιεργαζόταν, χωρίς να παίρνει στιγμή τα μάτια του από πάνω τους, να δει την αντίδρασή τους. Η Ζαχά ήταν κατάχλωμη. Με τα μάτια χαμένα στο κενό έτρωγε τα νύχια της. Ο Ηλιάκης έτριζε τις φάλαγγες των δακτύλων του χωρίς σταματημό από αμηχανία. Ο παππούς έτριβε πότε το μουστάκι του και πότε τα μάτια του. «Άρα, ο Σέργιος δεν παρέλαβε ποτέ το γράμμα μου ούτε και το διάβασε. Σωστά;».

«Πολύ σωστά, το κατάλαβες τώρα; Κι αν θέλεις να ξέρεις τη συνέχεια, ήταν η κόρη του η Στέλλα, αυτό το καλόψυχο κορίτσι, νοικοκυροκόριτσο και σπουδαγμένη, ήταν διορισμένη μαία στο νοσοκομείο με λαμπρή καριέρα, αλλά εξαιτίας των πολιτικών της φρονημάτων, έχασε τη δουλειά της, και τώρα είναι νοσοκόμα στον μπαμπά της, επειδή η μαμά της έχει πεθάνει πριν έξι χρόνια, που σας λυπήθηκε πολύ όταν διάβασε το γράμμα σου, το παρέδωσε σε μένα, να το ψάξω το θέμα, κι αν έχω κάποιες πληροφορίες να έρθω σε επαφή μαζί σας να σας ενημερώσω. Η πράξη της έχει καθαρά φιλανθρωπικό χαρακτήρα, όπως αντιλαμβάνεστε», συμπλήρωσε με ταπεινοφροσύνη ο έμπειρος ερευνητής.

«Υπάρχουν πολλά προβλήματα στον κόσμο, απλά δεν είναι σε όλους τα ίδια», είπε χαμηλόφωνο ο Ηλιάκης σαν κανένας παπάς. Ο Παύλος έκανε ένα νεύμα με το κεφάλι του ότι συμφωνούσε, χωρίς να πει λέξη για δυο λεπτά. Καθόταν απέναντί τους στην αναπαυτική πολυθρόνα με την αξιοπρέπεια και τη στοχαστικότητα μιας μάντισσας. Τα μάτια της Ζαχάς ήταν μπλε και σκληρά, ερευνητικά σαν της τίγρης. Η σιωπή του την τρόμαζε, πρόδιδε άνθρωπο άπιστο στον άνθρωπο και χωρίς ιδανικά. Δεν μπορούσε να διακρίνει σε τι άνθρωπο μιλούσε γιατί ένα σύννεφο μαύρο σαν πίσσα σκέπασε το πρόσωπό του κι ήταν σαν να μιλούσε σ' ένα παπά στο εξομολογητήριο. Η επιμονή του να σιωπά φαινόταν αστείρευτη. Πήρε μία ανάσα για να ξεπεράσει την έμφυτη συνήθειά του στο να ξεσκεπάζει τα χαρτιά του. Είχε το βλέμμα του καρφωμένο στα μάτια της και η όλη στάση του εξέπεμπε μια δύναμη σχεδόν υπνωτική, σαν να την είχε μαγέψει. Η Ζαχά σαν υπνοβάτης πάει στην κρεβατοκάμαρά της, βγάζει το πορτοφόλι της από την τσάντα και ακόμα υπνωτισμένη μπαίνει στο σαλόνι και το πετάει στο τραπεζάκι δίπλα του. Εκείνος ευθύς αμέσως χίμηξε στο πορτοφόλι σαν τίγρη σε κοιμισμένο παιδάκι.

Έχωσε το χέρι του μέσα και ψηλαφίζοντας με τα δάχτυλά του τη δέσμη με τα χαρτονομίσματα, υπολόγισε το ποσό. Αλλά για να είναι πιο σίγουρος τη σήκωσε προς τα έξω κοιτώντας το χρώμα: κίτρινα,

50 ευρώ. «Χρειάζονται χρήματα για να είσαι ευτυχισμένος – χωρίς χρήματα σε παίρνει ο διάολος» γρύλισε. Οι πελάτες του τον κοίταζαν με γουρλωμένα μάτια. Έπρεπε να είναι επιφυλακτικοί μαζί του. Ο Θωμάς που είχε το αίσθημα της τιμής ως τις τρίχες του κεφαλιού του, του σφύριξε:

-«Το άτιμο χρήμα είναι αρρώστια» και η πληρωμένη απάντηση του άλλου:

-«Τα ευρώ δεν μπορούν να κυλήσουν από το πουγκί σου και να μείνουν ταυτόχρονα μέσα στο πουγκί σου, γιατί αν γινόταν αυτό, η ζωή θα ήταν πιο όμορφη». Ωστόσο είχε ακόμα τη φρονιμάδα να ακουμπήσει το πορτοφόλι όχι στο κομοδίνο δίπλα του, αλλά στο μακρόστενο, γυάλινο τραπέζι που έστεκε μπροστά τους, σε κοινή θέα για όλους τους. Ο νικητής αυτού του άγνωστου παιχνιδιού που τους κανόνες του γνώριζε μονάχα ο επισκέπτης, θα παίξει ελεύθερα για να αναδείξει τον κάτοχό της γνώσης του παιχνιδιού σε Μάστορα, σε δάσκαλο, σε Μάγιστρο. «Αλήθεια, η φτώχεια είναι φοβερό θηρίο, που φέρνει την πείνα στον άνθρωπο, κάτι τρομερότερο κι απ' το έγκλημα. Θα έχετε σίγουρα ακούσει εδώ στο βουνό να λένε πως αυτή η καταραμένη πείνα διώχνει τον λύκο απ' το δάσος» θύμισε στους συμπαίκτες του ο Παύλος την παμπάλαιη αυτή παροιμία.

Σούφρωσαν και οι τρεις τα χείλη τους, δεν ενδιαφέρονταν για γενικές απόψεις, με το βλέμμα τους του έδωσαν να καταλάβει να μπει κατ' ευθείαν στο θέμα που τους έκαιγε. «Θύματα της εξαντλητικής πείνας είναι τις περισσότερες φορές τα παιδιά, τα φτωχά παιδιά βλέπουν στην τηλεόραση τις απολαύσεις της πρωτεύουσας και άλλων μεγάλων πόλεων και μέσα τους γεννιούνται επιθυμίες και όνειρα που η πραγματοποίησή τους αναβάλλεται και καθυστερεί συνεχώς, επειδή όσο ζουν οι γονείς τους, τους στέκονται εμπόδιο» είπε ο Παύλος και χαμογέλασε ευγενικά δείχνοντας τ' άσπρα δόντια του σαν ξεφλουδισμένα αμύγδαλα. Οι παλμοί της καρδιάς της Ζαχάς αντηχούσαν στη βαθιά σιγή. Ο δισταγμός του να δεχτεί τα χρήματά της την είχε ταπεινώσει, μα η ανάγκη εκείνου βάραινε επιτακτική μέσα του. Αλλά θα περιμένει την αντίδρασή της.

-«Υπονοείς κάτι που διστάζεις να πεις;» διατηρεί την ψυχραιμία της η Ζαχά.

-«Σαν τι, δηλαδή;» αμύνεται ο Παύλος.

-«Τίποτα. Αυτό είναι το χειρότερο. Αν είχε γίνει κάτι τέτοιο, να μην μπορούσα να ταΐσω το παιδί μου, ή να του απαγορεύω να διασκεδάζει που και που με τις παρέες του, θα μπορούσα να το διορθώσω. Αλλά δεν έχει γίνει τίποτα τέτοιο».

-«Θα μου πεις τι ακριβώς έγινε, ποιος ήταν πραγματικά ο λόγος που ο γιος σας πήρε τα μάτια του κι έφυγε; Είχε προβλήματα με την οικογένειά του ή εντελώς προσωπικά;» ζητάει ο Παύλος να μάθει, ενώ η Ζαχά δεν δείχνει να ενδιαφέρεται ν' απαντήσει.

-«Στραβοξυλιάζουμε σαν γερνάμε, αυτό είναι όλο το ζήτημα» ξεπετάγεται ο παππούς.

Φταίχτης είναι ο πατέρας της Αρέθας, να πέσει κεραυνός να τον κάψει. Οι πλούσιοι έχουν περίεργα βίτσια. Δεν είχε κανένα λόγο ο Παναγής, μα τω θεώ, να κάνει κάρβουνο την καρδιά του λεβέντη μας. Ίσως το μετανιώσει κάποτε που εξαιτίας της ψευτοπερηφάνιας του, έκανε την κόρη του πολύ δυστυχισμένη, κι έστειλε τον εγγονό μου άφαντο στη μαύρη ξενιτειά» σπάραζε ο Θωμάς και το χαμογελαστό πρόσωπό του σκλήρυνε σε μια πέτρινη μάσκα μίσους.

Είχε τελικά αναφερθεί σ' αυτό και η ανακούφισή μας ήταν τόσο μεγάλη ώστε να νιώθουμε σαν δυο άνθρωποι που μόλις έκαναν μια αμοιβαία ερωτική εξομολόγηση.

«Φτάνει πια! Ξέρω ότι μου δώσανε συμβουλές που δεν ακολούθησα, (γύρισε το βλέμμα της προς τον πατέρα της) αλλά ξέρω και ότι θα τις ακολουθώ πιστά από δω και μπρος, προκειμένου να βοηθήσω να έχει ο γιος μου μια ευτυχισμένη ζωή στο μέλλον» καταλήγει η Ζαχά, σκέφτεται λιγάκι για να συνεχίσει απευθυνόμενη σε μένα τώρα: «Μπορείς εσύ Παύλο, να μου εγγυηθείς ότι δεν θα του ξανασυμβεί; Εννοώ να μην ξαναπιεί το πικρό ποτήρι της ερωτικής απογοήτευσης. Δε συνηθίζω να κάνω το μέντιουμ» λέω τώρα στη Ζαχά. «Κανείς δεν μπορεί να προβλέψει το μέλλον. Ούτε εσύ μπόρεσες να προβλέψεις αυτό που έκανες με τον Ηλιάκη...» προσπαθώ να κατευνάσω το ταραγμένο μυαλό της. «Όμως δεν θα σταματήσω να προσπαθώ. Δεν λέω βέβαια ότι δεν προσπάθησα να ερευνώ την υπόθεση του Έρασμου, αλλά λέω πως ίσως δεν είναι και τόσο ασήμαντα τα στοιχεία που έχω συλλέξει».

«Αλήθεια; Πες μου, λοιπόν, Παύλο! Έλα, πες τα!» προκαλεί η Ζαχά, φανερά εκνευρισμένη. Ο Παύλος δεν είναι από σίδερο για να μην συγκινηθεί, αλλά θα παίξει το ρόλο του τυχοδιώκτη, πρέπει να υπερασπιστεί τα συμφέροντά του, έχει απλήρωτα χρέη. Πάει προς την πόρτα της εξόδου άκαμπτος σαν παλούκι. Η Ζαχά φράσσει το δρόμο του με το σώμα της, ουρλιάζει και τραβάει τα μαλλιά της, σαν ηθοποιός σε αρχαία τραγωδία. «Έχασα τη μάνα μου, και τώρα χάνω το παιδί μου! Ο Έρασμος κλαίει και με φωνάζει να τον βοηθήσω κι εγώ μένω σπίτι μου και το φυλάω; Τι να το κάνω αν δεν έχω κοντά μου τον γιο μου;» έκλαιγε με λυγμούς και σιγά-σιγά η αντίστασή της έπαψε. Ο γέρος πατέρας της όρμησε προς το μέρος της, δεν θα την αφήσει ανυπεράσπιστη, πονούσε κι αυτός το ίδιο με την κόρη του. Τρέχει ο Ηλιάκης και οι τρεις μαζί κάνουν ένα κύκλο και τον περικυκλώνουν. Τον καθίζουν στο μπαούλο. Ψιθυρίζει ο ένας στο αυτί του άλλου, κάτι λένε στα βλάχικα κι ύστερα η Ζαχά σπάει τον κλοιό, κάνει πίσω ως το τραπέζι, αρπάζει το πορτοφόλι κι αδειάζει το περιεχόμενο, σκορπώντας τα χρήματα στα πόδια του Παύλου, που έχει σηκωθεί απ' τη θέση του να μαζέψει τα χαρτονομίσματα, ευχαριστημένος σαν σκύλος μπροστά σ' ένα κομμάτι ζάχαρης. Βγήκε έξω, μπήκε στο αμάξι του και κοίταξε το ρολόι του, οι δείχτες του έδειχναν πέντε παρά πέντε. Είχε εργαστεί μία ώρα ακριβώς και είχε κερδίσει μέσα σε μία ώρα ένα κιλό ατόφιο χρυσάφι. Ήταν η πιο ΧΡΥΣΗ ΩΡΑ απ' ότι θυμάται στην καριέρα του!!!

Καθώς ο Παύλος κατηφόριζε το βουνό είδε στο απέναντι ύψωμα δυο αρσενικά αγριόγιδα με κοντά κέρατα. Ίσως ήταν αδέρφια μεγαλωμένα μαζί κι έπειτα χώρισαν, στην ηλικία που τ' αδέλφια ξεκόβουν. Στα μικρά κοπάδια τυχαίνει να μονομαχούν όμαιμα ζώα. Στη σιγαλιά μιας ασάλευτης μέρας, άκουγε από μακριά τις λαχανιασμένες ανάσες τους. Ήταν μια συνάντηση που την όριζαν τα σώματα, οι ορμόνες τους αντιδρούν στη μυρωδιά του λιγόχρονου οίστρου των θηλυκών. Ασυναίσθητα συνέδεσε την πάλη των δύο αγριόγιδων με τον Έρασμο – εραστή να τον διεκδικούν δύο θηλυκά ταυτόχρονα. Έλεος!!!

Κεφάλαιο 13

Η Σύμπτωση
προκαλεί υπόνοιες

Ο Ραμόν (έτσι φωνάζουν τον Έρασμο η Αλίκη και η Λίλη) και έτσι τον ξέρουν κάποια άτομα στην Αμνόβρυση, εκτός από παραγωγός γεωργικών προϊόντων, είναι και εξαγωγέας αυτών σε ξένες χώρες. Μετά τη συγκομιδή της σοδειάς τα βάζει στις αποθήκες του και τα πουλάει σε διάφορα μέρη του κόσμου, κάνει δηλαδή εξαγωγές. Έχει αντιπροσώπους σ' αυτές τις χώρες που αναλαμβάνουν να τα προωθήσουν ως αποκλειστικοί αντιπρόσωποί του. Με μια λέξη, ταξιδεύει συχνά και δουλεύει σκληρά. Η διορατικότητά του να πουλάει την παραγωγή του σε καλή τιμή, στη μαύρη αγορά, όταν διαισθάνεται ότι υπάρχει μεγάλη έλλειψη του προϊόντος, λόγω φυσικών καταστροφών ή και πολέμου λόγω χάριν της Ουκρανίας, τον κάνουν άξιο να λέγεται «επιχειρηματίας» κάτι που ο ίδιος δεν δέχεται, αλλά προτιμάει να συστήνεται ως «μεσίτης». Άλλωστε η εταιρεία που ίδρυσε με την Αλίκη το δείχνει και η επωνυμία της: Η Αλίκη είναι κτηματίας και ο Ραμόν εκμεταλλευτής της γης της, για 30 χρόνια, οι δε εισπράξεις από τις πωλήσεις να είναι της τάξης του 51% για τον Ραμόν και 49% για την Αλίκη, με τα έσοδα της φετινής σοδειάς να έχουν ήδη κατατεθεί στους τραπεζικούς τους λογαριασμούς. Έχει μετρήσει ο καθένας τους την περιουσία του:

ο Ραμόν σχεδιάζει ν' αγοράσει μετοχές κεφαλαίου κι εκείνη να πετάξει τη δική της σ' έναν ωκεανό της αγάπης!!! «Το γοργόν και χάριν έχει», συλλογιέται ο Ραμόν. «Πρέπει να καθαρίσουμε την ήρα (ζιζάνιο) από το σιτάρι σύντομα», παιδεύει το μυαλό του για λίγο και... να 'την η λύση:

-«Ένα χρόνο μαζί, μια ζωή γεμάτη από αποφάσεις δικαιούται ένα διάλειμμα», δεν διστάζει να μιλήσει ανοιχτά ο Ραμόν στην Αλίκη, που μετά από σύντομη σιωπή σηκώνει τα χέρια της ψηλά «Όπα!» έτοιμη να σαρκάσει η Αλίκη. «Τέτοια ξαφνική προθυμία για διασκέδαση, ομολογώ πως με ξαφνιάζει. Αλλά εγώ παραιτούμαι. Αφήνω σ' εσένα να αποφασίσεις για μένα» λέει συγκινημένα η Αλίκη, και μ' αυτό που λέει εννοεί ότι θ' αφήσει την ίδια τη ζωή ν' αποφασίσει, δηλαδή τον αληθινό εαυτό της, ο βαθιά κρυμμένος εαυτός της. Αρκεί να μην τον ξαναφήσει να κρυφτεί, δηλαδή να μην ερωτευτεί αληθινά. Πήγαν για δείπνο σ' ένα μικρό αλλά γνωστό εστιατόριο, όχι πολύ επίσημο αλλά και καθόλου φθηνό! Κατά τη διάρκεια του φαγητού η συζήτησή τους περιστρεφόταν γύρω από τετριμμένα πράγματα, όπως ο διαχωρισμός που έγινε στον πάνω όροφο που θα ήταν στο εξής το διαμέρισμα -γκαρσονιέρα- του Ραμόν, η διακόσμησή του και η άνετη διαμονή του. Δίπλα του θα έμενε η Λίλη και στον κάτω όροφο, ένα ευρύχωρο σπίτι για την Αλίκη όπου τα Σαββατοκύριακα θα φιλοξενούσε τα πεθερικά της. Ύστερα η Αλίκη έβγαλε τα σχέδια που είχε στην τσάντα του και του τα έδειχνε και πάλι. Ξαφνικά, έγιναν και οι δύο σοβαροί και κουνούσαν μαζί το κεφάλι τους σαν να ήταν βαρύ.

Ο Ραμόν είδε με την άκρη του ματιού του κάποιους φίλους του και ενώ μιλούσε μαζί τους, είχε αλλού το μυαλό του. Περίμενε να φτάσει κάποιος που τον γνώριζε μόνο φατσικά. Τον είχε δει μια φορά την πρώτη, έξω στα χωράφια να ποδηλατεί με αντίθετη φορά προς τον ίδιο, και να τον φωτογραφίζει, και μετά έτυχε να τον ξαναδεί εδώ παρέα μ' έναν νεώτερό του άντρα δυο ή τρεις φορές. Ήταν σίγουρος πως ετούτη τη βραδιά θα τον ξανάβλεπε, σίγουρα μόνο του. Κοίταζε επίμονα στην είσοδο να τον δει να φανεί, μάταια όμως. Ο τύπος καθυστερούσε πολύ. Γιατί;

Επειδή η Στέλλα συναντιέται τυχαία ένα μήνα πριν με τον παλιό συμμαθητή της τον Λάμπη, παντρεμένος – χωρισμένος μ' ένα γιο είκοσι πέντε χρόνων. «Που χάθηκες εσύ;» τη ρώτησε ο Λάμπης. Η Στέλλα τον πήρε απ' το χέρι και πήγαν οι δυο τους πιο πέρα, κάθισαν μαζί στο παγκάκι και κάτι του έλεγε για πολλή ώρα. Πρέπει να ήταν κάτι σοβαρό, κι εκτός από σοβαρό, ό,τι του έλεγε ήταν και μυστικό. «Μμμμ.... για να πω την αλήθεια, δεν ασχολήθηκα ποτέ με κάτι τόσο... βαρύ. Αλλά δεν μπορώ να σου πω τώρα, πρέπει να περιμένεις...», λέει ο Λάμπης. «Αν πετύχει το πείραμά μου, μετά δεν θα μπορείς να κατηγορήσεις τη μοίρα σου που ζεις μια βαρετή, εργένικη ζωή. Γιατί ενώ έκανες τα πάντα να χωρίσεις απ' τη Γωγώ, έκανες πολλά για να κερδίσεις την Ελένη και τώρα θέλεις να την χωρίσεις κι αυτή και να βρεις άλλη. Και κοιμάσαι μόνος σου. Αυτό δεν είναι φυσιολογικό» του είπε δυσαρεστημένη.

-«Το ξέρω, αλλά το να κοιμάσαι μόνος σου δεν είναι τόσο σημαντικό, ενώ με το να ξυπνάς δίπλα σε κάποιον που αγαπάς, είναι ό,τι το καλύτερο. Γιατί το ξύπνημα με κάποιον που δε θες, αληθινά είναι ολόκληρος θάνατος» ολοκλήρωσε τη θεωρία του ο Λάμπης φανερά λυπημένος. Την ξαφνιάζει με την ευαισθησία του – αλλά μόνο για λίγο.

-«Όταν γνωρίσεις την Αλίκη και την ερωτευτείς, θα διαγράψεις όλα τα παλιά, θα μείνει μόνο «εκείνη» στο μυαλό σου, θα σε θαυμάζει επειδή κι εσύ θα την θαυμάζεις!». Η Στέλλα δοκίμασε μαζί του έναν διάλογο σωκρατικού τύπου επειδή θέλει να το παίξει «μαία» της αλήθειας. Σχολικές αναμνήσεις: η τέχνη της μαιευτικής.

Μ' αυτά τα προσόντα της δεν της ήταν δύσκολο να πείσει τον Λάμπη να φωτογραφίσει τον Ραμόν πάνω στο άλογο, να τις δώσει στον Παύλο που θα τις «πουλήσει» για χρυσάφι στον παππού και τη μαμά στην Ήπειρο και έπειτα... η συνέχεια, να σχεδιάσει τώρα μία καθαρά συμπτωματική συνάντηση στο εστιατόριο όπου δειπνίζει το παράταιρο ζευγάρι Αλίκη και Ραμόν, σε μια μπερδεμένη σχέση που έχει χάσει την ισορροπία της, γιατί σε διαφορετική περίπτωση ο πόνος του χωρισμού, χωρίς αμφιβολία θα ήταν πολύ σκληρός.

*

Η Αλίκη και ο Ραμόν ήταν στη μέση του φαγητού, με τον Ραμόν να κάθεται στο τραπέζι με τα μάτια του συνέχεια να κοιτάει την είσοδο. Και τότε τον είδε: Πολύ ψηλός, ίσως 1.85 μ., καλές αναλογίες σωματικής διάπλασης, με καστανά πρασέ μαλλιά, μελαχρινός με λεία επιδερμίδα, και ύφος διανοούμενου. Ηλικία; Περίπου πενήντα χρόνων. Έριξε ένα βλέμμα γύρω-γύρω ψάχνοντας για τραπέζι και τελικά κάθισε στο διπλανό κατάματα στην Αλίκη. Αλλά αμέσως σηκώθηκε και μ' ένα ύφος... «αγοραστή» ξανακοίταξε τριγύρω στην αίθουσα -όχι για να το θαυμάσει ούτε για να το σχολιάσει- αλλά για να ελέγξει αν ήταν του γούστου του. Πιο προκλητικός ήταν ο τρόπος που κοίταζε όλη την ώρα την Αλίκη. Την περιεργαζόταν χωρίς να μιλάει κι είχε ένα μειδίαμα που σίγουρα πίστευε ότι ήταν μυστηριώδες και άρα γοητευτικό. Όταν άνοιξε το στόμα του, άρχισε και το... ψηστήρι. «Τελικά μόνο στην Αμνόβρυση μπορεί να πιει κανείς ντόπιο τσίπουρο με άρωμα γλυκάνισου και να φάει ψητά χωριάτικα λουκάνικα με πράσο και ρίγανη» σχολίασε, μιλώντας στο ζευγάρι απέναντί του, μόλις δοκίμασε το ποτό που του είχε φέρει ο σερβιτόρος. «Το φαντάζομαι» είπε η Αλίκη «γιατί κι εγώ μόνο στο Παρίσι μπορώ να φαω γνήσια λουκάνικα WUDDY με αλεσμένο κοτόπουλο και λιωμένο τυρί, και να πιώ το κρασί chic με άρωμα αγριοβατόμουρου».

-«Που είναι αυτό;» στράβωσε το στόμα του με απέχθεια, ο Λάμπης.

-«Εκεί που θα σε ταξιδέψω για δείπνο αν το θες», του απαντάει κι αυτός τα χάνει.

-«Μην είσαι τόσο σίγουρη...» της λέει εκείνος μετά.

-«Όχι βέβαια. Ήμουν σίγουρη ότι θα αρνηθείς» - εννοεί ότι γι' αυτό του το 'πε.

-«Ο φίλος σου», λέει ο Λάμπης «δεν έχει μόνο έξυπνους φίλους άντρες, αλλά έχει και εξυπνότερες γυναίκες φίλες, οι Άγγλοι το λένε girl friends. Αλήθεια, πως και δεν τα έχετε φτιάξει εσείς;» τους ρωτάει με το αθώο χαμόγελό του, που δεν μπορεί ποτέ να θεωρηθεί προσβλητικό.

-«Με την Αλίκη είμαστε μόνο συνέταιροι», λέει πρώτα ο Ραμόν. «Μη γελάς, σοβαρολογώ. Ρώτα και την ίδια να σου το πει» επιμένει ο Έρασμος.

-«Ωραία λοιπόν», αναγκάζεται να παραδεχτεί η Αλίκη. «Πειράζει να μη στο πω εδώ και τώρα;» ζητάει χρόνο η κυρία.

-«Αρκεί να μου πεις πότε και που θα μου το πεις» βάζει όρο κι ο Λάμπης.

-«Υπολογίζω... περίπου σε τρεις μέρες, θεού θέλοντος...» μοιάζει ειλικρινής η Αλίκη.

-«Κάποιοι εδώ έχουν μυστικά», λέει δήθεν ενοχλημένος ο Ραμόν. «Τότε σας αφήνω να τα πείτε ελεύθερα». Ο Έρασμος ζητάει συγνώμη και από τους δύο για να μπει στην τουαλέτα, μετά βγήκε έξω ν' απαντήσει στο τηλέφωνο που κράτησε αρκετή ώρα. όταν επέστρεψε στο εσωτερικό, ο κύριος και η κυρία είχαν σαλπάρει γι' άλλα μέρη. Και ο Ραμόν τους μιμείται.

Χρόνια πριν, είχα διαβάσει το βιβλίο «Αδύνατο» ενός Ιταλού συγγραφέα. Η υπόθεση: Ένας πρώην κατάδικος εκτίει ποινή φυλάκισης για ένα φόνο που ποτέ δεν αποδείχτηκε ότι διέπραξε. Όταν βγήκε απ' τη φυλακή, αποφάσισε να σκαρφαλώσει ως την κορυφή του βουνού για να ξεδώσει. Λίγα μέτρα πριν την κορυφή, ένας άντρας -ο δήθεν δολοφονημένος- που ήταν μπροστά του σε απόσταση 50 μέτρων, παραπατάει και πέφτει στον γκρεμό. Ο πρώην κατάδικος καλεί το 112 και αναφέρει το ατύχημα. Οι υποψίες ότι αυτός ήταν ο μόνος παρών στο δυστύχημα στρέφονται πάνω του. Στη δίκη ο δικαστής τον ρωτά: «Πως αξιολογείτε τη συγκυρία που σας έφερε στο ίδιο μέρος, την ίδια μέρα και ώρα;».

-«Σύμπτωση».

-«Ατελής ορισμός κατά τη γνώμη μου: ηθελημένη σύμπτωση ή τυχαία;».

Για έναν ανακριτή η σύμπτωση είναι μια ένδειξη. Αν της αποδίδαμε την αριθμητική αξία μιας πιθανότητας, θα έβγαινε ένας αριθμός αποτελούμενος από μηδέν, κόμμα και κάμποσα μηδενικά στη σειρά. Γι' αυτό γυρεύω μια άλλη εξήγηση, αναρωτιέται ο Ραμόν. Το ότι βρεθήκαμε και οι δύο εδώ στο εστιατόριο τυχαία είναι τόσο λίγο πιθανό, που καταντάει απίθανο. Πολλές ανακαλύψεις ήταν αποτέλεσμά τους, καθώς και καταστροφές. Ένας άνθρωπος περνάει από μια γέφυρα τη στιγμή που αυτή γκρεμίζεται. Πολλοί άλλοι πέρασαν λίγο νωρίτερα. Οι συμπτώσεις δεν είναι σπάνιες, είναι μία σταθερά. Το ότι βρεθήκαμε σ' εκείνη την ερημιά, εγώ στο άλογο κι εκείνος στο ποδήλατο την ίδια στιγμή, είναι σήμερα ένα αμείλικτο τυχαίο γεγονός», καταλήγει ο Ραμόν, ήσυχος.

Κεφάλαιο 14

Αδελφικές ζωές, μπερδεμένες κλωστές

Εδώ και δυο εβδομάδες γίνεται μεγάλη συζήτηση για τον καινούργιο γάμο της χήρας Αλίκης με τον διαζευγμένο πρώην Δήμαρχο Λάμπη που η οικογένειά του, οι γονείς, η αδελφή και ο γιος του αρχίζουν να συμπαθούν την πλούσια χήρα. Το νιόπαντρο ζευγάρι μετά την επιστροφή τους από το ταξίδι του μέλιτος στο Παρίσι, αποφάσισαν να ζουν στη μεζονέτα του Δημάρχου μαζί με τον γιο του, Σήφη, από τον πρώτο του γάμο, ο οποίος θα έμενε μόνος στη σοφίτα του σπιτιού, να νιώθει ανεξάρτητος και να κάνει τη ζωή του όπως του άρεσε, χωρίς να στέκεται εμπόδιο στους γονείς του αλλά ούτε και οι γονείς να επεμβαίνουν στα προσωπικά του.

Στην άλλη πλευρά, η κόρη της Αλίκης, η Λίλη, θα συνέχιζε να ζει στο πατρικό της σπίτι, στο διαμέρισμα του πάνω ορόφου, ενώ στη διπλανή γκαρσονιέρα θα κατοικούσε ο Ραμόν, με τον όρο να προσέχει την ανήλικη συγκάτοικό του, τον παππού και τη γιαγιά της από τη μεριά του μακαρίτη μπαμπά της, Αλκίνοο, που θα μένανε στο ισόγειο μόνιμα μετά τον γάμο της Αλίκης, και γενικότερα να καλλιεργεί τα κτήματά της, όπως είχαν συμφωνήσει.

-«Ο μπαμπάς κοιμόταν στον καναπέ κι εγώ είχα κουρδίσει το ηλεκτρικό αυτοκινητάκι που άρχισε να τρέχει με ιλιγγιώδη ταχύτητα.

Ξαφνικά η μία μπροστινή ρόδα έφυγε, και το αμάξι σταμάτησε. «Μπαμπά! το τραμ σταμάτησε, είναι έτοιμο να τουμπάρει!» φώναξα και έβαλα τα κλάματα. «Μη κλαις, δεν είναι τίποτα. Αν δεν κινείται μόνο του, σπρώξε το λίγο… Να κοίτα, έτσι!» μου είπε. «Δεν πάνε όλα καλά από μόνα τους, πρέπει να βοηθάμε κι εμείς λιγάκι» πρόσθεσε. «Σου λείπει ακόμα ο μπαμπάς σου, ε;» τη ρωτάει ο Ραμόν. «Ακόμα;» τον κοιτάζει στα μάτια. «Σώπα… με συγχωρείς…» ξέρει ότι θα της λείπει πάντα. «Πρέπει να ήταν ωραίος τύπος ο μπαμπάς σου» λέει μετά.

-«Η μαμά έλεγε ότι ήταν πολύ φιλάνθρωπος» χαμογελάει με θλίψη εκείνη. «Όταν τέλειωνε η σχολική χρονιά, ζητούσε από όλους τους μαθητές να αφήνουν τα βιβλία τους στο σχολείο, αντί να τα πετάνε ή να τα καίνε, γιατί πολλά παιδιά τα μισούσαν. Είχε ανοίξει, με τη βοήθεια του Δήμου, ένα κοινωνικό βιβλιοπωλείο, και όποια παιδιά αδυνατούσαν να τα αγοράσουν την επόμενη χρονιά, ο μπαμπάς τα έστελνε στο κοινωνικό βιβλιοπωλείο να τα πάρουν δωρεάν».

-«Έλα εδώ… έλα κοντά μου» την κλείνει στην αγκαλιά του ο Ραμόν και της χαϊδεύει τα μαλλιά. Είναι έτοιμη να κλάψει, αλλά ο Ραμόν ξέρει ότι δε θα το κάνει μπροστά του, και φοβάται μήπως το κάνει αυτός.

-«Με συγχωρείς», του λέει λίγο μετά. «Δεν ήθελα να σε στενοχωρήσω με τα δικά μου».

-«Τα δικά σου είναι και δικά μου», απαιτεί εκείνος.

-«Τα δικά μου είναι και δικά σου», επαναλαμβάνει η Λίλη, «και τα δικά σου είναι και δικά μου» συμπληρώνει μόνη της. «Ε, τότε ν' ακούσω και τα δικά σου;» του ζητάει να συμφωνήσει.

-«Εντάξει, σύμφωνοι» είναι σαφής.

-«Αυτό είναι αδύνατο να συμβεί», δηλώνει ο Ραμόν.

-«Αδύνατο είναι μόνο ό,τι δεν θέλουμε… ακόμα. Μόλις αρχίσουμε να θέλουμε, όλα γίνονται δυνατά. Εσύ φαίνεται ότι απλώς δεν θέλεις να ερωτευτείς», του είπε η Λίλη.

-«Εγώ δεν θέλω; Ξέρεις κανένα λογικό άνθρωπο που να μη θέλει να ερωτευτεί;» ρωτάει με παράπονο ο Ραμόν ή Έρασμος όπως τον φωνάζανε στο χωριό του.

-«Να στο πω πιο απλά: Δεν θέλεις να μπορείς. Κι αυτό σε μπερδεύει, γιατί προτιμάς να είσαι αυτάρκης, αλλά ξέρεις κι ότι δεν είσαι φυσιολογικός».

-«Εγώ ένα μόνο ξέρω. Ότι δεν είμαι μαλάκας. Ικανοποιήθηκες τώρα;», της λέει τραχιά. «Μάλλον εσύ είσαι σαδίστρια. Σ' αρέσει να με βασανίζεις».

-«Είμαι η μόνη γυναίκα φίλη που έχεις. Το βρίσκεις φυσιολογικό αυτό;» τον ρωτάει.

-«Εσύ δεν είσαι γυναίκα», απαντάει αυθόρμητα εκείνος και την εξοργίζει. «Είσαι αδερφή μου, δεν είσαι;».

«Ετεροθαλής, αν με γνώριζες τρία χρόνια πριν, τότε που ο πατέρας σου θα μπορούσε να είχε παντρευτεί την μάνα μου» του λέει για την αντίθετη πλεύση και των δυο τους. Η Λίλη ήξερε ότι οι γονείς του είχαν φτάσει ως το διαζύγιο πριν κάμποσα χρόνια και πόσο πολύ είχε επηρεάσει και αλλάξει τη ζωή του. Τώρα γι' αλλού είχε ξεκινήσει κι αλλού κατέληξε. Άλλο ήθελε να πει κι άλλα τελικά είπε. Είχε κάνει μια αδιάκριτη συζήτηση, και δεν ήξερε αν ο Ραμόν θα καταλάβαινε ότι το έκανε μόνο από αγάπη.

-«Τελικά, είναι μόνο ένα πολύ πονεμένο αλλά δυνατό παιδί», σκέφτεται από μέσα του ο Ραμόν για την Λίλη.

Ταυτόχρονα νιώθει ένα παράξενο σκίρτημα μέσα το, πρωτόγνωρο. «Μια δεκαπεντάχρονη μου επιβάλλεται!» αναλογίζεται. «Σ' ευχαριστώ, θεέ, που είναι και «αδερφή μου» και μόνο δεκαπέντε χρόνων!» ευγνωμονεί κοιτάζοντας, προς τον ουρανό.

Η Αλίκη είχε αγοράσει στη Λίλη ένα γυναικείο ποδήλατο και της έδωσε την άδεια να τους επισκέπτεται στο σπίτι τους όποτε θέλει, να κάνει συντροφιά και στον Σήφη, μόνο τ' απογεύματα, επειδή ο Σήφης που είναι οφθαλμίατρος, πήρε θέση σαν βοηθός καθηγητή στο τοπικό Πανεπιστήμιο και έχει full-time εργασία από τις οκτώ το πρωί έως τις τρεις μετά το μεσημέρι. Η Λίλη κτυπάει το κουδούνι του συνθηματικά κι ανεβαίνει στη σοφίτα του με το ασανσέρ, στην ουσία είναι ένα ευρύχωρο ρετιρέ διαμέρισμα, με το χολ, σαλόνι και τραπεζαρία ενιαίος χώρος, μία κρεβατοκάμαρα, ένα κανονικό μπάνιο και μια μικρή κουζίνα. Εξωτερικά, είχε μια μεγάλη βεράντα σωστός κήπος, έτοιμος πάντα για ένα πάρτι. Ήταν φανερό, ότι στα εικοσιεπτά του που το ανακαίνισε, δεν είχε σχεδιάσει να παντρευτεί, αφού το σπίτι αυτό ήταν το όνειρο κάθε εργένη. Σίγουρα ο Σήφης αγαπούσε τα κορίτσια και τα κορίτσια αγαπούσαν τον Σήφη, αυτό είναι το ιδανικό, αλλά κάτι πρέπει να ήταν λάθος, γιατί... και μέσα του... και έξω του εξακολουθούσε να είναι 17. Είχε κάνει πολλές σχέσεις με αξιόλογες κοπέλες, αλλά γρήγορα ο Σήφης τις παρατούσε. Ήταν κάτι στις κοπέλες που τον απογοήτευσε ή η ίδια η σκέψη του να δεσμευτεί τον τρόμαζε. «Μα τέλος πάντων, γιατί δεν θέλεις να παντρευτεί;» τον ρώτησε ο Σπύρος, ένας στενός φίλος του. «

-«Φίλε μου» του εξήγησε ο Σήφης ήρεμα, «γιατί να παντρευτώ, για να χαλάσω τη ζωή μου;».

Η Λίλη που συναντιόταν με τον Σήφη επί τρία χρόνια, ανελλιπώς κάθε απόγεμα που εκείνος είχε ελεύθερο χρόνο κι εκείνη δεν είχε φροντιστήρια, γιατί είχε αποφασίσει να μην συνεχίσει ανώτερες σπουδές στο Πανεπιστήμιο, είχε ανακαλύψει πως είχε εμπορικό πνεύμα και τώρα που τέλειωνε το Λύκειο, είχε ήδη νοικιάσει ένα μεγάλο κεντρικό μαγαζί με γυναικεία ρούχα, τσάντες και αξεσουάρ. Σ' ένα πάρτι στον κήπο του Σήφη είχε γνωρίσει τον Φώτη, γιο βιομήχανου υφασμάτων και έτοιμων ενδυμάτων, που έκανε τον πλασιέ στην επαρχία και ήταν πρόθυμος να συνεργαστεί μαζί της για να δουλέψει καλά το μαγαζί της. Αυτός ήταν ένας επιπλέον παράγοντας -πιο πρακτικός- που είχε βοηθήσει στην ανάπτυξη της στενής του φιλίας. Συνήθως πήγαινε στο σπίτι της με τον Σήφη, αλλά σύντομα άρχισε να πηγαίνει μόνος του μία φορά την εβδομάδα ενώ συν το χρόνο, οι επισκέψεις του πλήθυναν και... αυξάνονταν. Το μικρό διαμέρισμα της Λίλης, δίπλα στην γκαρσονιέρα του Ραμόν -ήταν σημείο συνάντησης τόπος οργάνωσης και αναδιοργάνωσης, καταφύγιο απογοητευμένων, και, κοντολογίς, κέντρο διερχομένων. Ο Ραμόν γίνεται μάρτυρας μιας διασκεδαστικής αλλά και πολύ τολμηρή ανατροπής του ήσυχου και καλά οργανωμένου κόσμου όπου ζούσαν όλοι μαζί έως τώρα. Ο λεπτός τοίχος που χώριζε την γκαρσονιέρα του από το τριάρι της Λίλης δεν μπορούσε να καλύψει τον ήχο από τη δυνατή μουσική και τους διαλόγους που έκανε το ζευγάρι.

Ο Ραμόν έκανε υπομονή, ανεχόταν τα πάντα ως και μετά τα μεσάνυχτα και παρηγοριόταν με τη σκέψη ότι το κορίτσι που είναι στην εφηβεία κάνει προφανώς την επανάσταση της ζωής της. Θεωρούσε ότι η τρελή αυτή φάση είναι παροδική, ολιγόχρονη.

Όταν όμως η Λίλη που είχε κλείσει τα δεκαοχτώ της έξι μήνες πριν και πάτησε τα δεκαεννιά, ζήτησε από τον Ραμόν να πάνε στην τράπεζα να υπογράψει το χαρτί για να έχει η ίδια το δικαίωμα να τραβήξει το καταπίστευμα που της ανήκε, όντας ενήλικας πια, ο Ραμόν ένιωσε να τον τραβάει το χαλί απ' τα πόδια του και να χάνει την ισορροπία του.

Βλέπει τις κινήσεις της και δεν έχει τις εξηγήσεις. Τι σκαρώνει η Λίλη; Δεν έχει κανέναν να μιλήσει, να του δώσει πληροφορίες. Αρχίζει να γράφει το ημερολόγιό του σ' ένα τετράδιο:

Τετάρτη 13-3-2000

Είμαι στο δωμάτιό μου, μικρό τετράδιο, μικρό μου τετράδιο, είσαι ο μοναδικός μου φίλος, είμαι μόνος μου, φοβάμαι... Ακούω μια φωνή, είναι η φωνή της οχιάς, με τα σφυρίγματα και τα σουρσίματα που έρπεται και που θέλει να με δαγκώσει. Θα της βγάλω τα δόντια!

Παρασκευή 15-3-2000

Αρκετά παίξατε, φτάνει, τέρμα η πλάκα σου. Είσαι τελείως ηλίθιος, γαμώτο. Και σταμάτα να πίνεις και να της κερνάς αλκοόλ. Το αλκοόλ σκοτώνει τ' αντανακλαστικά της. Εγώ όμως θα στα σκοτώσω όλα σου, όχι μόνο τα ριφλέξ σου, γλυκιά μου. Σ' αρέσει που σε λέω γλυκιά μου, γλυκιά μου; Για σκέψου λιγάκι, γιατί να σε λέω «γλυκιά μου». Να το πάρει το ποτάμι; Γιατί είσαι η αρραβωνιαστικιά μου!

Σάββατο 16-3-2000

Ξέρεις τι θα 'θελα; Ν' ανοίξω την πόρτα του δωματίου σου και να σου πω «Γειά σου, Λίλη, εγώ είμαι, ο Ραμόν σου. Θα ακουγότανε πολύ όμορφα. Ήρεμα. Με αυτοέλεγχο. Όχι σαν αυτούς που ουρλιάζουν. Εσύ θα ψέλλιζες «Μα δεν καταλαβαίνω...» κι ύστερα θα πέθαινες με το στόμα σου πάνω στον... μου, θα πέθαινες βογκώντας σα σκύλα στις μέρες της, ενώ με το χέρι μου θα σου 'σφιγγα τον λαιμό, θα σ' άρεσε, ε', θα σ' άρεσε βρωμοθήλυκο!

Έτσι περνούσε τα βράδια του ο Ραμόν παρέα με το χοντρό του τετράδιο, όπου έγραφε πότε τις σκέψεις του, πότε τις απειλές, πότε μετρούσε τους πόντους που έχανε ή κέρδιζε στον αγώνα να κατακτήσει την καρδιά της Λίλης, ώσπου δέκα χρόνια αργότερα η Λίλη και ο Φώτης αποφάσισαν να κτίσουν το δικό τους σπίτι σ' ένα αγρόκτημα δέκα χιλιόμετρα έξω από την Αμνόβρυση, να παντρευτούν και μετά το γάμο τους να εγκατασταθούν εκεί, μέσα στο δικό τους παράδεισο!!!

Δευτέρα 12-10-2001
ΝΟΚ-ΑΟΥΤ

Είναι φοβερό. Όλα πήγανε κατά διαόλου. Έχασα κάθε ελπίδα! Την έχω βαμμένη! Είμαι τόσο συγχυσμένος από λύπη που δεν μπορώ να γράψω. Εδώ τελειώνω. Και θα τα κάψω όλα αυτά τα φύλλα τετραδίου. Το παιχνίδι τέλειωσε για σένα, Ramon. «Τα νεκρά φύλλα γέμισαν τις πλάκες και η Λίλη κι αυτός ο Φώτης...».

*

Στις 15 Οκτωβρίου εκείνου του χρόνου (2001) η Αλίκη με επισκέφτηκε στη γκαρσονιέρα μου, πρώτη φορά ύστερα από δέκα χρόνια μετά το γάμο της με τον Λάμπη, είχε κρατήσει επαφή με την Λίλη και μένα περισσότερο τηλεφωνική, αλλά οι σχέσεις μας ήταν κάπως δύσκολες.

Η Λίλη τη καλούσε για φαγητό κάπου-κάπου, αλλά δεν ερχόταν παρά σπανίως, και όταν τελικά ερχόταν έκανε σπασμωδικές κινήσεις, μιλούσε ασταμάτητα, παίνευε την κόρη της λέγοντάς της πόσο έξυπνη κοπέλα ήταν σπουδαία επιχειρηματίας και πάνω απ' όλα πόσο τυχερή που γνώρισε αυτόν τον θαυμάσιο άντρα, τον Φώτη, καπάτσα όσο δεν λέγεται που τον κατάφερε να δεχτεί να την παντρευτεί αν και γνώριζε το οικογενειακό της παρελθόν, εννοούσε την ίδια. Ωστόσο, δεν μπορούσε κανείς να της κρατήσει κακία. Της είχε πεθάνει ο άντρας της, η κόρη της δεν έκανε περήφανο τον πατέρα της που την ήθελε επιστήμονα, σπαταλούσε την κληρονομιά που της άφησε σε αβέβαιες επιχειρήσεις, και η ίδια τώρα ζούσε με ηρεμιστικά. Ήταν ακόμα όμορφη γυναίκα στα πενήντα-πέντε της (όταν την είχα πρωτογνωρίσει, έβρισκα πως ήταν η πιο γοητευτική γυναίκα που είχα δει ποτέ μου). Ήρθε στο σπίτι Σάββατο πρωί, κατά τις δέκα, ήμουνα στην κουζίνα, έπαιρνα τον πρωινό μου και μετά από κάποια αρχική αδεξιότητα ένα φλυτζάνι καφές και μια παρατεταμένη συζήτηση για τον καιρό, μου ανέβασε πάνω στο παλιό δωμάτιο του Αλκίνοου που ήταν μέσα στο τριάρι της Λίλης, χρόνια κλειδωμένο. Σάστισα όταν είδα όλα τα πράγματα του μακαρίτη της στοιβαγμένα με τάξη πάνω στο παλιό του γραφείο.

Ήταν τρομερό για μένα να βρίσκομαι σ' αυτό το δωμάτιο και δεν ήξερα πόσο θα το αντέξω. Το γάντι του Boxing του Αλκίνοου σ' ένα ράφι, στ' άλλα δυο ράφια τα βιβλία που διάβαζε ο Αλκίνοος στα παιδικά του χρόνια. Πίσω μου το κρεβάτι του με τα σκεπάσματά του, η ταυτότητά του, τας προσκοπικά σήματά του όταν ήταν λυκόπουλο, το απολυτήριο γυμνασίου κι ένα λεύκωμα με φωτογραφίες όταν ήταν μωρό, φωτογραφίες σχολικής τάξης, από την κατασκήνωση, σε γήπεδο ποδοσφαίρου, στη θάλασσα με μαγιό μέσα στα κύματα.

Τέλος μία φωτογραφία του με την Αλίκη μπροστά σε μια πέτρινη βρύση στο Παρίσι. Ένα κουτί με γράμματα απ' το Πανεπιστήμιο στη Γαλλία. Η Αλίκη είπε πως θα κρατούσε κάποια γράμματα. Άνοιξε τη μοναδική ντουλάπα γεμάτη με κούτες, ρούχα, βιβλία, διάφορα μικροπράγματα. Έσπρωξε τα ρούχα στις κρεμάστρες, ξεχώρισε ένα σωρό ρούχα με νευρικές κινήσεις.

-«Φτάνει πια και ο Αλκίνοος και τα κουτιά του», είπε κι άρχισε να πετάει τα ρούχα απ' εδώ κι από εκεί.

-«Τι σκοπεύεις να τα κάνεις, Αλίκη;» ρώτησα. «Μπορούμε να τηλεφωνήσουμε στον Ερυθρό Σταυρό», πρόσθεσα.

-«Για τα ρούχα δεν έχω αντίρρηση», είπε. «Αλλά θα ήθελα τα βιβλία, οι φωτογραφίες και τα μικροπράγματά του να τα μεταφέρεις στο καινούργιο σπίτι της Λίλης. Της μίλησα και μου είπε πως πραγματικά τα θέλει δικά της, σαν ενθύμιο του πατέρα της».

-«Και πότε θέλεις να τα μεταφέρω;» είπα.

-«Σήμερα κιόλας. Το απόγευμα. Τηλεφώνησα στη Λίλη και συμφώνησε να πάνε αμέσως γιατί ο χρόνος την πιέζει. Τ' άλλο Σάββατο είναι τα στέφανα και την Κυριακή η δεξίωση. Θα χρειαστεί να τα κατεβάσεις μόνος σου απ' το φορτηγό και να τα τακτοποιήσεις στο δωμάτιο, γιατί ο Φώτης είναι στην Αθήνα, κάνει προετοιμασίες, η αγορά για το γαμπριάτικο κοστούμι είναι δική του ευθύνη, ενώ η Λίλη θα διαλέξει μόνη της το νυφικό εδώ».

-«Θα προσπαθήσω. Θα της τηλεφωνήσω πριν ξεκινήσω», την διαβεβαίωσα. Σκοπεύω ν' αφήσω την ιστορία μου να ξεχαστεί, αλλά πριν προλάβω να βρω μια αξιόπιστη δικαιολογία για να μην πάω να την δω, άκουσα τον εαυτό μου να λέει πως συμφωνούσα να πάω εκεί με το φορτηγό την επόμενη ώρα. Η Λίλη με υποδέχτηκε έξω στο δρόμο, όλο χαμόγελα και φιλικά καλωσορίσματα. Άνοιξε την μεγάλη αυλόπορτα να μπει το φορτηγό. Μου έδειξε να κάνω τον γύρω του σπιτιού, κι από την πίσω πόρτα να μεταφέρω τα πράγματα στο δωμάτιο στο ισόγειο που ήταν για τους ξένους. Τα στοίβαξα με τόση ακρίβεια σαν τα βιβλία του βιβλιοπωλείου. Μόλις μπήκα στο σαλόνι πρόσεξα πως είχε φροντίσει ιδιαιτέρως την εμφάνισή της, άσπρο παντελόνι, κόκκινο μεταξωτό πουκάμισο, ξεκούμπωτο ως τη σχισμή του στήθους της που άφηνε να φανεί ο μαυρισμένος, αρυτίδωτος λαιμός της, και εύκολα κατάλαβα ότι με προκαλούσε να την κοιτάξω, να αναγνωρίσω πως θα ήταν μια πανέμορφη νύφη την επόμενη Κυριακή. Υπήρχε όμως κάτι ακόμα: ένας τόνος γεμάτος υπονοούμενα στη φωνή της, μια νύξη ότι κατά κάποιον τρόπο είμασταν και θα είμαστε φίλοι «αδελφικοί» και νιώθαμε κάποια οικειότητα εξαιτίας αυτής της πολύχρονης φιλίας μας, και τι καλά που είχα έρθει μόνος μου, χωρίς τη μαμά της, γιατί τώρα θα μπορούσαμε να μιλήσουμε ο ένας στον άλλον ανοιχτά. Όλα αυτά μου φάνηκαν μάλλον κακόγουστα και περιορίστηκα μόνο σε νεύματα. Μεσολάβησε μια ολιγόλεπτη σιωπή και μετά μίλησα:

-«Τυχερό αγόρι αυτός ο Φώτης. Τυχερός που πατάει στέρεα στη γη. Τυχερός που βρήκε μια κοπέλα σαν και σένα».

-«Συνήθως βλέπω τα πράγματα απ' την αντίθετη προοπτική», είπε η Λίλη.

-«Δεν θα 'πρεπε να είσαι τόσο μετριόφρων».

-«Δεν είμαι. Απλά ξέρω τι λέω. Μέχρι στιγμής, η τύχη ήταν με το δικό μου μέρος», δήλωσε.

Χαμογέλασε μ' αυτά τα λόγια, ένα σύντομο, αινιγματικό χαμόγελο, σαν να με θεωρούσε κορόιδο, αλλά παρ' όλα αυτά σαν να δεχόταν την άποψή μου, σαν να καταλάβαινε πως δεν θα ξανοιγόμουνα πέραν αυτού. Ύστερα έδειξε ότι χαιρόταν για μένα, για τον θετικό μου χαρακτήρα αλλά και της προσωπικότητάς μου. Μετά μου έδωσε τα κλειδιά του αυτοκινήτου της και μου εξήγησε το δρόμο για το κοντινό τυπογραφείο, χρειαζόταν επιπλέον προσκλητήρια γάμου. Όταν θα γύριζα, είπε, το φαγητό μου θα ήταν έτοιμο. Μου πήρε πάνω από μία ώρα να τελειώσω τη δουλειά στο τυπογραφείο. Έτσι όταν γύρισα στο σπίτι η ώρα ήταν σχεδόν τρεις μετά το μεσημέρι. Πράγματι το φαγητό ήταν έτοιμο κι ήταν εντυπωσιακά πλούσιο: Μοσχαράκι με αρακά και ρύζι, σαλάτα ντομάτας με αγγουράκι, ελιές και τυρί φέτα, κρασί λευκό, τίποτα δεν έλειπε. Ήταν όλα στο τραπέζι της τραπεζαρίας, βαλμένα στα καλύτερά της πιατικά ζωγραφισμένα με λουλούδια. Πρόσεξε την έκπληξή μου στο πρόσωπό μου.

-«Ήθελα να το κάνω εορταστικό, είπε η Λίλη. Δεν φαντάζεσαι πόσο καλά νιώθω που είσαι εδώ. Μου ξανάρχονται όλες οι αναμνήσεις. Είναι σαν να μη σε πρόδωσα ποτέ».

Υποψιάστηκα πως είχε αρχίσει να πίνει ήδη όταν έλειπα, αλλά είχε ακόμα πλήρη έλεγχο, οι κινήσεις της ήταν ακόμα σταθερές. Όμως κάτι είχε τρυπώσει στη φωνή της και την έκανε πιο χονδρή, μια διστακτική, διαχυτική χροιά που δεν υπήρχε πρώτα. Ενώ καθόμασταν στο τραπέζι, αποφάσισα να έχω το νου μου. Το κρασί έρεε άφθονο κι όταν είδα πως κοιτούσε περισσότερο το ποτήρι της παρά το πιάτο της -τσιμπούσε που και που καμιά μπουκιά και τελικά το άφησε- άρχισα να προετοιμάζομαι για το χειρότερο.

-«Παράξενο, είπε, παράξενο πως καταλήγουν τα πράγματι στη ζωή. Και να που είσαι εδώ. Ο νεαρός πάνω στο άλογο που έψαχνε το σπίτι κάποιου φίλου του παππού του. Και να που είσαι εδώ. Είσαι εσύ που μπήκες στο σπίτι μας με τα λασπωμένα παπούτσια και τα μουσκεμένα ρούχα σου. Και τώρα είσαι πια μεγάλος άντρας, σωστός γόης του σινεμά».

-«Αν κάποιος μου το 'λεγε πριν από δεκαπέντε χρόνια πως αυτό μου επιφύλασσε το μέλλον, θα έβαζε τα γέλια. Έτσι είναι η ζωή, ότι είναι παράξενη. Τα γεγονότα σε ξεπερνάνε. Δεν το χωράει το νους μου, να αρνηθώ τους γονείς μου και να έχω πάρει τα μέτρα μου να μην έχουν τρόπο να έρθουν σ' επαφή μαζί μου, και μου χαλάσουν τη νέα ευλογημένο ζωή μου», ομολόγησα.

Με διέκοψε απότομα για ν' αρχίσει να μιλάει πάνω από μια ώρα. Τα λόγια της γίνονταν όλο και πιο μπερδεμένα. Έφτανε στιγμές-στιγμές σ' ένα επίπεδο διαύγειας για να χάσει μετά κάθε συνοχή, με το επόμενο ποτήρι κρασί που έπινε. Η φωνή της με υπνώτιζε. Όσο συνέχισε να μιλάει, ένιωθα πως τίποτα δεν μπορούσε πια να με αγγίξει. Μια αίσθηση ανοσίας, προστασίας, έβγαινε από τα λόγια που ξεστόμιζε. Δεν έκανα τον κόπο να τ' ακούσω πραγματικά. Έπλεα μέσα σ' αυτή τη φωνή. Η φωνή αυτή με τριγύριζε, με κρατούσε στην επιφάνεια με την επιμονή της, ακολουθούσα τη ροή των συλλαβών, υψώνονταν κι έσβηναν σαν τα κύματα. Όταν το φως του απογεύματος μπήκε άπλετο από τα παράθυρα και ξεχύθηκε στο τραπέζι, αστραφτερό πάνω στις σάλτσες, τα τυριά και τα πράσινα μπουκάλια του κρασιού, όλα μέσα στο σαλόνι ακτινοβολούσαν τόσο ήρεμα, που νόμιζα ότι ονειρεύομαι, πως δεν ήμουνα αληθινά καθισμένος εκεί. Λιώνω, σκέφτηκα, κοιτάζοντας την κρέμα γάλακτος που μαλάκωνε στο πιατάκι της, και μάλιστα μια-δυο φορές σκέφτηκα πως δεν έπρεπε ν αφήσω τα πράγματα να συνεχίσουν, ή πως δεν έπρεπε ν' αφήσω τη στιγμή να μου φύγει μέσα από τα δάχτυλα. Τελικά όμως δεν έκανα τίποτα γιατί ένιωθα πως δεν μπορούσα να κάνω τίποτα. Δεν προσπαθώ να δικαιολογήσω ό,τι συνέβη. Η μέθη δεν είναι παρά ένα σύμπτωμα. Δεν είναι η απόλυτη αιτία. Και ξέρω πως θα ήταν λάθος μου αν προσπαθούσα να δικαιολογηθώ. Ωστόσο, έχω τουλάχιστον μία δυνατότητα εξήγησης. Τώρα πια είμαι σχεδόν βέβαιος πως όσα ακολούθησαν είχαν σχέση τόσο με το παρελθόν όσο και με το παρόν και μου φαίνεται παράξενο, τώρα που έχω κάποια απόσταση από το γεγονός, πως συνέβη εκείνο το απόγευμα να με κυριέψουν τελικά τόσα παλιά συναισθήματα, μέσα απ' δύο εικόνες. Όταν μπήκα για πρώτη μέρα στο σπίτι τους, χάρισα στη Λίλη ένα βαλσαμωμένο αετό, μόνο για να γίνει ο σωματοφύλακάς της, επειδή ήταν απροστάτευτο. Η Λίλη έπεσε στην αγκαλιά μου κατενθουσιασμένη. Αμέσως έρχεται καπάκι η δεύτερη σκηνή, με την Αλίκη να προσεύχεται στο Θεό, να καθοδηγεί «τις σαρκικές ορμές μου προς την δική της σάρκα, ώστε όταν συνευρεθούμε στο κρεβάτι, τα δυο κορμιά μας να γίνουν ένα», και τώρα ξαφνικά μπαίνει στο οπτικό μου πεδίο η Αλίκη, σχεδόν γυμνή, σαν να είχα εγώ ο ίδιος προκαλέσει με κάποιο μαγικό τέχνασμα την εμφάνισή της για να με αποσπάσει από την Λίλη. Αλλά ένιωθα πως αν δεν χρησιμοποιούσα όλη μου τη δύναμη για ν' αντισταθώ, θα έχανα την ευκαιρία να παίξω στη σκηνή εκείνη με τη Λίλη.

Δεν υπάρχει αμφιβολία πως προκαλούσε τον οίκτο μου. Η προσωπική της εκδοχή για την Αλίκη ήταν τόσο αγωνιώδης, γεμάτη σημάδια γνήσιας δυστυχίας, που μαλάκωσα σιγά-σιγά απέναντί της κι έπεσα στην παγίδα της. Αυτό που δεν καταλαβαίνω μέχρι σήμερα όμως είναι, σε ποιο βαθμό εκείνη συνειδητοποιούσε τι έκανε. Άραγε το είχε προσχεδιάσει ή το πράγμα συνέβη από μόνο του; Η ασυνάρτητη ομιλία της ήταν άραγε ένα κόλπο για να μειώσει τις αντιστάσεις μου ή μήπως ήταν ένα αυθόρμητο ξέσπασμα από ειλικρινή αισθήματα;

Υποπτεύομαι πως μισούσε την μητέρα της με τον δικό της λόγο. Αυτό όμως δεν φτάνει για να με πείσει -γιατί ακόμα κι ένα παιδί ξέρει πως η αλήθεια δύναται να χρησιμοποιηθεί για να πετύχεις διάνα κάτι σκοτεινούς στόχους. Αλλά, αναρωτιέμαι, ποιο ήταν το κίνητρό της; Δεν έχω απαντήσει ακόμα, έξι χρόνια μετά. Να πιστέψω ότι με έβρισκε ακαταμάχητο θα ήταν υπερβολικό και δεν έχω αυτή την αυταπάτη για τον εαυτό μου. Ήταν κάτι πολύ πιο βαθύ, πολύ πιο καταχθόνιο. Πρόσφατα, άρχισα να αναρωτιέμαι αν δεν αισθάνθηκε πως το μίσος που είχα μέσα μου για την Αλίκη, ήταν εξίσου δυνατό με το δικό της. Μπορεί να γνώριζε αυτόν τον ανίερο δεσμό μεταξύ μας, ένα βρώμικο δεσμό που μπορούσε ν' αποδειχθεί μόνο με κάποια διεστραμμένη πράξη. Γαμώντας με ήταν σαν να γαμάει την Αλίκη, την ίδια της τη μάνα – και μέσα στο σκοτάδι αυτής της αμαρτίας θα την είχε στα χέρια της, με στόχο να την καταστρέψει. Μια τρομερή εκδίκηση. Αν αυτό αληθεύει, τότε δεν έχω κανένα λόγο να αυτοαποκαλούμαι θύμα της. Αν μη τι άλλο, ήμουν συνένοχός της. Όλα ξεκίνησαν λίγο μετά αφότου έβαλε τα κλάματα – όταν είχε τελικά εξαντληθεί και οι λέξεις έπεσαν συντρίμμια κι έσβησαν μέσα στα δάκρυα. Μεθυσμένος, συγκινημένος, σηκώθηκα, πλησίασα προς το μέρος της και την αγκάλιασα για να την παρηγορήσω. Έτσι κυλήσαμε απ' την άλλη μεριά του φράχτη. Αυτή η επαφή και μόνον έφτασε για να πυροδοτήσει μια σεξουαλική αντίδραση μια τυφλή ανάμνηση άλλου σώματος, άλλης αγκαλιάς. -Αρέθα, Αρεθούλα μου!- Και λίγο μετά βρεθήκαμε γυμνοί ξαπλωμένοι στο ολοκαίνουριο, γαμήλιο κρεβάτι της στον επάνω όροφο. Αν και είχα μεθύσει, δεν ήμουν τόσο φευγάτος ώστε να μην καταλαβαίνω τι έκανα. Ούτε και η αίσθηση ενοχής δεν μπόρεσε να με σταματήσει. Αυτή η στιγμή θα περάσει, σκέφτηκα, και κανείς δεν θα πληγωθεί. Δεν έχει τίποτα να κάνει με τη ζωή μου, (ήμουν ο επιστάτης τους) δεν έχει τίποτα να κάνει με τη... γυναίκα μου; Όμως τότε, πάνω στην πράξη ακόμη, ανακάλυψα πως αυτό που διακυβευόταν ήταν κάτι άλλο. Γιατί πραγματικά μου άρεσε που γαμούσα την μέλλουσα γυναίκα του Φώτη του Αθηναίου, χωρίς η πράξη μου αυτή να έχει κάποια τρυφερότητα μέσα μου. Γαμούσα από μίσος, ήμουνα βίαιος, συνέτριβα αυτή τη γυναίκα σαν να ήθελα να την κάνω σκόνη. Ζούσα μέσα στο σκοτάδι μου, κι εκεί έμαθα το πιο τρομερό πράγμα απ' όλα τ' άλλα: ότι ο σεξουαλικός πόθος μπορεί επίσης να είναι και εγκληματικός πόθος, πως φτάνει μια στιγμή να προτιμήσεις τον θάνατο απ' τη ζωή. Η γυναίκα εκείνη, μια εβδομάδα μετά ντυμένη με τα νυφικά της θα ξάπλωνε δίπλα στο σύζυγό της ξεχνώντας με, ήθελε να την πονέσω σχίζοντας το αιδοίο της, κι όταν άκουσα τα βογγητά της, χάρηκα με την σκληρότητά μου. Αλλά και τότε ήξερα πως βρισκόμουνα στη μέση του δρόμου, πως η Λίλη δεν ήταν πια παρά μία σκιά, και πως την μεταχειριζόμουνα για να επιτεθώ στον ίδιο τον Φώτη. Όταν την πήρα για δεύτερη φορά, τρίτη, τέταρτη, πέμπτη... το πρωί της επόμενης μέρας είμασταν και οι δύο καταϊδρωμένοι και βογκούσαμε σαν πλάσματα βγαλμένα από εφιάλτη, τελικά κατάλαβα ένα πράγμα. Ήθελα να σκοτώσω τον Φώτη, ήθελα τον Φώτη της Λίλης νεκρό. Θα περίμενα την κατάλληλη ώρα και θα τον σκότωνα. Είχε ανατείλει ο ήλιος, την άφησα να κοιμάται στο κρεβάτι, γλίστρησα έξω από το δωμάτιο, κατέβηκα κάτω και μπήκα στο φορτηγάκι μου. Όταν έφτασα σπίτι μου, μπήκα στο μπάνιο να πλυθώ. Άλλαξα ρούχα και πήρα το δρόμο για το χωράφι.

Κεφάλαιο 15

Η πρώτη γυναικεία αίσθηση

Η πρώτη αίσθηση που γεννιέται σ' όλες τις γυναίκες που γνωρίζουν τον Παύλο είναι πως οι ίδιες έχουν το πάνω χέρι. Επειδή ακριβώς δεν τις έχει κερδίσει απ' την πρώτη στιγμή, νιώθουν σαν οι ίδιες να έκαναν ένα βήμα προς τα πίσω, μια μικρή υποχώρηση στις απαιτήσεις του, επειδή είναι συμπαθής, αθώος και άκακος.

Η απόσταση ανάμεσα σ' αυτή την αίσθηση και την πραγματικότητα είναι τόσο μεγάλη, που προκαλεί παραλογισμό. Η Εύα που είχε κοιμηθεί με τον Παύλο στο σπίτι στην Ήπειρο, όταν ξύπνησε το πρωί ένιωθε πως ήταν κιόλας παντρεμένοι και δεν μπορεί να πιστέψει την καλή της τύχη. Είχε κάνει σοβαρή σχέση μ' έναν άντρα εργατικό, σπιτόγατο που απεχθάνεται την έντονη νυχτερινή ζωή. Η φυσιογνωμία του τον βοηθάει να πείσει ότι είναι άπειρος άντρας, δεν τον ερωτεύεσαι με την πρώτη ματιά όπως ένας τυπικός γυναικοκατακτητής που γοητεύει και φοβίζει τις γυναίκες, αλλά στοχεύει κατευθείαν την καρδιά, κι αφού μια γυναίκα έχει περάσει μισή ώρα μαζί του, θέλει να του αφοσιωθεί για πάντα. Και ο Παύλος εμπνέει όχι μόνο ασφάλεια, αλλά και σιγουριά στη Εύα, αφού η ίδια ξέρει περισσότερα απ' τον ίδιο για τις σχέσεις, δηλαδή πως θα τον καταφέρει να την... οδηγήσει στα σκαλιά της εκκλησίας ντυμένος με μαύρο κοστούμι κι εκείνη στο λευκό νυφικό της. Σαν καμιά παράφρονη αρχίζει να τον «βομβαρδίζει» με ό,τι μπορεί να βομβαρδίσει κανείς - ενδιαφέρον, ερωτικά λόγια, περιποίηση κάθε λογής, τηλέφωνα, μηνύματα, σημειώματα, δώρα, ερωτήσεις, παράπονα... εκτός από πληροφορίες που αφορούν τις επαγγελματικές του απασχολήσεις. Η Εύα θα συνεχίσει να του τηλεφωνεί αλλά εκείνος θα της λέει ότι είναι με κόσμο στο γραφείο του και πολύ απασχολημένος για να της μιλήσει. Όταν ο Παύλος αρχίζει να ψάχνει τρόπο να «λιποτακτήσει» φαίνεται ότι έχει δίκιο.

Γιατί ποιος θα μπορούσε να ερωτευτεί κάποιον που του λέει μόνο «ναι» τον ακολουθεί ή τον περιμένει σαν πιστός σκύλος, κουνώντας του και την ουρά, και του τηλεφωνεί δεκάδες φορές καθημερινά για τετριμμένα πράγματα; Όταν το μυαλό του βομβαρδίζεται να διεκπεραιώσει την υπόθεση με την εξαφάνιση του Έρασμου, μια υπόθεση που έχει αναλάβει επίσημα και μάλιστα έλαβε προκαταβολή από τους γονείς του ώστε να μπορέσει να συγκεντρώσει και να τους αποστείλει τα σχετικά έγγραφα; Αλήθεια, δεν θα θεωρηθεί φυσιολογική αντίδραση κάποιου που δεν μπορεί να πιστέψει ότι έχει κάνει τόσο λανθασμένη εκτίμηση για την Εύα;

Στο μεταξύ, η αίσθηση που προκαλεί είναι λογικά ανεξήγητη όπως τα «μάγια» και τόσο καλλιτεχνικά δεμένη όπως ένας όμορφος φιόγκος. Και τα μεν «μάγια» λύνονται μ' ένα ειδικό ξόρκι και κάψιμο θυμίαμα. ο δε φιόγκος λύνεται με μια απλή κίνηση. Ο τρόπος που η Εύα θα μπορούσε να κερδίσει τον Παύλο είναι πολύ απλός για να πείσει ως αληθινός και κάπως δύσκολος για να εφαρμοστεί.

Η Ματίνα -που, εκτός από αμερόληπτος παρατηρητής, ως συγγενής της Εύας, ήταν και πολύ έξυπνη, δεν άργησε να βρει τον τρόπο που λύνεται ο φιόγκος και το ξόρκι που λύνει τα «μάγια». Όταν είδε, μετά από δυο μήνες την Εύα και βρέθηκαν μόνες οι δυο τους άδραξε την ευκαιρία να της μιλήσει.

«Επειδή τον ξέρω, σε βεβαιώνω ότι αν κάνεις τρεις μέρες να μην του τηλεφωνήσεις, θα σε εκτιμήσει περισσότερο», της είπε.

Η Εύα ξαφνιασμένη την κοίταξε ερευνητικά για να βεβαιωθεί ότι ήταν μια εξαδέρφη της κι όχι μια ερωτική αντίζηλός της.

«Κοίτα, εγώ δεν κατέχω πολλά από σχέσεις, αλλά ξέρω ότι ο Παύλος είναι ένας γνωστός δικηγόρος, και αναλαμβάνει σοβαρές υποθέσεις, κερδίζει κάθε δίκη, όσο περίπλοκη κι αν είναι, γιατί έχει ανθρώπους που ξεψαχνίζουν τα πάντα. Τι έχεις να χάσεις; Δοκίμασέ το για δυο-τρεις μέρες το πολύ», πρόσθεσε ξανά η Ματίνα. «Αυτό τουλάχιστον να μη το ξεχάσεις» της τόνισε.

-«Ποιο να μην ξεχάσω; Τη... σοφή σου συμβουλή;» την ειρωνεύτηκε η Εύα.

-«Όχι. Ότι σου την έδωσε η πρώτη σου εξαδέρφη, που σε πονάει γιατί έχει το ίδιο αίμα στις φλέβες της με το δικό σου», της γύρισε την πλάτη και περίμενε υπομονετικά την επόμενη φορά που θα την συναντούσε. Της Εύας της μπήκανε ψύλλοι στ' αυτιά της. Ήταν σίγουρη πως η Ματίνα κάτι θα είχε πάρει τ' αυτί της γι' αυτόν τον.. Ramon, από τη Γαλλία με ελληνική υπηκοότητα. Και, δυο μέρες και δυο νύχτες αγρύπνιας, σαν δυνατός άνθρωπος που όταν επιθυμεί κάτι αγρυπνεί, επεδίωξε να συναντήσει τη Ματίνα όλη περιέργεια.

Και στο πρόσωπο της Ματίνας εμφανίστηκε ένα πλατύ χαμόγελο.

«Έχεις τα χαιρετίσματα και πολλά φιλιά από τη Ζωζώ» κάνει αμέσως την εισαγωγή στο φλέγον θέμα η Ματίνα, και μετά σωπαίνει ξαφνικά. Η Εύα στίβει το μυαλό της να θυμηθεί ποια είναι αυτή η Ζωζώ. «Τρελάθηκες; Που το βρήκες αυτό το κορίτσι;» ήταν το επόμενο που είπε η Εύα.

-«Μάλλον με βρήκε τυχαία. Ήμουνα στο κομμωτήριο περιμένοντας τη σειρά μου να χτενιστώ. Και τότε μπήκε η πρώην υπηρέτρια στο σπίτι της Γαλλίδας κυρίας Αλίκης και της κόρης της Λίλης. Λέω πρώην, γιατί και οι δύο, πρώτα η μάνα μετακόμισε στο σπίτι του δεύτερου άντρα της, τον Λάμπη, και μετά η κόρη της η Λίλη, μπήκε χθες στο καινούριο τους σπίτι και ο γάμος της θα γίνει την ερχόμενη Κυριακή. Παντρεύεται τον Φώτη από την Αθήνα», είπε.

-«Άμοιρη Ζωζώ!» αναφώνησε η Εύα. «Έτσι τώρα θα είναι χωρίς δουλειά. Πραγματικά αισθάνομαι ένοχη για την τόσο μεγάλη ανεργία και απόγνωση που υπάρχει παντού».

-«Σιγά ντε, μη κλαις και δεν χάνονται κάτι τέτοια πλάσματα, μικροπνεύματα, που καταφέρνουν να γίνονται πιο μικρά, για να χώνονται ευκολότερα στην ζωή του προσώπου που τους τραβάει σαν μαγνήτης γύρω του, με όπλο τους την κολακεία, γιατί η κολακεία κρύβει κάποιο συμφέρον, πάντα. Κι αυτό που συμφέρει τη Ζωζώ τώρα είναι να υπηρετεί το παλιό σπίτι των δύο κυράδων και του μοναδικού του ένοικου, του Ραμόν», είπε η Ματίνα τονίζοντας με έμφαση το όνομα Ρ α μ ό ν. Η Εύα έμεινε με ανοιχτό το στόμα της.

-«Λες να υπάρχει κανένα ειδύλλιο μεταξύ τους;» ρώτησε.

-«Η Ζωζώ δεν ήταν για τον Ραμόν παρά μια μικρή κουκίδα στον χώρο της λαμπρής προοπτικής του. Μα τώρα ίσως άλλαξε, αφού δεν υπάρχει πια καμία άλλη… κυρία».

-«Δηλαδή, η Ζωζώ, έχει πολλές ελπίδες για τον Ραμόν τώρα;» ζητάει να μάθει η Εύα.

-«Όχι μόνο ελπίζει, αλλά είναι σίγουρη ότι θα πάνε στο χωριό του στην Ήπειρο να την γνωρίσει στους δικούς του», την πληροφορεί η Ματίνα.

-«Ώστε, λοιπόν, ο Ραμόν είναι Έλληνας με καταγωγή από την Ήπειρο;», έκπληκτη η Εύα.

-«Βέρος Ηπειρώτης, το πραγματικό του όνομα είναι Έρασμος Νάσκας, του Ηλιάκη», αποκαλύπτει τα στοιχεία ταυτότητάς του στην Εύα η Ματίνα. Και συνεχίζει:

-«Έλα χαμογέλα. Ο δρόμος της αγάπης ποτέ δεν είναι εύκολος» της λέει η Ματίνα με μια φωνή που είχε πάρει πολύ γρήγορα την ανιούσα, γιατί τώρα πια η Εύα, που ανησυχούσε για τον Παύλο, ξέρει πως πρέπει να κινηθεί πιο προσεχτικά αλλά και δυναμικά. Γιατί ξέρει και πως δεν είναι ευτυχισμένος με όλα αυτά. Όχι μόνο δεν του αρέσει να είναι μόνος, αλλά ακριβώς επειδή δεν μπορεί να είναι μόνος, είναι μόνος τελικά. Μα το «μόνος» εννοείται χωρίς την κατάλληλη γυναικεία συντροφιά. Το έτερόν του ήμισυ. Ποιος είπε ότι δεν υπάρχει γυναικεία αλληλεγγύη πιά;

Η Εύα μόλις που καταφέρνει να κρύψει τον ενθουσιασμό της, γελάει νευρικά και δεν λέει τίποτα. Όμως ξέρει ότι πρέπει να φύγει, αλλά δεν έχει σκεφτεί ακόμα πως θα τα πει στον Παύλο, αυτό για τον γάμο, και την γαμήλια δεξίωση, την οποία θεωρεί ιδανική περίπτωση γιατί θα μπορούσε η Λίλη να τους καλέσει και τους δύο, με την ελπίδα ότι ο Παύλος δεν θα αρνηθεί να παραβρεθούν και οι δύο. Αποφασίζει πως το καλύτερο είναι να φύγει βιαστικά για το γραφείο του, κι αν τον δει μουτρωμένο, θα προφασιστεί ότι έχει ραντεβού στο κομμωτήριο που έχει ξεχάσει και τρέχει να προλάβει να μη το χάσει. Θα του πει ότι θα τηλεφωνήσει αργότερα. Φυσικά εύχεται ολόψυχα να είναι εύκαιρος και να του πει πρώτη τα νέα στοιχεία και τις πληροφορίες που έχει για τον Έρασμο Νάσκα πριν από την Στέλλα, για να φανεί αυτή έξυπνη, καλλιεργημένη, εξασκημένη σε πρακτικά νομικά θέματα κι όχι μόνο με θηλυκότητα και ωραία εμφάνιση. Όσο για την σεξουαλικότητά της, αυτή σίγουρα δεν ήταν για τους πολλούς. Ένα εκπαιδευμένο λαγωνικό χρειάζεται ο Παύλος στο γραφείο του για να ξεθάβει πτώματα εξαφανισμένων. Κι αυτό ακριβώς είναι η Εύα για τον Παύλο, μόνοι κι όχι εχθρικοί ο ένας στον άλλο πιά, αλλά εξίσου αμήχανοι. Ο εκνευρισμός είναι πιο ανεκτός απ' την αοριστία μιας κατάστασης που δεν λέγεται ούτε τυπική ούτε φιλική. Η Εύα προτιμάει να μιλήσει για την Ματίνα κι αρχίζει να σχολιάζει τον ανάλαφρο χαρακτήρα της, την ευχάριστη ιδιοσυγκρασία της, τη σχέση μεταξύ τους, μέχρι και τις επαγγελματικές της επιτυχίες.

Ο Παύλος, δεν την έχει διακόψει και περιμένει να καταλάβει μόνη της ότι δεν τον ενδιαφέρει ν' ακούει για τα προσωπικά της Ματίνας. Στο μεταξύ την εξετάζει με προσοχή και πείθεται όλο και περισσότερο ότι είναι μια κοπέλα ασυνήθιστα αξιόλογη, και το μόνο της μειονέκτημα είναι ότι μιλάει πολλή ώρα, και ο χρόνος του είναι... χρήμα στην κυριολεξία. Τότε η Εύα αντιλαμβάνεται ότι δεν την έχει διακόψει ούτε μια φορά ανησυχεί ότι τον έχει κάνει να βαρεθεί, κλείνει το στόμα της και του λέει: «Μάλλον δεν σ' ενδιαφέρει τίποτα απ' αυτά». Ο Παύλος την κοιτάζει από κοντά, το πρόσωπό του σχεδόν άγγιζε το δικό της: «Πέφτεις έξω, μ' ενδιαφέρει ό,τι μου έχεις πει κι ό,τι πρόκειται να μου πεις, γιατί δεν είσαι εχθρός μου, είσαι ο άνθρωπός μου. Γιατί δεν μου λες τα σημαντικότερα; Λοιπόν, είμαι όλος αυτιά, γιατί διαισθάνομαι ότι αυτά που θα μου πεις, θα μου φανούν χρήσιμα», κατέληξε.

Η Εύα που είχε σημειώσει το πραγματικό όνομα του Ραμόν, δηλαδή του Έρασμου Νάσκα, γιος του Ηλιάκη και της Ζαχάς Νάσκα, που κατοικούν σ' ένα χωριό της Ηπείρου, είναι το ίδιο πρόσωπο που το δικηγορικό του γραφείο ψάχνει να τον βρει, ύστερα από γραπτή παράκληση των δικών του. Ο Έρασμος έχει ψευδώνυμο Ραμόν και συνδέεται με στενή, μυστηριώδη σχέση με την Αλίκη Δρέγη, χήρα του δάσκαλου Αλκίνοου Δρέγη και της κόρης τους Λίλη. Ζούσαν μαζί σαν οικογένεια, ενώ διάφορες φήμες τον ήθελαν εραστή πότε της μάνας και πότε της κόρης, για να αποδειχθούν όλα αυτά μπαρούφες, αφού η Αλίκη έχει παντρευτεί τον πρώην Δήμαρχο Λάμπη και την προσεχή Κυριακή παντρεύεται και η Λίλη με τον Φώτη, τον Αθηναίο», του εξήγησε με σαφήνεια η Εύα.

-«Τι, τι σημαίνει αυτό;» δεν ξέρει αν πρέπει να χαμογελάσει ο Παύλος.

Αλλά κι εκείνη δεν το ξέρει για την ώρα. Το τοπίο μοιάζει ομιχλώδες στο γραφείο τώρα, αλλά, Θεού θέλοντος, όλα θα ξαλαμπικάρουν την Κυριακή, μέρα που θα γίνουν τα στέφανα της Λίλης και του Φώτη, στον ναό του Αγίου Δημητρίου, Αμνόβρυσης.

Όλα δείχνουν ότι αυτή η αναβαθμισμένη σχέση Παύλου – Εύας θα εξελιχθεί ομαλά. Ωστόσο, τίποτα δεν μπορεί να χαρακτηρισθεί σταθερό, αν δεν δοκιμαστεί σε αναταράξεις.

Κεφάλαιο 16

Στρατηγικά σχέδια (ΓΙΑ) ιερό αρραβώνα

Σ ειρήνες συναγερμού έχουν αρχίσει να χτυπάνε στην Αμνόβρυση. Η αλληλεγγύη έχει ξυπνήσει για να μάθει η συμβοηθός Ματίνα ότι άλλοι είναι οι πλέον τυχεροί. Οι φίλες της -Εύα, Στέλλα και Ζωζώ έχουν πρόβλημα και αυτή έχει βαλθεί να τις συμπαρασταθεί! Τώρα θα ακουστούν φαιδρά και σοβαρά, αλήθειες και ψέματα, όλα μαζί. Κανόνισαν να βρεθούν εκτάκτως σήμερα το βράδυ στο σπίτι της Ματίνας επειδή ο άντρας της λείπει σε ταξίδι στο εξωτερικό, είναι οδηγός σε νταλίκα και δεν έχουν παιδιά, η Στέλλα μένει με τον άρρωστο πατέρα της και θέλει ησυχία, πάσχει από άνοια, η Εύα ζει με τους γονείς της και τη μικρότερη αδελφή της, όσο για τη Ζωζώ ούτε κουβέντα να συναντηθούν στο σπίτι της, αν μπορεί να το πει σπίτι της, αφού ήταν η υπηρέτρια στο σπίτι της Αλίκης και της Λιλής αρχικά, αλλά τα τελευταία δέκα χρόνια υπηρετεί την πεθερά και γιαγιά τους, κυρία Χαρά και τον «πρίγκηπά» τους, τον γοητευτικό Ραμόν. Τι δουλειά κάνει η Ζωζώ για τον Ραμόν, για να λέγεται υπηρέτριά του; Τίποτε το σπουδαίο. Απλά μπαίνει στο δωμάτιό του κάθε πρωί, ανοίγει το παράθυρο, σφουγγαρίζει το πάτωμα και τέλος στρώνει το κρεβάτι του, σηκώνοντας λίγο το στρώμα να ισιάξει το βαθούλωμα. Και τότε, βρίσκει το τετράδιό του. Η αρρωστημένη περιέργειά της δεν την αφήνει να κάτσει ήσυχη. Διαβάζει, διαβάζει! «Βρωμερό γουρούνι! Νομίζεις ότι θα με γελάσεις; Για ποια με πέρασες; Για παιδί του κατηχητικού; Να κάνεις ένα τέτοιο πράγμα! Να σκοτώσεις τον άντρα της! Ραμόν, φύγε από εδώ μέσα, δεν έχεις οίκτο μέσα σου, ούτε ανθρωπιά, ούτε για δείγμα. Τρέμω σαν το φύλλο και γράφω εντελώς χάλια. Είμαι σχεδόν βέβαιη πως δεν φοβήθηκα ποτέ τόσο πολύ στη ζωή μου. Αν βρει κανείς αυτό το τετράδιό μου να μην εκπλαγεί απ' αυτές τις τρεμουλιαστές και μουτζουρωμένες γραμμές, αλλά φοβήθηκα πάρα πολύ, αυτή είναι η αλήθεια. Το άλλο πρωί ανεβαίνω πάνω αφού είδα ότι είχε φύγει και ψάχνω για το τετράδιό του. Είμαι τελείως διαλυμένη. Το τετράδιό του εξαφανίστηκε. Κι ακούω μια φωνή πίσω από την πόρτα. «Αν κάνεις κάτι, θα σε σκοτώσω» το είπε πολύ σιγά. Έπεσα πάνω στην πόρτα σαν τρελή! Αλλά δεν υπήρχε τίποτα στο διάδρομο, μόνο η μυρωδιά του άφτερ σέιβ του».

Παρόλο που είχαν κανονίσει να φτάσουν όλες μαζί, όπως τα είχαν μιλήσει, οι δύο φίλες έφτασαν πρώτες και ξεκίνησαν τη βραδιά χωρίς τη Ζωζώ. Η μισή ώρα πέρασε με κάμποσα ποτήρια κρασί και σπιτικούς μεζέδες από τα χρυσά χέρια της Ματίνας, πίνανε, τρώγανε και συζητούσαν γενικά, ώσπου η κουβέντα έφτασε και στο συγκεκριμένο.

«Πες μας, λοιπόν, Εύα, τι συμβαίνει; Εσύ με τον Παύλο ήσασταν μια χαρά. Τι έγινε;» ενδιαφέρθηκε πρώτη η Ματίνα.

«Τι θες να έγινε;» άρχισε να λέει η Εύα. «Μ' έχει για κλωτσοσκούφι. Με διώχνει όταν δεν με χρειάζεται, με μαζεύει όταν μ' έχει ανάγκη, ειδικά για τις δουλειές στο γραφείο του. Είναι και άθεος και φιλάργυρος» έβγαλε την ετυμηγορία η Εύα σαν τον πιο προκατειλημμένο ανακριτή.

«Μην είσαι τόσο αυστηρή. Δεν ήρθαμε εδώ για να φουντώσουμε τη φωτιά, αλλά για να προσπαθήσουμε να τη σβήσουμε», προσπάθησε η Στέλλα.

«Έχει δίκιο, Ματίνα», επενέβη η ίδια η Εύα. «Μην την αποπαίρνεις. Είναι και αυτή παθούσα» δικαιολογεί την Στέλλα.

«Μα να, ξέρετε πως λειτουργούν οι πολιτικοί. Σου τάζουν λαγούς με πετραχήλια για να κάνουν τη δουλειά τους, σου πουλάνε κι έρωτα ακόμα, κι όταν μπουν στη βουλή, εξασφαλίσουν τη βουλευτική τους έδρα, μην είδατε τον Παναγή, που στην προκειμένη είναι ο Μικέλης Γάκης», συνεχίζει η Στέλλα να είναι καυστική. Και προσθέτει: «Οι φιλάργυροι δεν πιστεύουν στη μέλλουσα ζωή. Το παρόν είναι το παν γι' αυτούς».

«Ρε κορίτσια, ειλικρινά δεν μπορώ να σας καταλάβω. Όταν φτάσεις να 'χεις λόγο να μην τον πιστεύεις, το 'χεις χάσει το παιχνίδι. Το ζήτημα είναι να προλάβεις πιο πριν. Σου λέει ο Παύλος πως τα πράγματα θα σοβαρέψουν μεταξύ σας όταν έχει πρώτα κερδίσει την υπόθεση με την ανεύρεση του Έρασμου, κι εσύ Εύα, ο μπούφος, του σερβίρεις όλα τα στοιχεία στο πιάτο του, τρώει, χορταίνει κι ύστερα δεν θυμάται τον πεινασμένο», λέει η Ματίνα με τα μάγουλά της να κοκκινίζουν από θυμό.

«Αυτό αναρωτιέμαι κι εγώ», λέει η Εύα. «Αλλά ότι με βαρέθηκε… μάλλον με βαρέθηκε. Όμως ακόμα με χρειάζεται. Αλλιώς…».

«Σου λέει ο Παύλος ότι τώρα έχει δουλειά; Σου λέει άλλη δικαιολογία να καθυστερήσει τον αρραβώνα; Να μη τη δεχτείς. Να φωνάξεις, να αντιδράσεις. Εσύ εδώ και μήνες κάνεις τον αμνό έτοιμο να θυσιαστεί χωρίς να ξέρεις σε ποιανού το βωμό. Φτάνει πια!».

«Αυτό ακριβώς το πρόβλημα θα λύσουμε σήμερα. Κι όταν θα τελειώσουμε, θα 'χεις καταλάβει ότι πρέπει να μιλήσεις τη γλώσσα αυτού που θέλεις να σε καταλάβει. Αν αυτός μιλάει αγγλικά κι εσύ του μιλάς γαλλικά, δε θα συνεννοηθείτε», μιλάει έξω από τα δόντια η Στέλλα, εννοώντας τον Μικέλη της.

«Δεν ήσουν πάντα έτσι», λέει η Ματίνα σιγανά.

«Και βέβαια δεν ήμουν πάντα! Δεν ήμουν ποτέ! Γι' αυτό πρώτα ο ένας με απάτησε και ο άλλος με κατέκλεψε. Αλλά ορκίζομαι ότι αυτό δεν θα μου ξανασυμβεί. Μπορείς εσύ, Εύα, να εγγυηθείς ότι δεν θα σου συμβεί;», ρωτάει η Στέλλα εκνευρισμένη

«Σίγουρα. Γιατί πιστεύω ακράδαντα ότι για μερικές ψυχές, π.χ. της Στέλλας, της Εύας και της Ζωζώς, υπάρχουν πράξεις και σκέψεις που στον έρωτα ισοδυναμούν με ιερό αρραβώνα», φιλοσοφεί η Εύα. «Οι άντρες είναι σαν άγρια σκυλιά. Χρειάζονται γερή εκπαίδευση» συνεχίζει τις κατηγορίες της.

«Μα δεν είναι έτσι που τα λέτε» διαφωνεί ήρεμα τώρα η Στέλλα. «Οι άνδρες έχουν τόσες ευθύνες, γι' αυτό χρειάζονται εμάς τις γυναίκες να τους στηρίζουμε, να βασίζονται πάνω μας. Κι όταν νιώσουν ότι μοιράζονται το βάρος τους, θα μας σέβονται σαν καλά συνεταιράκια τους» παίρνει διαφορετική θέση μετά η Στέλλα.

«Οι άντρες είναι...» ξεκινάει να πει η Ματίνα, αλλά τη διακόπτει το κουδούνι.

«Η Ζωζώ!» αναφωνεί η Εύα. «Τώρα μάλιστα! Μεταξύ μας, θα προτιμούσα να μην ερχόταν, αλλά δεν μπορούσα να της το πω. Οι ιδέες της στο τετράδιο για τον Έρασμο είναι εντελώς αντίθετες από τις δικές μας...». Η Στέλλα ανταλλάσσει ένα βλέμμα όλο νόημα με την Εύα που μαρτυράει ότι θα ήθελε να μην ερχόταν η Ζωζώ, την οποία και οι δυο μαζί καλούν να δώσει περισσότερες εξηγήσεις για τη στάση του Ραμόν απέναντί της.

Και γυρίζουν όλες προς το μέρος της.

Η Ζωζώ παίρνει το ύφος του ανακρινόμενου που εκνευρίζει περισσότερο τη Στέλλα.

«Για να πούμε και του στραβού το δίκαιο, αν κατάλαβα καλά ο Ραμόν έχει νοικιάσει ένα δωμάτιο με μπάνιο στην πανσιόν της κυρίας Χαράς επί πληρωμή με πρωινό. Η ξενοδόχος πληρώνει εσένα να μαγειρεύεις και να καθαρίζεις το οίκημα. Έτσι δεν είναι;» ρωτάει η Στέλλα τη Ζωζώ, που την κοιτάει σα χαζή και δεν βρίσκει τίποτα να πει. Αλλά η Στέλλα έχει εξοργιστεί σε σημείο που κοντεύει να εκραγεί. «Αυτό είναι άνω ποταμών! Και τέλος πάντων που έχεις αυτό το τετράδιό του; Αυτά που μας λες \\'τι διάβασες, περί δήθεν σχεδίου να σκοτώσει τον άλλον, είναι σοβαρά πράγματα. Δεν θα σε πιστέψει ο δικαστής αν δεν έχεις αποδείξεις. Το αντίθετο, θα σου επιβάλλει πρόστιμο για συκοφαντική δυσφήμιση».

«Δηλαδή;» απορεί φανερά τρομοκρατημένη η Ζωζώ.

«Σ' αρέσει να το παίζεις αυτό που λένε ότι πίσω από κάθε μεγάλο άντρα κρύβεται μια σπουδαία γυναίκα. Θέλεις να είσαι η έξυπνη γυναίκα, κι αυτό δεν είναι κακό. Αλλά δεν πρέπει πρώτα να βρεις τον μεγάλο άντρα;» τη ρωτάει η Στέλλα.

«Μα πότε επιτέλους θα βρει αυτόν τον μεγάλο άντρα να την παντρευτεί;» ρωτάει η Ματίνα.

«Ο μόνος τρόπος να το πετύχει είναι να έχει τη λαμπάδα της αναμμένη την Κυριακή στα στέφανα της Λίλης, για να μπορέσει να δει τον «νυμφίο» της που έρχεται να τη γνωρίσει. Αν φροντίσει για την ετοιμότητά της, σίγουρα θα την ερωτευτεί ο νυμφίος, γιατί θα ξέρει πως είναι μια συνετή παρθένος κι όχι η μωρά που αναφέρει η περικοπή του Ευαγγελίου», θυμάται κι αποφασίζει να το αναφέρει η Στέλλα, και μ' αυτά τα λόγια της δείχνει πως ο ανταγωνισμός που υπήρχε ανάμεσα στην Αλίκη και στην ίδια για το ποια θα κερδίσει τον Ραμόν, έχει λήξει, αφού πρώτη η Αλίκη του άδειασε την γωνιά του, προχώρησε με αξιοπρέπεια τη ζωή της, παντρεύτηκε τον Λάμπη, μια εξέχουσα προσωπικότητα.

Η Στέλλα ακολούθησε το παράδειγμά της, και όπως την είχε συμβουλεύσει ο Παύλος, έγινε αρχικά στέλεχος του πολιτικού γραφείου του Μικέλη, προβιβάστηκε σε ιδιαιτέρα γραμματέας του, είναι πολλές ώρες μαζί, συζητάνε και ανακαλύπτουν πως οι απόψεις τους ταυτίζονται, και όχι μόνο σε πολιτικό επίπεδο αλλά και... γιατί όχι... έχουν κοινές προτιμήσεις για τη ζωή. Ένας μήνας απομένει ως την ημέρα της κάλπης, με τα ρουσφέτια να προκαλούν πανζουρλισμό, η Στέλλα που με τα χτυπήματα έχει ωριμάσει όσο δεν το περίμενε, προτείνει στον υποψήφιο βουλευτή της να τη βοηθήσει να ξαναπάρει τη θέση της μαίας στο νοσοκομείο, κάτι που πέτυχε τελικά, κι αν το κόμμα που κατεβαίνει βουλευτής ο Μικέλης κερδίσει στις εκλογές, τότε με νόμο ο Μικέλης, ως κοινοβουλευτικός εκπρόσωπος της Αμνόβρυσης θα αποσπάσει τη Στέλλα στο πολιτικό του γραφείο. «Μέγας είσαι Κύριε, και θαυμαστά τα έργα σου!» σταυροκοπιέται. «Το ένα χέρι νίβει τ' άλλο, και τα δυο το πρόσωπο» λέει ένα πάνσοφο ρητό. Αυτό θα κάνει, θα συμμαχήσει για να κερδίσει, τέρμα ο ανταγωνισμός και οι συγκρούσεις που χαρακτηρίζουν τ' αγριόγιδα, τα οποία δεν σταματούν τις πρώτες επιθέσεις, κανένα από τα δύο αρσενικά δεν υποχωρεί πριν από την ήττα, με τίμημα της ζωής τους. Γίνεται σύγκρουση τελειωτική, μπλέκουν τα κερατά τους και πέφτουν στο γκρεμό μαζί. Τα θηλυκά πολλάκις εγκαταλείπουν το πεδίο μάχης που είναι ελεύθερο και πάλι. Η μονομαχία της Αλίκης και της Στέλλας για τον Ραμόν δεν έχει αφήσει κανένα σημάδι. Η σελίδα ενός βιβλίου, που μέσα του είχε τη ζωή, είχε ανοίξει και είχε κλείσει πάλι. Έχει σβηστεί και το πάθος που την είχε γράψει. Η ανάσα της πάλης γινόταν ένα σιγανό τραγούδισμα. Δεν ήθελε η Στέλλα να είναι το ένα από κείνα τα δύο αντίπαλα θηλυκά, ήθελε να συνεχίσει να ζει.

Η Εύα λες και είχε διαβάσει τις σκέψεις της Στέλλας, της πέρασε ξανά στο μύλο του μυαλού της και καλοσκέφτηκε και πάλι! «Ποιος είπε ότι εμείς οι τρεις είμαστε η Σταχτοπούτα; Όχι, ένα λεπτό. Εμείς είμαστε οι κακές αδελφές της. Μπαίνουν ή δεν μπαίνουν στο παλάτι; Ξέρεις πόσους ωραίους άντρες πρέπει να ''χει εκεί μέσα στο κέντρο όπου θα γίνει η γαμήλια δεξίωση της Λίλης και του Φώτη την ερχόμενη Κυριακή, σε τρεις δηλαδή μέρες από τώρα;» ρωτάει τη Στέλλα, που τη θεωρεί κιόλας συνεργό της. Τσουγκρίζουν όλες μαζί τα ποτήρια τους. «Πάντως ας το παραδεχτούμε», απευθύνεται στην Εύα η Ματίνα, «ότι λίγο χιούμορ δεν κάνει κακό. Καλύτερα να τα παίρνει όλα κανείς ελαφρά παρά να τα βλέπει όλα ανάποδα και στραβά, και να εξαπολύει βρισιές και απειλές».

«Η αρμονία και ο καλός συντονισμός κρατούν τον έρωτα ζωντανό» λέει η Εύα.

«Μεγαλειώδες! Super!» αναφώνησε πρώτη η Εύα μόλις πάτησε το πόδι της μέσα στην στολισμένη-λουλουδιασμένη εκκλησία έχοντας πλάι της, κολλητοί σαν σιαμαίοι, τον Παύλο, ντυμένος επίσημα με μπλε κοστούμι, άσπρο πουκάμισο και γραβάτα με μπλε και άσπρα πουά, ανώτερος και από τον πρίγκηπα του παραμυθιού. Στέκονταν απέναντι από τη νύφη και τον γαμπρό, τυπικοί για την ηλικία τους, ως ένα σημείο, όταν η Εύα αρχίζει να φωτογραφίζει ασταμάτητα και με ενθουσιασμό, σπάζοντας όλους τους τύπους και τους κανόνες, το νεόνυμφο ζευγάρι, εστιάζοντας περισσότερο στον Ραμόν, ένας Ολύμπιος Θεός, που στεκόταν πίσω από τη νύφη, θέση που πήρε λόγω του ότι στο μπράτσο του στηριζόταν η γιαγιά της Λίλης, μια ηλικιωμένη γυναίκα, να καμαρώνει νύφη την κόρη του πεθαμένου γιου της. Πανύψηλος όπως ήταν ο Ραμόν, η Εύα δεν δυσκολεύτηκε να τον απαθανατίσει ολόσωμο, η γερμανική φωτογραφική της μηχανή -ψηφιακή camera- βγάζει υπέροχες, καθαρές έγχρωμες φωτογραφίες όπως αυτή που χρησιμοποιούν οι επαγγελματίες φωτογράφοι σε κέντρα διασκέδασης.

Κανένας δεν μπορούσε να την παρεξηγήσει, ίσα-ίσα επαινούσαν την ευγενική της κίνηση. Μια ωραία φωτογραφία χρόνια πολλά μετά, και πόσες ωραίες αναμνήσεις δεν φέρνει στον εικονιζόμενο αλλά και σε φίλους του, σε αγαπημένα του πρόσωπα που την κρατούν για ενθύμιο της φιλίας τους. Λένε πως όλες οι γυναίκες, ακόμα και οι πιο κοκορόμυαλες, ξέρουν να σοφίζονται πονηριές για να πετύχουν τον σκοπό τους, πόσο μάλλον η Εύα που θεωρείται ιδιοφυΐα στην φωτογράφιση. Έτσι όταν τελείωσε η στέψη, και το νιόπαντρο ζευγάρι βγήκε στο προαύλιο της εκκλησίας να δεχτεί τις ευχές των καλεσμένων τους, η Εύα ζήτησε από την Στέλλα να τους φωτογραφίσει. Ο Παύλος να έχει το χέρι του στον ώμο της νύφης ενώ η Εύα να φιλάει στο μάγουλο τον γαμπρό. Όταν η Στέλλα είπε «πουλάκι» η χαρούμενη παρέα χαμογέλασε και το φλας άστραψε, αμέσως μετά ξεχύθηκαν εγκάρδιες ευχές προς τους νιόπαντρους: «Βίον ανθόρπαρτον», «Ευχαριστούμε, και στον γάμο σας να μας καλέσετε», κελάδησε η Λίλη. Η Εύα δεν αμφέβαλλε διόλου πια για τον γάμο της με τον Παύλο, θα της έλεγε το «ναι» χωρίς να το καταλάβει, αυθόρμητα, όταν του αποκάλυπτε τον σκοπό των φωτογραφιών όπου ο Ραμόν ή Έρασμος φιγουράρει σαν διάσημος Αμερικανός star. Ο Παύλος πιθανότατα σαν ψύχραιμο μυαλό ν' ανησυχούσε καιρό πριν, μα όχι πια, σημάδι μιας ερωτευμένης καρδιάς, που λυγίζει από συγκίνηση. Η προσφορά της πανούργας Εύας σαν ζεστό μέλι χώθηκε βαθιά στα φυλλοκάρδια του, του ζέστανε, ένας γλυκός πόνος. Δέχτηκε χωρίς δεύτερη σκέψη να ταξιδέψουν μαζί στην Ήπειρο για την αρχινεμένη δουλειά του, που ευελπιστεί να τελειώσει τώρα με μεγάλη επιτυχία, προς όφελός του. «Τούτη τη φορά, το ταξίδι μα θα μοιάζει σαν το δεύτερο γαμήλιο ταξίδι μας, δεδομένου ότι το πρώτο μας ήταν ανιαρό» της ψιθύρισε γλυκά.

Η Εύα δεν μπόρεσε να μην σκεφτεί ότι το ταξίδι της με τον Παύλο στην Ήπειρο έμοιαζε με ταξίδι μέλιτος ενός γάμου από υπολογισμό. Απλά το αγνόησε. Δεν είναι ο τύπος του ασυμβίβαστου για να τη φάει η μαύρη μαραμότα. Της πάει καλύτερα η γλυκιά ζωή. Το ράσο είναι θάνατος, ο έρωτας, ο γάμος, ένα ευχάριστο ταξίδι στην εξοχή με τον αγαπημένο της, είναι η ζωή. Έχει κάνει όλες τις προετοιμασίες, το σακ-βουαγιάζ είναι παραφουσκωμένο. Έχει το μυαλό της, να μη ξεχάσει τις φωτογραφίες που έχει βάλει από χθες στον κίτρινο φάκελο της Kodac. Και είναι πολλές, ένα film το εμφάνισε ολόκληρο. Στις περισσότερες ποζάρει ο άνθρωπος με τα δύο πρόσωπα: Ramon ή Έρασμος, ο ερωτευμένος επαναστάτης που άφησε το χωριό του, καβάλα στο άλογό του πήρε δρόμο μακρινό χωρίς να γυρίσει πίσω του να κοιτάξει, αντίθετα με τη γυναίκα του Λωτ.

Δεκαπέντε χρόνια οι δικοί του τον αναζητούν επίμονα, κι απεγνωσμένα και μόλις προχθές, το σαΐνι η Εύα, βρήκε τα ίχνη του, πονηρή λόγω του έρωτά της για τον δικηγόρο-ερευνητή Παύλο που έχει πονηρέψει ακόμα περισσότερο λόγω της φιλαργυρίας του, ξεκινούν αμέσως για την Αγναντιά να μαζέψουν το... παραδάκι τους. Ήταν μια δροσιστική εκδρομή, ένα παράξενα όμορφο τοπίο. Τούτη τη φορά ο οδηγός δεν δυσκολεύτηκε στα δύσβατα μονοπάτια γιατί θυμόταν από το προηγούμενο ταξίδι του κάθε απότομη στροφή, οδηγούσε αργά για να βλέπει τις κοτρόνες στο χώμα.

Όσο για την θερμή υποδοχή τους στο σπίτι του Θωμά Κωστίκα δεν είχε καμιά αμφιβολία, αν και δεν τους είχε προειδοποιήσει για την επίσκεψη. Κρατούσε τη ευτυχία τους, όπως κρατάει ο κολυμβητής το κλωνάρι της ιτιάς για να βγει απ' το ποτάμι και να ξαποστάσει στην όχθη.

Μόλις πλησίασαν την αυλόπορτα, ο σκύλος που ήταν ξαπλωμένος εκεί, σήκωσε το κεφάλι του και τέντωσε τ' αυτιά του, γνώρισε τον Παύλο, κούνησε την ουρά του και άρχισε να γαυγίζει χαρούμενος χωρίς να τους επιτεθεί. Πρώτα βγήκε στο μπαλκόνι η Ζαχά, σκίασε με τα χέρια τα μάτια της, και αναγνώρισε τον Παύλο. Κατέβηκε δυο-δυο τα σκαλοπάτια να τους καλωσορίσει. Τους πέρασε στο σαλόνι σιωπηλή, γιατί δεν ήθελε ν' ακούσουν οι γείτονες κάτι,[1] αν τα νέα

---

[1] (σημ. της συγγραφέως. Ειδικό ξόρκι, προσευχή για κακούς γείτονες. Κύριε, τα πλάσματά σου έρχονται ενώπιόν σου με τις ασυνάρτητες επιθυμίες τους, διόρθωσέ τα. Εξάλειψε τις μάταιες κακίες τους, φώτισέ τα με το φως της ημέρας, να δουν και να ντραπούν για τον εαυτό τους και οι γείτονές τους στήριγμά τους να γίνουν κι όχι εμπόδιο στη ζωή τους)

που τους έφερνε ο ντετέκτιβ ήταν πιθανόν άσχημα. Τους άφησε για λίγο μόνους για να πάει στο δωμάτιο του πατέρα της, να του μιλήσει.

-«Επιτέλους, επιτέλους!» φώναξε με δυνατή φωνή και έπεσε μισολιπόθυμος στον καναπέ ο γέρο-Θωμάς.

Ένα αξιολύπητο πλάσμα, ψυχικό ερείπιο. Ήταν φανερό ότι το μεγάλο μαράζι για τον εξαφανισμένο εγγονό του τον είχε γεράσει απότομα. Η Εύα τον λυπήθηκε μέσα από την καρδιά της. Πήρε τον φάκελο απ' τα χέρια του Παύλου κι άρχισε να του κάνει αέρα να συνέλθει. Όταν άνοιξε τα μάτια του, οι δυο ψύχραιμες γυναίκες, Εύα και Ζαχά τον πιάσανε απ' τους ώμους και τον σύρανε να κάτσει στο στρογγυλό τραπέζι.

-«Αργήσατε πολύ, θα 'φευγα για τον κάτω κόσμο χωρίς να προλάβω να τον δω», είπε ξέπνοα. «Ο θεός αργεί, αλλά δεν λησμονεί, κύριε Θωμά» τον ενθάρρυνε ο Παύλος. «Οργώσαμε γη και ουρανό να τον βρούμε. Ήταν καμουφλαρισμένος πίσω από το ψευδώνυμό του για να μη φανερωθεί» του εξηγεί ήρεμα ο Παύλος.

-«Ψευδώνυμο είπες; Τι σημαίνει αυτό, πρώτη φορά τ' ακούω» απορεί ο γέρος.

-«Θα σας εξηγήσω εγώ» πρόθυμη η Εύα. «Υπάρχουν πολλοί συγγραφείς που προτιμούν να χρησιμοποιούν ψευδώνυμο, γράφουν δηλαδή με άλλο όνομα. Έτσι βρίσκουν μια μυστική ταυτότητα για τον εαυτό τους για να κρύψουν την αληθινή ζωή τους». Ο Θωμάς αρχικά δυσκολεύεται να κατανοήσει το όλο θέμα αλλά δεν αντέχει τον πόνο πια.

-«Δηλαδή, ο Έρασμος ντρέπεται για την καταγωγή του, δεν του αρέσει το βλάχικο όνομά του και ξαναβαπτίστηκε; Με ποιο όνομα, παρακαλώ;» ξεστομίζει τις ιδέες του θυμωμένος.

-«Ραμόν, μ' αυτό το όνομα κυκλοφορεί στην Αμνόβρυση. Όλοι έτσι τον φωνάζουν, δηλαδή κάμποσα άτομα, μετρημένοι στα δάχτυλα του ενός χεριού» λέει η Εύα.

Παππούς και μαμά τα' χουν χαμένα, είναι σε αφασία. Είναι κινέζικα γι' αυτούς ότι ακούνε.

-«Το κρυφό κι αν μακραίνει, στο φανερό εβγαίνει. Ο διάβολος σα σε σπρώχνει και σε κρύβει, ύστερα σε φανερώνει», κάνει τον διερμηνέα ο Παύλος και σωπαίνει.

-"Ε, λοιπόν, φίλε μου, τώρα μου τα εξηγείς ωραιότατα" του λέει αμέσως ο Θωμά και τον κοιτάζει ερευνητικά. «Θες να μας πεις ότι ο γιόκας μας ζει;» ρωτάει με αγωνία.

-«Όχι μονάχα ζει, ζει και βασιλεύει, κύριε Θωμά», ετοιμόλογη η Ευα.

-«Αν αληθεύει αυτό, πως μπορούμε να το πιστέψουμε;» ρωτάει η Ζαχά.

Η Εύα κοιτάζει τον Παύλο με νόημα και του δίνει τον φάκελο, ο οποίος παίρνει αμέσως φωτιά και αραδιάζει τις φωτογραφίες πάνω στο τραπέζι. Προνοεί να τις απλώσει κατά χρονολογική σειρά: Στην πρώτη γραμμή είναι εκείνες που τον δείχνουν πάνω στο άλογο, εννέα χρόνια πριν, νεοφερμένος στην Αμνόβρυση, αδύνατος, καχεκτικός σχεδόν, τα μάγουλά του βαθουλωμένα, τα μάτια του βαθιά μέσα στις κόγχες, το βλέμμα του θολό, τρομαγμένο, ίδιος με ζητιάνο. Κάτω, και σε μεγάλη αντίθεση, οι πιο πρόσφατες, βγαλμένες μόνο τρεις μέρες πριν, καλοδιατηρημένος, με επίσημα ρούχα, ευθυτενές παράστημα, σταθερό βλέμμα που φανερώνει μεγάλη αυτοπεποίθηση, κοντολογίς ένα βασιλόπουλο.

Η Ζαχά δεν μπόρεσε να μείνει ασυγκίνητη σε μια τέτοια όμορφη εικόνα. Έμεινε άναυδη, αλλά ήταν πολύ κουρασμένη για να εκφράσει όλα τα συναισθήματά της, τα έδειξε όλα με το βλέμμα της.

-«Χαίρομαι... χαιρόμαστε» είπε εκείνη, αφού ο πατέρας της δεν έλεγε τίποτα.

-«Μας πιστεύετε;» ρώτησε τους επισκέπτες της. Η Εύα νεύει ναι.

-«Και ποια μάνα δεν θα χαιρόταν, αλήθεια, δεν θα ένιωθε υπερήφανη όταν βλέπει την καλή προκοπή του γιου της, την πρόοδο που έκανε όσα χρόνια τον θεωρούσε αν όχι νεκρό, τουλάχιστον φοβόταν μη τυχόν πεινάει, κρυώνει, όντας μοναχός, υποφέρει» την παρηγόρησε η Εύα. Η Ζαχά πήρε τη φωτογραφία του, εκείνη που τον δείχνει πίσω από τη νύφη, την κράτησε σφιχτά στην αγκαλιά της και γέρνοντας μπροστά, έσκυψε και άρχισε ένα κλάμα βαθύ και βουβό. Έκλαιγε χωρίς λυγμούς, τα δάκρυα έτρεχαν ασυγκράτητα. Κάτι μέσα της είχε ξεχειλίσει.

-«Και πως ζει;» ρωτάει ο Θωμάς για να μπει πλαγίως στο θέμα του.

-«Ε, πως ζει... έχει τον τρόπο του», απαντάει ο Παύλος. Και συνεχίζει: «Κλέβει», είπε αστειευόμενος. «Ξέρετε την ιστορία εκείνου που πουλούσε κομμάτια από το σχοινί του κρεμασμένου γιατί έφερνε γούρι», συμπλήρωσε στον ίδιο αστείο τόνο ο ρήτορας Παύλος. Όταν όμως παρατήρησε την ταραχή του γέρου βιάστηκε να σοβαρευτεί. «Όταν έφτασε στην πόλη μας, τον σπίτωσε μια χήρα, σαρανταπέντε χρόνων που έχει μία κόρη».

-«Αυτός είκοσι κι εκείνη σαρανταπέντε! Την παντρεύτηκε;» ρωτάει η Ζαχά.

-«Όχι, μα φυσικά όχι. Τον έκανε όμως συνέταιρο στα κτήματά της, ίσως για να τον δέσει. Ο Έρασμος παραμένει ψυχρός, δεν ανταποκρίνεται στα αισθήματά της. Δέκα χρόνια άκαρπες προσπάθειες έκαναν την Αλίκη να σκεφτεί ότι χαραμίζει το χρόνο της άσκοπα και παντρεύεται τον Λάμπη, με την κόρη της τη Λίλη, να κάνει το ίδιο. Παντρεύτηκε κι αυτή προχθές την Κυριακή τον Φώτη. Είναι αυτή εδώ η νύφη που βλέπετε στη φωτογραφία», εξηγεί ο Παύλος.

Η Ζαχά φέρνει τη φωτογραφία κοντά στα μάτια της. Και την εξετάζει προσεχτικά.

-«Πόσα χρόνια μετά το γάμο της μάνας παντρεύτηκε η κόρη;» είπε θλιμμένη.

Η Εύα ακούει τις χειμαρρώδεις ερωτήσεις της Ζαχάς και καταλαβαίνει και η ίδια την ζήλεια που νιώθει η Ζαχά για τον ανέραστο γιο της. Κάνει πως πίνει μια γουλιά απ' τον καφέ της, ένα διάλειμμα πριν απαντήσει. Θέλει να το σκεφτεί, θα της μιλήσει φυσικά. Δεν θα ανησυχήσει πως θα σκεφτεί γι' αυτή, δεν θα την πειράξει καθόλου αν η Ζαχά τη θεωρήσει αγενή, ή ίσως γυναίκα της παλαιοντολογικής εποχής. Αλλά την προλαβαίνει η Ζαχά με άλλη ερώτησή της «Να, θέλω να πω, αν στο μεταξύ διάστημα ο Έρασμος δεν είχε μια δεύτερη ευκαιρία να γνωριστεί με την Λίλη...», προσπαθεί πολύ να πει κάτι, μα δεν τα καταφέρνει.

-«Σας καταλαβαίνω πολύ καλά. Αλλά αν η κόρη της Αλίκης έδινε ευκαιρίες δεξιά κι αριστερά, θα ήταν λαχειοπώλης. Βλέπει να κρατάει κανένα λαχείο;» την ειρωνεύτηκε η Εύα.

Και η Ζαχά συνέρχεται. Θυμάται πως ο γιος της δεν είναι ούτε κακός ούτε παρακατιανός για να τον απορρίψουν και πως, αν υπάρχει κάποιος που πρέπει να ντρέπεται, είναι αυτή η... «παγοκολόνα» Λίλη.

-«Ο Έρασμός μου είναι το λαχείο νούμερο ένα», ανταπαντάει με σιγουριά η Ζαχά.

-«Ο γάμος είναι ένα λαχείο. Κάποια άλλη κοπελιά θα είναι η τυχερή» λέει η Εύα.

-«Αυτό θέλω να πιστεύω. Απλά ανησυχώ... τα χρόνια περνάνε. Είναι 35 να και τα 40» είναι απελπισμένη η Ζαχά.

-«Ο θάνατος όπως και ο γάμος δεν έχουν σειρά» πάει να της εξηγήσει ο Παύλος. Και για να την επαναφέρει την κουβέντα σε επαγγελματικό επίπεδο προσθέτει: «Ουδέν κακόν αμιγές καλού» λέει για να υπερασπιστεί τον Έρασμο. «Σε καμία περίπτωση να μη θεωρείται τον γιο σας ηττημένο ή αδικημένο», γιατί η φυγή του από το χωριό του ήταν μια καλή… λύση. Μπορεί κάποιες φορές να έσπασε τα μούτρα του όποτε θέλησε να μάθει κάτι, ίδρωσε προσπαθώντας να το μάθει. Μια αγαπημένη μου έκφραση είναι: «Με πορδές δεν βάφονται τ' αυγά». Σκεφτόταν διαφορετικά από τους περισσότερους εδώ στο βουνό, έτσι είχε διαφορετική τύχη απ' τους περισσότερους, γιατί σήμερα ο Ραμόν είναι ένας μεγαλοεπιχειρηματίας, φημισμένος εξαγωγέας σιτηρών, μεγάλος καταθέτης σε τράπεζες, και το σπουδαιότερο: ιδιοκτήτης της αρχοντικής βίλας Δρέγη, που αν αληθεύουν οι φήμες ότι η γιαγιά της Λίλης, Χαρά Δρέγη, έγραψε το σπίτι της στον Έρασμο γιατί της θύμιζε σ' όλα τον νεκρό γιο της, ε, τότε… μην τον κλαίτε. Για κάθε πρόβλημά σας, απορίες ή ανησυχίες για το μέλλον του Έρασμου, μπορείτε να μου τηλεφωνείτε στο γραφείο μου. Ορίστε την κάρτα μου», κατέληξε.

-«Ευχαριστούμε πολύ για όλα. Ας μην σας καθυστερούμε άλλο», ένιωσε την ανάγκη να πει ο παππούς Θωμάς. Η Ζαχά ευχαριστημένη τους ξεπροβόδισε ως την αυλόπορτα βάζοντας τελικά ένα χοντρό φάκελο με χαρτονομίσματα νέας κοπής στην τσέπη του σακακιού του Παύλου, μια κίνηση που ώθησε τον γερο-Θωμά να μουρμουρίσει:

-«Ο γιατρός και ο δικηγόρος το κάθε μικροατύχημα το κάνει χρυσό ρυάκι». Γιατί είναι αλήθεια πως μία ακόμα ώρα, υπήρξε «ΧΡΥΣΗ ΩΡΑ» για τον Παύλο. Όση ώρα οδηγούσε για το εφτάστερο ξενοδοχείο όπου είχε κάνει κράτηση της σουίτας για τέσσερις ημέρες, το δεξί χέρι στο τιμόνι και τ' αριστερό στην τσέπη του να χαϊδεύει το ζεστό χρήμα, συνειδητοποίησε ότι αν το καρπώθηκε το οφείλει κυρίως στο θηλυκό μυαλό της Εύας, που απέδειξε έμπρακτα ότι δεν είναι μια απλή «κότα» αλλά μια χρυσοτόκος κότα, απολύτως απαραίτητη στο γραφείο του. Τέσσερις μέρες το έπαιξε κουβαρντάς, πλήρωνε χωρίς να τσιγκουνεύεται για ωραίο φαγητό, κολύμπι στην πισίνα, πεζοπορία και ύπνο στο ημίσκληρο διπλό στρώμα το βράδυ. Και φυσικά… loving sex, τη πρώτη νύχτα του γάμου τους.

Κεφάλαιο 17

Ο φόβος της αλήθειας

Αλλά πάει τόσος καιρός από τότε. Μεγαλώσαμε, πήρε ο καθένας το δρόμο του, σιγά – σιγά απομακρυνθήκαμε ο ένας απ' τον άλλο. Αυτό δεν μου φαίνεται παράξενο. Δεν μπορούμε να ελέγξουμε τη ζωή που μας παρασύρει και δεν μας αφήνει σχεδόν τίποτε. Τον Οκτώβρη, πάνε τέσσερα χρόνια από τον γάμο της Λίλης και του Φώτη, έλαβα ένα γράμμα τους που μου προτείνανε να βαπτίσω την κόρη τους, χρειαζόταν το πιστοποιητικό βάπτισης για να την δεχτεί το νηπιαγωγείο. Αρνήθηκα ευγενικά εξηγώντας τους πως δεν ήμουν έτοιμος να γίνω νονός, ν' αναλάβω τις ευθύνες που αναλογούν σ' ένα πνευματικό πατέρα. Τελικά, όπως έμαθα μετά, την βάπτισε ένας στενός φίλος του Φώτη, συμφοιτητές στο Πολυτεχνείο της Αθήνας. Και το όνομα της μικρής, Ραμόνα. Μου κίνησε την περιέργεια το όνομα, περίμενα να την λέγανε Αλίκη ή Χαρά, να τιμήσουν τα ονόματα των δύο γιαγιάδων. Αλλά τώρα, σκέφτηκα, οι γονείς δίνουν ονόματα στα παιδιά τους αρχαίων ηρώων ή αγίων. Έξι μήνες αργότερα υπάλληλος της courier μου παρέδωσε στο γραφείο μου ένα συστημένο γράμμα, από την Λίλη:

«Σου ζητώ συγνώμη που σου γράφω έτσι αναπάντεχα, αλλά συνέβησαν διάφορα γεγονότα και, υπό τις παρούσες συνθήκες, δεν έχω πια άλλη επιλογή από το να ζητήσω την βοήθειά σου». Η εξήγηση βρισκόταν στην δεύτερη παράγραφο, πολύ κοφτή, χωρίς εισαγωγές.

«Ο Φώτης έχει εξαφανιστεί, κι έχω να τον δω πάνω από έξι μήνες, διάστημα κατά το οποίο δεν έχω λάβει ούτε λέξη, ούτε την παραμικρή ένδειξη για το που βρίσκεται. Η αστυνομία δεν έχει ανακαλύψει τα ίχνη του. Τίποτα δεν είναι βέβαιο, αλλά κατά πάσα πιθανότητα είναι νεκρός. Βρίσκομαι σε δύσκολη θέση και θα ήθελα να το συζητήσω μαζί σου. Αναρωτιέμαι αν θα δεχόσουν να σε δω. Έως τότε, να είσαι πάντα καλά.

Λίλη Δρέγη».

Το γράμμα μου προκάλεσε απανωτά τη μια ταραχή μετά την άλλη. Μου έδινε τόσες πληροφορίες που δεν μπορούσα να τις αφομοιώσω με μιας, τόσες δυνάμεις με τραβούσαν η καθεμιά προς διαφορετική κατεύθυνση. Ένα τηλεφώνημά τους να βρεθούμε για ένα ποτό, να μη σβήσει η φιλία μας – δεν θα 'ταν δύσκολο να γίνει. Όμως έφταιγα κι εγώ, γνώριζα την διεύθυνση του καταστήματός τους, θα μπορούσα να περάσω απ' εκεί κάποια μέρα. Η αλήθεια είναι πως τους είχα αφήσει να βγουν -να βγει η Λίλη- από την ζωή μου. Η ζωή της είχε σταματήσει για μένα τότε που χώρισαν οι δρόμοι μας, τη μοιραία νύχτα, και τώρα πια, για μένα -η Λίλη δεν ανήκε στο παρόν αλλά στο παρελθόν. Ήταν ένα φάντασμα που κουβαλούσα μέσα μου, ένα προϊστορικό απόκυημα της φαντασίας μου, κάτι που δεν ήταν πια πραγματικό. Αφού για δυο-τρεις μέρες το σκέφτηκα καλά και ξεπέρασα τους δισταγμούς μου, τηλεφώνησα στη Λίλη και της είπα πως με χαρά θα την έβλεπα όποτε τη βόλευε. Αποφασίσαμε να βρεθούμε την επόμενη μέρα στο σπίτι της. Κτύπησα το κουδούνι της κυρίας εισόδου, ένα μάτι κοίταξε μέσα από το μάτι της πόρτας, ακούστηκαν σύρτες που ξεμαντάλωναν, και μετά αντίκρυσα τη Λίλυ μ' ένα κοριτσάκι στην αγκαλιά της, του έπιασε το προσωπάκι του με τα δυο της χέρια και του γύρισε το πρόσωπο προς το μέρος μου.

-«Αυτή είναι η Ραμόνα, είπε, η κόρη του Φώτη. Γεννήθηκε πριν τρία χρόνια και τρεις μήνες, για την ακρίβεια». Προσποιήθηκα πως θαύμαζα τη μικρή, όμως ήταν γεγονός πω πιο πολύ μου άρεσε η μητέρα του, μ' ένα βλέμμα τόσο άγριο κάτι που την έκανε αισθησιακή μαζί και παρατηρητική, σαν να έβλεπε τον κόσμο από μια βαθιά ενδοσκόπηση. Κανένας παντρεμένος άντρας δεν θα άφηνε τη γυναίκα αυτή για ψύλλου πήδημα, και σίγουρα όταν είχε αποκτήσει μαζί της ένα τόσο χαριτωμένο παιδί. Μου έδωσε ένα φλυτζάνι καφέ και με τη μικρή στα γόνατά της κάθισε στον δερμάτινο καναπέ. Είπε πως η συμβίωση με τον Φώτη δεν ήταν εύκολη, αλλά εκείνη τον αγαπούσε. Κάποια μέρα του Απρίλη της είπε πως θα πήγαινε στους γονείς του στην Αθήνα για τρεις μέρες, και δεν ξαναγύρισε.

-«Τηλεφώνησες στους γονείς να μάθεις;» τη ρώτησα.

-«Φυσικά, αλλά μου είπαν ότι δεν τους είχε επισκεφθεί καθόλου». Τότε η Λίλη αποφάσισε να κάνει υπομονή, ήξερε πως ο Φώτης χρειαζόταν μεγαλύτερο ζωτικό χώρο για τον εαυτό του».

-«Πήγες στην αστυνομία να δηλώσεις την εξαφάνισή του;» είπα για να τη βοηθήσω.

-«Ναι, αλλά δεν έδειξαν μεγάλο ενδιαφέρον για το πρόβλημά μου. Δεν είχαν ενδείξεις για έγκλημα, οπότε δεν μπορούσαν να κάνουν και πολλά. «Είναι σύνηθες φαινόμενο, πολλοί σύζυγοι εγκαταλείπουν τις συζύγους κάθε μέρα και πολλοί δεν θέλουν να τους βρουν» μου εξήγησαν.

Και πρόσθεσε: «Αν ο Φώτης είχε αποφασίσει να με παρατήσει, δεν θα έφευγε χωρίς κουβέντα. Δεν ήταν στον χαρακτήρα του να φοβάται την αλήθεια, ν' αποφεύγει τις δυσάρεστες συγκρούσεις».

-«Πως τα πήγαινε με την δουλειά του; Συνέχιζε να κάνει τον πλασιέ στην επαρχία;»

-«Όχι, γιατί όταν παντρευτήκαμε απασχολιόταν κάποιες ώρες στο μαγαζί, δεν έδινε πολλή σημασία στο χρήμα, έκανε τη ζωή του μποέμ, ενώ τα έσοδά μας δεν αρκούσαν, δεν μας έλειψε βέβαια το φαγητό ούτε και τα απαραίτητα για την ανατροφή του παιδιού».

-«Δηλαδή συνέχισε να πηγαίνει στο μαγαζί», είπα. «Ήταν συνιδιοκτήτης, έτσι δεν είναι;»

Η Λίλη έγνεψε καταφατικά. «Αυτό ακριβώς έγινε. Ή τουλάχιστον εν μέρει», παραδέχτηκε. «Μια-δυο φορές, μάλιστα, σκέφτηκα ν' αναλάβω η ίδια την επιχείρηση, αλλά μετά θεώρησα ότι όσα λανθασμένη κι αν ήταν η προσπάθειά του, όφειλα να τη δεχτώ και να συμβιβαστώ» συμπλήρωσε πικραμένη.

Δεν την διέκοψα. Καταλάβαινα πως όλες αυτές τις λεπτομέρειες έπρεπε να τις ξεφορτωθούμε πριν ασχοληθούμε με την ουσία του προβλήματος.

Αυτό το κατάλαβα αμέσως, πολύ πριν ακούσω τα όσα θα μου έλεγε.

«Μια μέρα, τρεις μήνες πριν την εξαφάνισή του, μου έκανε μια συμβιβαστική πρόταση. Μου έδωσε το λόγο του ότι θα ασχολιόταν περισσότερο με το μαγαζί, αλλά, αν για κάποιο λόγο δεν τηρούσε τη συμφωνία μας, εγώ θα έπρεπε να αναθέσω σε σένα τα λογιστικά βιβλία της επιχείρησης. «Εσύ είσαι ο φύλακας του μαγαζιού μου», είπε. «Κι είναι στο χέρι σου ν' αποφασίσεις ποια θα ήταν η τύχη του» τόνισε με στόμφο. Επιπλέον, είπε, αν τυχόν του συνέβαινε εντωμεταξύ κάτι, εγώ έπρεπε να σου δώσω αμέσως όλα τα λογιστικά έντυπα και να σε αφήσω να αναλάβεις όλες τις διατυπώσεις, με τον όρο ότι θα εισπράττεις το 25% των μηνιαίων εσόδων», μου ξεκαθάρισε η Λίλη, χαμογελώντας ίσως επειδή κατάλαβε πως την είχα ξεπεράσει, πως ήξερα τι επρόκειτο να γίνει.

«Οι δηλώσεις του με σάστισαν και έβαλα τα γέλια με το σοβαρό του ύφος. Αναρωτήθηκα αν όλα αυτά τα έκανε λόγω του γεγονότος ότι είχε γίνει πατέρας, ότι είχε αναλάβει ευθύνες. Αργότερα, το ξανασκέφτηκα, και δεν θέλησα να εκτελέσω τις εντολές του -από φόβο μη γρουσουζέψω την κατάσταση και τον χάσω παντελώς, να μην τον ξαναδώ. Τελικά όμως ενέδωσα. Σεβάστηκα την επιθυμία του κι έτσι σου έγραψα» είπε η Λίλη κοιτάζοντάς με έντονα στο πρόσωπο. Όσο για μένα, δεν ήξερα πως ν' αντιδράσω.

Η πρόταση με βρήκε απροετοίμαστο, πάλευα μέσα μου να εξηγήσω γιατί είχε διαλέξει εμένα γι' αυτή τη δουλειά. Είχα να τον δω πάνω από τέσσερα χρόνια. Πως και με θυμόταν;

-«Μπορεί να μην είχατε επαφή, αλλά ενημερωνόταν για την δουλειά σου. Θαύμαζε την επαγγελματική σου άνοδο, σε θαύμαζε και προέβλεπε να κάνεις κάτι σπουδαίο», είπε.

Έτσι οι κολακείες του Φώτη μ' έκαναν να πιστέψω ότι παραήμουν σκληρός με τον εαυτό μου, που ενώ ο κόσμος με θεωρούσε ως ένα έξυπνο νέο, έναν ανερχόμενο επιχειρηματία ικανό να δώσει δουλειά σε πολλούς άνεργους νέους της περιοχής. Εγώ ωστόσο, έλεγα πως ό,τι είχα πετύχει ως εκείνη τη μέρα δεν ήταν τίποτα άλλο παρά λίγη σκόνη, που αρκούσε ένα ελαφρό αεράκι για να τη σκορπίσει. Μέσα μου ένιωθα γέρος και ήδη ξοφλημένος, κι αυτή η σκέψη ήταν η καταστροφή μου. Ποιος στη θέση μου δεν αρπάζεται απ' την ευκαιρία να εξαγοράσει τον εαυτό του; Να ελπίζει να δει τον ευατό του να ξαναγεννιέται, να ζουρλαίνει τα θηλυκά στο πέρασμά του, ένας ακαταμάχητος εραστής;

Έτσι έγινε. Υπέκυψα στις κολακείες κάποιου φαντάσματος, και, σ' εκείνη τη στιγμή αδυναμίας, είπα ναι.

-«Θα κάνω ό,τι περνάει απ' το χέρι μου για να βοηθήσω την κατάσταση».

Η Λίλη μου χαμογέλασε, σηκώθηκε απ' τον καναπέ, άφησε το κορίτσι στο άλλο δωμάτιο -παιδότοπος- άνοιξε το συρτάρι και μου έδωσε ένα μεγάλο ντοσιέ με χαρτιά. Μ' έσφιξε πάνω της για να μ' ευχαριστήσει και με φίλησε στο μάγουλο, συγκινημένη, αλλά χωρίς δάκρυα. Βγήκα στο δρόμο

Κεφάλαιο 18

Έρωτας, η 2η μεταμόρφωσή μας

Κάθε μέρα την επόμενη εβδομάδα μελετούσα τα χαρτιά της, αλλά δεν μπορούσα να βγάλω άκρη, κι αν επέμενα να τα κοιτάξω, ήταν η φαντασία μου ότι ίσως κάπου μέσα σ' όλα αυτά τα χαρτιά, θα έβρισκα κάποια αναφορά στο άτομό μου – έστω κι ένα γράμμα με οδηγίες ή κάποια σημείωση σ' ένα τετράδιο όπου θα με όριζε εκτελεστή της επιχειρηματικής του διαθήκης. Όμως δεν υπήρχε τίποτα. Με είχε αφήσει να τα βγάλω πέρα εντελώς μόνος μου, ο εκλιπών Φώτης. Αυτό όμως το περίμενα. Δεν μπαίνει κανείς στον κόπο να κρυφτεί απ' τον κόσμο χωρίς προηγουμένως να βεβαιώνει πως έχει συγκαλύψει τα ίχνη του. Μου είχε στήσει, λοιπόν, καμία γερή παγίδα; Δεν θα έπεφτα όμως μέσα της. Θα την απέφευγα δια της πλαγίας οδού. Πήγα στο γραφείο του προσωπικού μου λογιστή, και καλός μου φίλος, τον Νίκο, και του παρέδωσα τον φάκελο: «Δεν μπορώ ν' ασχοληθώ και με ξένες υποθέσεις. Να σκοτίζουν το μυαλό μου με αριθμούς, να χαραμίζω τη ζωή μου ανούσια», του είπα.

-«Ναι, αλλά ήταν μια ζωή γεμάτη νίκες», ανταπάντησε ο Νίκος.

-«Ακριβώς, αλλά δεν μου αρέσει πια αυτό, βγαίνω νικητής, εντάξει, αλλά ποτέ με αίσθημα ανάτασης, μια ζωή γεμάτη άχαροι θρίαμβοι» του λέω.

Κάθε άλλος στη θέση μου, κάθε παρορμητικός χαρακτήρας, Super καψούρης, θα της έστελνε ακαριαία το ραβασάκι:

«Μοναδική μου Λίλη,

Μην τρέμεις στις παγωμένες στέπες της απουσίας,

-σ' έχω στο μέρος της καρδιάς και

Θα πορευτούμε μαζί, ώσπου ο δρόμος να σβηστεί».

Όχι, όμως εγώ τώρα πια. Το δις εξαμαρτείν, ουκ ανδρός σοφού. Ήθελα όλα ν' ακολουθήσουν τον ρυθμό τους όχι απότομες κινήσεις, όχι πρόωρες ενέργειες. Είχα ήδη ενημερωθεί για την δουλειά του Φώτη, αλλά φοβόμουν να βιάσω τα πράγματα με τη Λίλη.

Πάλευα με την ανυπομονησία μου, παρακινούσα τον εαυτό μου να δείξει σύνεση, συνιστούσα στον εαυτό μου να σκεφθεί την μελλοντική μου ζωή, την ευτυχία μου. Στο τέλος της δεύτερης εβδομάδας τηλεφώνησα στη Λίλη και κανόνισα να φάω μαζί της το επόμενο βράδυ. Της πρότεινα ένα κεντρικό εστιατόριο που σέρβιρε γαλλικά κρασιά, με ζωντανή, ελαφριά μουσική. Ήταν μια εορταστική συνάντηση. Ωστόσο, είπα όσο λιγότερα μπορούσα.

Φορούσε ένα μαύρο μεταξωτό φόρεμα, μικρά σκουλαρίκια από λευκόχρυσο, τας μαλλιά της τα είχε χτενίσει προς τα πάνω που άφηναν ακάλυπτο το λαιμό της. Με είδε που καθόμουν στο μπαρ, μου χαμογέλασε ζεστά, κλείνοντάς μου το μάτι, συνωμοτικά, σαν να σχολίαζε την παράξενη κατάσταση, απολαμβάνοντάς την εν μέρει, ξέροντας τις παράξενες επιπτώσεις εκείνης της στιγμής. Της είπα πως ήταν αστραφτερή, κι απάντησε ναζιάρικα πως ήταν η πρώτη της νυχτερινή έξοδος από τότε που γεννήθηκε η Ραμόνα – και πως απόψε ήθελε να «μοιάζει αλλιώτικη». Το τραπέζι μας, μ' ένα λεπτό βάζο και μια κόκκινη τουλίπα ανάμεσά μας ήταν στη βόρεια γωνία. Άρχισα να της μιλάω για τον Φώτη, εκείνη δεν έδειξε κανένα ενδιαφέρον, τότε κατάλαβα πως τα συναισθήματά της ήταν ίδια με τα δικά μου. Ο κ. Φώτης είχε εξαφανιστεί απ' τη ζωή της φορτώνοντάς την μ' ένα βαρύ φορτίο στην πλάτη, την τρίχρονη κόρη της, και το χρεωκοπημένο μαγαζί του, δύο πράγματα που θα την ανάγκαζαν να ζει στο παρελθόν. Όσο για το μέλλον που ήθελε να φτιάξει για τον εαυτό της, όποιο κι αν ήταν αυτό, θα εξαρτιόταν από το ρόλο που έπρεπε να παίξει: η επίσημη χήρα, η ωραία ηρωίδα μιας τραγικής ιστορίας. Η Λίλη ήταν μόλις είκοσι επτά χρόνων. Ήταν πολύ νέα για να ζήσει μέσα από κάποιον άλλο, πολύ έξυπνη για να μη θέλει μια ζωή εντελώς δική της. Ούτε συζήτηση ότι είχε αγαπήσει τον Φώτη που είχε πεθάνει κι είχε έρθει πια η στιγμή να τον αφήσει πίσω της. Δεν το ξεκαθάρισε αλλά θα ήταν ανόητο να παραγνωριστεί. Είχε τις επιφυλάξεις της, κι ήταν παράδοξο που ήμουν εγώ αυτός που έπρεπε ν' ανοίξω το δρόμο, διαφορετικά η δουλειά δεν θα γινόταν. Η υπόθεση θα έμεινε στάσιμη.

-Η δουλειά στο μαγαζί δεν πάει καλά. Θα πρέπει να το κουβεντιάσουμε. Αν θέλεις ν' αφήσεις τις αποφάσεις σε μένα, πιστεύω ότι θα στρώσει το πράγμα, αν κι αυτό θα πάρει πολύ από το χρόνο σου, είπα.

-Και βέβαια αφήνω την υπόθεση στα χέρια σου. Δεν έχω ιδέα απ' αυτά τα πράγματα. Αν ασχολιόμουνα, θα τα σκάτωνα μέσα σε πέντε λεπτά.

-Το βασικό είναι να θέλουμε και οι δυο να είμαστε στην ίδια πλευρά. Σημαντικό είναι να μπορείς να με εμπιστευτείς.

-Σε εμπιστεύομαι, είπε εκείνη.

-Έως τώρα, δεν σου έχω δώσει κανένα λόγο να με εμπιστεύεσαι, της είπα.

-Το ξέρω. Παρ' 'όλα αυτά σου έχω εμπιστοσύνη. Τυφλή εμπιστοσύνη. Προχώρα.

-Να; Έτσι στα τυφλά; Μου χαμογέλασε αμήχανα, βαριεστημένη. Ένιωθε σαν φυλακισμένη χωρίς σοβαρό λόγο, κι αποζητούσε ένα καλό δικηγόρο να αποδείξει την αθωότητά της και να αποφυλακιστεί σύντομα. Την είχα διαβεβαιώσει γι' αυτό σιγά-σιγά ξανάγινε πρόσχαρη και παιχνιδιάρα. Μετά από τόσα στερημένα χρόνια είχε την ευκαιρία να ξεχάσει για λίγο, να χαρεί το εστιατόριο, το φαγητό, το γέλιο των θαμώνων γύρω μας, το γεγονός ότι βρισκόταν κάπου αλλού. Ήθελε να τ' απολαύσει όλα αυτά και ποιος ήμουν εγώ να μην της παρασταθώ; Ήμουν σε φόρμα εκείνη το βράδυ. Η Λίλη με ενέπνεε και δεν χρειάστηκα και πολύ για να ζεσταθώ. Ένας θεός μονάχα ξέρει τι παραδοξολογίες βρήκα να πω να την κάνω να γελάσει, να εξετάσω το βλέμμα της, να δω τις κινήσεις της. Έκανα όμως προσπάθειες να κρύψω τις πραγματικές μου προθέσεις κάτω απ' αυτή την εκστρατεία γοητείας. Ήξερα ότι η Λίλη ένιωθε μοναξιά, λαχταρούσε ένα ζεστό ανδρικό κορμί δίπλα της, όμως δεν επεδίωκα μια δεύτερη ιστορία μας νύχτας, θα ήταν ολέθριο λάθος μου, επειδή ο Φώτης ήταν ακόμα ανάμεσά μας, ο αχρείος δεσμός μας, η αόρατη δύναμη που μας είχε ξαναπλησιάσει, αφού πρώτα μας χώρισε. Θα χρειαζόταν καιρός για να εξαφανιστεί, κι ανακάλυψα πως ήμουν διατεθειμένος να την περιμένω τη στιγμή εκείνη. Μετά το δείπνο κάναμε ένα δεκάλεπτο περίπατο στον πεζόδρομο με τις χρωματιστές ομπρέλες για σκεπή χαζεύοντας τις φωτισμένες βιτρίνες. Σταματήσαμε σ' ένα βιβλιοπωλείο και διαβάζαμε τους τίτλους, τόσοι πολλοί τίτλοι!

«Αναρωτιέμαι αν αξίζει κανείς να επενδύει στο γραπτό λόγο, αν πιστεύει στη δύναμη το βιβλίου, αν ενδιαφέρεται για τις λέξεις», σχολίασα. «Είναι πεταμένα λεφτά», πρόσθεσα.

Όταν άνοιξα το μαγαζί με τα ρούχα, πίστευα ότι έκανα μια ασφαλή επένδυση στα χρήματά μου, ανώφελος κόπος, μηδενικό κέρδος. Η ακρίβεια κάνει τον κοσμάκη να μεταποιεί ότι παλιό έχει φυλάξει. Περνάμε την εποχή των ισχνών αγελάδων είναι αποδεδειγμένο, νιώθει ανασφαλής η Λίλη. Τη συνόδευσα μέχρι την αυλόπορτα του σπιτιού της, της έδωσα ένα πεταχτό φιλί στα χείλη και προχώρησα γρήγορα να μπω στο αυτοκίνητό μου. Με την πάροδο του χρόνου, μου έγινε συνήθεια να της τηλεφωνώ τρεις – τέσσερις φορές την εβδομάδα, να τρώμε μαζί το μεσημέρι, να περνάω να την παίρνω μαζί με την Ραμόνα για μια βόλτα στο κοντινό πάρκο. Τη σύστησα στον λογιστή που είχε αναλάβει τις εμπορικές υποθέσεις του καταστήματός της, οι δουλειές άρχισαν να πάνε καλύτερα, τα λεφτά την έκαναν ευτυχισμένη. Ήταν ένα απροσδόκητο δώρο, ένα ουρανοκατέβατο λαχείο και τίποτε παραπάνω. Η Λίλη ήξερε πως ήμουν ακόμα ερωτευμένος μαζί της και το γεγονός ότι δεν της ρίχτηκα, ίσως την έπεισε για την σοβαρότητά μου. Τα πράγματα ανάμεσά μας είχαν μπει σε μια σειρά. Είχε έρθει η στιγμή που ένιωσα πως η φλόγα του πάθους μπορεί να διαλύσει όλα τα εμπόδια μπροστά μας. Έτσι την ημέρα των γενεθλίων της, γινόταν εικοσιοχτώ, με κάλεσε να πάμε σε μια θεατρική παράσταση. Γυρίσαμε σπίτι της στις έντεκα το βράδυ, πλήρωσε την μπέιμπι-σίτερ, και μπήκαμε στο δωμάτιο της Ραμόνας στις μύτες των ποδιών μας, να μην την ξυπνήσουμε. Στεκόμαστε ο ένας απέναντι στον άλλον και την κοιτάζαμε κι αρχίσαμε να φιλιόμαστε.

Μου είναι δύσκολο να πω τι συνέβη. Πέφταμε με τέτοια ταχύτητα και τόσο πάθος ο ένας μέσα στον άλλο, που τίποτε δεν θα μπορούσε να μας σταματήσει. Τα λόγια μας βγαίναμε ανεξέλεγκτα, που μου φαίνεται άσκοπο να τα εκφράσω. Κι όμως ειπώθηκαν τόσα πολλά, και τόσο δυνατά, που έκαναν τη Ραμόνα να γυρίσει ανάσκελα και να μας κοιτάζει: «Μαμά, ο παππούς μου θα μείνει στο σπίτι μας απόψε; Τον θέλω πάρα πολύ, πες μου, θα μείνει;», εκλιπαρούσε την Λίλη. Ίσως για τον αναγνώστη το γεγονός αυτό να μην έχει σημασία, για μας όμως έχει, γιατί η πραγματικότητα δεν αλλάζει. Η μικρή με ήξερε, όπως της έλεγε η μαμά της, ότι, αφού ο μπαμπάς του μπαμπά της είχε πεθάνει, θα είχε στήριγμά της τον παππού της από την Αθήνα, τον μπαμπά του μπαμπά της. Ίσως εκείνη την ώρα τον ονειρευόταν, και το όνειρό της... πραγματοποιήθηκε με την επίσκεψή μου. Πολύ πιθανόν να του μοιάζω... Και να έχει το όνομά του, Ραμόν, για τούτο βαπτίσανε την εγγονή του, Ραμόνα. Όλα είναι τόσο αληθινά, άλλωστε μπορείς να πεις ψέματα σ' ένα παιδί; Εντέλει, αν και κρύα η χυλόπιτα, την απόλαυσα. Διαβολάκι. Ναι, ο πατέρας σου είναι γάιδαρος!!! You are a donkey's daughter!!!

*

Εκείνη την ημέρα, όπως κάθε μέρα από εκείνη τη νύχτα, όταν κοίταζα το γραμματοκιβώτιό μου κοβόταν η αναπνοή, γιατί περίμενα καλά νέα, ένα γράμμα που θα άλλαζε τη ζωή μου. ήταν η μαγική κρυψώνα μου, το μόνο μέρος στον κόσμο που μου ανήκει πλήρως. Εντούτοις, με συνέδεε με τον υπόλοιπο κόσμο, είχε πίστευα τη δύναμη να κάνει να συμβούν θαύματα, λοιπόν, εκείνη την ημέρα είχα μόνο ένα γράμμα. Σ' έναν απλό, λευκό φάκελο με ταχυδρομική σφραγίδα της Αθήνας και χωρίς όνομα αποστολέα. Δεν μπορούσα να σκεφτώ ποιος μου το είχε στείλει. Μπήκα στο ασανσέρ κι άνοιξα βίαια το φάκελο – κι εκείνη τη στιγμή καθώς ανέβαινα στον έκτο όροφο, μου ήρθε ο ουρανός σφοντύλι.

«Μη μου κρατήσεις κακία αν τυχόν σου προκαλέσω καρδιακή προσβολή. Νομίζω ότι είναι χρέος μου να σου στείλω δυο Τελευταίες λέξεις – να σ' ευχαριστήσω για ό,τι έκανες.

Το ήξερα ότι εσύ είσαι ο άνθρωπος στον οποίο ν' απευθυνθώ. Όμως ποτέ δεν είχα φανταστεί ότι τα πράγματα θα πήγαιναν τόσο καλά. Ξεπέρασες κάθε προσδοκία μου και σου είμαι υπόχρεος. Η Λίλη και το παιδί ΣΟΥ, η Ραμόνα, θα τακτοποιηθούν κι έτσι θα μπορέσω να ζήσω με ήσυχη συνείδηση. Άσχετα απ' αυτό το γράμμα, θέλω να εξακολουθήσεις να με θεωρείς νεκρό, και δεν θέλω να πεις σε κανέναν ότι είχες νέα μου, κυρίως μην πεις λέξη στη Λίλη. Πείσε την να με χωρίσει και μετά παντρέψου την.

Έχω εμπιστοσύνη ότι θα το κάνεις και σας δίνω την ευχή μου. Το παιδί, η Ραμόνα, πρέπει να ζήσει με τον πραγματικό της πατέρα, που είσαι εσύ, και στον οποίο μπορώ να βασιστώ για την ανατροφή της.

Μείνε ήσυχος, δεν πρόκειται να σ' ενοχλήσω ποτέ ξανά.

Σου εύχομαι να ζήσεις μια μακριά κι ευτυχισμένη ζωή.

Χαίρομαι που τα πράγματα πήραν αυτό τον καλό δρόμο.

Όσο για μένα, αυτό είναι άλλο παραμύθι. Ευχήσου με καλή τύχη.

Δεν υπήρχε υπογραφή κάτω από το γράμμα και για δυο ώρες προσπαθούσα να πείσω τον εαυτό μου πως επρόκειτο για φάρσα.

Αν το είχε γράψει ο Φώτης, γιατί να μην βάλει την υπογραφή του; Η ιδέα αυτή μου βεβαίωσε πως ήταν αλήθεια φάρσα. Όμως η αισιοδοξία μου αυτή δεν κράτησε πολύ, και μετ' ολίγου αναγκάστηκα να αντιμετωπίσω την πραγματικότητα. Μου είχε δώσει όλα τα στοιχεία από την αρχή: Να γίνω ο νονός του κοριτσιού, το λένε Ραμόνα -απ' το Ραμόν- μετά λέει στη Λίλη τι να κάνει αν του συμβεί κάτι, και μετά εξαφανίζεται. Τώρα γίνεται πιο αποκαλυπτικός, λέει ότι ο πραγματικός πατέρας της Ραμόνας είμαι εγώ! Οι υποψίες τρυπούν το κρανίο μου, μετρώ τις ημερομηνίες: Σάββατο 15 Οκτωβρίου 2000 -Η νύχτα της παράνομης ερωτικής μας πράξης. Τετάρτη 10 Ιουλίου 2001- ημέρα που γεννήθηκε η Ραμόνα. Εννέα ακριβώς μήνες! Ο Φώτης το είχε προσέξει ιδιαίτερα... Τώρα όσο διαβάζω το γράμμα του από αδιαπέραστος, σκοτεινός όγκος, γίνεται ένα κατάφωτο διέξοδο, ικανό να το διαβάσεις κι ανάμεσα στις γραμμές. Στο τέλος απελπίστηκα, έβαλα το γράμμα σ' ένα συρτάρι του γραφείου μου και παραδέχτηκα πως ήμουν χαμένος, πως τίποτα πια δεν θα ήταν το ίδιο για μένα. Οι μέρες περνούσαν. Το ένστικτό μου με έσπρωχνε να τα πω όλα στη Λίλη, να της μιλήσω για το γράμμα. Όμως δεν το αποφάσιζα επειδή αμφέβαλλα υπερβολικά για την αντίδρασή της, ζούσα μέσα στη σιωπή φτιαγμένη από πανικό και τρόμο. Ο Φώτης ήταν ζωντανός, αν το έλεγα στη Λίλη, ίσως αυτή να ήθελε πολύ το γυρισμό του, αν είναι έτσι, προτιμώ να μην μάθω τ' αληθινά της αισθήματα για τον... χαμένο άντρα της, αυτό θα ήταν η μεγαλύτερη καταρράκωση, ένας ολοσχερής εξευτελισμός, ένα κοινωνικό κουρέλιασμα για μένα. Αν ήξερα με απόλυτη βεβαιότητα ότι η Λίλη μ' αγαπούσε, θα διακινδύνευα τα πάντα. Εκείνη τη στιγμή όμως η Λίλη έδειχνε πως η ζυγαριά έκλινε περισσότερο προς το μέρος του παιδιού της, λέω παιδιού της γιατί παρ' όλη την ομολογία του Φώτη ότι το κορίτσι ήταν δικό μου, και μπορεί να είναι, εντούτοις ανώτεροι συναισθηματικοί λόγοι με κάνουν να το απαρνηθώ: αποφασίζεις να κάνεις παιδί με την γυναίκα που αγαπάς, που έχεις προγραμματίσει να παντρευτείς σύντομα, έχεις χτίσει το σπίτι σας, επιπλώνεις το παιδικό δωμάτιο... όλες τις προετοιμασίες, τόσο ευχάριστες όσο και η αναμονή του ερχομού του στον κόσμο!!!

Και όταν ανοίξει τα ματάκια του για πρώτη φορά και σε πρωτοαντικρίσει, το μεγαλείο της ψυχής σου δεν περιγράφεται, ένα σωρό πατρικό συναισθήματα σε κατακλύζουν. Ξαφνικά ωριμάζεις και συνειδητοποιείς τις γονεϊκές σου ευθύνες. Κι ύστερα όταν το παίρνεις στην αγκαλιά σου, μια φούχτα σάρκα, και ανησυχείς για το μεγάλωμά του! Τίποτα απ' όλα αυτά δεν έγιναν, δυστυχώς! Η Ραμόνα δεν ήταν καρπός ενός αιώνιου έρωτα, ήταν βρέφος -μίασμα, καρπός μιας αποτρόπαια ερωτικής συνεύρεσης... εκδικητική! Θα ήμουνα μεγάλος Φαρισαίος να υποστηρίξω τώρα, ύστερα από τέσσερα χρόνια, τον πονόψυχο πατέρα, να ζητήσω την εξιλέωσή της που την έχω τόσο πολύ αγνοήσει! Συνεπώς, ο ρόλος του παππού από τη μεριά του πατέρα της, μου ταιριάζει γάντι! Συχνά κάνεις κάτι χωρίς να το σκεφτείς, και μετανιώνεις. Άλλες φορές σκέφτεσαι να κάνεις κάτι και δεν το κάνεις, και πάλι μετανιώνεις.

«Ο φρόνιμος άνθρωπος πρέπει να προνοεί για να μη μετανοεί» έλεγε ο αρχαίος φιλόσοφος Επίχαρμος. Ήμουνα με την πλευρά του, και ξαπλωμένος στο κρεβάτι. Προσπαθούσα να κοιμηθώ, να πάρω τον απογευματινό υπνάκο μου, να ξεχάσω τις φουρτούνες στο μυαλό μου, όταν χτύπησε το εσωτερικό κουδούνι στο δωμάτιό μου. Η γιαγιά Χαρά με καλούσε να κατέβω στο διαμέρισμά της αμέσως, επρόκειτο για κάτι σημαντικό. Την βρήκα στο σαλόνι παρέα με τον συμβολαιογράφο της, τον κύριο Μπέη, ο οποίος μου έδωσε το αντίγραφο της συμβολαιογραφικής της πράξης.

«Το σπίτι όπου κατοικούσε, επιθυμεί μετά τον θάνατό της να πάει σε μένα, τον Ραμόν ή Έρασμο, και μετά το θάνατό μου να το καρπωθεί η δισέγγονή της Ραμόνα». Και οι δύο με κοίταζαν με ενδιαφέρον. «Δέχεστε τους όρους της;» με ρώτησε ο συμβολαιογράφος. Χωρίς δισταγμό απάντησα θετικά, δεν με είχε ξαφνιάσει διόλου η πρότασή της, ήξερα από πριν ότι κάπως έτσι θα γίνονταν τα πράγματα. Ήταν σαν το καλό σύμπαν και όλες οι ουράνιες δυνάμεις να είχαν συμμαχήσει να με βοηθήσουν να πάρω την πιο σωστή απόφαση. Ένιωσα ευλογημένος από τον Θεό, δυνατός αρκετά για να καταφέρω να υπερπηδήσω τα εμπόδια στη ζωή μου, προσεχτικός για να καταστρώσω τέλεια κάποια από τα σχέδια στην προσωπική μου ζωή. Γονάτισα μπροστά της, και της φίλησα το χέρι.

«Σας ευχαριστώ για την εμπιστοσύνη που μου δείχνετε» εκφράστηκα με σεμνότητα, συνειδητοποιημένος ωστόσο ότι αν και η τύχη με ευνόησε περισσότερο από την Λίλη, που στάθηκε άτυχη, δεν την λυπάμαι, γιατί είναι πραγματικά μια χαρισματική, πανέξυπνη γυναίκα. Και ελπίζω οι μετέπειτα συγκυρίες να την ευνοήσουν σε άλλους τομείς, απλά τούτη τη φορά η τύχη ήταν με το μέρος μου και από δυστυχισμένο και περιπλανώμενο μ' έκανε ευτυχισμένο νοικοκύρη, μία διαφορά που δεν την άξιζα πραγματικά σε σύγκριση με τη Λίλη.

Κεφάλαιο 19

Ο ορισμός της σκέψης

Το γράμμα του Φώτη δεν είχε φύγει εντελώς απ' τη σκέψη μου, όμως δεν έμοιαζε και τόσο απειλητικό. Ή τουλάχιστον έτσι μου φαινόταν τότε, όταν τύχαινε να το σκεφτώ. Όμως πέρασε καιρός μέχρι να το καταλάβω. Εξ ορισμού, μία σκέψη είναι κάτι το συνειδητό. Τότε όμως αγνοούσα ότι δεν είχα πάψει να σκέφτομαι τον Φώτη ούτε λεπτό. Και πως μπορεί κανείς να πει πως σκέφτεται, όταν δεν συνειδητοποιεί κάποια από τις σκέψεις του; Έπιανα τον εαυτό μου να βγαίνει από τον γνωστό του εαυτό, ήμουν σοβαρός, σφιγμένος με τη Λίλη, η οποία έβλεπε μια αβέβαιη κατάσταση που γινόταν όλο και πιο αφόρητη μέρα τη μέρα, κι ένιωθε πως μια ξεκάθαρη συζήτηση θα έλυνε το θέμα επιτόπου. Είχε καταλάβει αυτή μου την αλλαγή, αλλά μη ξέροντας τι την είχε προκαλέσει, την ερμήνευσε σαν υπερβολικό πάθος - τη νευρικότητα ενός φλογερού αρσενικού ν' αποκτήσει το αντικείμενο του πόθου του (αυτό ήταν ψέματα).

-Ναι, μου είπε, θα ήθελα να με παντρευτείς, και επιπλέον να υιοθετήσεις τη Ραμόνα. Θέλω να έχει το όνομά σου. Είναι σημαντικό να μεγαλώσει με την ιδέα πως εσύ είσαι ο πατέρας της. Και θέλω όλα να γίνουν γρήγορα, συνέχισε, το συντομότερο δυνατόν.

-Στην Ελλάδα δεν μπορείς να πάρεις διαζύγιο πριν περάσουν εφτά χρόνια από την εξαφάνιση του συζύγου, χρόνος που απαιτείται για να θεωρηθεί ένας αγνοούμενος τυπικά νεκρός. Πολλά συμβαίνουν…, την πληροφόρησα με επισημότητα. Από κει και μετά οχυρώθηκα στη δουλειά μου και στο σπίτι μου. Ο κίνδυνος δεν μπορούσε να με αγγίξει όσο πρόσεχα να μη βγάλω το κεφάλι μου έξω. Αποφάσισα να μην κάνω καμιά βιαστική κίνηση, αλλά να απομακρυνθώ σταδιακά, να δημιουργήσω μια απόσταση, για να μπορέσω να εκτιμήσω την κατάσταση και να καταλάβω τι θέλω. Αν θέλω τη Λίλη, αυτό θα φανεί και τότε θα προχωρήσω. Αν όμως τελικά δεν είναι η γυναίκα με την οποία θα είμαι χαρούμενος να περάσω μαζί της τη ζωή μου, θα μπορώ πιο εύκολα να φύγω. Μόλις χθες βράδυ άκουσε τον φίλο του Βασίλη για πρώτη φορά ότι ήταν σε διάσταση με τη γυναίκα του.

«Γιατί;» τον ρώτησα με φανερή αγωνία, σαν κάτι να προαισθανόμουν. «Γιατί…» αναστέναξε ελαφρά ο φίλος μου. «Για τι άλλο; Είχαμε παντρευτεί κάπως απότομα, ήρθε και το παιδί απότομα… Εντάξει εγώ φταίω, αλλά είχα αρχίσει να νιώθω γέρος, ξαφνικά πατέρας με γυναίκα και παιδί… Θέλησα να ζήσω λίγο, για λίγο… κάτι άλλο…». Το ουίσκι είχε φτάσει σχεδόν στον πάτο, κι αυτό εξηγούσε την ηρεμία μου, πως δεν ήθελα πια να επικοινωνήσω με τη Λίλη. Πολύ ζαλισμένος ακόμα για να περπατήσω, σωριάστηκα στο κρεβάτι και αποκοιμήθηκα χωρίς κανένα όνειρο – και άρα χωρίς καμιά σκέψη για τη Λίλη.

Σκεφτόμουνα και ήθελα, για πρώτη φορά μετά από χρόνια, να μιλήσω στη μάνα μου. Λένε ότι υπάρχει επικοινωνία μέσω της σκέψης. Τώρα το πιστεύω. Το τηλέφωνο χτυπούσε επίμονα. Απάντησα νυσταγμένος;

-«Μαμά, …πως βρήκες το τηλέφωνό μου; Με ανησυχείς; Είσαι καλά;» είπα. «Η μάνα σχίζει τα βουνά και τα λαγκάδια για το παιδί της» είπε με στοργική φωνή και επειδή φοβόταν μήπως της το κλείσω, άρχισε να μου εξηγεί με φόρα, ότι άρπαξε την ευκαιρία που δίνεται σε κάθε ψηφοφόρο, δύο εβδομάδες πριν τις κάλπες, από τον υποψήφιο βουλευτή και μνηστήρα της Στέλλας, Μικέλη Γάκη, να με βρει, με αντάλλαγμα τέσσερις ψήφους στον συνδυασμό του, ρουσφέτι δεν το λένε;

-«Θα ήμουνα σκύλα βρωμερή, γιε μου, αν τις Άγιες μέρες του Πάσχα δεν σου έστελνα ένα δεματάκι, σφαγμένο, έτοιμο για ψήσιμο κατσικάκι απ' το κοπάδι μας, κόκκινα αυγά και αφράτα τσουρέκια να τα μοιραστείς μ' όποια αγαπάς εκεί πέρα, στην Αμνόβρυση, τη μεγάλη πολιτεία που διάλεξες να ζήσεις…».

-«Δεν ήταν ανάγκη να στείλεις το δέμα μέσω βουλευτή, για να σε δεσμεύσει προς όφελός του», απάντησα θυμωμένος, που να ήξερε ότι για χάρη του είχε χρυσώσει για μια ώρα τον Παύλο.

«Και πως ήθελες να στο στείλω; Να το ρίξω στο ποτάμι, σαν τη γυναίκα του τσομπάνη όπως λέει ο μύθος; Θα τον είχες ακουστά, νομίζω…» είπε ψιθυριστά σα να φοβόταν. Εκείνο το παραμύθι που αρχικά μου είχε καθίσει στο πίσω μέρος του μυαλού μου τώρα το είχε κυριεύσει ολοκληρωτικά. Η απορία και η ξαφνική αδυναμία να εξηγήσει κανείς πράγματα που πριν έμοιαζαν απλά μπορεί να τον κάνει να τα δει όλα διαφορετικά. Να αισθανθεί πράγματα που δεν είχε καταλάβει ότι αισθανόταν, να αναζητήσει ακόμα κι εκείνα που είχε ο ίδιος παρακαλέσει να λείψουν. Η μάνα του, η Ζαχά του έλειπε με πολλούς τρόπους. Δεν θα ήταν η πρώτη φορά που θα γιόρταζε το Πάσχα μόνος με τους φίλους του χωρίς κάποια κοπέλα, ήταν όμως η πρώτη φορά που δεν θα μπορούσε να εξηγήσει γιατί. Ίσως, ο μόνος λόγος να ήταν, ότι φέτος στο σπίτι θα είναι μόνο με τη Ζωζώ, την οικονόμο του σπιτιού, αφού η γιαγιά η Χαρά έχει πεθάνει, κι αυτός από οίκτο κρατάει ακόμα την ίδια υπηρέτρια.

Έκλεισε αμέσως δύο δωμάτια σε ξενοδοχείο που ήταν πιο κοντά για τη μητέρα του, θα ταξίδευε μόνη της με το λεωφορείο της γραμμής. Ο ίδιος θα οδηγούσε την υπόλοιπη διαδρομή με το δικό του αμάξι: «Θα σε περιμένω στη στάση, την Μεγάλη Πέμπτη στις δύο το μεσημέρι. Βρες μια καλή δικαιολογία να πεις στους άντρες σου. Θα λείψεις μόνο δυο μέρες. Θα τα καταφέρεις;» τη ρώτησε με ανυπομονησία.

Αλλά ενώ άλλοι σκέφτονται τη Ζαχά, η ίδια η Ζαχά σκέφτεται άλλους, τον γιο της, κι όσο για τον εαυτό της φαίνεται να είναι το τελευταίο που την ανησυχεί.

Έφτασε στο ξενοδοχείο δυο ώρες νωρίτερα απ' ότι είχε κανονίσει με τη μητέρα του, για να τακτοποιήσει τις αποσκευές του στο δωμάτιό του, το διπλανό θα ήταν για εκείνη. Ήταν η πρώτη φορά που το επισκεπτόταν, ως τώρα είχε μόνο ακουστά για το πολυτελές ξενοδοχείο ψηλά πάνω στο όρος Τύμφη, που δεν έχει τίποτα να ζηλέψει από το ξακουστό σανατόριο στις Ελβετικές Άλπεις όπου ο Τόμας Μαν έγραψε το βραβευμένο με Νόμπελ Λογοτεχνίας μυθιστόρημα «Το μαγικό βουνό». Με το που πάτησε το πόδι του μέσα στην τραπεζαρία, εντυπωσιάστηκε από την εκλεπτυσμένη και υπερκοσμική ατμόσφαιρα, αφοσιωμένη και οργανωμένη στην υπηρεσία της νοσηρής πολιτικής συζήτησης, θέμα που το απολαμβάνουν οι υποψήφιοι κοινοβουλευτικοί αντιπρόσωποι σε βαθμό κατάχρησης, ανυποχώρητοι και με μια Ολύμπια αλαζονεία, εντελώς φευγάτοι από τον έξω κόσμο και τις ανάγκες του. Βλέποντας ομάδες από κοσμοπολίτικους ανθρώπους, του ήρθε η ιδέα -υπόνοια- ότι συμπτωματικά ή όχι, μπορεί να τον έβλεπε ο άντρας της Αλίκης, ο Λάμπης, πρώην Δήμαρχος και νυν υποψήφιος βουλευτής, και από κουβέντα σε κουβέντα, η τρίχα να γίνονταν τριχιά, σε βάρος του.

-«Ο κύριος Λάμπης όντως διανυκτέρευσε σε μας, όμως αναχώρησε την Κυριακή το πρωί». «Αλλά σήμερα είναι Πέμπτη...».

-«Ακριβώς. Γι' αυτό και δεν είμαι σε θέση να σας πω κάτι περισσότερο» τάφος ο ρεσεψιονίστ.

-«Αλλά... ήταν μόνος, δηλαδή χωρίς τη γυναίκα του;» επιμένει ο Ραμόν.

«Αυτό, ακόμα κι αν το γνώριζα, δεν θα μου επιτρεπόταν να το πω. Καταλαβαίνετε…».

«Ναι, φυσικά. Αλλά, απλά ανησυχώ…».

«Το αστυνομικό τμήμα θα σας ενημερώσει καλύτερα. Είστε συγγενής, δεν είστε;».

Το ξενοδοχείο ήταν πολύ ακριβό για να γίνει αδιάκριτο και ο Ραμόν πολύ «ύποπτος» για να γίνει πειστικός. Ο ρεσεψιονίστ είναι ο επαγγελματίας των ακριβών ξενοδοχείων, όπου νομίζει κανείς ότι πληρώνει για την υλική πολυτέλεια, ενώ στην πραγματικότητα πληρώνει για την αληθινή περιπέτεια: την μυστικότητα της ιδιωτικής του ζωής. Έκανε ένα ζεστό ντους, ξυρίστηκε και άλλαξε ρούχα. Κοίταξε το ρολόι. Σ' ένα τέταρτο το λεωφορείο με τη μαμά του θα ήταν στη στάση «Λαγός». Κατέβηκε το στενό δρομάκι οδηγώντας αργά. Θα την περίμενε δέκα λεπτά ώσπου να φτάσει μέσα στο αυτοκίνητό του. «Καλύτερα να την περιμένω, σκέφτηκε, παρά να με περιμένει νευρική, μήπως και έχω ξεχάσει». Το λεωφορείο τώρα σταματά, ανοίγει η πόρτα και μια μεσόκοπη, στριφνή και με σφιγμένα χείλη γυναίκα μ' ένα σφιχτοδεμένο κότσο κατέβαινε τα σκαλιά.

«Καλώς ήρθες. Είμαι ο Ραμόν, ο γιος της… κυρίας» της συστήθηκε περιπαιχτικά ο Ραμόν. «Ο κύριος… Έρασμος, είχε μια δουλειά να τελειώσει. Δεν νομίζω ν' αργήσει. Μπορούμε να τον περιμένουμε στο καφενείο πίνοντας ένα αναψυκτικό», της πρότεινε, ενώ της έπιασε τα χέρια της σφιχτά μέσα στα δικά του. «Πολύ καλά», είπε η Ζαχά μουτρωμένη και δήθεν εκνευρισμένη. «Σ' ευχαριστώ που δέχτηκες την πρόσκλησή μου», το χαμόγελο του Ραμόν, ειλικρινές, διαπέρασε σαν άφλεκτος κομήτης την πρόσκαιρη πυρόσφαιρα της Ζαχάς κι έφτασε στην πάντα δροσερή καρδιά της. «Έλα, μην κατσουφιάζεις, τι σημαίνει όλο αυτό το ύφος σου;» κατάφερε να της πει ψιθυριστά. «Ήθελα απλώς να σου δείξω ότι το όνομά σου, Ραμόν, δεν είναι μόνο όμορφο, είναι και σπάνιο. Έλα, μη στέκεται στην πόρτα. Πέσε στην αγκαλιά μου» χαμογελάει η Ζαχά. «Έχω τόσα χρόνια να σε δω, αλλά δεν θέλω να είμαι αυστηρή μαζί σου. Όμως θέλω πρώτα να σε ρωτήσω πότε θα παντρευτείς, και μη μου πεις ότι δεν είσαι σίγουρος, θέλω να μου πεις και την ημερομηνία», απαίτησε θλιμμένη.

-«Και γιατί... να το κάνω αυτό;» μιλάει ο Ραμόν πολύ ήρεμα και αργά.

-«Για να κάνω μια γυναίκα ευτυχισμένη; Επειδή πιστεύεις ότι μια γυναίκα που δεν είναι παντρεμένη δεν είναι και ευτυχισμένη ή μήπως το άλλο, ότι μια γυναίκα είναι ευτυχισμένη που δεν είναι παντρεμένη;» ολοκληρώνει ο Ραμόν τη δική του φιλοσοφία για τη ζωή. Η Ζαχά μένει άφωνη να τον κοιτάζει. Ο Ραμόν για μια στιγμή αναρωτήθηκε αν έπρεπε να τη λυπηθεί ή να τη ζηλέψει. Αλλά μόνο για μια στιγμή. Μετά απ' αυτά, η Ζαχά σχολίασε πως δεν είναι απαραίτητο, βέβαια, όλοι οι άνθρωποι να σκέφτονται με τον ίδιο τρόπο για τον γάμο, και πως όλοι βρίσκουν, αργά ή γρήγορα το δρόμο τους.

Λίγο αργότερα, πίνοντας τον καφέ τους, έφκιαξε η διάθεσή της με τη θεσπέσια θέα και τη μαγεία του Ιονίου, μία από τις ωραιότερες θάλασσες της Ελλάδας. Το μικρό νησί της Πάργας βρισκόταν στην καρδιά της, νότια της Κέρκυρας και πάνω από τους Παξούς. Ο σερβιτόρος έστρωσε το τραπέζι για το δείπνο και λέγοντάς τους «Καλή όρεξη» τους άφησε μόνους. «Αλλά...» η Ζαχά δεν ήξερε τι να πει. Το ύφος της όμως τα είπε πάλι όλα. «Μην κάνεις έτσι, δεν θα έρθει το τέλος του κόσμου αν κοιμηθούμε εδώ απόψε» της είπε ο Ραμόν με ενδιαφέρον να την καθησυχάσει. «Ξέρω ότι θα προτιμούσες να κοιμόσουν στο σπίτι σου, να μην ανησυχήσεις, τον άντρα σου», δεν άντεξε ο Ραμόν να μην της το πει. Αλλά αντί να την εξοργίσει, την έκανε να γελάσει μ' ένα σαρδόνιο γέλιο, γεμάτο κακία.

«Αυτό θα ήταν πολύ καλό, Έρασμε! Πολύ καλό για να 'ναι αληθινό! Αλλά ξέρουμε και οι δύο πως ο Ηλιάκης θα προτιμούσε να κοιμάται κάθε βράδυ με τον άλλο του γιο, τον Κούλη. Δεν κάνει στιγμή χωρίς αυτόν. «Δυο άλογα σ' ένα παχνί δεν χωράνε», την έμαθα την παροιμία αργότερα, αφού έκανα την απερισκεψία, να παντρευτώ χήρο με ξένο παιδί. Και ποιο το κέρδος; Να με λένε «λάμια» το τέρας που τρέφεται, ρουφάει το αίμα των παιδιών «Όποιος δεν έχει μυαλό, έχει ποδάρια» κατέληξε η Ζαχά. «Ειλικρινά, τι εννοείς δεν το καταλαβαίνω… αλλά μάλλον συμφωνώ» παίρνει ένα ύφος πιο «δικό του» ο Ραμόν.

Κεφάλαιο 20

Η χρεωκοπία ίσον θάνατος

Όταν καταρρέει ένα διώροφο κτίριο, μένουν ερείπια. Όταν η Λίλη έχασε κάθε ελπίδα να παντρευτεί τον Ραμόν για να έχει ο Ραμόν έναν πατέρα και η ίδια ένα δεύτερο σύζυγο, με τον πρώτο να την έχει εγκαταλείψει και να φύγει χωρίς ν' αφήσει ίχνη του, είχε αρχίσει να διαλύεται. Βλέπεις, ο Φώτης είχε φύγει και το μόνο που είχε απ' αυτόν ήταν αυτό το καημένο το μωρό. Την έσερνε μαζί της παντού όπου πήγαινε. Όταν χειροτέρευε και θόλωνε το μυαλό της απευθυνόταν σε αγνώστους στο λεωφορείο και τους την έχωνε με το ζόρι στα χέρια· «Πάρτε κοντά σας αυτό το κοριτσάκι, έλεγε, θα σας σώσει τη ζωή». Κι ήταν σαν τον Χριστό να αποστηθίζει στίχους από τη Βίβλο: «Ελάτε κοντά μου εσείς οι πεινασμένοι, και θα χορτάσετε» χωρίς να μπορεί να τους πείσει. Βέβαια, όταν τελικά έπαθε εκείνον τον πρώτο μεγάλο νευρικό κλονισμό μέσα στο super market, απομακρύνθηκε από την μητέρα της την Αλίκη, και πριν αυτή το πάρει είδηση, άρχισε να πετάει μπουκάλια μηλοκλέφτη από το ράφι στο πάτωμα, σαν να βρισκόταν σε έκσταση, είχε κοπεί στα γόνατα από τα σπασμένα γυαλιά, τρέχανε αίματα, η εικόνα της ήταν φριχτή.

Είχε αγριέψει τόσο πολύ που χρειάστηκαν τρεις άντρες για να την σταματήσουν, να την βγάλουν έξω και να την χώσουν βίαια στο αυτοκίνητο της Αλίκης και μετά να την πάει σπίτι τους. Τότε ο Λάμπης κατάλαβε πως η μόνιμη συγκατοίκηση με την θετή του κόρη τον είχε βάλει σε μεγάλο μπελά. Αφού νοσηλεύτηκε για ένα μήνα στην ψυχιατρική κλινική του Πανεπιστημίου όπου δίδασκε ο γιος του, ο Σήφης, μετά την έστελνε, συνοδεύοντας την ο ίδιος, στο μαγαζί που είχε στο κέντρο της πόλης, για να έχει την ευκαιρία να αποξεχνιέται, με την εργασία δηλαδή να θεραπευτεί. Και λίγο πριν και ο ίδιος τρελαθεί, εμφανίστηκε ο Μάνος, ο οποίος είχε απαντήσει στην αγγελία του Λάμπη που ζητούσε λογιστή, καθώς ο παλιός του είχε βγει στη σύνταξη. Αφού τον δοκίμασε για δυο εβδομάδες και έμεινε ευχαριστημένος απ' την δουλειά του, τον προσέλαβε κανονικά και, ρίζωσε στο μυαλό του η ιδέα που σύντομα του φάνηκε χρήσιμη. Ο Μάνος ήταν κατάλληλος όχι μόνο για γαμπρός, αλλά και για έμπιστός του στη δουλειά. Τους παρατηρούσε από μακριά και διαπίστωσε ότι η Λίλη και ο Μάνος κολλούσαν τέλεια σαν ζευγάρι, χάρηκε για την ιδέα του κι άρχισε να δείχνει στον Μάνο πολλή εμπιστοσύνη, πέραν του ότι τον έβλεπε κιόλας σαν γαμπρό της θετής του κόρης. Ένα μήνα μετά, αρραβωνιάστηκαν επίσημα με μια μεγάλη δεξίωση, με την Λίλη να πλέει σε πελάγη ευτυχίας, ή μάλλον, στο καινούριο πέλαγος, το τρίτο, που ξαφνικά ανοιγόταν μπροστά της.

Η Λίλη τον θεωρούσε άντρα της και η μητέρα της γιο της, ο δε πατριός της ο Λάμπης, τον αποκαλούσε από μέσα του «Μεσία» γιατί παντρεύοντάς την θα την έπαιρνε απ' το σπίτι του να ζήσουν χώρια τους στο σπίτι της Λίλης μαζί με την κόρη της τη Ραμόνα. Ο Μάνος ήταν εργατικός -έμενε μόνο στη δουλειά μέχρι αργά- έμπειρος -πάντα με μια καλή ιδέα για τα λογιστικά και τη λειτουργία της επιχείρησης- μα πάνω απ' όλα υπομονετικός με τον κύριο Λάμπη, ευγενικός με την κυρία Αλίκη και ρομαντικός με την ίδια την Λίλη. Το καλό σχέδιό του ήταν μια ανάσα δροσιάς όχι μόνο για τον ίδιο, μα περισσότερο για την Αλίκη που έπασχε από χρόνια κατάθλιψη, και ήρθαν μετά καπάκι οι δυο χωρισμοί της κόρης της να την επιδεινώσουν, και όσο σκεφτόταν και αυτό το άμοιρο κοριτσάκι αναστέναζε με βαθύ πόνο, ενώ κάθε τέτοια αναφώνησή της -Άμοιρη Ραμόνα!- είχαν σχηματίσει από πολύ καιρό μια αδιάσπαστη αλυσίδα θλίψης και κάθε καινούργια αναφώνησή της πρόσθετε κι ένα κρίκο. Η Αλίκη σήκωνε το βαρύ φορτίο της κόρης της κυριολεκτικά στο... μυαλό της. Είχαν ορίσει και την ημερομηνία γάμου, όταν μια Δευτέρα, έξι μήνες μετά την πρόσληψη του Μάνου, ο Λάμπης που άνοιγε νωρίς το πρωί το μαγαζί κι αφού είχε πιει το καφεδάκι του στο γραφείο, άνοιξε το χρηματοκιβώτιο για να βάλει κάποιες συναλλαγματικές και το βρήκε άδειο. Δεν έλειπαν μόνο τα μετρητά, αλλά και οι χρυσές λίρες που μάζευε από χρόνια και τα χρυσά κοσμήματα της κυρίας Αλίκης, που τα φύλαγε εκεί για μεγαλύτερη ασφάλεια. Πέρασε πολλή ώρα για να καταλάβει τι είχε συμβεί, τι έγινε μετά, πως το είπε στην Αλίκη και στη Λίλη και πως ένιωσαν όλοι τους, είναι όλα πολύ δυσάρεστα, άσχημα, κακά, ψυχρά και ανάποδα! Αποδείχτηκε έμπρακτα πως δεν τριτώνει μόνο το καλό, μα και το κακό! Η προοπτική για το «τρίτο στεφάνι» της Λίλης εξανεμίστηκε, ο Μάνος ήρθε σαν σίφουνας στη ζωή τους και τα σκόρπισε όλα, τους κατέστρεψε, ενώ ο ίδιος πάντως δεν θα προβληματιζόταν για κανένα απ' αυτά. Είχε φύγει στην Αγκόλα με την χρόνια αγαπημένη του, που περίμενε να την παντρευτεί μόλις είχε κάμποσα χρήματα στα χέρια του. Θα ξεκινούσαν μαζί μια πανσιόν στη χρυσή παραλία εκεί. Ο Μάνος είχε βέβαια κλειδιά του μαγαζιού, του γραφείου και του χρηματοκιβωτίου. Όταν τον εντόπισαν οι αρχές, πάλι αθωώθηκε, γιατί επιπλέον ήξερε κι όλα τα μυστικά. «Μαγείρευαν» τα λογιστικά βιβλία μαζί με τον κύριο Λάμπη, τα δάνεια που είχε πάρει η Λίλη για να ξεκινήσει την επιχείρηση καθώς και τ' άλλα, τα στεγαστικά με υψηλό επιτόκιο,

για να χτίσει τη βίλα στο αγρόκτημα και να στεγάσει τον έρωτά της
με τον Φώτη. Οι απλήρωτες δόσεις παντού, τριπλασίασαν το αρχικό
κεφάλαιο που είχε δανειστεί από δύο τράπεζες που δεν είναι σε
καμία περίπτωση είδος φιλανθρωπικού ιδρύματος! Αλίμονο!

Οι τράπεζες είχαν προειδοποιήσει την δανειολήπτρια Λίλη
Δρέγη για τις ληξιπρόθεσμες οφειλές της, μα εκείνη έκανε την
πάπια, ακόμα και τώρα που το πιστωτικό ίδρυμα σε δύο εβδομάδες
από την σημερινή ειδοποίηση, αν στο μεταξύ δεν έχει αποπληρώσει
τουλάχιστον το αρχικό κεφάλαιο που δανείστηκε και να γίνει
πληρωμή για τις ληξιπρόθεσμες οφειλές της. Ήταν στη μέση ενός
φουρτουνιασμένου ωκεανού, ναυαγοί σ' ένα σάπιο καράβι, και
για να σωθούν σκέφτηκαν να πουλήσουν το πατρικό σπίτι της
Λίλης και μέρος της γης, δυο κομμάτια που είχαν κατοχυρωθεί
στο όνομα του Ραμόν, το μεν σπίτι με ιδιόχειρη διαθήκη της
γιαγιάς Χαράς, τα δε κτήματα με συμβόλαιο ενοικίασης, για 30
χρόνια, διάστημα που έδινε το νομικό δικαίωμα στον Ραμόν να
τα καλλιεργεί και να τους δίνει το ανάλογο ποσό, όπως είχαν
συμφωνήσει. Κεραυνός κτύπησε τα κεφάλια τους όταν διάβασαν
τα νομικά έγγραφα. Ήταν η πιο δυσάρεστη έκπληξη στη ζωή
τους! Μάνα και κόρη, μέσα στην απόγνωσή τους, κατηγορούσε η
μία την άλλη ως αιτία της οικονομικής τους καταστροφής, με τις
σκληρές αναφορές της κόρης στο ανήθικο παρελθόν της μάνας
της να πέφτουν βροχή. Η καημένη η Αλίκη δεν άντεξε για πολύ
την προδοσία της κόρης της, η λαβωμένη καρδιά της σταμάτησε
να χτυπάει, και πέθανε. Η Λίλη, όταν άκουσε τα καθέκαστα, έγινε
κάτι πρωτοφανές. Μεταμορφώθηκε, και κανείς που την ήξερε δεν
θα μπορούσε να την αναγνωρίσει. Με εφόδιά της τις πολύ καλές
γνώσεις της στα Γαλλικά και Αγγλικά, καθώς και πιστοποιητικό ότι
είχε παρακολουθήσει σεμινάρια τουρισμού, κήρυξε πόλεμο σε όλα
που μέχρι τότε είχε ζήσει.

Τον άλλο μήνα σάλπαρε μ' ένα πολυτελές κρουαζιερόπλοιο ως καμαριέρα και σερβιτόρα, δουλειά που είχε κυνηγήσει ως ιδανική, αφού δεν θα χρειαζόταν να ανησυχεί για στέγη και τροφή. Το τι έζησε εκεί για έξι μόνο μήνες, θα γινόταν γνωστό «μετά θάνατον, όταν θα διαβαστούν τα ημερολόγιά μου», έλεγε, και ο πληθυντικός –«τα ημερολόγια» άφηνε να εννοηθεί ότι πέρασε πολλά. Την βρήκανε νεκρή στην καμπίνα της μετά από μεγάλη ποσότητα βαρβιτουρικών που είχε καταπιεί, κι ένα χρυσό σταυρό σε συσκευασία δώρου για την μοναχοκόρη της, τη Ραμόνα, που, αναγκαστικά είχε αφήσει να την φροντίζει ο πατριός της, ο πρώην Δήμαρχος και μη εκλεγής βουλευτής, κύριος Λάμπης, που και ο ίδιος ζούσε το δικό του δράμα: «Το πρώτο στεφάνι ευλόγησε ο Θεός», κήρυττε με πίστη και μετά το θάνατο της δεύτερης γυναίκας του, Αλίκης. Για την πρώτη γυναίκα του, την Κλειώ, αναλογίζεται εκ των υστέρων, πως τον έκρινε πολύ αυστηρά, όταν για μια μοναδική φορά την απάτησε όταν ήταν σαράντα χρόνων, κι αυτή τους παράτησε και τους δυο και δεν του το συγχώρησε ποτέ. «Και το πιο σημαντικό και φοβερό είναι που νομίζει ότι ο γιος της, ο Σήφης, πήρε από εμένα, ενώ, στ' αλήθεια είναι αυτό που έκανε εκείνη το μόνο που τον επηρεάζει...» λέει την παλιά ιστορία του, φανερά θλιμμένος. Εκείνη μετανάστευσε στο Σικάγο και είχε παντρευτεί δεύτερη φορά έναν άντρα πολύ μεγαλύτερό της, και πολύ πλούσιος, αλλά δεν τον παντρεύτηκε για τα λεφτά του, παρά το γεγονός ότι όντας σε μεγάλη πια ηλικία, οι σεξουαλικές του επιδόσεις θα ήταν μειωμένες και θα τον εμπόδιζε να την απατήσει, επί πλέον είχε κατά νου ότι ήταν ένας γνωστός πολιτικός σε μια μικρή πόλη, και δεν θα του άρεσε να προκαλεί σκάνδαλα μπλέκοντας σε παράνομες, εξωσυζυγικές σχέσεις. Ο Λάμπης έκανε πολλά χρόνια να ξεπεράσει την Κλειώ, κι όταν γνώρισε τη μητέρα της Λίλης κατάφερε να ξαναφτιάξει τη ζωή του, να πορευτεί με την Αλίκη στον σωστό δρόμο. Όμως οι δρόμοι της μοίρας τον οδήγησαν στο σημερινό, αδιέξοδο δρομάκι. Έμεινε μόνος, με συντροφιά το παιδί από το πρώτο του στεφάνι με την Κλειώ, τον Σήφη, που είναι τριάντα χρόνων, οφθαλμίατρος και επίκουρος καθηγητής στο Πανεπιστήμιο Θεσσαλίας, μένει από πάνω του, στο δικό του διαμέρισμα, οικονομικά ανεξάρτητος, όλα θετικά, πλην όμως αδέσμευτος, φοβάται να δεσμευτεί και να πάθει ότι έπαθε ο πατέρας του, να παραπατήσει μια φορά και να το πληρώσει ακριβά. Ένα λάθος του να τον κυνηγάει σαν εφιάλτης σε όλη του τη ζωή. Αυτά τα σοβαρά θέματα αναλύει σε βάθος ο εξηντάχρονος Λάμπης, ο αποτυχημένος σύζυγος, εντάξει, αλλά ποτέ δεν θα αποδεχτεί τον όρο του αποτυχημένου πατέρα. Έκανε τα πάντα ώστε να έχει ο γιος του μια εξασφαλισμένη, άνετη ζωή στο μέλλον, το οποίο δεν τον έχει φανερωθεί πλήρως ως τώρα, αλλά οι οιωνοί του είναι καλοί. Στο χέρι του Σήφη είναι να πάρει τις σωστές για ενήλικα άντρα τις αποφάσεις» αισιοδοξεί ο Λάμπης και δεν τον προβληματίζει τόσο αυτό, όσο οι ευθύνες που έχει αναλάβει να μεγαλώσει την ορφανή, τετράχρονη εγγονή της Αλίκης, από την κόρη της την Λίλη. Η Ραμόνα, είναι πολύ άτυχο κοριτσάκι, κανονικά θα έπρεπε ο Θεός να τη λυπηθεί και ν' αφήσει την γιαγιά και τη μαμά της στη ζωή, να την αναθρέψουν με τους δικούς τους κανόνες. Λέγεται ότι «ο άντρας γεννά τα παιδιά, η γυναίκα τα μεγαλώνει». Το βασικότερο σ' αυτή την συγκεκριμένη περίσταση είναι ότι ο Λάμπης δεν είναι καν ο πραγματικός παππούς της Ραμόνας, είναι ας το θέσουμε έτσι καθαρά, ένας δανεικός κηδεμόνας της, και «το δανεικό το ρούχο ζεστασιά δεν έχει» κρίνει ο Λάμπης και χωρίς άλλη καθυστέρηση, τηλεφωνεί στην κοινωνική λειτουργό του δήμου του να επιληφθεί της δύσκολης θέσης της τετράχρονης Ραμόνας και να φροντίσει να μπει σε κάποιο καλό ίδρυμα, ώστε μεγαλώνοντας να γίνει ένας ευπρεπής πολίτης, με καλή ανατροφή, ικανός να ανταπεξέλθει στα δύσβατα μονοπάτια της ενήλικης, απαιτητικής ζωής, γιατί, κακά τα ψέματα, η κοινωνία μας βρίθει από κακόβουλους, πονηρούς ανθρώπους που δεν διστάζουν να εκμεταλλευτούν ψυχικά και σωματικά απροστάτευτα, ορφανά παιδιά, προσβλεποντας πάντα στο δικό τους χρηματικό όφελος. Αυτοί είναι οι λεγόμενοι σωματέμποροι, ή έμποροι οργάνων που δεν διστάζουν να σκοτώσουν νήπια για να πλουτίσουν παράνομα. Μέσα στο ροζ σακ-βουαγιάζ υπήρχαν τα ρουχαλάκια της, δυο ζευγάρια παπούτσια, εσώρουχα, μια μικρή εικόνα του Αγίου Στυλιανού, προστάτη των παιδιών, μια και μοναδική έγχρωμη φωτογραφία όπου εικονίζονται η Αλίκη, η Λίλη, με την μικρή Ραμόνα να κάθεται στα γόνατά τους», τριάδα, ομοούσιος και αχώριστος;» τι κρίμα! Το πιστοποιητικό γέννησής της, με το όνομα Ραμόνα Δρέγη, μέσα σ' ένα τσαντάκι, και τελευταίο το κουτί με τον χρυσό σταυρό της μαμάς της, Λίλη Δρέγη. «Στο καλό Ραμόνα. Καλή σου τύχη», ψιθύρισε ο Λάμπης.

ΜΕΡΟΣ Β'

Κεφάλαιο 21

15 ΧΡΟΝΙΑ ΜΕΤΑ

Φ ώναξα τη Ζωζώ, την οικονόμο του σπιτιού μου, ν' ανοίξει τη πόρτα που κάποιος χτυπούσε το μάνταλο, γιατί το κουδούνι είχε χαλάσει από καιρό. Κάποιος άντρας ξεγλίστρησε πίσω της και μπήκε στο σαλόνι όπου καθόμουν. Ήταν ένα κοντό ανθρωπάκι, φτωχικά ντυμένος και πολύ αδύνατος. Προχώρησε προς το μέρος μου χαμογελαστός και μου συστήθηκε ως πλασιέ βιβλίων.

-«Συγνώμη για την ενόχληση, είπε, αλλά θα ήθελα να σας παρουσιάσω μερικές καινούργιες εκδόσεις, κυρίως ιστορικά βιβλία» πρόσθεσε.

-«Τα ιστορικά βιβλία είναι πολύ πληκτικά», του απάντησα. «Αν συνεχίσεις να χτυπάς από πόρτα σε πόρτα, δεν θα βρεις ούτε καμιά ανόητη νοικοκυρά για να σου τα αγοράσει...». Ο ταλαίπωρος πωλητής μου πρότεινε το τελευταίο του βιβλίο και με το τελευταίο του χαμόγελο, μου είπε:

-«Ορίστε ο «Ονειροκρίτης» με την έξυπνη εξήγηση όλων των ονείρων, που μπορεί κανείς να δει: όνειρο με θησαυρό, όνειρο πως πέφτεις σε γκρεμό, όνειρο με θάνατο, όνειρο μιας απροσδόκητης ερωτικής συνάντησης. Έχει τα πάντα!».

-«Ζωζώ», της είπα. «Έλα εδώ. Αυτό το βιβλίο ο «Ονειροκρίτης» ίσως σε ενδιαφέρει. Θα σου το κάνω δώρο για τα Χριστούγεννα».

Η οικονόμος μου απάντησε:

-«Κύριε Ραμόν (της είχα επιβάλλει να με προσφωνεί κύριο Ραμόν), όταν δεν έχει κανείς καιρό να ονειρευτεί στο ξύπνιο του, άλλο τόσο δεν θα 'χει καιρό να ονειρευτεί ούτε κι όταν κοιμάται. Η μέρα μου φτάνει, δόξα τω Θεώ, για τη δουλειά μου. Ύστερα έχουμε εδώ ένα σωρό βιβλία, εμένα προσωπικά μου φτάνει που έχω δυο που μου αρέσουν: «Πως να νικήσεις τα μάγια» και την «Παράδοσιακή μαγειρική», είπε η Ζωζώ κι αμέσως βοήθησε τον πλασιέ να τα μαζέψει και να φύγει. Στο τσακ τον πρόλαβα. Αγόρασα τον «Ονειροκρίτη» να εξηγήσω ένα όνειρο που με παιδεύει και ταράσσει τον ύπνο μου, και τότε τραβάω το πάπλωμα ως πάνω να αποφύγω τον διάβολο. Πάω στη σελίδα 95: Νεκροί: «Μήπως οι νεκροί σηκώνονται από τους τάφους τους;» Εξήγηση: «Δώστε στον εαυτό σας μία ακόμα ευκαιρία σε κάποιο παραμελημένο τομέα της ζωής σας». Δυσνόητη ερμηνεία. Τα έχω παραμελήσει όλα, σε ποιον ιδιαίτερα τομέα; Περίμενα την απάντηση με ανυπομονησία με κάποιο μήνυμα από τον ουρανοκατέβατο αρχάγγελο Γαβριήλ, μα τίποτα. Άνοιγα κι έκλεινα με θόρυβο το βιβλίο μου, ώσπου μου έπεσε κάτω με πάταγο. Ο Σαλμάν, που γλειφόταν, σταμάτησε απότομα και με κοίταξε θυμωμένα.

-«Συγνώμη πιστέ μου φίλε, του είπα, με κατέχει ένα δυνατό πάθος που με συγκλονίζει. Τα πάθη είναι εχθροί της ηρεμίας, μα δεν κάνουμε χωρίς αυτά».

Δεν ανέπτυξα παραπάνω, στον Σαλμάν, τη θεωρία των παθών, γιατί η Ζωζώ μου έφερε ένα γράμμα. Ήταν από τη Νάντη, κι έλεγε:

«Αγαπητέ συνάδελφε,

Έχω πραγματικά στην κατοχή μου το ασύγκριτο χειρόγραφο της «Χρυσής Παράδοσης» πράγμα που γνωρίζετε σαφέστατα, όμως θεμελιώδεις λόγοι με εμποδίζουν, επιτακτικά και τυραννικά, από το να αποχωριστώ έστω και για μόνο μία μέρα, και για ένα λεπτό ακόμα, τη χειρόγραφη τούτη συνταγή. Θα είναι όμως για μένα χαρά μεγάλη να σας το επιδείξω στην ταπεινή μου οικία, την οποία η παρουσία σας θα λαμπρύνει και θα φωτίσει.

Με την ανυπόμονη ελπίδα ότι θα έρθετε σύντομα

Δικός σας ειλικρινά,

Μιχαήλ Σατώ

Οινοπαραγωγός – και έμπορος οίνων.

Ε, λοιπόν! Θα πήγαινα στη Γαλλία!

Τέλος, ω Αρετούσα, τούτη τη λύπη καταπράϋνε…

Αφού το αποφάσισα πια και τακτοποίησα τα σχετικά, δεν μου έμενε παρά να ενημερώσω την υπηρέτριά μου, αν και δίσταζα γιατί φοβόμουν πως θα άρχιζε τις παρατηρήσεις της σχετικά με το ταξίδι μου. «Ένα τόσο μακρινό ταξίδι για την ηλικία σας, ίσως αποβεί μοιραίο για τη ζωή σας!» θα με επέπληττε με δάκρια στα μάτια της, για να με συγκρατήσει. Κι ύστερα θα ακολουθούσαν οι φωνές και οι χειρονομίες της, γνωστά τερτίπια της Ζωζώς όταν θέλει να πετύχει κάτι. «Είναι καλή γυναίκα, έλεγα, μου είναι αφοσιωμένη, αλλά τρέφει ακόμα μάταιες ελπίδες ότι θα με παντρευτεί. Είναι πανούργα, μπορεί να σκαρφιστεί βιασμό, ξυλοδαρμό και δεν συμμαζεύεται να με καταδικάσει… αλλά έχω κρυφές κάμερες παντού που θα αποδείξουν την αθωότητά μου αν, ο μη γένοιτο, φτάσει σε τέτοιο έσχατο σημείο. Δεν έχει πάψει να είναι ερωτευμένη μαζί μου απ' την ημέρα που με είδε. «Η μοιραία ταυτότητα του ερωτευμένου είναι να είναι αυτός που περιμένει». Ε, βέβαια, αυτό είναι το διαχρονικό προνόμιο κάθε εξουσίας, να σε κάνει να περιμένεις. Κι αυτή η Ζωζώ περίμενε πολύ. Μου θυμίζει την λαϊκή τραγουδίστρια, Μαρίκα Νίνου, που ήταν τρελά ερωτευμένη με τον Τσιτσάνη. Τραγουδούσε αποκλειστικά γι' αυτόν:

«Πες μου αν με βαρέθηκες κι αν σου έχω γίνει βάρος.

Θέλω λοιπόν να μου το πεις χωρίς καθόλου να ντραπείς,

Με όλο σου το θάρρος».

Έφυγε η Μαρίκα με το παράπονο που δεν πήρε απάντηση σ' εκείνο που τον ρωτούσε συνέχεια. Γιατί να έχει πέσει τόση λίγη αγάπη στο μερτικό της; Γιατί η Ζωζώ να έχει μοιάσει της Νίνου; Γιατί να ζητάει βοήθεια από τον μανάβη, τον παπά ή τον κρεοπώλη που θα πέσουν όλοι γύρω-γύρω στα πόδια μου, θα κλαίνε να τη λυπηθώ, θα είναι όλοι τους τόσο άσχημοι που θα στρίψω στην πρώτη γωνία για να μη τους βλέπω. Φοβάμαι την αρρωστημένη φαντασία της, φοβάμαι την οικονόμο μου, γιατί ξέρει πως είμαι αδύνατος χαρακτήρας, κι όταν τσακωνόμαστε, στο τέλος υποκύπτω πάντα. Τώρα όμως όταν της ανακοίνωσα ότι θα έφευγα, ήταν τόσο ήρεμη, που νευρίασα. Δεν της ένοιαζε λοιπόν η απουσία μου; Μ' αφήνει να φύγω χωρίς να πει ούτε ένα αχ!

-«Πήγαινε, κύριε Ραμόν, ως το καφενείο για το κεφεδάκι σου, μα να γυρίσεις στις οκτώ, γιατί σήμερα έχω μαγειρέψει λαχανοκεφτέδες με μυρωδικά βρασμένα σε κουρκούτι και αυγολέμονο. Σερβίρεται ζεστό, να μην αργήσεις», μου είπε τελικά.

Ήξερε ότι είμαι χορτοφάγος, θα γινόταν χίλια κομμάτια να με ευχαριστήσει, να με κάνει σκλάβο της. «Γάμος με το στανιό δεν γίνεται, Ζωζούκα μου» της διαμήνυσα νοερά. Δεν έψαχνα φακίρη για να με κάνει πλούσιο. Αν έγινε πρώτα μεγαλοεξαγωγέας σιτηρών, ύστερα ελαιόλαδου και τώρα φιλοδοξώ να στέλνω τα αρίστης ποιότητας κρασιά μου στη Γαλλία, το πέτυχα με τη σκληρή εργασία μου. Νύχτα πάω στο χωράφι, νύχτα γυρνάω σπίτι. Ο Ραμόν στο σαλόνι έκανε και πάλι σχέδια πως θα αποκτούσε κι άλλη περιουσία, γιατί όπως όλοι οι άνθρωποι που ξεζούμισαν το φρούτο των απολαύσεων, δεν ήταν δυνατόν να μην είναι φιλόδοξοι. Η φιλοδοξία και το παιχνίδι είναι ανεξάντλητα. Και σ' έναν άνθρωπο καλά οργανωμένο, τα πάθη που προέρχονται από εγκεφαλικές διεργασίες είναι πιο ισχυρά από εκείνα που πηγάζουν από την καρδιά.

Ταξίδεψα όλη τη νύχτα με το πλοίο. Ξύπνησα την επόμενη μέρα σε ξενοδοχείο του Τζιρτζέτι όπου, με τη βοήθεια της ευεργετικής κούρασης, μπόρεσα να κοιμηθώ σαν σε λήθαργο όλη τη νύχτα. Η πόλη είναι χτισμένη στην ακρόπολη του Αρκάν. Έβλεπα απ' τα παράθυρά μου, στη μέση της πλαγιάς, προς τη θάλασσα, με το λιμάνι να έχει μεγάλη εμπορική κίνηση. Ήταν μια μουντή πόλη όπου ζούσε ο Μιχαήλ Σατώ που κρατούσε στα χέρια του τη μυστική συνταγή για την παρασκευή μιας γευστικής φίρμας κρασιού. Ζήτησα να μου δείξουν το σπίτι του και ξεκίνησα για να πάω. Τον βρήκα στο κιόσκι του κήπου να ψήνει στην ψησταριά λουκάνικα.

-«Εξοχώτατε», έτσι με αποκάλεσε «χαίρομαι που σας βλέπω. Περάστε μέσα όμως» μου είπε. «Πέσατε πάνω στην περίσταση. Έχω έτοιμο το μεζέ, κι ανοίγω αυτή τη στιγμή ένα «τσούρκο» που κάθε σταγόνα του είναι κι ένα πύρινο μαργαριτάρι. Ορίστε ένα ποτηράκι να το δοκιμάσετε».

-«Εκτιμώ τα κρασιά της Γαλλίας, του είπα. Καθώς και τους πίνακες που έχετε εδώ».

-«Είστε ερασιτέχνης ζωγράφος, λοιπόν. Χαίρομαι ιδιαίτερα. Θα σας δείξω το αριστούργημα…».

Τότε εγώ τον διέκοψα σχεδόν άψυχα. «Θα δω ευχαρίστως αυτό το έργο. Ας μιλήσουμε όμως πρώτα για το ζήτημα που μ' έφερε εδώ». Τα μικρά κι ευκίνητα μάτια του σταμάτησαν πάνω μου με περιέργεια και φοβερή αγωνία πως είχε ξεχάσει τον σκοπό του ταξιδιού μου.

«Έρχομαι απ' την Ελλάδα ειδικά για να έχω αντίγραφο της «Χρυσής Συνταγής» που μου είπατε πως έχετε». Ακούγοντας αυτά τα λόγια, άνοιξε διάπλατα το στόμα του, γούρλωσε τα μάτια του, και φάνηκε ταραγμένος.

-«Α, το χειρόγραφο της «Χρυσής Συνταγής» κάθε γουλιά κι ένα διαμάντι, ένα μαργαριτάρι! Είναι φάρμακο για τα μάτια, είναι φκιαγμένο σαν το νέκταρ των Θεών!» ζητωκραύγαζε για το εύρημά του.

-«Δείξτε μου το», είπα, χωρίς να μπορώ να κρύψω ούτε την ανησυχία μου, μα ούτε και τις ελπίδες μου.

-«Θα σας λυπήσω. Δεν το έχω πια εδώ!». Και φαινόταν σαν να ήθελε να τραβήξει τα μαλλιά του.

-«Ντροπή! Ντροπή! Με φέρνετε εδώ από άλλη χώρα και μου λέτε πως δεν το έχετε εδώ πια!», έλεγα με νευρικότητα. «Ατιμία να μη διαβάσω τη συνταγή του μοναχού Τουμουγιά. Δεν σας θεωρώ αξιόπιστο άτομο, κύριε Μιχαήλ!» έσκουξα.

Τότε εκείνος, τάχα με μάτια βουρκωμένα, τηλεφώνησε στον γιο του στο Παρίσι να του κάνει τη χάρη να την φέρει ως το βράδυ. «Αδύνατον, πνίγομαι στη δουλειά τώρα. Ας περάσει ο ξένος τη βραδιά του στο σπίτι κι αύριο το πρωί θα του την φέρω», υποσχέθηκε ο γιος του Μιχαήλ που είχε κατάστημα με αντίκες στη οδό Λαφίτ.

Ένα πλούσιοι δείπνο σκέπασε το τραπέζι μας. Ο κύριος Μιχαήλ με είχε εκτιμήσει φαίνεται αρκετά κι έτσι άνοιξε προς τιμή μου μια μπουκάλα «Σατώ Μαργκό». Ήπια με σεβασμό αυτό το σπουδαίο κρασί, η θέρμη του οποίου ξεχύθηκε στις φλέβες μου, αναζωογονώντας το είναι μου. Αιασθανόμουνα νεότατος, έχοντας δίπλα μου την κυρία Σατώ, μια πνευματώδη κυρία και ευγενική οικοδέσποινα. Την ευχαρίστησα για την παρέα της, το νόστιμο φαγητό και γευστικό κρασί, καθώς και τη φιλοξενία της που αποδείχτηκε ως μια ζεστή μητρική αγκαλιά σ' ένα παιδί κουρασμένο από μια μεγάλη μέρα. Η βραδυνή ψύχρα ανάγκασε στην κυρία Σατώ να με αφήσει και να πάει στο δωμάτιό της, και παρά τις αντιρρήσεις του Μιχαήλ πως έπρεπε να πέσω για ύπνο, κατέβασα δυο-τρία βιβλία κι άρχισα να τα διαβάζω κάτω από το αμυδρό φως του λαμπατέρ. Δεν ξέρω πόση ώρα τα μάτια μου ήταν καρφωμένα πάνω στο παλιό βιβλίο, όταν ξαφνικά είδα κάτι παράξενο. Μια μικρούλα ήταν καθισμένη στη ράχη του βιβλίου, όμως οι γραμμές στο πρόσωπό της ήταν σαν μεγάλης κοπέλας, αν κρίνω από το στήθος και τις σωματικές της καμπύλες. Είχε ύφος βασίλισσας, το στόμα της επιβλητικό κι ειρωνικό και τα γαλάζια μάτια της γελούσαν ανήσυχα κάτω από τα μαύρα φρύδια της, αν και ήταν ξανθιά. Με δυο λόγια, μου έκανε μεγάλη εντύπωση. Με είχε σαγηνεύσει. Έτριψα τα μάτια μου να διώξω την οπτασία που ίσως είχε μπει απ' το παράθυρο που είχα αφήσει ανοιχτό. Τι απερισκεψία!

Το άλλο πρωί την ώρα που τρώγαμε το πρωινό μας διηγήθηκα το όνειρό μου στην κυρία Σατώ: «Τ' όνειρό σας, μου είπε, είναι πραγματικά χαριτωμένο, και χρειάζεται να 'χει κανείς πολύ πνεύμα, για να βλέπει τέτοια όνειρα».

-Ώστε μου λέτε ότι έχω πνεύμα όταν κοιμάμαι;

-Όταν ονειρεύεστε, ξανάπε εκείνη, και πιθανόν να ονειρεύεστε πολύ συχνά».

Λίγο αργότερα πήγα να συναντήσω ένα φίλο μου έμπειρο σε εμπορικές συναλλαγές που θα με συμβούλευε πως έπρεπε να βρω τον τρόπο για να γίνει η αγορά του εγχειριδίου όσο το δυνατό επωφελέστερα για μένα. Περπατώντας σταματούσα να θαυμάσω τις εκκλησίες της ενορίας ενώ ένας ιερέας μου παραχώρησε κάμποσες συνταγές χωριάτικης μαγειρικής. Πλουτισμένος μ' αυτές τις εμπειρίες, επέστρεψα σπίτι με την κρυφή ικανοποίηση ενός αστού που γυρίζει σπίτι του μετά από μια επικερδή συμφωνία. Μπήκα στο μεγάλο σαλόνι. Πάνω στην σιφονιέρα είδα κάτι εντυπωσιακό, που μου προξένησε σαστιμάρα. Έμεινα λοιπόν εκεί με λυμένα χέρια και το στόμα ανοιχτό, όταν άκουσα τη φωνή της κυρίας Σατώ:

-«Εξετάζετε τη νεράϊδα σας, κύριε Ραμόν»; Μου είπε. «Νομίζετε ότι της μοιάζει;». Το είπε τόσο γρήγορα που δεν πρόλαβα να διαπιστώσω πως η νεράϊδα που κρατούσα στα χέρια μου ήταν ένα χρωματιστό κέρινο αγαλματάκι, φτιαγμένο από ένα άπειρο χέρι.

Πολύ εύλογα αναρωτήθηκα ποιος είχε δώσει υλική υπόσταση στη νεράϊδα που στεκόταν στη ράχη του ονειρικού βιβλίου μου; Αυτό δεν άργησα να το μάθω. Γυρίζοντας προς την κ. Σατώ είδα πλάι της μια νέα κοπέλα με γλυκά γκρίζα μάτια και μια έκφραση έξυπνη κι απλοϊκή μαζί.

-«Να σας συστήσω την Νόνα, την γλύπτρια που με τις ακριβείς οδηγίες μου έκανε το αγαλματάκι το οποίο βλέπετε πάνω στην σιφονιέρα», πήγε να της πιάσει το χέρι, μα το κορίτσι της ξέφυγε κι έτρεξε έξω στον κήπο.

-«Θα παραξενευόμουν πολύ, μου είπε, αν ο άντρας μου δεν σας έχει ήδη μιλήσει για τη Νόνα. Την αγαπούμε πολύ, είναι ένα θαυμάσιο παιδί. Πείτε μου στ' αλήθεια, πως σας φαίνεται το αγαλματάκι της;».

Της απάντησα πως ήταν καλόγουστο, μα πως η δημιουργός του χρειάζεται ακόμα πρακτική εξάσκηση για να είναι τέλεια.

-«Αν σας ζητώ έτσι τη γνώμη σας, συνέχισε η κυρία Σατώ, είναι γιατί η Νόνα είναι ένα φτωχό ορφανό. Νομίζετε πως θα μπορούσε να κερδίσει λίγα χρήματα φτιάχνοντας γλυπτά σαν κι αυτό;».

-«Όσο γι' αυτό, όχι!» απάντησα. «Και μη πολυλυπάστε γι' αυτό. Η κοπέλα είναι σεμνή. Σας πιστεύω, και πιστεύω και στην έκφραση του προσώπου της. Όμως η ζωή ενός καλλιτέχνη έχει ρεύματα, που παρασύρουν, έξω απ' τα όρια, και τις πιο αγαθές ψυχές. Η κοπελίτσα είναι φτιαγμένη από καλή πάστα. Εύκολα θα την παντρέψετε».

-«Μα δεν έχει προίκα! Απάντησε η οικοδέσποινα. Και χαμηλώνοντας λίγο τη φωνή της, «σ' εσάς κύριε Ραμόν, μπορώ να τα πω όλα. Η γιαγιά της, η Αλίκη, ήταν Γαλλίδα και παντρεύτηκε έναν Έλληνα φοιτητή που σπούδαζε εδώ στο Παρίσι, κι όταν τελείωσε τις σπουδές του πήγαν πίσω στην Ελλάδα να παντρευτούνε. Αποκτήσανε μονάχα μία κόρη, τη Λίλη, που κι αυτή παντρεύτηκε σε νεαρή ηλικία, έναν γοητευτικό και τολμηρό άντρα, την είχε μαγέψει. Ήταν παλιάνθρωπος, την εγκατέλειψε με ένα κοριτσάκι τριών χρόνων κι εξαφανίστηκε. Πέθανε πρώτα η γιαγιά Αλίκη, και έξι μήνες μετά η Λίλη αφήνοντας τη Νόνα μονάχη στον κόσμο. Η μαμά της Νόνας δεν είχε καταφέρει να σώσει τίποτα απ' την προσωπική της περιουσία, που ήταν αρκετά σεβαστή. Η κυρία Αλίκη ήταν το γένος Αλιέντε, κόρη του Σιμόν Αλιέντε.

-Η κόρη της Αλίκης, σκέφτηκα. Η Αλίκη πέθανε, και η κόρη της η Λίλη, πέθανε κι αυτή. Είναι τόσο λίγοι οι ζωντανοί μπροστά στους νεκρούς. Τι είναι λοιπόν αυτή η ζωή, πιο μικρή κι απ' τη μικρή μνήμη των ανθρώπων!

Μετά απ' αυτές τις θεϊκές αποκαλύψεις, έκανα αυτή τη νοερή προσευχή, ένα ιερό όρκο: «Όπου κι αν είσαι τώρα Αλίκη, δες αυτή την καρδιά που σκλήρυνε σαν πέτρα μέσα στον χρόνο, μα που είχε χτυπήσει κάποτε για σένα, και πες αν δεν ξαναζεσταίνεται στη σκέψη ν' αγαπήσει ό,τι απόμεινε από σένα στη γη. Όλα χάνονται, αφού χάθηκες εσύ και η κόρη σου, μα η ζωή δεν πεθαίνει: αυτήν πρέπει ν' αγαπούμε μ' όλες της τις μορφές που αλλάζει αδιάκοπα». Όταν η κυρία Σατώ με είδε να κλαίω, απομακρύνθηκε διακριτικά. «Θα τα πούμε αργότερα» πρόφερε σιγανά. Ένευσα ναι.

Κεφάλαιο 22

Με της ελπίδας τα φτερά

Όλοι μου κόψαν της ελπίδας τα φτερά.
   -Τι μούμεινε πια τώρα;
-Εσύ και η κούφια μου χαρά.
Ο ίσκιος μου, για συντροφιά
μες στης ζωής τη στράτα
κι ούτε πουλιού λαλιά.

Δεν είναι λυπηρό το ότι δεν ζεις πολύ, το άσχημο είναι το ότι βλέπεις όλα να περνούν και να χάνονται γύρω σου, μάνα, γυναίκα, παιδιά, φίλοι. Και στο τέλος αντιλαμβάνεσαι πως δεν αγαπήσαμε, δεν φιλήσαμε παρά σκιές. Όμως τόσο γλυκές! Αν υπήρξε ποτέ στον κόσμο πλάσμα που να πέρασε σαν σκιά απ' τη ζωή μου, είναι η κοπέλα που αγάπησα όταν ήμουν κι εγώ νέος. Κι όμως, η ανάμνηση αυτής της σκιάς είναι, ακόμα και σήμερα, μια απ' τις καλύτερες πραγματικότητες της ζωής μου. Η κυρία Σατώ, συνεπής στις υποσχέσεις της, με κάλεσε για καφέ στο σπίτι της το ίδιο απόγευμα. Προσπαθούσα ώρες και ώρες να ξεριζώσω τις δυσάρεστες αναμνήσεις και να κρατήσω τις ποθητές, αυτές που μου έδιναν ένα λόγο για να ζω και να ελπίζω, γιατί όλα γύρω από τη Νόνα (Ραμόνα) είχαν αποκτήσει τη σημασία της ύπαρξής τους, και ήλπιζα να τη δω ξανά το απόγευμα στο σπίτι της κυρίας Σατώ.

-Έζησα κοντά στην Αλίκη μερικά χρόνια, σε σχέση καλής συνεργασίας, και όσο για τη Λίλη υπήρξε μία στενή μου φίλη. Έπειτα η Αλίκη παντρεύτηκε τον Λάμπη, ενώ η κόρη της τον Φώτη. Πέθανε η Αλίκη και λίγους μήνες αργότερα η Λίλη, την ακολούθησε στην αιώνια ανάπαυση. Χθες μόλις είδα την εγγονή της Αλίκης στο σπίτι σας. Αν ένας μεσήλικας σαν κι εμένα μπορεί να φανεί χρήσιμος σε κάποιον, θέλω σ' αυτή την ορφανή, και με τη βοήθειά σας, να αφιερώσω τις τελευταίες μου δυνάμεις.

-Κύριε Ραμόν, δεν μπορώ να σας βοηθήσω σ' αυτό όσο θα ήθελα, γιατί η Νόνα, όντας ανήλικη, έχει κηδεμόνα. Είναι ο οικογενειακός συμβολαιογράφος της Αλίκης, που την έχει βάλει σ' ένα ορφανοτροφείο και που δεν είναι καθόλου ευχαριστημένη. Εμείς την παίρνουμε στο σπίτι μας μόνο ένα Σαββατοκύριακο το μήνα, δίνοντάς της την ευκαιρία να διασκεδάσει λιγάκι τη ζωή της, ξεχνώντας τους περιορισμούς του ιδρύματος, μου εξήγησε σαφέστατα η κυρία Σατώ. Αμέσως μετά μίλησα με τον συμβολαιογράφο τον κύριο Μανέ, ο οποίος φάνηκε πρόθυμος να βοηθήσει:

-«Η Νόνα δεν είναι πια ανήλικη», με πληροφόρησε. «Έχει πατήσει στα δεκαεννέα της δυο μήνες πριν. Σύμφωνα με τους κανονισμούς του ιδρύματος, τα οικότροφα παιδιά άμα ενηλικιώνονται πρέπει να φεύγουν από το ίδρυμα, και να συνεχίσουν να ζουν έξω με δική τους ευθύνη. Θα σας δώσω μία συστατική επιστολή για την διευθύντρια. Εκείνη θα κρίνει αν είστε κατάλληλος να γίνετε κηδεμόνας του κοριτσιού».

Την επόμενη Πέμπτη, ημέρα επισκέψεων στο ίδρυμα, συνάντησα και μίλησα στην διευθύντρια την δεσποινίδα Νοέλ:

-Συνάντησα, είπα, τη νεαρή Νόνα (από το Ραμόνα) στο σπίτι της κυρίας Σατώ, και ειλικρινά θαύμασα την εξυπνάδα της. Είχα γνωρίσει άλλοτε την γιαγιά και τη μαμά της, κι έτσι θα 'θελα να μεταφέρω σ' αυτήν το ενδιαφέρον που μου προξενούσαν εκείνες, και οι δυο μακαρίτισσες πια.

-Κύριε, αφού γνωρίσατε τις κυρίες Δρέγη, πιστεύω πως θα λυπάστε, όπως και ο κύριος Μανέ κι εγώ, για τις επιπόλαιες επενδύσεις, που τις οδήγησαν στην καταστροφή κι έριξαν την κόρη τους στη δυστυχία, είπε με απαισιοδοξία.

-Ήταν άδικο κι ασυγχώρητο γι' αυτές να γίνουν δυστυχισμένες, αυτές, μάνα και κόρη, που ήταν για πολύ καιρό αξιοζήλευτες. Θα τις εκδικηθώ, είμαι ανελέητος γι' αυτές, είπα με χοντρή φωνή σαν εκβιαστής. Κι αφού δήλωσα με κάθε ειλικρίνεια πως δεν είχα οικονομικά προβλήματα, ζήτησα να μιλήσω ιδιαιτέρως στη Νόνα.

-Λέγεστε Ραμόν Νάσκας, λοιπόν; Με ρώτησε γράφοντας. «Και το επάγγελμά σας;»

-Αν είναι απαραίτητο, γράψτε έμπορος, μεγαλοεισοδηματίας, φάρμερ, τόνισα με έμφαση.

Η μάσκα της αυστηρής δασκάλας έπεσε μεμιάς. Ήταν ένα άλλο πρόσωπο τώρα η Νοέλ, καλοσυνάτο, χαριτωμένο, γλυκομίλητο, που κυριολεκτικά έλαμπε, τα μάτια της χαμογελούσαν, και το στόμα της έδειχνε χαρούμενο. Και μίλησε – και η φωνή της έσταζε μέλι:

-Συμφωνούμε πως η Νόνα είναι πολύ έξυπνη, και είμαι ευτυχής που συμφωνούμε και οι δυο μας σ' αυτό. Ενδιαφέρομαι πραγματικά για την ευτυχία της, παρόλο που θα 'λεγα πως είναι λίγο ατίθαση, αλλά αυτό θα την βοηθήσω να το αποβάλει, με τον καιρό, ζώντας σε μία σωστή οικογένεια, που αν δεν σας προδιαθέτω, θα μου άρεσε αφάνταστα να την διαπαιδαγωγήσουμε μαζί. Αυτό είναι ένα πολύ σπουδαίο νέο, κύριε Ραμόν, θα φροντίσουμε για την αποκατάσταση της Νόνας μαζί, με τον πιο ωραίο τρόπο μάλιστα. Σου ζητάω πολλά; Ρώτησε. Ύστερα πλησίασε προς το μέρος μου κι ακούμπησε στον ώμο μου. Πέρασε τα χέρια της στη μέση μου κι έτσι μείναμε για πέντε λεπτά, ώσπου...

-Συγνώμη, ψέλλισα, ίσως κάνετε κατάχρηση της πολύτιμης ώρας μου.

Τότε εκείνη φώναξε την καθαρίστρια να ειδοποιήσει τη Νόνα Δρέγη πως ο κύριος Ραμόν την περιμένει στο εντευκτήριο. Μετά απ' αυτό θέλησα να την αποχαιρετήσω. Με συνόδευσε ως την πόρτα, ακούμπησε στο κούφωμα και μου είπε ψιθυριστά, ίσως ένοχη.

-Συγχωρέστε την αδυναμία μου, κύριε Ραμόν. Είμαι γυναίκα και μου αρέσει η δόξα στους άντρες. Δεν μπορώ να σας κρύψω πως η επίσκεψη ενός ιδεολόγου άντρα στο μικρό μου ίδρυμα με τιμά αφάνταστα, είπε στενοχωρημένη κι έσφιξε την καρδιά της με τα δυο χέρια της, τόσο που νόμισα πως θα λιποθυμούσε. Σύντομα ξαναβρήκε την αυτοεκτίμησή της, και θα πρέπει να πω, χωρίς να κολακευθώ, πως μου χαμογέλασε αυτή τη φορά εντελώς πλατιά.

Συγχώρεσα λοιπόν την αδυναμία της κακόμοιρης Νοέλ, και καθώς σκεφτόμουν την Νόνα με την τύφλωση του εγωισμού, αναρωτιόμουν όση ώρα την περίμενα στο κυλικείο:

-Τι θα κάνουμε μ' αυτό το κορίτσι;

*

Βρήκα τη Νόνα να με περιμένει χαρούμενη, και ο λόγος ήταν πως από την περασμένη Πέμπτη μετά την επίσκεψή μου η Νοέλ την απάλλαξε από διάφορες δουλειές, την αφήνει να περπατάει ελεύθερη στον κήπο χωρίς δέντρα και λουλούδια και πως της επιτρέπει να δουλέψει γι' αυτόν τον κακόμοιρο, τον μικρούλη Αη-Γιώργη. Και μου είπε χαμογελώντας:

-Ξέρω καλά πως σε σας χρωστώ όλα αυτά.

Της μίλησα από μετριοφροσύνη για κάτι άλλο, μα έδειχνε πολύ αφηρημένη.

-Κάτι σε απασχολεί. Μίλησέ μου γι' αυτό – γιατί διαφορετικά δεν θα συνεννοηθούμε

-Σας άκουγα καλά, κύριε Ραμόν, μα είναι αλήθεια πως σκεφτόμουν άλλο πράγμα. Συγνώμη, μα κατάλαβα πως η Νοέλ θα πρέπει να σας αγαπάει πολύ, για να γίνει έτσι στα καλά καθούμενα τόσο καλή μαζί μου, και με κοίταξε με ένα ύφος χαμογελαστό μα και ανήσυχο ταυτόχρονα, που μ' έκανε να γελάσω.

-Σ' εκπλήσσει αυτό; Ρώτησα.

-Πολύ, απάντησε η κοπέλα.

-Γιατί, σε παρακαλώ;

-Πιστεύεις λοιπόν πως είμαι τόσο αποκρουστικός, Νόνα;

-Ω, όχι, μα απορώ πως και της αρέσετε τόσο πολύ. Με ανέκρινε, ήθελε να μάθει τα πάντα για σας.

-Αλήθεια;

-Μάλιστα. Ήθελε να μάθει για το σπίτι σας. Σε σημείο που με ρώτησε ακόμα και για την ηλικία της γυναίκας που έχετε για οικονόμο!

-Και λοιπόν, της είπα, εσύ τι νομίζεις;

Κάρφωσε για κάμποσο τα μάτια της στα παλιά μποτάκια της και φαινόταν σα να την απορροφούσε βαθιά περισυλλογή. Τελικά σήκωσε το κεφάλι της και είπε:

-Δεν ξέρω, αλλά είναι φυσικό να ανησυχείς με κάτι που δεν καταλαβαίνεις. Ξέρω πως είμαι μια απερίσκεπτη, μα ελπίζω πως δεν θα μου κρατήσετε κακία.

-Όχι φυσικά, Νόνα. Και μετά συνέχισε χαμογελώντας:

-Με ρώτησε... για μαντέψτε! Με ρώτησε, αν σας αρέσει το καλό φαγητό.

-Και πως απάντησες σ' όλες αυτές τις ερωτήσεις;

-Δεν ξέρω, δεσποινίς. Και μετά εκείνη μου είπε: «Είσαι μια ηλίθια. Πρέπει να προσέχεις και τις λεπτομέρειες της ζωής ενός ανώτερου ανθρώπου, και να ξέρεις μικρή μου, πως ο κύριος Ραμόν Νάσκας είναι μια διασημότητα της Ελλάδας!»

-Διάβολε! Είπα. Και τι νομίζεις εσύ, Νόνα;

-Νομίζω πως η δεσποινίδα Νοέλ έχει δίκιο. Μα δεν μου αρέσει καθόλου να έχει αυτή η Νοέλ δίκιο σ' όλα...

-Ε, λοιπόν, ησύχασε Νόνα; Η κυρία Νοέλ δεν έχει δίκαιο.

-Ναι, ναι! Είχε πολύ δίκιο. Μα δεν θα 'θελα ν' αγαπώ όλους αυτούς που σας αγαπάνε, και τώρα πια δεν μπορώ να πω πως θ' αγαπήσω αυτή τη γυναίκα.

-Η επιβολή της δασκάλας, παιδί μου, είναι ιερή. Η δασκάλα του οικοτροφείου σου αντιπροσωπεύει για σένα τη μητέρα που έχασες, είπα με σοβαρότητα.

Μόλις είπα αυτή την πομπώδη βλακεία, αμέσως το μετάνιωσα, φριχτά. Η κοπελίτσα χλώμιασε, και τα μάτια της βούρκωσαν.

-Μα, κύριε Ραμόν, πως μπορείτε να λέτε ένα τέτοιο πράγμα, εσείς;

Μάλιστα, πως μπόρεσα αλήθεια να το πω;

-Μαμά! Αγαπημένη μου μαμά! Καημένη μου μαμά! Την είχατε γνωρίσει; Αν ναι, πείτε μου πως ήταν, και τότε θα σας εμπιστευτώ περισσότερο, είπε.

Η τύχη δεν μ' άφησε να φανώ βλάκας ως το τέλος. Δεν ξέρω πως, μα συνέβηκε να φανεί σαν να έκλαιγα. Μα δεν κλαίνε πια στην ηλικία μου. Αμέσως βγάζω από το πορτοφόλι μου τη μοναδική φωτογραφία που είχα κρατήσει, η Αλίκη, η Λίλη να κάθονται στον καναπέ στο σαλόνι μας, και πίσω τους εγώ με τα χέρια μου ν' ακουμπούν στους ώμους τους, λίγο καιρό πριν σκορπίσει η «οικογένεια».

-Να, δες, εδώ αυτή είναι η μαμά σου η Λίλη, αυτή εδώ η γιαγιά σου η Αλίκη, και πίσω τους εγώ, ο παππούς σου! είπα και κάποιος επίμονος βήχας να μου 'φερε δάκρυα στα μάτια. Τέλος πάντων, μπορούσες να γελαστείς. Και η Νόνα γελάστηκε. Τι αγνό, τι λαμπρό χαμόγελο έλαμψε τότε κάτω απ' τα όμορφα βρεγμένα ματόκλαδά της, όπως ο ήλιος ανάμεσα στα κλαδιά ύστερα από μια καλοκαιρινή βροχή. Πιαστήκαμε χέρι-χέρι και μείναμε ώρα πολλή χωρίς να μιλάμε, αρκετά ευτυχισμένοι.

-Παιδί μου, είπα στο τέλος, είμαι αρκετά μεγάλος (πενήντα επτά χρόνων) κι έμαθα πολλά πράγματα για τη ζωή, μυστικά που κι εσύ θα αποκαλύψεις σιγά-σιγά. Πίστεψέ με: το μέλλον γίνεται από το παρελθόν. Ό,τι κακό έζησες εδώ, ξέχνα το, ξέχνα το μίσος και την πίκρα σου, για να ζήσεις χαρούμενα κι ήσυχα στο σπίτι σου, στην Αμνόβρυση.

-Και σπίτι σας, αν επιτρέπεται, είπε διστακτικά η Νόνα.

-Βεβαίως! Φώναξα. Να μια θαυμάσια ιδέα!

Αποχαιρετήσαμε σαν καλοί φίλοι την δασκάλα Νοέλ, εγώ γιατί κατάφερα αυτό που επιθυμούσα, εκείνη χωρίς σπουδαίο λόγο, πράγμα που, κατά τον Πλάτωνα, την ανεβάζει στην υψηλότερη βαθμίδα της ιεραρχίας των ψυχών.

Ωστόσο, έφερνα αυτό το νεανικό πρόσωπο στο σπίτι μου στην Ελλάδας, με κακά προαισθήματα, γιατί η Νόνα είχε άσχημα βιώματα μέσα στο ορφανοτροφείο, θα 'θελα, «στερνή μου γνώση να σ' είχα πρώτα» η μικρή μου «εγγονή» να είχε μεγαλώσει σε άλλα χέρια, τα μυαλά της Νοέλ και οι ενέργειες τους κλείνουν μέσα τους μυστηριώδη βάθη που με τρομάζουν. Όπως είχε πει και η Ραμόνα πριν λίγο: «Ανησυχεί κανείς πάντα με κάτι που δεν καταλαβαίνει». Αλίμονο! Στην ηλικία μου ξέρει κανείς πολύ καλά πόσο λίγο αθώα είναι η ζωή, ξέρει πολύ καλά τι χάνει κανείς γερνώντας σ' αυτόν τον κόσμο, και δεν έχει εμπιστοσύνη παρά στα νέα μυαλά. Στην προκειμένη, το μόνο που με ανησυχεί είναι η στάση της Ζωζώς απέναντι στη Νόνα.

Κεφάλαιο 23

Η εκθρονισμένη

Π ερίμενα τη στιγμή, την περίμενα στ' αλήθεια, με ανυπομονησία. Για να καταφέρω τη Ζωζώ να υποδεχτεί καλά την Νόνα, και για τον σκοπό αυτό χρησιμοποίησα όλη μου τη διπλωματικότητα. Και να που ήρθε. Η Νόνα ήταν, μα τον Θεό, πολύ εντυπωσιακή. Δεν μοιάζει της γιαγιάς της βέβαια, μα σήμερα παρατήρησα πως είχε ωραία έκφραση προσώπου, ένα σπουδαίο ατού σε μια γυναίκα, το ωραίο χαμόγελό της φώτισε όλο το σαλόνι. Κατασκόπευα την Ζωζώ, την κοίταζα να δω αν οι απότομοι τρόποι της θα γλύκαιναν με την εμφάνιση της κοπελίτσας. Την είδα να καρφώνει τα μάτια της πάνω στη Νόνα, γύρισε απότομα το κεφάλι της με το αυλακωμένο από ρυτίδες πρόσωπό της προς αυτήν κι έσφιξε τα χείλη της να μη φανούν τα σάπια δόντια της. Κι αυτό ήταν όλο.

-«Πως σου φαίνεται το σπίτι μας;» ρώτησα τη Νόνα, που κοίταζε έξω από το παράθυρο. -«Είναι τόσο όμορφα εδώ!» μας είπε. «Μ' αρέσει να βλέπω τον Πηνειό να κυλάει ορμητικά. Σε κάνει να σκέφτεσαι ένα σωρό, διαφορετικά πράγματα!».

Η Ζωζώ άρπαξε απότομα την τσάντα λέγοντας πως δεν της αρέσει να βλέπει πεταμένα πράγματα πάνω στα έπιπλα, κάνει το σπίτι να μοιάζει «σαν της ζουρλής τα μαλλιά», έκφρασε την παροιμία που ταιριάζει σε ακατάστατη γυναίκα.

«Να σε βοηθήσω με τα πράγματά σου, μικρή μου;» είπε κατόπιν πλησιάζοντας την Νόνα. «Ευχαριστώ πολύ» απάντησε η Νόνα και βγάζοντας την κοντή μαύρη καμπαρντίνα, που κάτω φορούσε μία βυσσινί μπλούζα με βαθιά λαιμόκοψη και μια κοντή φούστα, έδειξε το ωραίο της ντεκολτέ και τις κανονικές καμπύλες του σώματός της, όλα να διαγράφονται καθαρά στο φως του παράθυρου.

«Μακάρι η ομορφιά της και τα νιάτα της να χόρταιναν τις αισθήσεις κάποιου άλλου, παρά μιας γριάς οικονόμου κι ενός γέρου «αντίκα» ευχήθηκα σιωπηλά, γιατί μάλλον έτσι με έκρινε η Ζωζώ, ενός ξεμωραμένου γέρου, παλαβιάρη, που κοιτάζει ν' απολαύσει τις ερωτικές ηδονές πριν το τέλος της ζωής του, επειδή δεν ήξερε ακόμα η Ζωζώ ότι η Νόνα είναι εγγονή της Αλίκης και η κόρη της Λίλης. Της είχα πει στο τηλέφωνο ότι θα έφερνα στο σπίτι μου μια ορφανή κοπέλα, αυτό, τίποτα άλλο.

-«Θαυμάζεις τον Πηνειό, της είπα. Λαμπυρίζει στον ήλιο».

-«Ναι, μου απάντησε ακουμπώντας στο περβάζι του παράθυρου. Μοιάζει με φλόγα που κυλάει και πόση δροσιά υπάρχει κάτω από τις ιτιές της όχθης, που καθρεφτίζει. Αυτή η γωνία μου αρέσει ακόμα περισσότερο απ' όλα τ' άλλα».

-«Εμπρός! Είπα. Αφού το τοπίο σε τραβάει, τι θα 'λεγες να κάνουμε βαρκάδα, που ενοικιάζει το κατάστημα πιο κάτω;». Η Νόνα ευχαριστήθηκε με την ιδέα μου, μα η οικονόμος μου δεν φαινόταν να μας αφήσει να φύγουμε έτσι. Με πήρε ιδιαιτέρως, στην τραπεζαρία, όπου την ακολούθησα με τρόμο: «Κύριε Ραμόν, μου είπε, δεν σκέφτεστε ποτέ σας τίποτε και πρέπει όλα να τα θυμηθώ, εγώ. Ευτυχώς που έχω καλή μνήμη». Δεν ήθελα να της κλονίσω την ψευδαίσθησή της. Και εκείνη συνέχισε: «Πείτε μου, μάλλον ρωτήστε την κοπέλα τι θα της άρεσε να μαγειρέψω. Της αρέσει κοτόπουλο με πατάτες ριγανάτες, και δίπλες με καρύδια και μέλι;».

-«Καλή μου Ζωζώ, απάντησα, φτιάξε ό,τι σου αρέσει και θα 'ναι πολύ καλό. Της Νόνας της αρκεί και το μέτριο φαγητό μας».

-«Μα, κύριε Ραμόν, δεν θέλω αυτές τις λίγες μέρες που θα μείνει σπίτι μας το κορίτσι να φύγει με το παράπονα πως δεν την περιποιήθηκα» γκρίνιαξε η Ζωζώ.

Γύρισα το βλέμμα μου στη Νόνα που καθόταν ήρεμα στην πολυθρόνα και ξεφύλλιζε ένα βιβλίο, που θα 'λεγε κανείς πως βρισκόταν σπίτι της αδιαλείπτως, πως δεν είχε ποτέ φύγει απ' εδώ. Λίγο ακόμα και θα το πίστευα κι εγώ. Κρατούσε πολύ λίγο χώρο, στ' αλήθεια, στη γωνία στο παράθυρο. Μα είχε τόσο σωστά διαλέξει την καρέκλα και τα σκαμπώ για τα πόδια της, που θα 'λεγες πως τα έπιπλα αυτά είχαν γίνει για εκείνη αποκλειστικά. Συνέχισε να ξεφυλλίζει το βιβλίο με μια απλοϊκή περιέργεια ενώ έριχνε σύντομες ματιές στους πίνακες και τις φωτογραφίες στον τοίχο, μια ματιά που φαινόταν σαν τρυφερός, παιδικός αποχωρισμός.

-Κοιτάξτε, παππού, είπε με σπασμένα ελληνικά, τι όμορφο φουστάνι της γιαγιάς, και πόσο ωραίο το κοστούμι της μαμάς μου! Α, είναι σίγουρα και οι δυο τους αριστοκράτισσες!» δήλωσε η Νόνα.

Η Ζωζώ ακούγοντας τα ελληνικά της Νόνας κιτρίνισε ολόκληρη. Πήγε να λιποθυμήσει, ένιωσε να πέφτει από το θρόνο της που τα σκήπτρα του κρατούσε καλά τόσα χρόνια σ' αυτό το σπίτι.

«Και της Ζωζώς της αρέσουν τα ωραία πράγματα. Να, κοίταξε αυτή εδώ τη φωτογραφία της, φοράει ένα δαντελωτό, άσπρο φόρεμα», έδειξα στη Νόνα τη φωτογραφία, όταν άκουσα το κουδούνι της πόρτας. Νόμισα πως θα 'ταν κανένας μικρός του ζαχαροπλαστείου με το κουτί τα γλυκά που είχα παραγγείλει, όταν η πόρτα άνοιξε και...

-Ευχόσουν, πριν λίγο, παππούλη Ραμόν, να 'βλεπαν την προστατευόμενή σου, μ' όλη της τη χάρη και την τσαχπινιά, άλλα μάτια, κι όχι τα δικά σου τ' αποξεραμένα και με τα γυαλιά.. Και να που η επιθυμία σου πραγματοποιήθηκε με τον πιο απρόσμενο τρόπο. Κι όπως στη άμυαλη Ζωζώ, μια φωνή σου είπε:'

Φοβού, Κύριε, φοβού, μήπως ο σκληρός Ουρανός

σε μισεί πολύ για να εισακούσει τις ευχές σου.

Η πόρτα του σαλονιού ανοίγει και παρουσιάζεται ένας ωραίος νέος που τον συνόδευε η Ζωζώ. Δεν πρόλαβα να πάω στο χωλ και να τον κλείσω εκεί αμέσως, σαν κανένα επικίνδυνο ζώο. Ήταν μπροστά μου, και περίμενα να μου εξηγηθεί:

-Κύριε Ραμόν, καλημέρα. Καλώς ήρθατε. Είχατε καλό ταξίδι; Με ρωτάει ενώ δεν έπαιρνε τα μάτια σου από την κοπέλα, που σκυμμένη ξεφύλλιζε το άλμπουμ.

Τον κοιτάζω, κάπου τον έχω ξαναδεί. Είναι ο Ορφέας, ο νέος μηχανικός μας, στο μηχανοστάσιο. Είναι ο Ορφέας, ένα καλό παιδί και μου εξηγήθηκε πολύ καλά.

-«Η βλάβη στο ραντιστικό μηχάνημα έχει διορθωθεί, οπότε, το ψέκασμα στα περιβόλια για την μελίγκρα θα γίνει έγκαιρα, πριν το έντομο προλάβει να εξαπλωθεί επικίνδυνα και καταστρέψει την ανθοφορία» με πληροφόρησε με σοβαρό ύφος: «Χαίρομαι που θα μπορέσω να σας εξυπηρετήσω, οπότε εσείς να ορίσετε τη ημέρα εργασίας» πρόσθεσε.

Και συνέχισε: «Έκανα ό,τι μπορούσα. Ξέρω, όπως και σεις – πως αν καθυστερούσα την επισκευή, η καταστροφή στις καλλιέργειες θα ήταν τεράστια. Το μηχάνημα είναι στη διάθεσή σας», είπε και μου παρέδωσε το σακίδιο με τα παλιά ανταλλακτικά της μηχανής. Το σήκωσα με κόπο και κατάλαβα απ' το βάρος ότι πραγματικά είχε περάσει τα νέα ανταλλακτικά.

-Περίμενε δυο λεπτά αγόρι μου, είπα και πήγα στο διπλανό δωμάτιο να φέρω τα λεφτά.

Όταν ξαναγύρισα στο σαλόνι, άκουσα τον Ορφέα που έλεγε στη Νόνα: «Οι γυναίκες στην αρχαιότητα έβαφαν τα μαλλιά τους ανακατεύοντας το μελί και το ξανθό χρώμα. Τα δικά σου μαλλιά που έχουν το φυσικό τους χρώμα είναι πιο όμορφα απ' το τεχνητό χρώμα του μελιού και του χρυσού». Μπήκα στο σαλόνι και έδωσα το φάκελο με τα χρήματα στον Ορφέα, που τα 'βαλε στη τσέπη του. Μ' ευχαρίστησε, κι αφού κλείσαμε ένα νέο ραντεβού, έφυγε χαιρετώντας μας όλους με τη μεγαλύτερη άνεση του κόσμου. Είπα:

-«Είναι ευγενικό, αυτό το παιδί. Αρκετά μορφωμένος και έμπιστος υπάλληλος».

Η Νόνα γύρισε μερικές σελίδες στο οικογενειακό μας άλμπουμ και δεν απάντησε. Μετά απ' αυτό πήγαμε βόλτα στην όχθη του ποταμού και κανονίσαμε για την βάρκα κα τον βαρκάρη μας.

*

Η Νόνα πηδά σα γατούλα στη βάρκα ενώ εγώ στηρίζομαι στο δυνατό χέρι του οδηγού με μια σεμνή χάρη σαν την Βιργινία, που αφού έχει γλιτώσει απ' το ναυάγιο, αφήνεται αυτή τη φορά, καρτερικά, να σωθεί. Η κοπέλα με το κεφάλι ψηλά αφήνει τα μαλλιά της να τα ανακατέψει το αεράκι, γυρίζει το κεφάλι της πίσω και μου κάνει ένα αδιόρατο νόημα ευγνωμοσύνης. Την κοιτάζω, δεν βλέπω να έχει πάρει πολλά απ' τη μαμά της, δεν είναι τόσο όμορφη, αλλά είναι η παρηγοριά και η χαρά ενός γέρο-παλαβού, όπως είμαι εγώ, και πρέπει να το πω, πως η οικονόμος μου, η Ζωζώ, είναι στο κρεβάτι, και θα πρέπει κάποιος να πάει να της ανοίξει την πόρτα. Ήταν άρρωστη και δεν μπόρεσε να μαγειρέψει.

-«Δεν πειράζει, θα πάμε να φάμε στο εστιατόριο, θα σου φέρουμε τη μερίδα σου», την καθησύχασα.

-«Δεν είναι σωστό αυτό, ένας παππούς να γευματίζει με μια κοπελίτσα στο εστιατόριο» σχολίασε πικρόχολα. «Εξάλλου, τα έχω αγοράσει όλα τα υλικά, θα το ετοιμάσει το φαγητό η γυναίκα του κρεοπώλη», διευκρίνισε, πανίσχυρη ακόμα και στο κρεβάτι.

Δεν της άρεσε να φαίνεται ανήμπορη «συνταξιούχα». Η πεισματάρα Νόνα πήγε στο δωμάτιό της, να δει αν ήταν αλήθεια άρρωστη.

-«Χρειάζεσαι τίποτα; Θέλεις να φέρουμε τον γιατρό;» της είπε δήθεν ανήσυχη.

-«Αν χρειαστεί να με βοηθήσει κάποιος, της είπε, που να μη δώσει ο Θεός, θα καλέσω κάποιον λιγότερο ντελικάτο, «μη μου άπτου» από σένα. Απλά χρειάζομαι λίγη ξεκούραση, κάτι που δεν μπορείς εσύ να μου προσφέρεις. Πηγαίνετε και οι δυο σας να διασκεδάσετε. Μη κάθεστε εδώ. Είναι ανθυγιεινό, ίσως κολλήσετε κανένα μικρόβιο» ψιθύρισε.

-«Τα γηρατειά είναι κολλητικά» την αποστόμωσε η Νόνα.

-«Θα ζήσω να σε δω τότε», την πικάρει η Ζωζώ. «Άντε ξεκουμπήσου απ' εδώ, πήγαινε να κάνεις καμιά άλλη δουλειά που σου ταιριάζει» συμπληρώνει και κάνει την χειρονομία να φύγει.

-«You are a sprinster, Mis Zozo» χλευάζει η Νόνα στ' αγγλικά.

-«Ναι, μια στριμμένη γεροντοκόρη που την ανέχεται ο Ραμόν, και θα την έχει δίπλα του ισόβια. Τώρα κάνε μου τη χάρη, πήγαινε στο σαλόνι», λογικεύεται η Ζωζώ.

Προς στιγμή δημιουργήθηκε μια μικρή ένταση μεταξύ των δύο γυναικών, λίγο ακόμα και θα αρπάζονταν απ' τα μαλλιά. «Δύο γάϊδαροι μάλωναν, σε ξένο αχυρώνα» που λέει το ρητό. Η Νόνα μου διηγήθηκε αυτά που της είπε η Ζωζώ, και ειρωνικά πρόσθεσε πως της άρεσε πολύ αυτή η «αργκό» γλώσσα της γριάς αυτής κλώσας. Προσπάθησα να την δικαιολογήσω φέρνοντας για παράδειγμα πολλούς άλλους μάστορες της μητρικής μας γλώσσας που αποκαλούσαν τους δασκάλους τους ως χαμάληδες του λιμανιού και ως γριές πλύστρες. Αλλά η Νόνα με τα εκλεπτυσμένα της γούστα αρνήθηκε να συμφωνήσει μαζί μου, και με ικετευτικό ύφος μου ζήτησε τη χάρη να βάλει την ποδιά και να πάει στην κουζίνα να φροντίσει για το δείπνο. Έτριψε το κοτόπουλο με φέτες λεμονιού, το έπλυνε δυο-τρεις φορές και το έβαλε στη μέση στο ταξί, και γύρω του λεπτές φέτες πατάτες, σκεπασμένα με πιπέρι και ρίγανη και τα έβαλε στο φούρνο. Ύστερα ετοίμασε τη κρέμα καραμελέ. Και τα δυο ήταν σκέτη αποτυχία, αλλά τα γέλια της Νόνας με δίδαξαν πως το μισοψημένο κοτόπουλο ήταν τόσο κωμικό, η αφορμή να πούμε χίλια δυο αστεία πράγματα. Αργότερα πήγα στο δωμάτιο της Ζωζώς και την κατσάδιασα γλυκά, που δεν καταλάβαινε πια τίποτα για τον καινούργιο τρόπο της ζωής μου.

-«Ε, ναι, Ζωζώ, είμαι ένας γερο-παλαβιάρης κι εσύ γριά παλαβή. Αυτό είναι σίγουρο. Ο Θεός να σε ευλογεί, Ζωζώ, και να σου δίνει καινούργιες δυνάμεις, γιατί αναλάβαμε καινούργια καθήκοντα. Άσε με μονάχα να ξαπλώσω σ' αυτόν τον καναπέ, γιατί δεν μπορώ».

Έκλεισα τα μάτια μου κι αμέσως αποκοιμήθηκα, ωστόσο ο μυαλό μου δούλευε σε υπερωρίες και σε μία ώρα ετοίμασε όσα είχα να κουβεντιάσω σοβαρά πράγματα με την Νόνα.

-Άκουσέ με, κορίτσι μου, δεν θέλεις, φαντάζομαι, με κανένα τρόπο να γυρίσεις στη Γαλλία και στο οικοτροφείο της Νοέλ. Έτσι δεν είναι; Θέλω να σε κρατήσω εδώ, για να συμπληρώσεις τη μόρφωσή σου σε ελληνικό σχολείο, ώσπου να... τι ξέρω; Όπως λένε πάντα για τα κορίτσια της παντρειάς.

-Όχι παππού! Φώναξε εκείνη κατακόκκινη απ' το θυμό της γιατί είχε άλλα σχέδια στο μυαλό της, και δεν ήθελε κανένας γαμπρός να ανακόψει τα σχέδιά της. Πως θα το έκανε όμως χωρίς την κατάλληλη στήριξη; Ο Ραμόν της αντιπροτείνει δουλειά.

-Θα πήγαινε για δυο χρόνια σε σχολή αγγειοπλαστικής και κεραμικής, και μετά θα την διόριζε δασκάλα στο Σπίτι Εργαζόμενου Κοριτσιού, ζητώντας εκεί όση ελπίδα είχε χάσει από την ατυχία της, τα χρόνια που είχαν χαθεί αφήνοντας μια τρύπα εντός της.

Η Νόνα άκουγε προσεκτικά τα λόγια του και της άρεσαν, όμως η Ζωζώ ήταν το αγκάθι στη σχέση τους. Δεν δίστασε να του το ξεκαθαρίσει το θέμα.

-Νόνα, άκουσέ με ακόμα. Μέχρι τώρα η οικονόμος μου σε δέχθηκε που, σαν όλους τους γέρους, είναι παράξενη από φυσικού της. Να μην της πας κόντρα, θα έλεγα να την σέβεσαι, να σέβεσαι τη μεγάλη ηλικία της και τη μεγάλη της καρδιά. Μάθε να διατάζεις κι εκείνη θα ξέρει να υπακούει. Έλα, παιδί μου, πήγαινε με τη Ζωζώ να τακτοποιήσετε το δωματιάκι στο πίσω μέρος. Βόλεψε τα πράγματά σου που χρειάζεσαι για τη δουλειά και την ξεκούρασή σου, την συμβούλευσα.

-Εντάξει, αλλά αυτό θα είναι για λίγο, προσωρινά. Δυο ψάρια δεν τηγανίζονται σ' ένα τηγάνι, καταλαβαίνεις τι θέλω να πω. Είναι γριά και άρρωστη, δεν θα κοιμάται σε στρώμα κι ούτε θα κάθεται να τρώει στο τραπέζι μας. Υπάρχουν αποθήκες πίσω από το σπίτι. Πρόσφατα είχα διαβάσει ένα άρθρο σ' ένα περιοδικό βγαλμένο από νέα παιδιά, ο τόνος του είναι σκληρός, και στο πνεύμα του κυριαρχεί η ζήλεια. Ο αρθρογράφος τονίζει το κάθε λάθος, η επιείκειά μου ήταν μεγάλη, μπέρδευα τον σοφό με τον αμαθή, πρέπει να ξέρεις πότε να κατακρίνεις αυστηρά και πότε ν' επαινείς. Ένας φίλος μου ήταν τόσο ηλίθιος, δεν ήξερε τίποτα, αγαπούσε όμως πολύ τη μαμά του. Δεν καταγγείλαμε την αμάθεια και την ηλιθιότητα ενός τόσο καλού γιου, και ο μικρός Ρένος χάρη στην ανοχή μας έφτασε να γίνει καθηγητής Πανεπιστημίου.

Κεφάλαιο 24

Μία ανεπιθύμητη επίσκεψη

Η Νοέλ τώρα πίσω στη Γαλλία δεν μπορεί να βγάλει ούτε στιγμή απ' το μυαλό της τον Ραμόν, το ερωτικό της είδωλο, έχει ξετρελαθεί μαζί του. Το σώμα της είναι στο ορφανοτροφείο μα η ψυχή της βρίσκεται στο σπίτι του, κάθε λεπτό, κάθε ώρα, μέρα και νύχτα. Σκέφτεται πολύ, στίβει το μυαλό της να βρει κάποιο σοβαρό λόγο να πετάξει στην Αμνόβρυση, να τον συναντήσει. Και να, η μεγαλόψυχη καρδιά της, το ψεύτικο μητρικό της ένστικτο της λύνει τα χέρια και τα πόδια. Η Νόνα μακριά της υποφέρει, μέσα σε ένα σκυθρωπό σπίτι με μια γριά οικονόμο που η σχέση της δεν είναι εντελώς ξεκαθαρισμένη με τον εργοδότη, τη φωνάζει με μια μυστική φωνή να την απομακρύνει απ' το παράταιρο αυτό ζευγάρι, το κορίτσι είναι φοβισμένο... Η Νοέλ ανησυχεί για το αθώο κορίτσι και το δήθεν πατρικό ενδιαφέρον του κηδεμόνα της. Ακούει να της χτυπά την πόρτα του γραφείου της! Την καλεί κοντά της να την απαλλάξει απ' αυτή την «ανήθικη» επίβλεψη. Κι έφτασε κοντά της την πιο κρίσιμη ώρα για τη Νόνα, που ήταν αποφασισμένη να κάνει πολλά για να αποτινάξει τον ξένο ζυγό της Ζωζώς. Όταν άνοιξε την πόρτα και είδε τη Νοέλ, συγκινήθηκε πολύ. Την κοίταξε με μάτια γεμάτα δάκρυα, έπεσε πάνω της κι έβγαζε βαθείς αναστεναγμούς. Ο

Ραμόν βλέποντάς τες έτσι σφιχταγκαλιασμένες, άρχισε να ανησυχεί για την επίσκεψη της πρώην δασκάλας της Νόνας. Τον είχε τρομάξει. Ωστόσο, η Νόνα τον ικέτευσε και του ζήτησε τη χάρη να τις αφήσει για λίγο μόνες. Εκείνος μάλωσε το γέρικο λιοντάρι που έκρυβε μέσα του, το εξόρκισε να δείξει επιείκεια κι αυτό δεν επέμεινε πολύ. Η Ζωζώ όμως πρόσεξε το κόκκινο πρόσωπό του και του είπε με ειρωνεία: «Κύριε Ραμόν, μήπως έχετε πυρετό;»

«Είναι από την ανοιξιάτικη αλλεργία», της απάντησε.

Πέρασε σχεδόν μια ώρα. Τίποτα. Τέλος η πόρτα άνοιξε και η Νοέλ τον πλησίασε.

-«Σας λυπάμαι» του είπε. Ένας άντρας σαν κι εσάς, ένας γοητευτικός άντρας, να ζει μόνος με μια ιδιότροπη υπηρέτρια – ναι, όντως είναι στριμμένη και γεροπαράξενη, αυτό είναι αναμφισβήτητο! Και τι πληκτική – ανέραστη ζωή που κάνετε! Έχετε ανάγκη από ξεκούραση, φροντίδες, από περιποίηση κάθε είδους, που μόνο μια νέα καλλονή θα μπορούσε να σας προσφέρει, γιατί, Θεός φυλάξοι, μπορεί ν' αρρωστήσετε – χτυπάω ξύλο βέβαια να μη σας συμβεί αυτό, αλλά δεν είμαστε αθάνατοι... Και ποια γυναίκα δεν θα θεωρούσε τιμή της να φέρει το όνομά σας, να ντυθεί νύφη για τη θεϊκή σας χάρη και να ζήσει μαζί σας. Όχι, δεν υπάρχει καμία γυναίκα να μη θέλει να σας παντρευτεί! Μου το λέει εμένα η καρδιά μου που η αρνησία σας την έχει ματώσει πολλές φορές. Κι έσφιγγε με τα δυο της χέρια αυτή την καρδούλα που 'ταν έτοιμη να πετάξει.

Ο Ραμόν είχε κυριολεκτικά απελπιστεί. Προσπάθησε να δώσει στη Νοέλ να καταλάβει πως δεν ήθελε ν' αλλάξει τίποτα στο ρυθμό της εργένικης ζωής του, γεροντοπαλίκαρο, πως ήταν ευχαριστημένος με την ερωτική ζωή του και το πεπρωμένο του.

-«Το πεπρωμένο φυγείν αδύνατο» ανέφερε τη φιλοσοφική του ρήση.

-«Ψεύδεστε! Όχι, δεν είστε ευτυχισμένος», τσίριξε εκείνη. Χρειάζεσθε δίπλα σας μια ψυχή που να μπορεί να σας καταλαβαίνει, μια ωραία γυναίκα να σας ξυπνάει την ερωτική σας λίμπιντο. Ξυπνήστε απ' τον λήθαργό σας και ρίξτε μια ματιά γύρω σας. Έχετε πολλές γνωριμίες με όμορφες γυναίκες, γιατί δεν είστε κανένας ζητιάνος, είστε η κορυφή, η ελίτ στις κοινωνικές συναναστροφές. Δείτε, κρίνετε, συγκρίνετε και αποφασίστε. Μια μορφωμένη γυναίκα δεν θα σας αρνηθεί το χέρι της. Είμαι κι εγώ γυναίκα, κύριε Ραμόν, το ένστιχτό μου δεν με γελάει. Κάτι μέσα μου, μου λέει, πως θα βρείτε την ευτυχία στο γάμο. Οι γυναίκες είναι τόσο αφοσιωμένες, τόσο στοργικές (όχι όλες, φυσικά, μα κάμποσες!). Κι έπειτα τις έλκει πάντα πρώτα η δόξα και το χρήμα σε δεύτερη ανάλυση. Η μαγείρισσά σας δεν έχει πια δυνάμεις, είναι κουφή, κουτσή και φιλάσθενη Αν σας συνέβαινε κανένα κακό τη νύχτα; Μόνο που το σκέφτομαι, ανατριχιάζω!

Και της είχε πραγματικά σηκωθεί η τρίχα, έκλεινε τα μάτια, έσφιγγε τις γροθιές της, χτυπούσε τα πόδια της. Ο Ραμόν την κοίταξε υπερβολικά απογοητευμένος. Κι αυτή το χαβά της. Συνέχισε με μεγαλύτερο πάθος:

-Δεν σας νοιάζει, λοιπόν, η υγεία σας, η πολύτιμη υγεία σας! Εγώ θα 'δινα ευχαρίστως όλο μου το αίμα, τη ζωή μου, για να κρατήσω στη ζωή έναν πανέξυπνο, σοφό άντρα, ένα αξιότιμο κύριο, τον πρόεδρο της Πανελλήνιας Ένωσης Βιομηχάνων. Ενώ θα έφτυνα κατά πρόσωπο κάθε γυναίκα που δεν θα 'κανε το ίδιο. Θυμάμαι μια φίλη μου, σύζυγος ενός μεγάλου μαθηματικού, ενός ανθρώπου που 'χε φτιάξει και αποθηκεύσει στη μνήμη του υπολογιστή του άπειρα λογιστικά προγράμματα π.χ. φοροτεχνικά, κι όμως αυτός ο άντρας έπασχε από την καρδιά του και η υγεία του χειροτέρευε διαρκώς. Έβλεπα τη γυναίκα του, να κάθεται ήσυχα κοντά του, με σταυρωμένα τα χέρια της. Δεν άντεξα άλλο, και μια μέρα της είπα:

«Φιλεναδίτσα μου, δεν έχεις καρδιά, δεν συμπονάς τον άντρα σου, του φέρεσαι σαν να είναι κανένας μισητός γείτονάς σου! Στη θέση σου θα έκανα... θα έκανα... Κι εγώ δεν ξέρω τι θα έκανα!».

Εδώ επιτέλους η Νοέλ σταμάτησε εξαντλημένη. Η θέση του Ραμόν ήταν εξαιρετικά δύσκολη. Να έλεγε σταράτα στην πρώην δασκάλα της Νόνας τη γνώμη του για τις συμβουλές της, δεν μπορούσε ούτε να το σκεφτεί καν. Γιατί αν ερχόταν σε ρήξη μαζί της, θα έχανε τη Νόνα του. Πήρε λοιπόν το πράγμα πολύ ελαφρά, εντελώς κωμική κατάσταση. Κι ύστερα η Γαλλίδα επίδοξη καρδιοκατακτήτρια βρισκόταν στο σπίτι του, και αυτή η σκέψη τον έκανε να κρατήσει τους τύπους ευγένειας... για την ασφάλειά του.

-Είμαι πολύ γέρος, κυρία Νοέλ, και φοβάμαι πως οι συμβουλές σας έρχονται λίγο αργά. Θα το σκεφτώ, ωστόσο, αργότερα. «Η βιάση ψήνει το ψωμί, μα δεν το καλοψήνει», «Αγάλι – αγάλι γίνεται η αγουρίδα μέλι» λένε οι σοφοί στον τόπο μου, της είπε. «Στο μεταξύ ηρεμήστε. Να σας φέρω ένα ποτηράκι κονιάκ, δικής μου παραγωγής; Θα σας κάνει καλό. Είμαι σίγουρος» της είπε γλυκόπικρα.

Τότε η κατατρεγμένη υπηρέτρια Ζωζώ ακούμπησε στο τραπεζάκι του δίσκο με κονιάκ και λίγα αμύγδαλα, κι όταν έκανε μεταβολή να φύγει, η Νοέλ την αρπάζει από το μανίκι και την καθίζει στο σκαμνί. Της διηγείται με πολύ πάθος όσα μου είχε πει στο ορφανοτροφείο όταν την επισκέφθηκα για να έχω την επιμέλεια της Νόνας.

-Είμαι θαυμάστριά του, νοιάζομαι πολύ για την υγεία του, θέλω να τον βλέπω ευτυχισμένο πλάι σε μια όμορφη και έξυπνη γυναίκα σαν κι εμένα, και είμαι βέβαιη πως θα μ' έκανε αρκετά περήφανη να με παντρευτεί» είπε κι άλλα, δεν έκρυψε τίποτα η παιδαγωγός από τη Ζωζώ. Αντίθετα είπε κι άλλες επιπλέον δηλητηριώδεις βλακείες. «Και ξέρεις, Ζωζώ, τι μου απάντησε τότε;».

-«Μα και βέβαια, σας καταλαβαίνω. Έχετε απόλυτο δίκιο, και δέχομαι την πρότασή σας. Μετά την ομολογία του, μου χάιδεψε τρυφερά το χέρι. Ο συμβολαιογράφος μου έπιασε το άλλο, σηκώθηκε και κατασυγκινημένος μου έδωσε την ευχή του: «Συγχαρητήρια για τον αρραβώνα σας, αγαπητή μου Νοέλ». Έχω φοβηθεί κάμποσες φορές στη ζωή μου, μα δεν είχα νιώσει ποτέ ως τότε τέτοιο αηδιαστικό τρόμο, σε σημείο να ξεράσω. Σηκώθηκα απότομα για να δώσω την απαιτούμενη σοβαρότητα στα λόγια μου:

-Κυρία μου, ή δεν θα εξηγήθηκα καλά στο ίδρυμά σας ή δε θα σας κατάλαβα εδώ τώρα. Και στις δυο περιπτώσεις μια ξεκάθαρη δήλωση είναι άκρως απαραίτητη. Όχι, δεν σας κατάλαβα, όχι, δεν δέχτηκα καμιά πρόταση γάμου, γιατί, απλούστατα, δεν θέλω να παντρευτώ σε τόσο μεγάλη ηλικία. Θα ήμουνα τρελός να δεχτώ, κι εσείς παράλογη να με παροτρύνετε να το κάνω. Δεν είπατε τίποτε τέτοιο. Συγχωρέστε με, είμαι ένας γεροξεκούτης που δεν πολυκαταλαβαίνει τις γυναικείες γαλιφιές και λυπάται πολύ για το λάθος του». Η κυρία Νοέλ δεν ήπιε την καραφίτσα με το κονιάκ που της προσφέραμε. «Θα το ρίξω στον καφέ μου στο ξενοδοχείο μου αργότερα» είπε.

-«Θα θέλατε να σας σερβίρουμε τον καφέ σας αμέσως;» την ρώτησε η Νόνα έντρομη.

Ήταν πολύ καχύποπτη και καθόλου βλάκας, η Γαλλίδα. Αυτή η προθυμία μας δεν της καλοφάνηκε, γιατί με κοίταξε παράξενα και μου είπε:

-«Υπομονή, Ραμόν. Βιάζεστε πολύ να μου δώσετε τα παπούτσια μου στο χέρι». Ήταν πασιφανές πως η επισκέπτρια κατάλαβε ότι ο οικοδεσπότης βιαζόταν να την διώξει. Εγώ που την ήξερα απ' την καλή και την ανάποδη ήμουν σίγουρος ότι θα έμενε. Κι έμεινε.

*

Την επόμενη μέρα η γραμματέας μου χτύπησε την πόρτα στο γραφείο μου.

-«Εμπρός» είπα.

-«Συγνώμη κύριε Ραμόν που σας ενοχλώ, αλλά έχω ένα τηλεφώνημα για τον Γούλη, στη συσκευασία. Μπορείτε ν' απαντήσετε εσείς;».

Πετάχτηκα από την καρέκλα και πήγα στο γραφείο της γραμματέας.

-«Κύριε Ραμόν» είπε μία αντρική φωνή. «Νομίζω πως είναι καλύτερα ο εργάτης σας να έρθει γρήγορα στο νοσοκομείο γιατί η γυναίκα του που της έχουν αρχίσει οι πόνοι, ζητάει να έρθει ο άντρας της κοντά της. Είναι αλλοδαπή και δεν μιλάει καλά τα ελληνικά. Φοβάται μη πάθει κανένα κακό αυτή ή το μωρό της. Είναι καλύτερα γι' αυτόν να έρθει εδώ γρήγορα».

-«Έρχομαι εγώ αμέσως. Ο Γούλης έφυγε με το φορτηγό να παραδώσει σακιά με σπόρους σε άλλη πόλη», είπα.

Βγήκα τρέχοντας από το γραφείο και πήγα προς το μέρος που είχα παρκάρει το αυτοκίνητό μου. Κοίταξα αν τα κλειδιά ήταν επάνω. Δεν ήταν. Ξαναγύρισα στο αυτοκίνητό μου. Έβαλα μπροστά και διέσχισα βιαστικά τους ήσυχους δρόμους προς το νοσοκομείο. Η Τζήνα ήταν ξαπλωμένη και πονούσε. Της έπιασα το χέρι, ενώ ο γιατρός ήταν ήρεμος. Έλεγε πως ήταν φυσιολογικό για πρώτη γέννα. Η ηρεμία του γιατρού με εκνεύριζε. Κρύφτηκε στο γραφείο του και περνούσε κάπου-κάπου από εκεί, σαν να 'κανε μια συνηθισμένη κοινωνική επίσκεψη. Υλιστής, αδιάφορος, μπάσταρδος. «Αν ποτέ έκανα την τρέλα να κάνω παιδί, θα 'βρισκα κάποιον που να μην είναι μηχανή» σκέφτηκα. Κατέβηκα στη καφετέρια του νοσοκομείου να φάω κάτι, αφήνοντας τη νεαρή γυναίκα στον πόνο και την αγωνία της.

Το παιδί γεννήθηκε στις εννέα το βράδυ. Ήταν κορίτσι. Ο γιατρός βγήκε από την αίθουσα τοκετών για ένα λεπτό και μου είπε πως η μητέρα και το παιδί ήταν καλά. «Θα κοιμηθεί τώρα» είπε ο γιατρός. «Καλύτερα να πάτε στο σπίτι σας. Ελάτε αύριο με τον πατέρα της μικρής να το δείτε». Ζήτησα από τον γιατρό να μου δείξει το μωρό της Τζήνας και του Γούλη. «Νάτην, αυτή εδώ είναι. Η πέμπτη στη σειρά» και μου την έδειξε. Και τα έξι μωρά φαίνονταν όμοια. Έξι σε μια μέρα. Η ατέλειωτη πλημμύρα. Οι μαιευτήρες πρέπει νάναι οι πιο κυνικοί άνθρωποι στον κόσμο. Η νύχτα ήταν κρύα έξω από το νοσοκομείο. Έκανε ζέστη εκείνο το πρωί όταν έφυγα από το εργοστάσιο και δεν είχα πάρει σακάκι. Έτρεμα καθώς πήγαινα προς το αυτοκίνητό μου. Άναψα το καλοριφέρ του αυτοκινήτου και όταν σταμάτησα μπροστά στην πόρτα του σπιτιού μου τότε είχε ζεσταθεί. Διέσχιζα την μπροστινή πρασιά όταν είδα μια μορφή που κουνιόταν στη σκιά της βεράντας.

-«Ποιος είναι εκεί;» φώναξα δυνατά.

Η μορφή ήρθε αργά στο φως. Ήταν η Νοέλ η Γαλλίδα, μ' ένα σάλι στο κεφάλι της και μ' ένα γκρίζο παλτό με γούνινο γιακά.

-«Χριστέ μου, κυρία Νοέλ», είπα, «τι κάνεις εδώ;».

-«Τα έμαθα όλα». Πλησίασε και στάθηκε κοντά μου, κοιτάζοντάς με, με τα μάτια της μεγάλα και σκοτεινά μέσα στο χλωμό, λεπτό, όμορφο πρόσωπό της. «Τηλεφωνούσα συνεχώς στο νοσοκομείο για να μάθω τα νέα. Είπα πως ήμουν αδελφή σου. Τα ξέρω όλα. Έκανες παιδί. Το παιδί μου».

-«Νοέλ, καλή μου, καλύτερα να πας στο ξενοδοχείο σου, για απόψε, κι αύριο να επιστρέψεις στην πατρίδα σου και στα ορφανά παιδιά σου». Έκανα λίγο πίσω να μην μπορεί να με αγγίξει. «Αν ο συμβολαιογράφος ανακαλύψει πως τριγυρίζεις εδώ, θα…».

-«Δεν με νοιάζει τι θα ανακαλύψει» είπε η Νοέλ. «Κι ούτε ντρέπομαι, όσο για το σπίτι και την οικογένειά μου, δεν έχω ούτε το ένα ούτε το άλλο. Βρίσκομαι εδώ μαζί σου, εκεί όπου ανήκω. Ανήκω στην αγκαλιά σου».

-«Δεν ανήκεις εδώ, Νοέλ»,είπα απελπισμένος με την τρέλα της. «Ζώ εδώ με την ψυχοκόρη μου και την οικονόμο μου. Στο σπίτι μου».

-«Σε τράβηξε μακριά αυτή η Ζωζώ, με δόλο», είπε η Νοέλ. «Μπήκε ανάμεσα σε δύο αληθινές αγάπες. Προσευχήθηκα να πεθάνει απόψε».

-«Κυρία Νοέλ!». Τίποτα απ' ό,τι είχε πει ή είχε κάνει πριν δεν με είχε σοκάρει πραγματικά. Είχα νιώσει ενόχληση ή διασκέδαση ή οίκτο, αλλά αυτό ξεπερνούσε τα όρια της ενόχλησης, της διασκέδασης ή του οίκτου. Μου πέρασε για πρώτη φορά η ιδέα πως μπορεί να ήταν επικίνδυνη. Θα τηλεφωνούσα στο νοσοκομείο μόλις έμπαινα στο σπίτι και θα τους προειδοποιούσα να φυλάγουν την Νοέλ μακριά από το θάλαμο των νεογέννητων ή το δωμάτιο της λεχώνας. «Μπες στο αυτοκίνητό μου και θα σε πάω στο ξενοδοχείο σου» της είπα καθησυχαστικά. «Μην προσπαθείς να με μεταχειριστείς σαν παιδί», είπε εκείνη. «Δεν είμαι παιδί κι ούτε έχω δικά μου παιδιά. Εκείνα είναι παιδιά ξένα, εγκαταλελειμμένα. Κι ούτε χρειάζομαι κάποιον να με πάει στο ξενοδοχείο μου».

«Κυριά Νοέλ» είπα «είμαι φοβερά κουρασμένος και χρειάζομαι πραγματικά λίγο ύπνο. Αν έχεις κάτι άλλο πιο σοβαρό να μου πεις, τηλεφώνησέ μου το πρωί στο γραφείο μου».

«Θέλω να κάνω έρωτα μαζί σου», είπε καθώς στεκόταν όρθια και με κοίταζε, με τα χέρια της στις τσέπες του παλτού της, φυσιολογική, καλοντυμένη. «Θέλω να κάνω έρωτα μαζί σου απόψε. Ξέρω πως το θέλεις. Το είδα στα μάτια σου από την αρχή που συναντηθήκαμε στο ίδρυμά μου».

Μιλούσα βιαστικά μ' ένα τραχύ ψίθυρο. «Απλώς δεν τόλμησες. Όπως όλοι οι άλλοι, φοβάσαι τις ξένες γυναίκες. Έλα τώρα, αξίζει τον κόπο να δοκιμάσεις στο κρεβάτι το γαλλικό σεξ. Και δεν είμαι ανήλικη να μπλέξεις με το νόμο. Είμαι έμπειρη στον έρωτα, μπορεί όχι τόσο όσο η γυναίκα του χαμάλη σου, η Βουλγάρα η Τζήνα, ω, απορείς πως το ξέρω -φρόντισα να το μάθω, και θα μπορούσα να σου πω πολλά ακόμα, αν θέλεις να έρθεις στο ξενοδοχείο και να με ακούσεις». Η πόλη ήταν μικρή και υπήρχαν αρκετά ακονισμένα μάτια και γλώσσες παντού. Αλλά άνοιξα την πόρτα του σπιτιού μου, την έκλεισα με πάταγο και την κλείδωσα πίσω μου, αφήνοντάς την να λυσσομανάει έξω στη βεράντα και να χτυπάει την πόρτα με τις γροθιές της. Πήγα σ' όλες τις πόρτες και τα παράθυρα του ισογείου και βεβαιώθηκα πως ήταν κλειδωμένα. Όταν γύρισα στην μπροστινή πόρτα, το σφυροκόπημα από τις μικρές τρελές γυναικείες γροθιές είχε σταματήσει. Ευτυχώς η Ζωζώ και η Νόνα δεν είχαν ξυπνήσει απ' όλα αυτά. Έσβησα το φως στη βεράντα από μέσα. Μετά ανέβηκα κουρασμένος στη κρεβατοκάμαρά μου. Σκέφτηκα το κοριτσάκι της Τζήνας και του Γούλη που γεννήθηκε απόψε και του ευχήθηκα: «Ευτυχισμένα γενέθλια μωρό μου, σ' αυτή την ήσυχη, αξιοσέβαστη πόλη».

Κεφάλαιο 25

Χρυσή παράδοση

Όταν επέστρεψα σπίτι το απόγευμα της επόμενης μέρας η Ζωζώ μου είπε πως ο νεαρός Ορφέας με περίμενε στο σαλόνι. Αυτός ο νεαρός μηχανικός μου με επισκέπτεται συχνά – πυκνά τελευταία. Δεν έχει βέβαια ώριμη κρίση, αλλά δεν μπορώ να πω πως είναι και τσόκαρο, με κοινό μυαλό. Αυτή τη φορά, ύστερα από τον σάλο που προκάλεσε στην πόλη μας η επίσκεψη της Νοέλ, η επίσκεψή του μ' έβαλε σε αμηχανία.

-«Αλίμονό μου! σκέφτηκα, θα πω καμιά κουταμάρα στον νεαρό φίλο μου και θα καταλάβει πως άρχισα να ξευτελίζομαι. Δεν μπορώ, ωστόσο, να του εξηγήσω πως με ζήτησαν σε γάμο, με χαρακτήρισαν σαν ανήθικο άνθρωπο, πως υποψιάστηκαν την Ζωζώ και πως η Νόνα κηδεμονεύεται από την πιο κακούργα γυναίκα του κόσμου, διπρόσωπη, ύπουλη, κοινώς οχιά κολοβή.

Όμως τούτη τη φορά περισσότερο από κάθε άλλη στιγμή επιθυμώ διακαώς να συζητήσω μαζί του όχι για τα μοναστήρια των κιτέρκιων γιατί είναι ένας νέος και άπειρος λόγιος, αλλά... -«Καλημέρα Ορφέα, πως είσαι;» τον χαιρέτισα εγκάρδια. «Συγνώμη που σ' άφησα να περιμένεις, αλλά είχα κάποια δουλειά να τελειώσω», δικαιολογήθηκα. Όμως την αλήθεια είπα: Γιατί και να το σκέφτεσαι, δουλειά είναι, μα ο Ορφέας δεν το παίρνει έτσι. Νομίζει πως θ' αρχίσω να μιλάω για τον Θεό κι εύχεται να τελειώσω γρήγορα την ιστορία του προπατορικού αμαρτήματος, ποιος ήταν ο φταίχτης, ο Αδάμ ή η Εύα που το πρωτόπλαστο ζευγάρι εκδιώχτηκε απ' τον κήπο της Εδέμ. Έδειξε αρχικά το ενδιαφέρον του, ήταν καλός ακροατής μου και τελικά με ρώτησε:

-«Πως είναι σήμερα η Νόνα;».

-«Είναι πολύ καλά» του απάντησα ξερά, πράγμα που δηλώνει την ηθική εξουσία του κηδεμόνα.

Ύστερα από μια μικρή σιωπή, μιλήσαμε για τις βουλευτικές εκλογές της επόμενης Κυριακής, συμφωνήσαμε πως μια αυτοδύναμη κυβέρνηση είναι ουτοπία, όσο για την συγκυβέρνηση τριών κομμάτων, η επιτυχία της είναι αμφίβολη. Μπαίναμε σε γενικότητες, οι οποίες γενικότητες είναι μεγάλο μέσο. Προσπαθούσα να διοχετεύσω στον Ορφέα λίγο σεβασμό για τη γενιά στην οποία ανήκα, την εποχή των ιστορικών πολιτικών.

-«Η ιστορία δεν είναι επιστήμη, είναι μια τέχνη στην οποία πετυχαίνεις μόνο δια της φαντασίας», αποφάνθηκε. «Το έργο του καλλιτέχνη, όποιο ένδυμα κι αν έχει, είναι η σύγχρονη εποχή του δοσμένη με το πνεύμα» συμπλήρωσε με αναίδεια.

Τέλος πάντων, το θράσος δεν με στενοχωρεί, όταν προέρχεται από κάποιο νέο. Ο Ορφέας σηκώνεται, και ξανακάθεται. Ξέρω καλά τι τον απασχολεί και τι περιμένει. Και νάτος, μου λέει πως βγάζει 1200 ευρώ το μήνα, πως έχει κι άλλο εισόδημα από κληρονομιά γύρω στα 500 ευρώ από ενοίκιο διαμερίσματος. Τον πιστεύω, δεν πάει να με ρίξει μ' όλες αυτές τις εκμυστηρεύσεις. Ξέρω γιατί κάνει αυτούς τους λογαριασμούς, να μου πει πως είναι εύπορος, πως έχει τη σειρά του, με δυο λόγια: Καλός για γαμπρός. «Όπερ έδει δείξαι», όπως έλεγαν και οι γεωμέτρες. Σηκώνεται και ξανακάθεται καμιά δεκαριά φορές. Σηκώνεται και την ενδέκατη φορά, καθώς κάνει να φύγει, μπαίνει η Νόνα μ' ένα καλαθάκι στο χέρι.

-Μαντέψτε λοιπόν, τι έχω στο καλάθι μου;.

-Φαίνεται πως θα 'ναι βαζάκια με αρώματα, Νόνα.

-Όχι, δεν είναι αρώματα. Κοιτάξτε.

Προσέχω, και βλέπω ένα μικρό άσπρο κεφαλάκι να ξεπροβάλει απ' τη ροζ φόδρα. Είναι ένα μικρό, άσπρο γατάκι, το οποίο πηδάει στο χαλί, κουνιέται, σηκώνει πρώτα το ένα αυτί του και ύστερα τ' άλλο, ενώ παράλληλα εξετάζει το χώρο και τα άτομα. Ξαφνικά μπαίνει η Ζωζώ με τη σακούλα του super-market κι αρχίζει να κατσαδιάζει τη Μόνα που κουβάλησε στο σπίτι ένα αδέσποτο γατάκι. Η Μόνα για να δικαιολογηθεί λέει πως περνώντας μπροστά από ένα καθαριστήριο είδε τον υπάλληλο να κλωτσάει έξω αυτό το γατάκι, που δείχνει φοβισμένο, σαν χαζό. Η Μόνα το παίρνει και υπόσχεται να το ταΐζει ώστε να δυναμώσει.

-«Είναι αξιολύπητο και πολύ άσχημο», είπα και το ξανακοίταξα με απέχθεια.

-«Τα έχει χάσει, μα είναι και έκπληκτο με το νέο του σπιτικό» πιστεύει η Μόνα.

Αρχίσαμε να γελάμε μπροστά στο καημένο το ζωάκι, που πηδάει απ' το καλάθι και τρυπώνει κάτω απ' το τραπέζι και παρ' όλο που του λέγαμε ψιτ-ψιτ εκείνο δεν βγαίνει με τίποτα. Τότε ο Ορφέας προτείνει να του δώσουμε ένα πιάτο με γάλα. Η Νόνα το φέρνει, και ο Ορφέας σκύβει κάτω απ' το τραπέζι. Το γατάκι πλησιάζει όταν βλέπει ένα πιάτο με γάλα, και το πιάτο αδειάζει μονομιάς. Ο Ορφέας το πιάνει με τα χέρια του και του χαϊδεύει το κεφάλι.

-«Νόνα, το βαφτιστήρι σου φαίνεται ύπουλο, ελπίζω να μην τα κάνει μαντάρα εδώ μέσα. Στο μεταξύ πρέπει να το βαφτίσουμε. Προτείνω να το πούμε Θίσβη» είπα.

-«Ωραία όνομα, ελπίζω πως θα το αξίζει» σχολίασε η Μόνα. «Ήδη μετά τη βάπτισή του είναι λιγότερο ηλίθιο και απ' το γεγονός ότι έπαψε να βασανίζεται» πρόσθεσε γνωστικά.

-«Τα βάσανα αποβλακώνουν, το ξέρω αυτό καλά εξ ιδίας εμπειρίας» δήλωσε ο Ορφέας με σοβαρότητα. Κι όλα αυτά εξαιτίας του ερχομού της Θίσβης στο σπίτι μας. Ο προάγγελος μιας πιθανής ερωτικής συμφωνίας. Ο νέος άντρας χαϊδεύει αυτό το ζωντόβολο! Το παρηγορεί, αναστενάζει πάνω του! Εγώ που τον βλέπω ξέρω πολύ καλά για ποιον είναι οι αναστεναγμοί και ποια τον κάνει έτσι. Κάθισα και τους κοίταζα για πολλή ώρα. Αυτός λοιπόν ο νέος, λέω μέσα μου, άλλαξε τελείως στους τρόπους του. Πριν ήταν γελαστός, τώρα είναι τόσο σοβαρός. Και τόσο σιωπηλός όσο φλύαρος ήταν πριν. Και η Μόνα το ίδιο. «Ελάτε, βρισκόμαστε στη φάση του συγκρατημένου πάθους. Γιατί όσο κι αν ασπρίσαν τα μαλλιά μου, δεν γελιέμαι: Είμαι σίγουρος πως αυτά τα πιτσουνάκια αγαπιούνται πολύ. Η Μόνα κάνει πως αδιαφορεί, κλείνεται στο δωμάτιό της ενώ εκείνος διαβάζει τους τίτλους των βιβλίων στη βιβλιοθήκη. Και πως εκείνη ξεπετάγεται κοντά του όταν εγώ φεύγω και τον βλέπει μόνο του. Του μιλά κάθε βράδυ στο τηλέφωνο, βάζει κασέτες που παίζουν μουσική σε γρήγορο και παλλόμενο ρυθμό, ίδια με τους χτύπους της καρδιάς της. Ε, λοιπόν, γιατί να μη το πω; Γιατί να μην ομολογήσω το λάθος μου; Ο εγωισμός μου, αν τον έκρυβα απ' τον ίδιο τον εαυτό μου, θα ήταν λιγότερο κατακριτέος; Θα το πω λοιπόν; Ναι, άλλο πράγμα περίμενα, ναι όντως, λογάριαζα να την κρατήσω, για μένα μόνο, σαν κόρη μου, σαν εγγονή μου, κι αν όχι για πάντα, όχι για πολύ καιρό, μα τουλάχιστον για μερικά χρόνια ακόμα, ώσπου να βγω στη σύνταξη, να γεράσω. Δεν θα μπορούσε να περιμένει; Και ποιος ξέρει, αν οι ρευματισμοί και η αρθρίτιδα δεν με καθηλώνανε στο κρεβάτι, τότε πια δεν θα την άφηνα να περιμένει, θα ήθελα ο ίδιος να την δω παντρεμένη πριν κλείσω τα μάτια μου. Μα λογάριαζα χωρίς αυτήν, χωρίς αυτόν τον ανυπόμονο Ορφέα. Μα έσφαλα, και να η οδυνηρή μου απογοήτευση. Αν ήθελα να την κρατήσω κοντά μου μερικά χρόνια ακόμη, θα ήταν μια συμφέρουσα πρόταση και για τους δυο μας. Έχει πολλά να μάθει και να κάνει ακόμα, κι εγώ δεν είμαι καμία αμελητέα προσωπικότητα, γιατί πέρα από την τεράστια περιουσία μου, έχω και μια ζεστή καρδιά αφοσιωμένη για πάντα σ' αυτό το μοναδικό πλάσμα που έχω κατάδικό μου. Η Μόνα είναι μια αχάριστη. Και ο Ορφέας ένας κοινός γυναικοκατακτητής. Ας είναι όμως, δεν τον διώχνω, θα ήταν φοβερά κακόγουστο αν το έκανα, και θα φανέρωνα τα μισητά μου αισθήματα. Πρέπει να τον δεχτώ. Περιμένει πολλή ώρα στο σαλόνι, χαζεύει τα βιβλία και τη συλλογή μου· στρογγυλές γυάλινες μπάλες με ερωτευμένα ζευγάρια, αγκαλιασμένοι σε ολάνθιστο περιβόλι, που η Μόνα και ο Ορφέας... τόσο ζηλεύουν!

10 Μαΐου

Ο αρραβώνας τους είναι πια γεγονός. Η Νόνα που είναι ορφανή, όπως και ο Ορφέας που είναι κι αυτός ορφανός, μου τη ζήτησε σε γάμο μέσω ενός καθηγητή του, που τον εκτιμούν πάρα πολλοί για την επιστημονική του κατάρτιση αλλά και για τον χαρακτήρα του. Μα τι ερωτικός απεσταλμένος, Θεούλη μου! Σωστή αρκούδα, όχι των Πυρηναίων, μα αρκούδα γραφείου συνοικεσίων, κι αυτό το τελευταίο είδος είναι πολύ πιο άγριο απ' το πρώτο.

-«Άκουσε Ραμόν, καλώς ή κακώς, ο Ορφέας ερωτεύτηκε την Μόνα και θέλει να την παντρευτεί, δεν τον ενδιαφέρει η προίκα, παίρνει την εγγονή σου με το... βρακί της μόνο. Πες το ναι, να τελειώσει η δουλειά, γρήγορα μόνο, γιατί θέλω να σου δείξω κάτι άλλο πολύ πιο ενδιαφέρον, που δεν το έχεις ξαναδεί, είμαι βέβαιος» καθαρίζει ο Δώρης εν συντομία. Αυτά μου είπε. «Θα ρωτήσω την Μόνα», του είπα «και με μεγάλη μου χαρά σου λέω πως και η Μόνα έχει την προίκα της, θα την χρυσώσω στο γάμο της, την ημέρα που θα την παραδώσω στ' αντρικά χέρια του Ορφέα, όλοι θα μιλάνε για μια «χρυσή παράδοση» που ούτε έγινε πριν και που δεν υπάρχει πιθανότητα να γίνει στο άμεσο μέλλον στην Αμνόβρυση. Τότε όλοι οι καλεσμένοι στο γάμο αντί να λένε «η ώρα η καλή» θα λένε «η ώρα η χρυσή». Αυτή η ευχή είναι επινόηση δική μου. Του παππού Ραμόν», είπα καμαρωτός σαν παγώνι μ' ανοιχτά τα πολύχρωμα φτερά του.

«Πιστεύω πως και για σένα θάναι η πιο μεγάλη σου ώρα. Σου αξίζουν τα συγχαρητήριά μου, ειλικρινά είσαι ένας σπουδαίος ήρωας, φίλε μου», με επαίνεσε ο Δώρης χτυπώντας με ελαφρά στην πλάτη. Ο αναγνώστης στο σημείο αυτό ίσως δυσκολεύεται να ιχνηλατήσει σε βάθος τον συναισθηματικό κόσμο του Ραμόν. Είναι γνωστό πως η μεγαλύτερη δύναμη στη φύση είναι το χρήμα, και πολλοί θα συμφωνήσουν πως, αν είναι λάθος να επηρεάζουν (τα χρήματα) τις επιλογές κάποιου ανθρώπου, τότε πρέπει να δεχτούμε ότι όλοι οι άνθρωποι είναι λάθος. Κι αυτό δεν είναι σωστό. Το λάθος είναι όταν αυτά καθορίζουν τις σχέσεις.

Και στην περίπτωση του Ραμόν, αφού τα οικονομικά δεν ήταν το ζήτημα, η ηλικία ποτέ δεν έχει σημασία και η ομορφιά είναι υποκειμενική, τότε τι φταίει και δεν μπορεί – δεν θέλει – να ερωτευτεί; Νιώθει πλήρης, φυσιολογικός, όταν βλέπει την προγονή του να ερωτεύεται με πάθος τον Ορφέα, να προχωράει στη ζωή της ευτυχισμένη κοντά στον άντρα που η ίδια επέλεξε για μελλοντικό της σύντροφο; Καλύπτει η Μόνα με τον έρωτά της για τον Ορφέα κάποια συναισθηματικό κενό του παππού της; Υπάρχει ένα σκοτεινό σύννεφο που εμποδίζει να ανακαλύψουμε -για την ώρα- την αιτία της πολύχρονης αγαμίας του πλουσιότερου άντρα αυτής της πόλης. Με την υπομονή θα καταλάβουμε πως ακριβώς λειτουργεί ο παππούς της Μόνας, και το φως θα διαλύσει το σκότος.

*

Η προίκα, νάτη! Είναι η μακρόστενη, βορεινή αποθήκη, που κάποτε ήταν χρήσιμη για πολλά και διάφορα πράγματα στους παλιούς ιδιοκτήτες της. Η Μόνα κα ο Ορφέας ούτε που το φαντάζονται καν, και είναι γεγονός πως γενικά με θεωρούν πολύ πιο πλούσιο απ' ό,τι είμαι. Έχω την φυσιογνωμία ενός γέρο-φιλάργυρου. Είναι φυσικά όψη πολύ απατηλή, που μου απέφερε μεγάλη εκτίμηση, επειδή δεν υπάρχει άλλο σόϊ ανθρώπου που να σέβεται ο κόσμος, όπως ένα πλούσιο φιλάργυρο.

Ρώτησα τη Μόνα, μα χρειαζόταν ν' ακούσω την απάντησή της για να βεβαιωθώ; Οι σφιχτές αγκαλιές και τα φιλάκια τους, τα ψιθυρίσματα και η αμπαρωμένη πόρτα στη κρεβατοκάμαρά της επιβεβαιώνουν το γεγονός! Αρραβωνιάστηκαν επίσημα. Όσο για μένα δε είναι του χαρακτήρα μου ούτε στο πρόσωπό μου να κατασκοπεύω σαν ηδονοβλεψίας τα νέα ερωτευμένα παιδιά, να καταγράψω σε κάμερες τα λόγια και τις προσωπικές τους χειρονομίες. Δεν με αγγίζουν τέτοια πράγματα. «Αφήστε μας ήσυχους» είναι η φράση των καψούρηδων. Το καθήκον μου το ξέρω! Πρέπει να σεβαστώ το μυστικό αυτής της αγνής ψυχής που αγωνίστηκα και τελικά κατάφερα να πάρω την προστασία της. Ας αγαπιούνται αυτά τα παιδιά, θάταν αμαρτία να χαλάσω τον δεσμό τους, γιατί δεν υπάρχει μεγαλύτερη αμαρτία απ' το να γκρεμίζεις την ερωτική φωλιά ενός ζευγαριού, είναι η πράξη παρόμοια βέβηλη όπως σαν να γκρεμίζεις μία εκκλησία! Καμία από τις εκμυστηρεύσεις τους δεν θα διαρρεύσει σε τρίτα πρόσωπα από μένα τον ηλικιωμένο κηδεμόνα, του οποίου η εξουσία ήταν τόσο ήπια και μικρή! Εξάλλου δεν θα καθίσω με σταυρωμένα χέρια, κι αν έχουν αυτοί τις δουλειές τους, έχω κι εγώ τις δικές μου. Φτιάχνω μόνος μου το σχέδιο ανακαίνισης της σιταποθήκης και του στάβλου όπου ζούσε μέχρι πρότινος ο αχώριστος φίλος μου, ο Ψαρής, που τον καβάλησα στα Γιάννενα και οδήγησε... την τύχη μου στην Αμνόβρυση. Δυστυχώς, τον έχασα, αν και προσπάθησα να τον κρατήσω κι άλλο.

Ας όψεται γι' αυτό η εισβολή της υψηλής τεχνολογίας. Ήταν μοιραίος πια ο αποχαιρετισμός για μένα και το αλογάκι μου, κι ήταν και είναι ακόμα και τώρα στη φύση του ανθρώπου να παρατείνει το τελευταίο αντίο. Αλλά ξέφυγα από το κύριο θέμα. Επανέρχομαι λοιπόν στην διαρρύθμιση του πρώην στάβλου. Η δυτική πλευρά πρόκειται να μετατραπεί σε εργαστήρι αγγειοπλαστικής, εξοπλισμένο μ' όλα τα εργαλεία που χρειάζεται η Μόνα για να φτιάχνει τα αγαλματίδιά της. Κι όχι μόνη της γιατί στο σχέδιό μου είναι ο υπόλοιπος χώρος να στεγάζει τη σχολή της, όπου θα φοιτούν νέοι, επίδοξοι γλύπτες και μάλιστα δημιουργοί γλύπτες κέρινων ομοιωμάτων. Θα είναι απασχολημένη με το στοιχείο που τόσο αγαπάει, και πιθανόν μετέπειτα να εξελιχθεί σε βιοτεχνία, δίνοντάς της ένα πρόσθετο εισόδημα για τη ζωή της, μια ζωή που έχει πολλά γυρίσματα, ποτέ δεν ξέρεις τι σου επιφυλάσσει το μέλλον, «φύλαγε τα ρούχα σου να έχεις μισά», πολλοί παντρεύονται και περισσότεροι χωρίζουν, και τέλος πάντων, ας μη κακομελετάμε, «ό,τι έχει σχέση με το γάμο έχει σχέση και με τα χρήματα», συμπεραίνω, κι αν πάλι, ο μη γένοιτο, χωρίσουν δεν θέλω ν' ακούσω τη Μόνα να μου καταλογίζει ευθύνες: «Περίμενα να τα έχεις σκεφτεί αυτά…στην ηλικία σου», προβλέπω την αγανάκτησή της. Με συμβολαιογραφική πράξη μεταβιβάζω την ανακαινισμένη οικοδομή-εργαστήρι κεραμικής-γλυπτικής στη Μόνα Δρέγη πριν το γάμο της, με κυριότητά της 100%. Κι αφού τακτοποίησα και κατοχύρωσα τη μισή αποθήκη στη Μόνα, κάνω δεύτερα συμβόλαια όπου ορίζω κληρονόμο τη Ζωζώ, την οικονόμο μου, θα έχει στο όνομά της την ανατολική πτέρυγα, διαμορφωμένη κατάλληλα για κατοικία της, μαζί με τη σύνταξή της, για όσο χρόνο ζει και αναπνέει. Μετά το θάνατό της το σπίτι της πάει εξ ολοκλήρου στα χέρια της Μόνας. Πέταξα όλα τ' άχρηστα πράγματα της αποθήκης, αλλά έβαλα παράμερα ένα χοντρό βιβλίο που το είχε αφιερώσει στη Λίλη, ο νεκρός πατέρας της, ο Αλκίνοος «Χρυσή

Παράδοση». Το φίλησα, σε ανάμνηση του κυρίου Αλκίνοου, της Αλίκης και της κόρης τους Λίλης. Τους ευγνωμονούσα για ό,τι μου αφήσανε, κι εγώ, υποχρεωμένος όντας, το παραδίδω στη Μόνα.

-«Παππούλη μου, είσαι ο μεγάλος μου ευεργέτης» χοροπηδάει και μ' αγκαλιάζει η Μόνα. «Αυτός ο γερούλης σου, έχει καλά γούστα, Μόνα» αναφωνεί ο Ορφέας.

Η Μόνα ντύθηκε στα μαύρα, μαύρο καπέλο, μαύρα γάντια στα χέρια της.

-«Είμαι έτοιμη», μου είπε. «Έτοιμος;» με ρώτησε. Ένευσα ναι. «Έτσι έτοιμος είσαι παππού μου, κάθε φορά που είναι να κάνεις κάτι καλό» πρόσθεσε στωικά.

Κατεβήκαμε τη σκάλα και προχωρήσαμε προς το αυτοκίνητο. Κι εγώ δεν ξέρω πια κρυφή επίδραση φοβόμουν μήπως χαλάσω διακόπτοντας τη σιωπή, κι έτσι περάσαμε τη μεγάλη λεωφόρο σιωπηλοί, κοιτάζοντας τους σταυρούς και τα στεφάνια που περίμεναν στ' ανθοπωλεία τη μακάβρια πελατεία τους. Σταμάτησα τ' αμάξι στα τελευταία όρια της γης των ζωντανών, μπροστά στην πύλη του κοιμητηρίου, πάνω στην οποία είναι χαραγμένα λόγια ελπίδας και παρηγοριάς. Πήραμε μια δεντροστοιχία από κυπαρίσσια, κι ύστερα μπήκαμε σ' ένα στενό δρομάκι ανοιγμένο ανάμεσα στους τάφους.

-«Εδώ είναι» της είπα. Στο διάζωμα του τάφου ήταν χαραγμένη η επιγραφή: ΟΙΚΟΓΕΝΕΙΕΣ ΑΛΚΙΝΟΟΥ, ΑΛΙΚΗΣ, ΛΙΛΗΣ ΔΡΕΓΗ.

Η είσοδος του μνημείου έκλεινε μ' ένα κιγκλίδωμα. Στο βάθος, πάνω από ένα βωμό σκεπασμένο με τριαντάφυλλα, σε μια μαρμάρινη πλάκα, ήταν χαραγμένα τα ονόματα των νεκρών, ανάμεσα στα οποία διάβασα και τα ονόματα της Αλίκης και της Λίλης. Αυτό που ένιωσα τότε ήταν τόσο βαθύ κι απροσδιόριστο που δε θα μπορούσε να εκφραστεί παρά με τους ήχους μιας καλής μουσικής. Έτσι άκουσα τα όργανα μιας ουράνιας γλυκύτητας να ηχούν μέσα στη πολυπαθούσα ψυχή μου. Στη βαριά αρμονία ενός επικήδειου ύμνου ανακατεύονταν καλυμμένες νότες κάποιας ερωτικής μπαλάντας, γιατί η ψυχή μου συνέδεε, στο ίδιο αίσθημα, τη θλιβερή σοβαρότητα του παρόντος με τις γνώριμες χαρές που είχε το παρελθόν. Απομακρυνθήκαμε απ' αυτόν τον τάφο, που η Μόνα είχε γεμίσει με γαρύφαλλα και διασχίσαμε το κοιμητήριο χωρίς να πούμε λέξη. Όταν ξαναβρεθήκαμε ανάμεσα στους ζωντανούς, η γλώσσα μου λύθηκε.

-Καθώς σε οδηγούσα ανάμεσα σ' αυτές τις σιωπηλές δεντροστοιχίες -είπα στη Μόνα- σκεφτόμουν αυτούς τους αγγέλους της θρησκευτικής παράδοσης, που συναντάει κανείς στα μυστηριώδη όρια της ζωής και του θανάτου. Ο τάφος στον οποίο σε οδήγησα, και που κι εγώ αγνοούσα, μου ξαναθύμισε μοναδικές συγκινήσεις της ζωής μου, που σ' αυτή τη ζωή είναι σαν κάποιο φως σ' ένα σκοτεινό δρόμο, το φως απομακρύνεται όσο ο δρόμος μακραίνει. Βρίσκομαι σχεδόν δυο-τρεις στροφές πριν το τέλος, κι όμως βλέπω ζωηρή αυτή την ανταύγεια, κάθε φορά που γυρίζω πίσω το κεφάλι. Οι αναμνήσεις συσσωρεύονται στην ψυχή μου. Είμαι σαν μια γέρικη, ροζιασμένη βελανιδιά, που κάνει τα πουλιά που' χουν φωλιάσει πάνω της να κελαηδάνε, καθώς σαλεύει τα κλαδιά της. Δυστυχώς, το τραγούδι των πουλιών μου είναι παλιό όσο κι ο κόσμος, και δεν μπορεί να διασκεδάσει παρά εμένα μοναχά.

-«Το τραγούδι αυτό θα μου άρεσε να το ακούσω», μου είπε η Μόνα. «Διηγήσου με τις αναμνήσεις σου, μίλησέ μου σαν να 'χεις να κάνεις με καμιά γριά».

-«Θα σου τις πω, μα μη περιμένεις ν' ακούσεις κάτι το συναρπαστικό. Θα μελαγχολήσεις. Ο χρόνος είναι καλός μ' εκείνους που τον παίρνουν με το καλό. Σου εύχομαι ολόψυχα να είναι, πρώτα-πρώτα η ώρα του γάμου σου καλή και όλες οι υπόλοιπες μέρες της έγγαμης ζωής όχι μόνο χρυσές, μα ολόχρυσες. Να ζήσεις ευτυχισμένη με τον άντρα σου, γοητευτικές ώρες, ώρες ιερές και ευλογημένες», ευχήθηκα στη Μόνα με κάποια μυστηριώδη γοητεία.

-«Κι εσύ παππού μου, τι θα γίνεις;» ρώτησε κι ήταν η ερώτησή της πραγματικά η αντανάκλαση της ψυχής της.

-«Εγώ είμαι τόσο χορτάτος, ως πάνω, που αν φάω παραπάνω το στομάχι μου θα κλατάρει. Δεν νομίζω να θέλεις να πάθω κανένα τέτοιο κακό;» είπα και τράβηξα προς τα πάνω τη μαύρη μπουκλίτσα που είχε πέσει στο μέτωπό της. Αμέσως μετά συνειδητοποίησα πως είχα παραμελήσει τον Ορφέα: «Να σκέφτεσαι πάντα μεγάλα πράγματα, και να ξέρεις πως η σκέψη είναι η μόνη πραγματικότητα στον κόσμο. Ύψωσε τη γνώμη σου ως το ανάστημά σου, κι ο κόσμος ολόκληρος να μην είναι για σένα παρά ο αντικατοπτρισμός της ηρωικής ψυχής σου. Πολέμησε για την αξιοπρέπειά σου, αντάξιο του άντρα, κι αν πληγωθείς, σκόρπισε το αίμα σου σαν ευεργετική δροσιά, χαμογέλα και προχώρα».

Ο ιππότης μου τότε φίλησε το χέρι μου.

Κεφάλαιο 26

Άλλαξε η τύχη της

-«**Θ**α πάρετε κάτι κύριε Ραμόν;» ρώτησε ο σερβιτόρος που διάβαζε ένα αθλητικό περιοδικό στην άλλη άκρη του μπαρ.

-«Μία μπύρα ακόμα, σε παρακαλώ, Χρήστο», είπε ο Ραμόν. Πέταξε μακριά την τοπική εφημερίδα. Εκείνη τη στιγμή αποφάσισε πως αν μπορούσε να τα καταφέρει θα αγόραζε την εφημερίδα του Χαρίση. Θα ήταν ό,τι καλύτερο μπορούσε να κάνει για την πόλη. Και δεν ήταν ακατόρθωτο, επειδή ο Χαρίσης είχε μπει μέσα εδώ και τρία χρόνια και αν δεν ήξερε πως ο ενδιαφερόμενος αγοραστής ήταν ο Ραμόν, μπορεί να την έδινε για ένα κομμάτι ψωμί. Ροφούσε τη μπύρα του προσπαθούσε να ξεχάσει τον καταχρεωμένο Χαρίση μέχρι τη Δευτέρα, όταν μπήκε μέσα ο Δώρης με τρεις άλλους άντρες του σιναφιού του.

-«Δήλωσες συμμετοχή στην δημοπρασία της «Εντολής»; ρώτησε τον Ραμόν καθώς οι άλλοι τρεις άντρες πλησίαζαν το μπαρ και ο Δώρης τον χτυπούσε στην πλάτη.

-«Ηπειρώτικη φιλαρέσκεια», είπε ο Ραμόν και γέλασε. «Είναι Σαββατόβραδο, και τα Σαββατοκύριακα γίνομαι Θεσσαλός πολίτης. Αυτά τα ποτά είναι πληρωμένα από μένα, Χρήστο, Είμαι ο μεγάλος νικητής». Οι άντρες παράγγειλαν και κοίταζαν το ματς.

-«Είδα τη Τζήνα, τη γυναίκα του Γούλη στο super market, Βουλγάρα δεν είναι; Φαίνεται μια χαρά, ύστερα από την περιπέτεια που είχε στη γέννα της», είπε ο Δώρης.

-«Είναι σκληρό καρύδι», είπε ο Ραμόν.

-«Α, αλήθεια, θα την βαφτίσεις εσύ; Θα δώσεις της μικρής ο όνομα της μητέρα σου, Χαρούλα, από το Ζαχαρούλα ή μήπως τιμήσεις το όνομα της γιαγιάς Χαράς που σε έκανε κληρονόμο της;» ρώτησε ο Δώρης.

-«Εμείς οι Νάσκας ανεβαίνουμε στον κόσμο με δυο-τρία ονόματα» είπε ο Ραμόν. Δεν είχαν κάνει οι γονείς της βαφτίσια ακόμα, απλά το βράδυ που γεννήθηκε η μπέμπα ο Ραμόν είχε γράψει το όνομα στο πιστοποιητικό γέννησης με το σκεπτικό πως Αλίσια Κρακόβα Τρίγκα ήταν πολλά γράμματα για ν' αρχίσει τη ζωή του ένα κοριτσάκι που ζύγιζε δυόμιση κιλά. Ο Ραμόν είχε στείλει ένα ασημένιο κύπελλο με πιατάκι και κουταλάκι για το μωρό, αρκετά πρωτότυπο δώρο γενεθλίων, αλλά είχε ανοίξει και λογαριασμό καταθέσεων για το παιδί με κατάθεση πεντακόσια ευρώ.

-«Δεν ξέρεις ποτέ, πότε θα χρειαστεί μια κοπέλα να πληρώσει γρήγορα μια έκτρωση για κάποια ανεπιθύμητη εγκυμοσύνη, με τόσους βιασμούς ανηλίκων που καραδοκούν» είχε πει ο Ραμόν όταν ο Δώρης σχολίασε καυστικά για το πολύτιμο δώρο του.

-«Θα χτυπήσεις την εφημερίδα «Εντολή» κι εσύ με τους υπόλοιπους;» ρώτησε ένας από τους τρεις άντρες της παρέας.

-«Δεν το σκέφτηκα ακόμα» είπε ο Ραμόν. «Δώσε μου κανά δυο βδομάδες για να το σκεφτώ».

-«Τι έχεις να σκεφτείς;» ρώτησε επιθετικά ο Στάθης.

-«Ο καλός γερο-Ραμόν» είπε ο Δώρης. «Δεν παίρνει βιαστικές αποφάσεις. Το σκέφτεται για δυο βδομάδες αν πρέπει να κουρευτεί. Καταλαβαίνεις».

-«Θάταν καλό νάχουμε ένα άνθρωπο του αναστήματός σου πίσω από την ομάδα μας» είπε ο Στάθης. «Θα τα πούμε πριν την κρίσιμη ημέρα». Κι έφυγε απ' το μπαρ.

Ο Δώρης έμεινε στο μπαρ και παράγγειλε άλλο ένα ποτό. Είχε κοκκινήσει η μούρη το.

-«Έναν άνθρωπο του αναστήματός σου» είπε ο Δώρης. «Όλοι σ' αυτή την πόλη μιλάνε πάντα για σένα σαν νάσουν δυο μέτρα».

-«Γι' αυτό μένω σ' αυτή την πόλη» απάντησε κοφτά ο Ραμόν.

-«Θα μείνεις εδώ μετά τη συνταξιοδότησή σου;» ρώτησε ο Δώρης χωρίς να τον κοιτάζει, αλλά έκανε νόημα στον Χρήστο να βάλει το ποτήρι του μπροστά στο μπαρ.

-«Ποιος σου είπε πως θα τα παρατήσω;». Ο Ραμόν δεν είχε μιλήσει στον Δώρη για τα σχέδιά του.

-«Αυτά τα πράγματα διαδίδονται ταχέως».

-«Ποιος σου το είπε;»

-«Δεν θα παραιτηθείς από την εταιρία; Δεν θα μετακινηθείς;».

-«Μα ποιος σου το είπε, τέλος πάντων;».

-«Η Νοέλ Νινιόν», είπε ο Δώρης.

-«Α!».

-«Άκουσε τον ξενοδόχο που μιλούσε στη γυναίκα του».

-«Ώστε είναι ακόμα εδώ η Νοέλ; Δεν έφυγε για την πατρίδα της;» είπε έκθαμβος ο Ραμόν.

-«Όχι, φίλε μου. Απλά, έξι μήνες έλειπε στην Κέρκυρα, δούλευε στο άλλο ξενοδοχείο «Νιόβη» που έχει ο ίδιος εκεί. Έκανε την ξεναγό ή τη σερβιτόρα. Επέστρεψε εδώ τώρα».

Κατάσκοπος, άνθρωπος που συγκέντρωνε πληροφορίες, μια τρελή που περπατούσε αθόρυβα μέσα στη νύχτα. Η Νοέλ Νινιόν άκουγε μέσα στους ίσκιους.

-«Αλήθεια, και λοιπόν;» είπε ο Ραμόν. «Κουβεντιάσατε ποιος θα με αντικαταστήσει;».

-«Ναι, το κουβεντιάσαμε. Ποιος θα είναι ο διάδοχός σου;».

-«Δεν αποφασίσαμε ακόμα».

-«Λοιπόν», είπε ο Δώρης πιο κόκκινος παρά ποτέ «ελπίζω να το πεις σ' έναν παλιό σου φίλο τουλάχιστον δέκα λεπτά πριν την επίσημη αναγγελία».

-«Ναι. Τι άλλο σου είπε η Νοέλ;».

-«Όχι πολλά», είπε ανέμελα ο Δώρης». Πως μ' αγαπάει. Τέτοια πράγματα. Την έχεις δει τελευταία;».

-«Όχι». Ο Ραμόν δεν την είχε δει από τη νύχτα που γεννήθηκε η Χαρούλα. Έξι μήνες δεν είναι μικρό διάστημα.

-«Γελάσαμε πολύ μαζί» είπε ο Δώρης. «Η εμφάνισή της, αυτή της δασκάλας κατηχητικού σε ξεγελάει. Είναι διασκεδαστικό κορίτσι».

Καινούριες πλευρές της γυναίκας αυτής. Δοσμένη στο γέλιο. Εύθυμο κορίτσι. Διασκέδαση στις βεράντες τα μεσάνυχτα.

-«Για να πούμε την αλήθεια, σκέπτομαι να την παντρευτώ» είπε ο Δώρης.

-«Γιατί;» ρώτησε ο Ραμόν αν και μάντευε τους λόγους.

-«Βαρέθηκα να τριγυρίζω με πόρνες», μουρμούρισε ο Δώρης. «Κοντεύω τα πενήντα και γίνεται ανιαρό».

Δεν είναι αυτή η ολόκληρη η απάντηση, φίλε. Τα μασάς κανονικά, σκέφτηκε ο Ραμόν. Δεν πλησιάζει καν την πλήρη απάντηση. Είσαι κρυψίνους τύπος.

-«Μπορεί να εντυπωσιάστηκα και από το παράδειγμά σου», είπε ο Δώρης. «Αν ο γάμος είναι αρκετά καλός για έναν άντρα του επιπέδου σου» έκανε μια γκριμάτσα αδέξιος και κόκκινος, «πρέπει νάναι κάλλιστος για έναν άνθρωπο του δικού μου. Συζυγική ευτυχία το παν».

-«Δεν είχες και πολλή συζυγική ευτυχία με τον προηγούμενο γάμο σου».

-«Ναι», είπε ο Δώρης. «Ο πρώτος μου γάμος με την κόρη ενός νομικού, είχε κρατήσει μόλις έξι μήνες. Αλλά τότε ήμουν νεότερος. Και δεν παντρεύτηκα μ' ένα τόσο καλό κορίτσι σαν την Νοέλ. Και μπορεί τώρα ν' αλλάξει η τύχη μου».

Ο Ραμόν πήρε μια βαθιά ανάσα.

-«Η τύχη σου δεν άλλαξε, Δώρη», είπε

Κι έσπευσε να τον πληροφορήσει για την Γαλλίδα Νοέλ, για τα γράμματα, τα τηλεφωνήματα, τις παγίδες μπροστά στο σπίτι του, την τελευταία τρελή σκηνή πάθους πριν έξι μήνες. Ο Δώρης τον άκουγε σιωπηλός. Το μόνο που είπε στο τέλος ήταν: «Πρέπει νάναι υπέροχο συναίσθημα να σε κυνηγάνε έτσι οι γυναίκες. Αν μη τι άλλο, ρε φίλε, ικανοποιείται η αντρική σου ματαιοδοξία. Είσαι το λαχείο number one.».

Δυο βδομάδες αργότερα πήρα μια πρόσκληση για το γάμο της Miss Νοέλ Νινιόν και του κυρίου Δωρή Νταή. Ο γάμος έγινε στην δημαρχιακή αίθουσα τέλεσης γάμων. Η μπάντα έπαιζε το γαμήλιο εμβατήριο:

«Στον γάμο σου, σου έστειλα μια αγκαλιά

Λουλούδια, να σου θυμίζουν αγάπη μου,

Τον πρώτο έρωτά μας».

Και η Νοέλ προχωρούσε τον διάδρομο στο μπράτσο του πατέρα της. Ήταν πολύ όμορφη, ντελικάτη, εύθραυστη και σοβαροφανής. Δεν με κοίταξε καθώς περνούσε, αν και στεκόμουν μπροστά-μπροστά στην σειρά των καλεσμένων. Ο Δώρης, γαμπρός, λίγο ιδρωμένος στη ζέστη του Ιούνη, περίμενε στο βωμό, με τον κουμπάρο του, τον Γιάννη Βαρσάμη. Όλοι απορούσαν πως και δεν είχαν διαλέξει εμένα για κουμπάρο, μα εγώ δεν απόρησα καθόλου.

«Εγώ φταίω», σκέφτηκα, καθώς αφηρημένα άκουγα τις γαμήλιες υποσχέσεις. «Εγώ τον έφερα απ' τον Δομοκό, τον διόρισα στο Λύκειο κι εγώ επίσης αρνήθηκα το χέρι της νύφης. Εγώ τα έκανα όλα, είμαι όμως υπεύθυνος;». Η δεξίωση ήταν πλούσια, μ' ένα μακρύ τραπέζι για μπουφέ και είχαν βάλει τραπεζάκια γύρω στα παρτέρια, κάτω από ζωηρόχρωμες ομπρέλες. Μια μπάντα έπαιζε στη βεράντα, όπου το ζευγάρι χόρευε ένα βαλς. Ο Δώρης χόρευε τόσο καλά, αν και δεν φαινόταν άνθρωπος με χάρη κι ευλυγισία.

Είχα φιλήσει σεμνά τη νύφη, η οποία μου χαμογέλασε τυπικά όπως σ' όλους τους άλλους.

«Ίσως να τελείωσαν όλα και να πάνε όλα κατ' ευχήν, με το γάμο της άλλαξε την τύχη της» σκέφτηκα αρκετά αινιγματικός.

«Δείχνεις να απολαμβάνεις τους γάμους», μου είπε η Μόνα. «Τους γάμους των άλλων».

-«Δεν θα πιεις στην υγεία της νύφης;» είπε με πονηριά ο Ορφέας.

Κεφάλαιο 27

Ύποπτος Σιωπής

Τα τελευταία δυο χρόνια μένω μόνος μου σε μια σουΐτα κάποιου ξενοδοχείου έξω από την Αμνόβρυση, ενώ ασχολούμαι για λίγες ώρες στην εταιρία που την έχω μεταφέρει στον Ορφέα. Συμφώνησα μαζί του να μοιραζόμαστε τα χρήματα που κερδίζαμε. Ό,τι ήταν στα όρια των δυνατοτήτων μας, το κάναμε. Τοποθετήσαμε ένα μέρος των χρημάτων κατά τέτοιο τρόπο ώστε να τα πάρει αργότερα η Μόνα, και να προσλάβει προσωπικό στο εργαστήρι της. Ήθελα προ πάντων εγώ να έχει η Μόνα καλή διαχείριση στην επιχείρησή της. Αν ο Φώτης της παλαιοντολογικής εποχής είχε ακόμα τη δύναμη να μας καταστρέψει, θα ήταν μόνο γιατί θα το είχαμε θελήσει, γιατί εμείς οι ίδιοι θα είχαμε θελήσει να καταστραφούμε. Αυτός ήταν ο λόγος που δεν μπήκα ποτέ στον κόπο να πω την αλήθεια στη Μόνα, όχι επειδή φοβόμουν αλλά γιατί η αλήθεια δεν είχε πια σημασία. Η δύναμή μας βασιζόταν στη σιωπή μας και δεν είχα καμία πρόθεση να τη λύσω. Παρ' όλα αυτά το ένστιχτό μου, μου έλεγε πως η ιστορία του Φώτη δεν είχε τελειώσει, επειδή, στο βαθμό που ο Φώτης δεν ήταν πια εδώ, στον ίδιο βαθμό γινόταν αναπόφευκτη η παρουσία του. Σίγουρα ζούσα πάντα με τον φόβο μιας συνάντησης μαζί του. Ζούσα κάτω από τη σκιά το, δεν υπήρχε θεραπεία από μια τέτοια συνάντηση. Ζεις μαζί της όση ζωή σου μένει να ζήσεις. Και να, ο φόβος μου επιβεβαιώθηκε.

Το γράμμα έφτασε στις αρχές του καλοκαιριού του 2018. Αυτή τη φορά είχε την ταχυδρομική σφραγίδα της Λήμνου, και το μήνυμα ήταν λακωνικό, περισσότερο επείγον από το προηγούμενο: «Δεν μπορώ να το αναβάλλω άλλο. Πρέπει να σου μιλήσω. Μιαούλη 10 – Πλάκα, στις 15 Ιουνίου. Εδώ τελειώνουν όλα. Στο υπόσχομαι». Είχα μπροστά μου λιγότερο από μία εβδομάδα για να εφεύρω μια δικαιολογία να πω στη Μόνα και τον Ορφέα και να πάω στη Λήμνο. Αυτό αποδείχτηκε πολύ πιο δύσκολο απ' ό,τι περίμενα, γιατί ενώ επέμενα να μη θέλω να μάθει τίποτα η Μόνα, ωστόσο δείλιαζα κάπως να της πω ακόμα ένα ψέμα. Όμως έπρεπε να το κάνω, τελικά μηχανεύτηκα κάποια σαθρή ιστορία, ότι δήθεν έπρεπε να συμμετάσχω σε κάποιο συνέδριο ελαιοπαραγωγών.

-«Εντάξει, παππούκα μου, να πας, αλλά να προσέχεις. Όχι τρέλες... με τη θάλασσα. Η Λήμνος έχει δυνατούς βοριάδες, σηκώνουν τεράστια κύματα» κορόιδευε.

Έκλεισα θέση για την 12 Ιουνίου για το πρώτο δρομολόγιο πλοίου από το λιμάνι του Πειραιά. Έβρεχε σε όλη τη διάρκεια του ταξιδιού και είχε φοβερή τρικυμία. Μάλιστα όταν κατεβήκαμε στο λιμάνι της Μύρινας ο καιρός απειλούσε με βροντές και αστραπές, κάπου έπεφτε κεραυνός. Ήπια τον καφέ μου στην παραλία και μετά ανέβηκα στο λεωφορείο που θα με πήγαινε στα βόρεια του νησιού στην παραλιακή πόλη Πλάκα, όπου είχα ραντεβού με τον Φώτη. Ρώτησα κάτι νεαρούς για την οδό Μιαούλη.

-«Ελάτε, να σας πάω εγώ στον αριθμό 10», είπε ένα από τα παιδιά με ένα σκύλο. Είναι τόσο μπερδεμένα τα νούμερα εδώ» εξήγησε το καλόπαιδο με το σκυλάκι.

-«Ευχαριστώ πολύ, νάσαι καλά αγόρι μου», του είπα και του έβαλα στην παλάμη του ένα χαρτονόμισμα. Ήταν ένα καχεκτικό αγόρι, τα φαρδιά ρούχα πάνω του έδειχναν πως ήταν ξένα, οι γονείς του ήταν φτωχοί, και το παιδί έκανε τον ξεναγό ή τον μεταφορέα σε τουρίστες, για ένα κομμάτι ψωμί, κάθε μέρα ίδια και χειρότερη από τη χθεσινή, κάθε μέρα νηστεία. «Νηστεύει ο δούλος του Θεού, γιατί δεν έχει να φάει». Κι όμως είχε μια αρχοντική αξιοπρέπεια πάνω του!

Ο αριθμός δέκα ήταν ένα διώροφο σπίτι κρεμασμένο στο βράχο και το έφτανε κανείς ανεβαίνοντας μια απότομη σκάλα από τσιμέντο. Αυτή ήταν και η μόνη πρόσβαση, αφού ο δρόμος δεν έφτανε ως εκεί. «Πρέπει να είναι πολύ εκκεντρικός για να μένει σ' ένα μέρος τόσο απομονωμένο, ή κανένας μαφιόζος απ' την Ιταλία για να μένει σ' ένα σπίτι τόσο απρόσιτο», υπέθεσα με την πρώτη ματιά που του έριξα.

Μια γυναίκα σαράντα-σαρανταπέντε χρόνων με περίμενε στην κορυφή της σκάλας.

«Καλώς ήρθατε. Είμαι η Φιλιώ, η οικονόμος του… Κυρίου», μου συστήθηκε τυπικά και μετά: «Ο… κύριος αισθάνθηκε μια ξαφνική αδιαθεσία και κάλεσα ασθενοφόρο να τον πάει στο νοσοκομείο. Δεν νομίζω ν' αργήσει να γυρίσει. Μπορείτε να τον περιμένετε στη σάλα, πίνοντας ένα ποτό. Να σας προσφέρω ένα Apertz με χυμό πορτοκάλι;» μου πρότεινε μάλλον σαν από υποχρέωση. -«Πολύ καλά», είπα, παγωμένος και εκνευρισμένος ταυτόχρονα. Την ακολούθησα αποφασισμένος να τον περιμένω, ενώ δεν μου ήταν εύκολο ν' αποφύγω εντελώς τις άσχημες σκέψεις, όπως το ενδεχόμενο να μείνει στο νοσοκομείο μέρες κι εγώ ν' αποκλειστώ πάνω στο βράχο στη μέση της θάλασσας. Ευτυχώς ο καιρός άρχισε να βελτιώνεται και παίρνοντας το ποτήρι μου βγήκα να καθίσω στη σκεπαστή βεράντα αγναντεύοντας την ωραία θέα και τη μαγεία του Βορείου Αιγαίου. Το ένα ποτό έγινε δυο και τρία, την ίδια ώρα που η μέρα γινόταν απόγευμα και μετά βράδυ. Όλες αυτές τις ώρες η Φιλιώ έδειχνε πολύ ήρεμη, ενώ εξέταζε την δική μου διάθεση. «Δεν αγχώνομαι» της εξήγησα κάποια στιγμή, οικειοθελώς. «Θα νιώσει ένοχος αυτός ο κύριος που με άφησε να περιμένω, κι αυτό είναι προς ευχαρίστησή μου...». «Μα γιατί να νιώθει τύψεις; Δεν ήθελε ο άνθρωπος ν' αρρωστήσει στα ξαφνικά...» τον δικαιολόγησε η Φιλιώ. Θα το μετάνιωνα όταν η ψύχρα με ανάγκασε ν' αφήσω τη βεράντα και η πείνα να δεχτώ την πρόσκληση της οικονόμου να περάσω στην τραπεζαρία. «Καλύτερα να μην τον περιμένουμε για δείπνο», μου είπε. «Πριν λίγο μου τηλεφωνήσανε απ' το νοσοκομείο ότι θα μείνει μέσα απόψε για να του κάνουν κι άλλες εξετάσεις. Σας ζητάει συγνώμη και μου είπε ότι είσαι ευπρόσδεκτος ως φιλοξενούμενός μας».

Το τραπέζι ήταν στρωμένο και το δείπνο σερβιρισμένο και η Φιλιώ, αφού μου είπε πολύ τυπικά «καλή όρεξη» με άφησε μόνο μου. Το άλλο πρωί, ο καιρός ήταν άσχημος. Πρέπει να είχε βρέξει τη νύχτα. Κι ίσως να 'βρεχε ξανά, αλλά δεν φαινόταν απειλή για καταιγίδα. Όχι από τον ουρανό, τουλάχιστον.

-«Τι σημαίνει αυτό;» τη ρώτησα.

-«Ότι απλούστατα θα μείνετε δυο-τρεις μέρες να περιμένετε» είπε αδιάφορα.

Είχα ξυπνήσει με πονοκέφαλο, ήμουν αχτένιστος και με τα μάτια ακόμα πρησμένα. Η Φιλιώ ήταν στην πένα και στην τρίχα.

-«Ένα λεπτό, γιατί μπορεί να μην ξύπνησα ακόμα. Για να καταλάβω, δεν ξέρουμε πότε θα έρθει ο κύριος, ούτε πότε θα φύγω απ' εδώ. Δηλαδή είμαι αποκλεισμένος εδώ;» δεν έκρυψα την απελπισία μου.

-«Αποκλεισμένος;! Ε, όχι και αποκλεισμένος», χαμογέλασε με εξοργιστική συγκατάβαση η Φιλιώ. «Εκτός κι αν μπορεί κανείς να αποκλειστεί στον... παράδεισο», πρόσθεσε αστειευόμενη. «Στον παράδεισο;» λέω αγανακτισμένος. «Μπορεί ένας ξένος να ξέρει τον παράδεισο κάποιου άλλου;» της αντιλέγω.

«Μέρη σαν αυτό είναι παράδεισος για τον καθένα» μου χαμογελάει σαγηνευτικά. Στο μεταξύ πίνουμε τον καφέ μας μαζί.

Εγώ δεν έχω όρεξη να βάλω τίποτα στο στόμα μου, αλλά η Φιλιώ τρώει αβγά και μετά φρούτα.

«Ένα καλό πρωινό είναι καλύτερο στον καθαρό αέρα. Είσαι σίγουρος ότι δεν θέλεις τίποτα; Δεν είναι κακό να εκμεταλλευτείς λίγο τη φιλοξενία που σου προσφέρει».

«Φιλοξενία;» χαμογελάω πικρά. «Μάλλον... ομηρία θα την έλεγα».

«Μη γίνεσαι υπερβολικός, Ραμόν. Εγώ προτείνω να το εκμεταλλευτούμε και να το διασκεδάσουμε. Δεν τυχαίνει συχνά να σε πληρώνουν για να καλοπερνάς. Ορίστε, μέχρι και ο καιρός είναι σύμμαχός μας. Μπορούμε να κάνουμε και καμιά βουτιά...», τεντώνει το κεφάλι της προς τα πίσω και απλώνει τα γυμνά της μπράτσα σε έκταση ή σε ανάταση, κι απολαμβάνει τις ζεστές ηλιαχτίδες. Αφού ήπια μπόλικο καφέ να τονωθώ, πήρα ένα μπουκάλι νερό και είπα στη Φιλιώ ότι θα πήγαινα να δω τον κύριο στο νοσοκομείο. «Δεν υπάρχει μονοπάτι που να οδηγεί στο νοσοκομείο. Θα χάσεις άδικα τη μέρα και τον ήλιο. Θα μπορούσαμε να κάνουμε ηλιοθεραπεία και να μαυρίσουμε» προσπαθεί να με αποτρέψει απ' την ιδέα. «Είμαι από τη φύση μου μαυρισμένος» της πετάω και φεύγω. Περπάτησα για πάνω από μία ώρα μέσα στ' αγκάθια κι έσχισα το πουκάμισό μου. Γυρίζοντας πίσω για το σπίτι, η Φιλιώ, που κολυμπάει, με έχει δει, βγαίνει προς τα ρηχά κι αρχίζει να με φωνάζει με εκνευριστική αγαλλίαση.

«Μπράβο! Ήρθες! Έλα, το νερό είναι καταπληκτικό! Λιγάκι κρύο αλλά αναζωογονητικό! Γδύου και βούτα! Δεν χρειάζεται μαγιό εδώ. Είναι η πλαζ για γυμνιστές!». Αυτό ήταν μια λεπτομέρεια που δεν είχα σκεφτεί. Δεν θα κολυμπούσα με τα ρούχα, αλλά ούτε και γυμνός, γιατί τα εσώρουχά μου δεν έμοιαζαν καθόλου με μαγιό. Δεν ήθελα να βουτήξω για χάρη της Φιλιώς, ήθελα να κολυμπήσω ως την διπλανό παραλία κι απ' εκεί στο αεροδρόμιο. Το ξανασκέφτηκα. Το λογικό ήταν να βρω μια άλλη παραλία με δρόμο. Ύστερα θα έβλεπα. Έβγαλα τα ρούχα μου και βούτηξα με τα εσώρουχα. Η Φιλιώ πιο πέρα ήταν στο νερό ως τη μέση προσπαθώντας να συγκρατήσει το χτύπημα των δοντιών της, μουρμούρισε: «Ίσως έπρεπε να κάνω κι εγώ το ίδιο. Δεν θα τουρτούριζα τώρα». «Ίσως» της είπα, ενώ την κρατούσα σφιχτά με τα χέρια τυλιγμένα γύρω από τους ώμους της, μέχρι που το τρεμούλιασμά της σταμάτησε! «Νιώθεις καλύτερα τώρα;» τη ρώτησα. «Ναι» μου απάντησε και η φωνή της πνίχτηκε πάνω στο στήθος μου. «Σ' ευχαριστώ». Το πουκάμισό μου ήταν ξεκούμπωτο και ένιωσα το μάγουλό της ν' ακουμπάει πάνω στο δέρμα μου. Κανονικά έπρεπε ν' απομακρυνθώ, αλλά η γλυκιά μυρωδιά της με ζάλισε σαν υπνωτικό, έτσι όπως ήταν γερμένη πάνω μου, επιθυμούσα να μείνει εκεί που βρισκόταν, να προσποιηθώ για λίγο στον εαυτό μου ότι τα όνειρα που έκανα κάποτε για μένα και την Αρέθα, για τους δυο μας, ήταν ακόμα ανέγγιχτα. Εκείνη κουνήθηκε λιγάκι, σαν να ήθελε να βολευτεί καλύτερα, χωρίς όμως να την αφήσω. Τα χείλη μου άγγιξαν τρυφερά την απαλή επιδερμίδα της κι εκείνη αναστέναξε χωρίς να κουνηθεί. Την τράβηξα απαλά στην αμμουδιά, ενώ το μάγουλό της εξακολουθούσε να ακουμπάει στο στήθος μου.

Το χέρι μου γλίστρησε στον ώμο της, ενώ το άλλο της χάιδευε την πλάτη. Έκλεισε τα μάτια της, το χέρι της χάιδεψε τη ρώγα του στήθους μου, άρχισε να με φιλάει στο λαιμό, στα χείλη με πάθος, ενώ το κορμί της ανταποκρινόταν στις γνώριμες κινήσεις του δικού μου. Τελικά ξαπλώσαμε στην άμμο, με το όμορφο δυνατό κορμί της κολλημένο στο δικό μου. «Ήθελα τόσο να βρεθώ μέσα σου, επιτέλους» ψιθύρισα. Ήταν δύσκολο το θέμα των εξετάσεων, αλλά τις πέρασα με άριστα. Κέρδισα την αυτοπεποίθηση του άντρα που βλέπει ότι η σεξουαλική του επίδοση καλά κρατάει, ακόμα αν και πλησιάζω τα εξήντα μου. Την επόμενη μέρα η Φιλιώ μου ανακοίνωσε με τη σοβαρότητα της οικονόμου ότι ο... κύριος με περίμενε στο δωμάτιό του, το οποίο ήταν στη δεξιά πλευρά από το χολ της εισόδου. Στην πόρτα υπήρχε ένα σκουριασμένο ρόπτρο, μισή σφαίρα μ' ένα χερούλι στο κέντρο, κι όταν έστριψα το χερούλι, ακούστηκε ένας ήχος σαν κάποιος να ρεύτηκε – ένας σβησμένος πνιχτός ήχος που δεν έφτανε μακριά. Περίμενα, αλλά δεν έγινε τίποτα. Χτύπησα και πάλι το κουδούνι αλλά δεν εμφανίστηκε κανείς. Τότε, ψηλαφώντας την πόρτα με το χέρι, είδα πως ήταν κλειδωμένη – την έσπρωξα αλλά άνοιξε πολύ λίγο, σαν μια χαραμάδα, και τότε άκουσα έναν ανεπαίσθητο χτύπο, και μετά μια φωνή που δεν κατόρθωσα να καταλάβω. Έκανα λίγο πίσω, και κοίταξα την πόρτα. Αφουγκράστηκα μη τυχόν και ξανακούσω τη φωνή. Τίποτα. Μια παρατεταμένη σιωπή. Μετά, σχεδόν ψιθυριστά, η φωνή ξαναμίλησε. «Εδώ μέσα» είπε. Πήγα κοντά στην πόρτα κι έβαλα το αυτί μου στη χαραμάδα ανάμεσα στο κούφωμα και την πόρτα.

-Φώτη, εσύ;

-Μη λες αυτό το όνομα, είπε η φωνή που ακούστηκε πιο ευδιάκριτα τώρα. Δεν σου επιτρέπω να χρησιμοποιείς αυτό το όνομα.

Το στόμα αυτού που ήταν μέσα ήταν απόλυτα ευθυγραμμισμένο με το αυτί μου. Δεν μας χώριζε παρά μόνο η πόρτα κι ήμασταν τόσο κοντά που ένιωθα σαν να χύνονταν τα λόγια μέσα στο κεφάλι μου.

Ήταν σαν να άκουγα την καρδιά ενός άλλου να χτυπάει στο στήθος του, σαν να 'ψαχνα ένα σώμα για να βρω το σφυγμό του. Σταμάτησε να μιλάει κι αισθανόμουν την ανάσα του που ξεχύνονταν μέσα απ' την χαραμάδα.

-Άσε με να μπω, είπα. Άνοιξε την πόρτα κι άσε με να μπω.

-Όχι, είπε η φωνή. Η πόρτα θα μείνει κλειστή.

Τώρα πια το είχα καταλάβει πως απ' την άλλη πλευρά ήταν ο Φώτης. Θα προτιμούσα να ήταν κάποιος απατεώνας, αλλά αναγνώρισα τη φωνή του και δεν μπορούσα να προσποιηθώ ότι πίστευα πως ήταν κάποιος άλλος.

-Στέκομαι εδώ όρθιος μ' ένα πιστόλι στο χέρι, είπε, και το πιστόλι σε σημαδεύει. Αν μπεις, θα πυροβολήσω.

-Δεν σε πιστεύω.

-Άκουσε, είπε. Κι αμέσως ακούστηκε ένας πυροβολισμός, χωρίς να μπορέσω να δω κάτι μέσα στο δωμάτιο. Μετά ο πιστολέρος ξαναμίλησε.

-Θα πρέπει να μου δείξεις εμπιστοσύνη, είπε. Δεν θέλω να με δεις, αλλά να ξέρεις ότι ήρθες στο σωστό μέρος. Και είμαι το σωστό πρόσωπο που σε κάλεσε να με δεις. Αυτό έλεγες στο γράμμα σου.

-Έλεγα πως ήθελα να σου μιλήσω. Έχει διαφορά.

-Μην ψάχνουμε ψύλλους στ' άχυρα.

-Απλά σου θυμίζω τι έγραψα.

-Μη το παρακάνεις. Φώτη. Θα με αναγκάσεις να σηκωθώ και να φύγω.

Άκουσα μια βαθιά αναπνοή και μετά ένα χέρι χτύπησε με δύναμη την πόρτα.

-Μη ξαναπείς Φώτη, φώναξε. Όχι Φώτη, ποτέ πια. Δεν υπάρχει αυτός πια.

Μετά φαντάστηκα ότι άκουσα μουγκρητά κάπου στη μέση του δωματίου, μουγκρητά ή λυγμούς, δεν μπορούσα να ξεχωρίσω. Έμεινα βουβός κι ακίνητος, κι ύστερα ο Φώτης είπε:

-Είσαι πάντα εκεί;

-Ναι.

-Με συγχωρείς. Δεν ήθελα να γίνουν έτσι τα πράγματα.

-Δεν σου λέω τίποτα άλλο, μόνο θυμήσου γιατί ήρθα εδώ από μακριά.

-Το ξέρω. Και σ' ευχαριστώ γι' αυτό.

-Θα πρέπει να μου εξηγήσεις γιατί με κάλεσες.

-Αργότερα. Δεν θέλω ακόμα να μιλήσω γι' αυτό.

-Ε, τότε τι άλλο;

-Άλλα πράγματα. Αυτά που μου συνέβησαν στο ενδιάμεσο της συνάντησής μας.

-Σ' ακούω.

-Επειδή δεν θέλω να με μισήσεις. Το καταλαβαίνεις αυτό;

-Δεν σε μισώ. Κάποτε σε μισούσα, αλλά τώρα πια μου πέρασε.

-Βλέπεις σήμερα είναι η τελευταία μου μέρα. Κι έπρεπε να βεβαιωθώ.

-Εδώ ήσουν όλο αυτό τον καιρό;

-Ήρθα εδώ πριν δύο χρόνια περίπου. Προηγουμένως πήγαινα απ' εδώ κι από κει.

-Και γιατί μου έγραψες εκείνο το γράμμα; Ποιος ο σκοπός του;

-Για να την προστατεύσω, να κρατήσει το μαγαζί. Αλλά αυτά τα ξέρεις πια, το φαντάστηκες εδώ και καιρό. Αυτό ήταν το πρόσχημά μου. Ο αληθινός λόγος που είχα ήταν να της βρω ένα καλό σύζυγο.

-Αλλά δεν δούλεψε το σχέδιό σου. Αυτό που έκανες ήταν έγκλημα.

-Ήμουν θυμωμένος μαζί σου. Ήθελα να υποφέρεις, να ζήσεις κι εσύ όσα ζούσα εγώ. Μόλις το ταχυδρόμησα, το μετάνιωσα.

-Πολύ αργά.

-Ναι. Πολύ αργά.

-Και πως ζούσες; Πως έβγαζες λεφτά για να ζήσεις.

-Έκλεβα, είπε χαχανίζοντας. Πούλησα την κληρονομιά μου στην Αθήνα και αγόρασα αυτό το σπίτι, με το ψευδώνυμο Τζέιμς Μπερν, κι έτσι κανείς δεν ξέρει ποιος είμαι. Δε βγαίνω ποτέ έξω. Έχω αυτή τη γυναίκα, τη Φιλιώ, που μου τα φέρνει όλα, κυρίως τσιγάρα. Καπνίζω αβέρτα και τα σβήνω πάνω στο πρόσωπό μου. Είμαι γεμάτος πληγές, ένας λεπρός, απαίσιος.

-Και σκοπεύεις να πεθάνεις εδώ;

-Ακριβώς.

-Στο πρώτο σου γράμμα έλεγες πως θα πεθάνεις σε εφτά χρόνια. Έχεις ένα χρόνο ακόμα.

-Απέδειξα στον εαυτό μου αυτό που ήθελα να αποδείξω: Την αυτοτιμωρία μου. Δεν έχω όρεξη για ζωή. Κουράστηκα. Βαρέθηκα.

-Και μου ζήτησες να έρθω για να σε εμποδίσω να αυτοκτονήσεις;

-Όχι, δεν είναι έτσι. Έχω να σου δώσω μερικά πράγματα. Κάποια στιγμή συνειδητοποίησα πως σου όφειλα μια εξήγηση για όσα έκανα.

-Και τι πράγματα έχεις να μου δώσεις; Που τα έχεις; Ρώτησα τον Φώτη.

-Πίσω σου. Στο κάτω μέρος της ντουλάπας, κάτω από τη σκάλα. Ένα κίτρινο ντοσιέ.

Γύρισα, άνοιξα την πόρτα της ντουλάπας και τον πήρα. Διάβασα δυο-τρεις σελίδες και αναγνώρισα τον γραφικό του χαρακτήρα. Ύστερα μίλησα στη χαραμάδα.

-Και τώρα τι να κάνω; Τον ρώτησα σαστισμένος.

-Πάρτο μαζί σου, στο σπίτι σου. Δώσε το στην Μόνα, ίσως θέλει να το δει, να το διαβάσει για να ξέρει την αιτία της οικογενειακής της τραγωδίας.

-Δε νομίζω πως έχεις κανένα δικαίωμα να ζητάς κάτι τέτοιο.

-Είναι η κόρη μου.

-Όχι, δεν είναι. Είναι δική μου.

-Δεν επιμένω. Τότε, διάβασέ το εσύ. Έτσι κι αλλιώς για σένα τόγραψα.

-Και η Μόνα;

-Όχι, δεν πρέπει να της πεις τίποτα για την αθλιότητά μου.

-Πως μπόρεσες να την εγκαταλείψεις έτσι; Τι σου είχε φταίξει το μωρό;

-Τίποτα. Δεν ήταν δικό της λάθος. Είναι μόνο που δεν ήμουνα φτιαγμένος για να ζήσω σαν τους άλλους, με μια τυπική οικογένεια...

Καλύτερα να φύγεις τώρα, είπε ο Φώτης. Δεν υπάρχει λόγος να το παρατραβήξουμε. Όλα τέλειωσαν. Πάρε το τετράδιο και γύρισε κοντά της. Αυτό μόνο σου ζητάω.

Δεν ήξερα πλέον τι να πω. Ο Φώτης με είχε στερέψει, και καθώς τον άκουγα ν' ανασαίνει απ' την άλλη μεριά της πόρτα, ένιωθα σαν να μου ρουφούσε κάποιος τη ζωή μου.

-Είναι ανόητος και πεισματάρης, είπα. Ο λύκος τρίχα αλλάζει, μυαλό δεν αλλάζει. Γεννήθηκε για την καταστροφή, και παρέσυρε στη καταστροφή μια ολόκληρη «συγκροτημένη» οικογένεια των Δρέγη, που ήταν σούπερ-μάρκετ. Τραγωδία στο σπίτι του Αλκίνοου Δρέγη, ο γάμος του με την Αλίκη ήταν αποτυχία και τον ξέκανε. Ένας πυροβολισμός ακούστηκε μια σφαίρα τρύπησε το κρανίο του. Η αστυνομία έσπασε τη πόρτα του, μα ήταν ήδη νεκρός. Για μία ώρα μόνος στο κλειστό δωμάτιο απολάμβανε μια ασυνήθιστη ηρεμία. Για μια ώρα, τουλάχιστον, ήταν ήσυχος. Για μια ΧΡΥΣΗ ΩΡΑ.

Όσο για μένα αξίζει να το πω, πως σήμερα, υπήρχε ένας άνθρωπος λιγότερος στον κόσμο που είναι αναγκασμένος να με μισεί. Αρκετά εξαντλημένος, πιάστηκα απ' τα κάγκελα της σκάλας να μη σωριαστώ στο πάτωμα. Βρέθηκα έξω, μπροστά στο σπίτι με το ντοσιέ στο ένα χέρι και την ομπρέλα στ' άλλο. Πάλευα να μη λιποθυμήσω.

Ήταν εφτά η ώρα το απόγευμα όταν έφτασα στο λιμάνι της Μύρινας. Το πλοίο θα έφευγε για τον Πειραιά στις οχτώμιση. Κάθισα σ' ένα ξύλινο παγκάκι με το τετράδιο στα γόνατά μου. Παρακολουθούσα την κουβέντα δύο αντρών δίπλα μου που μιλούσαν για τη «νεκρή» χειμερινή περίοδο στ' ακριτικά νησιά. Επτά μήνες η ζωή ατονεί σε χειμερία νάρκη. Περιμένουν τον Ιούνη, να ξαναζωντανέψει. Σαν τον ερχομό της Περσεφόνης Ιούνης, που ανέβαινε από τον κάτω κόσμο στη λουλουδιασμένη ώρα της αγοραστικής κίνησης του νησιού. Διάβασα χωρίς διακοπή για μια ώρα περίπου, ξεφυλλίζοντας απ' εδώ κι από εκεί, να πάρω μια ιδέα του τι είχε γράψει ο Φώτης. Δεν έβγαζα νόημα, η μια πρόταση αναιρούσε την άλλη. Είναι σαν να ήξερε ο Φώτης πως το τελικό του έργο έπρεπε να μην μου αφήνει περιθώρια για καμιά καλή μου προσδοκία, αυτά δεν ήταν λόγια ανθρώπου που μετάνιωνε για οτιδήποτε, απαντούσε στην ερώτηση με μια άλλη ερώτηση, επομένως ήταν όλα ανοιχτά, χωρίς τέλος, έτοιμα να ξαναρχίσουν απ' την αρχή. Χάθηκα μέσα στις λέξεις του, στο βαθύ σκοτάδι, τυφλωμένος απ' το βιβλίο που είχε γραφτεί για μένα. Κι όμως, πέρα απ' αυτή τη σύγχυση, ένιωθα πως υπήρχε κάτι προμελετημένο, κάτι το τέλειο, σαν το μόνο πράγμα που είχε πραγματικά θελήσει ο Φώτης, σε τελευταία ανάλυση, ήταν να αποτύχει – μέχρι να φτάσει να χρεωκοπήσει ο ίδιος σαν άνθρωπος, να αφανιστεί το μόριό του στο άπειρο. Αλλά μπορεί να κάνω λάθος, ίσως η κρίση μου να ήταν στρεβλωμένη. Μπήκα στο κατάστρωμα του πλοίου μισή ώρα νωρίτερα. Μία-μία έσκισα τις σελίδες του τετραδίου, τις τσαλάκωσα με το χέρι μου και τις πέταξα στον σκουπιδοτενεκέ. Ήμουνα στην τελευταία σελίδα όταν το πλοίο άρχισε να κινείται.

Κεφάλαιο 28

Χορός... έκπληξη

Τ
ην εβδομάδας που ο Ραμόν έλειπε στη Λήμνο για το δήθεν Βαλκανικό συνέδριο των ελαιοπαραγωγών, η Μόνα και ο Ορφέας είχαν αρκετό χρόνο στη διάθεσή τους να σχεδιάσουν με κάθε λεπτομέρεια την δεξίωση που θα έδιναν στο ήδη τελειοποιημένο εργαστήρι αγγειοπλαστικής και κεραμικής. Θα το εγκαινίαζαν για πρώτη φορά, ένα χρόνο και κάτι από την ημέρα που είχε αρχίσει να το δουλεύει συστηματικά. Το ζευγάρι συζητούσε το θέμα πολύ καιρό, μα δεν συμφωνούσαν για το πως θα τα γιορτάζανε; «Θα ήταν διπλή γιορτή, θα καλέσουμε κόσμο για να θαυμάσουν τα έργα σου πρώτα, και δεύτερον μια καθυστερημένη γαμήλια δεξίωση που παραλείψαμε να κάνουμε, λόγω της μανίας σου να τελειοποιηθείς καλλιτεχνικά», πρότεινε ο Ορφέας. Κατά σύμπτωση την ίδια στιγμή καταφτάνει στην αυλή τους ο Ραμόν και βλέπει από μακριά την Μόνα να κολλάει τα χέρια με τον άντρα της, σαν η ομάδα τους να έχει βάλει γκολ. Μόνο τότε αναρωτιέται μήπως, όταν τους έβλεπε να μιλούν κρυφά πριν, μιλούσαν γι' αυτόν.

«Τι σκαρώνεις εσύ;» την παίρνει παράμερα και τη ρωτάει.

«Εγώ; Πως το σκέφτηκες αυτό *παππού;*» Αθώο ύφος, αθώο βλέμμα, ένοχο χαμόγελο η Μόνα.

«Μη γελάς, σοβαρολογώ. Κάτι σκαρώνεις κι έχεις βάλει και τον άντρα σου σ' αυτό», είναι σίγουρος για τη μαντεψιά του ο Ραμόν.

«Ωραία λοιπόν», αναγκάζεται να παραδεχτεί. «Πειράζει να κάνουμε μια γιορτή;».

«Γιορτή;» ρωτάει αντανακλαστικά ο Ραμόν. «Και ο λόγος;».

«Πάντα έχει κάποιος κάτι να γιορτάσει, αρκεί να το σκεφτεί» εξηγεί η Μόνα.

«Δεν θα βιαστώ να συμφωνήσω πριν μάθω τους λόγους σας», λέει περίεργα ο Ραμόν.

«Σκεφτήκαμε, δηλαδή είμαστε σίγουροι ότι θα μας δώσει μεγάλη χαρά να προσφέρουμε στους δικούς μας ανθρώπους μια μικρή γιορτή» εξηγεί ο Ορφέας.

«Δεν είμαι ακόμα σίγουρος ότι θα θέλατε να είμαι κι εγώ μαζί σας», αρκείται να πει.

Ο Ορφέας βιάζεται να εξηγήσει στον Ραμόν τους δύο λόγους: Εγκαίνια εργαστηρίου και πρώτη επέτειος του γάμου τους. «Όπως βλέπεις, οι λόγοι μας είναι δύο, και για τους περισσότερους ανθρώπους αρκεί μόνο ένας», τον πληροφορεί ο Ορφέας.

«Υπάρχει και τρίτος» μονολόγησε η Μόνα, βιάστηκε να σκεφτεί κάτι να πει όταν είδε το παραπονεμένο πρόσωπο του παππού της, κι έτρεξε να μπει στο σπίτι της.

Στο μεταξύ θα περάσει δυο μέρες και δυο νύχτες σε περισυλλογή, θα περάσουν και δυο μέρες πριν ο τρίτος λόγος της γιορτής εμφανιστεί. Υ.Γ. Τρόπος Γιορτής Νο 3.

«Αυτό είναι... Είναι πάρα πολύ ωραίο!». Ό,τι το μυαλό μπορεί να συλλάβει, μπορεί και να το πετύχει. Ένας καλλιτέχνης αναζητά την έμπνευσή του σε απρόσμενες πηγές. Λοιπόν, για την Μόνα η μοναδική πηγή έμπνευσης είναι η προσωπικότητα του Ραμόν, οι πρωτότυπες ιδέες του της δίνουν πολλές πιθανότητες να δημιουργήσει κάτι διαχρονικό, όπως τον πίνακα που έχει ήδη τελειώσει χρησιμοποιώντας το κάρβουνο. «Η αρπαγή της Περσεφόνης».

Ο συγκεκριμένος μύθος της αρχαιότητας είναι για τη Μόνα τόσο πολύ επίκαιρος, άμεσα συνδεδεμένος με τη ζωή της:

Ο Ερμής άρπαξε την Περσεφόνη, την κάθισε στο χρυσό αμάξι του και την οδήγησε στον επάνω κόσμο, στη μητέρα της. Ήταν και η Μόνα φυλακισμένη πολλά χρόνια στο βρωμερό ίδρυμα της Νοέλ στη Γαλλία, κι ήρθε, για καλή της τύχη, ο Ραμόν να την απεγκλωβίσει. Του είναι ευγνώμων, είναι τόσο περήφανη για τον παππού της. Έκανε τόσα πολλά για χάρη της. Θέλει να τον ανταμείψει «Μ' ένα μπουκάλι σαμπάνια... Νομίζει ότι θα του άξιζε κάτι παραπάνω... θα φκιάξει το κέρινο ομοίωμά του, θα του κάνει ωραία έκπληξη, και δεν αμφιβάλλει ότι όταν το δει, θα καταλάβει την αξία του τελικά».

Αγόρασε το ακριβό φίλντισι και δούλευε το άγαλμά του κρυφά στο ιδιαίτερο, προσωπικό της εργαστήρι, κυρίως τα βράδια. Θα του το αποκάλυπτε τρεις μήνες μετά, την ημέρα που θα είχαν ορίσει να γιορτάσουν την επέτειο του γάμου της, τα εγκαίνια της σχολής κεραμικής και τρίτο και... σπουδαιότερο, τα αποκαλυπτήρια της προτομής του εν ζωή ακόμα παππού της, τον πενηνταεννιάχρονο επιχειρηματία, άξιο εκμεταλλευτή της Θεσσαλικής γης, μια γη με εύφορο χώμα, μα τόσο περιφρονημένη από τους ντόπιους κατοίκους της. Ο Έρασμος κατάφερε να τους κάνει ν' αγαπήσουν την φυτική παραγωγή, να τους μεταδώσει το πάθος του τόσο για την ανθοκομία και τα σπάνια άνθη και βότανα, όσο και την δεντροκομία.

-Είναι μια μορφή δημιουργίας, τους έλεγε, όπως όλα. Μερικοί άνθρωποι θέλουν να κάνουν παιδιά. Εγώ προτιμώ να μεγαλώνω κλαδιά μέσα από το χώμα. Καταναλώνεις λιγότερη ενέργεια, χρόνο και χρήμα και το αποτέλεσμα είναι πιο ικανοποιητικό. Οι απόψεις του αυτές αρχικά ενοχλούσαν τους καμπίσιους, που φημίζονται για τύποι παράξενοι, εκκεντρικοί, ίσως και ανορθόδοξοι, ωστόσο ο Ραμόν παρά τις προσωπικές του απόψεις για τις γυναίκες και την ανατροφή των παιδιών, δεν θα τον αποκαλούσες ιδιόρρυθμο.

Είχε πολλούς φίλους, έτρωγε σε εστιατόρια, ψάρευε στον Πηνειό, χόρευε όποτε είχε όρεξη, πήγαινε τις Κυριακές στην εκκλησία. Δεν του άρεσε να επιδείχνει τον πλούτο του, γιατί πίστευε πως όταν ο γείτονας σε βλέπει να καλοπερνάς, θα σε μισήσει, και μπορεί το μίσος του να σε καταστρέψει. Η Μόνα ασπάζεται όλες του τις απόψεις, της αρέσουν οι πρωτότυπες ιδέες του Ραμόν, κι αν δεν είχαν ζήσει χρόνια χωριστά, θα έλεγαν όλοι όσοι τους γνώριζαν τώρα, ότι αυτό το κορίτσι γεννήθηκε «κατ᾽ εικόνα και ομοίωση» του παππού της, δικαιούται να είναι ο συνεχιστής των έργων του, άξιος κληρονόμος του.

Σαράντα χρόνια ο Ηπειρώτης άντρας, ζει και αναπνέει σ᾽ αυτή την πανέμορφη πόλη, της προσφέρει τις γνώσεις του και το μεράκι για δουλειά, ανοικοδομεί τα παλιά σε καινούργια κτίρια, δεντροφυτεύει δρόμους και πλατείες, καθαρίζει την κοίτη του ποταμού μεταφέροντας το νερό σε αγωγούς μέσα στην πόλη, στήνει συντριβάνια, κτίζει πέτρινες βρύσες σε σκιερά τοπία, δίνοντας την ευκαιρία σε νέες κοπέλες να κάνουν την βόλτα τους μετά το ηλιοβασίλεμα...

Αλήθεια, ποιος θα είχε αντίρρηση να τον ανακηρύσσουν ως ο ήρωάς τους;

Και τι δεν θα τον έταζαν, από μεγάλες θέσεις - κλειδιά για την πόλη - ως κα απέραντες εκτάσεις γης για να τον κρατήσουν μόνιμα στον δήμο τους αλλά εκείνος από μετριοφροσύνη θα ζητήσει μόνο να στήσουν το άγαλμά του σε κεντρική πλατεία. Η Μόνα είναι μέσα στο μυαλό του Ραμόν, διαβάζει τις σκέψεις του πριν εκείνος τις πει, είναι ένα ανοικτό βιβλίο στα χέρια της. Θα βάλει τα δυνατά της να κάνει μια πανύψηλη κέρινη κούκλα, που να έχει το ύψος του, 1,70 μ. Έπεσε με τα μούτρα στη δουλειά. Δούλευε τις ώρες που ο Ορφέας απουσίαζε στη δουλειά του. Όταν την τελείωνε, θα του την έδειχνε για να του κάνει την έκπληξη. Άραγε θα του άρεσε η ιδέα για το πανομοιότυπο του πραγματικού της πατέρα, τον αληθινό της μπαμπά, που ζούσε μακριά της σχεδόν είκοσι χρόνια, αλλά οι δρόμοι της μοίρας τους έφεραν κοντά, την κόρη κοντά στον πατέρα της; Ήθελε το άγαλμά της να έχει εκπληκτικό αποτέλεσμα, έτσι έγραψε ένα γράμμα στο περίφημο Μουσείο Κέρινων Ομοιωμάτων της Madam Tissot, στο Λονδίνο ζητώντας να της αποστείλουν ένα φυλλάδιο με τη συλλογή όλων των ομοιωμάτων του. Ήταν τόσο καλογραμμένο, που το Μουσείο δεν της αρνήθηκε το αίτημά της, και η Μόνα το είχε σύντομα στα χέρια της, για να αποδειχθεί σωστό αυτό που έγραψε ο Έκτωρ Μαλλό στο βιβλίο του «Χωρίς οικογένεια».

«Τη δύναμη την έχει πάντα αυτός που ξέρει να γράφει, κι όχι αυτός με τα ωραία λόγια». Υπάρχουν οι καλές συγκυρίες που έρχονται στη ζωή μας ως αρωγοί, μας βοηθούν να πετύχουμε το ποθητό αποτέλεσμα, δεν το αμφισβητεί αυτό η Μόνα, κι ούτε υποτιμάει την ευαγγελική ρήση: «Ζήτησον και θα σου δοθεί» ή το αρχαίο ρητό «Συν Αθηνά και χείρα κίνει» όλα αυτά τα θετικά στοιχεία ήρθαν την κατάλληλη στιγμή της μεγάλης ανάγκης της, ήταν πραγματικά σαν όλο το καλό σύμπαν να συμμάχησε μαζί της. Κι όταν κάποια μέρα είδε σε κρατικό κανάλι κάποιον γνωστό γλύπτη να προβάλει τα κέρινα ομοιώματα της Αλίκης Βουγιουκλάκη και της πριγκίπισσας Νταϊάνα, ε, τότε πια, έκανε τάμα στον Άγιο Φανούριο: η αποκάλυψη της προτομής του Ραμόν την ημέρα της τριπλής γιορτής της να αποτελέσει ένα τέτοιο κοσμικό γεγονός, που δεν πρόκειται να ξανασυμβεί στον δήμο της Αμνόβρυσης, όλοι θα μιλούν γι' αυτό για πολλά χρόνια μετά. Θα μείνει αξέχαστο, θα γραφεί στην ιστορία ως ο μοναδικός χορός… έκπληξη!!! Κάποια μέρα λίγο μετά κουβέντιασε με τον Ραμόν για τα άτομα που θα καλούσαν με ιδιαίτερη πρόσκληση για τον χορό:

-«Δεν ξέρω αν είμαι αρκετά βέβαιος να προσκαλέσουμε αυτά τα ζευγάρια, αλλά είμαστε ηθικά υποχρεωμένοι να συμπεριλάβουμε στη λίστα, τον δεύτερο παππού σου, τον Λάμπη, που εκτός από πρώην Δήμαρχος, υπήρξε και ο δεύτερος σύζυγος της γιαγιάς σου Αλίκης, ο άντρας αυτός σε κράτησε μωρό στην αγκαλιά του, σε νανούρισε ως τα τέσσερά σου, σου έδωσε αγάπη γιατί αγαπούσε τη γιαγιά σου, κι ακόμα κι όταν εκείνη πέθανε, ο Λάμπης θα συνέχιζε να σε προστατεύει, αλλά δεν άντεξε το βάρος των ευθυνών του, ένα ξένο κοριτσάκι, τριών-τεσσάρων χρόνων στους ώμους ενός γέρου άντρα, χτυπημένο κατάκαρδα από τη σκληρή μοίρα του, ήταν υπερβολικά βαρύ φορτίο για τις γέρικες πλάτες του και φρόντισε να σε στείλει στο ίδρυμα στη Γαλλία....».

Ο Ραμόν κοίταξε ερευνητικά το πρόσωπο της Μόνας, κι αντίκρυσε μια πέτρινη μάσκα μίσους, που λίγο-λίγο τα άγρια χαρακτηριστικά της σβήνανε και ξαναπήρε το πρότινό της ύφος.

-«Θα μπορούσα να μισήσω όλο τον αντρικό πληθυσμό, είπε βραχνά, αν δεν αγαπούσα πολύ εσένα παππού Ραμόν, γιατί φρόντισες να με παντρέψεις με το πιο γλυκό αγόρι του κόσμου, τον Ορφέα, που παίζει για χάρη μου, την πιο ωραία μουσική στη λύρα του, για να επουλώσει τα βαθιά ψυχικά παιδικά μου τραύματα. Οι αρνητές μου, θάχουν την ευκαιρία να το διαπιστώσουν «ιδίοις όμμασι» αν καταδεχτούν να με τιμήσουν στην δεξίωση», τόνισε με καυστικότητα η Μόνα.

-«Δεν θέλω να κολλάς στο παρελθόν, ούτε την κακή μοίρα σου να κλαις, άλλαξέ την, μπορείς» την συμβούλευσε ο Ραμόν, και για επιβεβαίωση της απαγγέλει τους στίχους:

«Σε γλάστρα ορφανιάς, σε εφύτευσαν λουλούδι
κι εγώ δοκίμασα τη μοίρα σου ν' αλλάξω
σε μια άλλη γλάστρα χρωματιστή να σε φυτέψω,
να σε θρονιάσω στης καρδιάς μου τον θρόνο
βασίλισσα, να ζήσεις δίχως πόνο».

-«Πόσο σοφός είσαι παππού Ραμόν», είπε η Μόνα κοιτάζοντάς τον με απέραντο θαυμασμό.

Ο Ραμόν φίλησε τη Μόνα στο μάγουλο και την έσφιξε μέσα στο γεροδεμένο κορμί του, ενώ η Μόνα ένιωθε ευγνωμοσύνη που δεν ήταν γέρος και ήλπιζε πως σύντομα ο Ραμόν θα γνώριζε μια κοπέλα με απαλό δέρμα, πλούσια στήθη κι αδύνατα πόδια, θα την κρατούσε στην αγκαλιά του ξαπλωμένος στο μεγάλο κρεβάτι κι εκείνη θα έκανε έρωτα μαζί του με μια γλυκιά δίψα, και θα τη λέγανε Νταϊάνα.

-«Ποια ήταν η Νταϊάνα;» είπε η Μόνα.

-«Μια βασίλισσα της Αγγλίας», είπε ο Ραμόν.

Την τράβηξε κοντά του, της χάιδεψε τα μαλλιά.

-«Ήταν κάποια που γνώρισα όταν ήμουν μικρός, δεκαεννέα χρόνων. Και μύριζε ωραία σαν εσένα».

*

Η δεξίωση έγινε στον κήπο. Μία μπάντα έπαιζε στο φωταγωγημένο μακρόστενο υπόστεγο. Ο μπουφές ήταν ένα μακρόστενο τραπέζι στη μια πλευρά στο εσωτερικό του εργαστηρίου και είχαν βάλει τραπεζάκια στην απέναντι πλευρά κατά μήκος της τζαμαρίας με τα παράθυρα ανοιχτά για να ακούγεται η μουσική. Τα αγόρια της μπάντας ήταν μια ορχήστρα από το δήμο κι έπαιζαν θαυμάσια. Ο Λάμπης ακούγοντας το καλό τους παίξιμο θυμήθηκε τις μέρες του με την τρομπέτα του όταν ήταν περίπου στην ηλικία τους. «Ας φύγουμε απ' αυτή την καταραμένη πίστα» είπε στην σύντροφό του. «Νιώθω στριμωγμένος». Πήραν το ποτήρι με το κρασί και μίλησαν στον Μικέλη και την Στέλλα. Ύψωσε αβρόφρονα το ποτήρι του προς την Στέλλα; Που είχε βγάλει το καπέλο της και τώρα δεν φαινόταν σαν τη γυναίκα του πολιτικού μα σαν φοιτήτρια. Ο Λάμπης είπε στον Μικέλη: «Ο Σήφης κι εγώ ζούσαμε πολύ στερημένα, γιατί εγώ είχα χάσει το Δημαρχειακό θώκο και ο Σήφης περίμενε απελπισμένος τον διορισμό του σε νοσοκομείο. Και τότε ήρθε το γράμμα σας, σαν κεραυνός σε ξαστεριά, και δέχτηκε τη θέση του επίκουρου καθηγητή στο Πανεπιστήμιό μας. Ο Σήφης ήταν καλό παιδί και είχε τη λογική ν' ακούσει τον πατέρα του να σας στηρίξει πολιτικά, και για δέστε τον τώρα». Έδειξε χαμογελαστός το σημείο όπου ο γιος του και η μνηστή του η Βιολέτα έπιναν σαμπάνια ανάμεσα σε μια παρέα απ' τους νεώτερους καλεσμένους. «Ντυμένος στο σικ, πίνει σαμπάνια, με το μέλλον στα χέρια του, αρραβωνιασμένος με μια όμορφη, νεαρή και πλούσια κοπέλα. Κι αν δεν πει πως τα χρωστάει όλα αυτά στον παλιό φίλο του πατέρα του, τον Μικέλη Γάκη, ο μπαμπάς του θα είναι ο πρώτος που θα τον πει ψεύτη». Ο Ορφέας και η Μόνα πλησίασαν μαζί με τον Ραμόν για να τους ευχαριστήσουν για την τιμή που τους κάνανε να αποδεχτούν την πρόσκλησή τους. Εκείνη τη στιγμή πλησίασαν το τραπέζι ο Παύλος με την Εύα, πίσω τους σε κοντινή απόσταση πορεύονταν ο Δώρης αγκαζέ με την Νοέλ, η οποία φίλησε τη Μόνα ενώ ένας χείμαρρος από θερμές ευχές ξεχύθηκαν από το στόμα της. Η σειρά τώρα ήταν της Εύας και του Παύλου να χαιρετήσουν το ζευγάρι:

«Σας ευχόμαστε να γιορτάσετε πολλές-πολλές ακόμα επετείους του γάμου σας, με ευτυχία και δημιουργικότητα» ευχήθηκε η νεοπαντρεμένη Εύα.

Ο Μικέλης πήρα τη Μόνα για να χορέψει μαζί της, ενώ ο Παύλος χόρευε με τη Νοέλ.

«Δεν διασκεδάζεις και πολύ σήμερα, Ραμόν», είπε ο Δώρης. Τίποτε δεν ξέφευγε από τη νυσταλέα του ματιά στο στρογγυλό, λείο πρόσωπό του.

«Η εγγονή μου είναι όμορφη με το νυφικό της φόρεμα, το κρασί καλό, τα φώτα λάμπουν, ο φίλος μου νομίζει πως επιτέλους δεν του ξεφεύγει η ευτυχία», είπε ο Ραμόν. «Γιατί να μην πανηγυρίζω;».

«Έτσι είπα», είπε ο Δώρης.

«Το ποτήρι σου είναι άδειο», είπε ο Ραμόν. «Ας πιούμε λίγο κρασί ακόμα». Άρχισε να πηγαίνει προς την άλλη άκρη του μπουφέ, όπου είχαν στήσει το μπαρ. Πίσω τους ήταν η Νοέλ που τους πρόλαβε τρέχοντας. Έπιασε αμέσως το μπράτσο του άντρα της.

«Μπορώ να έχω την τιμή;» ρώτησε ο Ραμόν τον Δώρη.

«Ό,τι έχω είναι και δικό σου», είπε ο Δώρης. «Το ξέρεις».

Ο Ραμόν οδήγησε τη Νοέλ στην πίστα. Χόρευε σαν νύφη, με το χέρι της ψυχρό μέσα στο δικό του, το άγγιγμά της στην πλάτη του σαν φτερό, το κεφάλι της ριγμένο περήφανα πίσω, καταλαβαίνοντας πως την κοίταζαν τα κορίτσια που θάθελαν να βρίσκονται σήμερα στη θέση της και άντρες που επιθυμούσαν σφοδρά να βρίσκονται στη θέση του άντρα της.

«Σου εύχομαι κάθε ευτυχία», είπε ο Ραμόν. «Πολλά, πολλά χρόνια συζυγικής ευτυχίας».

Γέλασε απαλά.

«Θα είμαι ευτυχισμένη», είπε, ενώ τα μπούτια της άγγιζαν στα δικά του.

«Μην φοβάσαι. Θάχω τον Δώρη για σύζυγο και σένα για εραστή».

«Χριστέ μου!» είπε ο Ραμόν.

Με την άκρη του δακτύλου της άγγιξε τα χείλη του για να τον κάνει να σωπάσει, και τελείωσαν τον χορό. Κι ενώ την επέστρεφε εκεί που στεκόταν ο Δώρης, ήξερε πως είχε δείξει υπερβολικά προσποιητή αισιοδοξία για αιώνια ευτυχία. Τα πράγματα δεν θα πήγαιναν καλά ούτε σ' ένα εκατομμύρια χρόνια.

Ήταν η πρώτη δημόσια συζυγική εμφάνιση του Παύλου και της Εύας. Μετά το χορό ο Παύλος πήρε το βαλιτσάκι της Εύας και θέλησαν να συνεχίσουν το ποτό τους μέσα στην αίθουσα. «Θεέ μου», είπε «τι έχεις εκεί μέσα; Ασήκωτο είναι».

«Η δεύτερη αλλαξιά ρούχα» είπε η Εύα. «Δεν θέλεις να εμφανίζεται η γυναίκα σου γυμνή μπροστά σε τόσους άντρες, έ;».

«Για μια κυρία που δεν της αρέσει η επίδειξη της πολυτέλειας», είπε εκείνος «κουβαλάς πολλά εφόδια». Προσπάθησε να δώσει ελαφρό τόνο στη φωνή του, αλλά ένιωσε ένα κακό προαίσθημα. Τα ατέλειωτα χρόνια που αναγκαζόταν να μετράει δεκάρες του είχαν κάνει προσεκτικό με το χρήματά μου. Πήρε το χέρι της και της πέρασε ένα χρυσό δαχτυλίδι με δύο πράσινα διαμάντια. Ήταν μια απρόσμενη ΧΡΥΣΗ ΩΡΑ για την Εύα, αν και ήξερε ότι άξιζε τον κόπο να της κάνει ο Παύλος ένα τέτοιο ακριβό δώρο. Άνοιξαν ένα μπουκάλι σαμπάνια, έφαγαν ψητό ψάρι, ήπιαν και άσπρο κρασί και... μετά την παρουσίαση των έργων της Μόνας μέσω video, θα πήγαιναν στο σπίτι τους για να κάνουν έρωτα με το κόκκινο πορτατίφ αναμμένο δίπλα στο κομοδίνο τους. «Ό,τι φας, ό,τι πιες και ό,τι αρπάξει ο κώλος σου» αστειεύτηκε. «Μια ζωή την έχουμε κι αν δεν την γλεντήσουμε τί θα καταλάβουμε», ήρθε καπάκι η έξυπνη ατάκα της Εύας. «Όλα εδώ θα μείνουνε» φιλοσόφησε γλυκοκοιτάζοντάς τον. «Γιατί με γλυκοκοιτάζεις; Είμαι αφύσικος;» ρώτησε.

«Γλυκοκοιτάζω τον γλυκό μου αντρούλη» απάντησε μελωμένα η Εύα.

«Συνέχισε», είπε εκείνος. Μα δεν συνέχισαν τον ερωτικό τους διάλογο, επειδή συναρπαστικές εικόνες περνούσαν μπροστά τους στη γυάλινη οθόνη κι έμειναν με το στόμα ανοιχτό, τα δε βλέμματα όλων ήταν καρφωμένα στις μαγευτικές εικόνες, όλα έργα της ταλαντούχας ζωγράφου και γλύπτριας Μόνας Δρέγη, όλα είχαν και την υπογραφή της. Παρακολουθούσαν οι καλεσμένοι σιωπηλοί, με κομμένη την ανάσα την εναλλαγή των παραστάσεων, φοβερά συνεπαρμένοι, έκθαμβοι μπροστά στο μεγάλο της ταλέντο, ως τον τελευταίο πίνακα που αναπαριστούσε «Την Αρπαγή της Περσεφόνης», τότε πια οι θαυμαστές της δεν συγκρατήθηκαν άλλο κι άρχισαν το δυνατό χειροκρότημα. Η Μόνα πολύ σεμνά με το χέρι στην καρδιά της τους ευχαριστούσε για το ενδιαφέρον τους. Γύρισε προς τον D.J και του έκανε νόημα ν' αλλάξει την δισκέτα στο video.

«Ω, ναι, αυτό», είπε η Μόνα. Η ταινία έδειχνε φωτογραφίες του Ραμόν, μία με την ίδια στο σαλόνι του σπιτιού τους, μία άλλη στο γραφείο του στην εταιρεία, μία στη βάρκα να κωπηλατεί στα πράσινα νερά του ποταμού Πηνειού κι άλλες εξίσου ωραίες φωτογραφίες του. Μια νεανική φωνή υπενθύμιζε στο ακροατήριο σε επίσημο τόνο τα κοινωφελή έργα που είχε κάνει στην Αμνόβρυση ο αγαπητός σε όλους Ραμόν Νάσκας, με καταγωγή από την Ήπειρο, αλλά τον κέρδισε, τον μάγεψε ο Θεσσαλικός κάμπος. Ο σπίκερ έλεγε για τον όμορφο νεαρό αγρότη, πεισματάρης όσο δεν πάει άλλο, παρέλαβε μια τεράστια έκταση χερσαίας γης, μια άγρια φύση, και την έκανε βιώσιμη, γόνιμη, πλούσια σε σοδειά, σε σημείο να την παρομοιάζεις με την Γη της Επαγγελίας. Μετριοπαθής, φιλελεύθερος στις σκέψεις του, ενεργητικός στη διαχείριση. Δεν ήταν ένας θεωρητικός πολιτικός. Σ' όλη του τη ζωή είχε να κάνει καλό κουμάντο στη μισθοδοσία των εργατών του. Έχει βελτιώσει τη ρυμοτομία της πόλης, μείωσε τη βιομηχανική ρύπανση, έχει βοηθήσει οικονομικά στην επισκευή σχολείων, ίδρυσε την τοπική ποδοσφαιρική ομάδα, έκανε εργοστάσιο κονσερβοποίησης φρούτων, διέδωσε την απαγορευμένη λόγω κλίματος καλλιέργεια της ελιάς, άνοιξε το πρώτο ελαιοτριβείο, ίδρυσε εταιρεία εξαγωγής σιτηρών σε ικανοποιητική τιμή, έδωσε δουλειά σε άνεργους συμπολίτες μας, άντρες και γυναίκες, βοήθησε να δημιουργηθεί το γνωστό κοινωνικό βιβλιοπωλείο ώστε να προμηθεύονται οι φτωχοί μαθητές δωρεάν τα σχολικά -εξωσχολικά βιβλία τους, έγινε νονός – πνευματικός πατέρας σε ορφανά μωρά, …και …και τέλος κατάφερε τον τελευταίο και μεγαλύτερο άθλο του, έψαξε, βρήκε και έφερε πίσω την άτυχη Μόνα, τη μοναδική κληρονόμο της σεβαστής οικογένειας Αλκίνοου Δρέγη, με την ευχή όλων μας να μη λησμονήσει ποτέ τον άξιο ευεργέτη της, γιατί, όπως λέει το Ευαγγέλιο «όποιος ξεχνάει τον ευεργέτη του είναι άνθρωπος χωρίς καλή ανατροφή». Το απευχόμαστε, λοιπόν, εδώ είναι η Μόνα, χειροκροτήστε την. Το αξίζει.

Η Μόνα πάνω στη σκηνή κάνει νευρικές κινήσεις με τα χέρια της να σταματήσουν τα χειροκροτήματα. «Και μόνο που το λες, με προσβάλεις, αγαπητέ μου Στέφανε» λέει. «Θα ήταν ανίερη πράξη αν έκανα κάτι τέτοιο σ' ένα καλοπροαίρετο άντρα τύπου Ραμόν. Τον εκτιμώ για πολλά, μα περισσότερο γιατί απέδειξε πως δεν ήταν ένας απαίσιος μνηστήρας, ένα σιχαμένο παλιόσκυλο να καταχραστεί την περιουσία των προγόνων μου πουλώντας ψεύτικο έρωτα σε δύο ανυπεράσπιστες γυναίκες, την γιαγιά και την μαμά μου. Όχι μόνο δεν σφετερίστηκε τα υπάρχοντά τους, να τα πουλήσει όσο-όσο για την προσωπική του ευχαρίστηση μα την αύξησε στο δεκαπλάσιο, παραδίνοντάς την ανέγγιχτη στα χέρια μου. Είναι φιλόδοξος ο Ραμόν, αλλά σ' έναν άνθρωπο καλά οργανωμένο, τα πάθη που προέρχονται από εγκεφαλικές διεργασίες είναι πολύ πιο ισχυρά από κείνα που πηγάζουν από την πλανεύτρα καρδιά. Θα είναι για πάντα στην καρδιά μου όσα χρόνια κι αν περάσουν, και για να μην ξεχάσω ποτέ την άγια μορφή του, φιλοτέχνησα την προτομή του, θα είναι πάντα παρών σ' αυτό το σπίτι που μου το έδωσε για προίκα μου, δώρο πανάκριβο στον γάμο μου με τον αντάξιό του, τον σύζυγό μου Ορφέα. Που είναι; Νάτο! Είπε η Μόνα, ενώ με μια απότομη κίνηση τράβηξε την κουρτίνα κάνοντας τα κουρτινόξυλα να τρίξουν στο παραβάν όπου πάνω σε μια μεταλλική συρόμενη βάση έστεκε το πανομοιότυπο κέρινο άγαλμα του παππού Ραμόν. Έμειναν όλοι να κοιτάζουν αποσβολωμένοι. Ο Ραμόν σαν υπνωτισμένος πλησίασε το ομοίωμά του, ένας φόβος κυριάρχησε μέσα του, ο φόβος και το δέος του θνητού μπροστά στον αιώνιο Θεό. Έτρεμε σύγκορμος, λύγισε από τη συγκίνηση, δάκρυσε, η καρδιά του χτυπούσε δυνατά. Αυτό πια δεν ήταν έκπληξη, ήταν θαύμα, ολοφάνερο θαύμα! «Μέγας είσαι Κύριε και θαυμαστά τα έργα σου» ψιθύρισε.

«Άξια! Άξια!» φώναξε με ενθουσιασμό το κοινό.

«Μπράβο στη Μόνα!» έλεγαν όλοι μαζί. «Πολλά συγχαρητήρια».

«Αθάνατος! Ανακηρύσσεται επίτιμος δημότης της πόλης μας» έδιναν όρκο οι νέοι της Αμνόβρυσης. Προς το παρόν επικράτησε μια σύγχυση μυαλού σε πολλούς, μπέρδεψαν τον ζωντανό Ραμόν με τον κέρινο Ραμόν, πίστευαν ότι είχαν πάθει οφθαλμαπάτη, απλούστατα ο Ραμόν παρουσιάζονταν μπροστά τους εις διπλούν, σαν την αντανάκλαση στον καθρέφτη! Ξαφνικά βουβάθηκαν όλοι. Ήταν ο άπιστος Θωμάς που ζητούσε ν' αγγίξει, για να πεισθεί.

Ο Στέφανος που έβλεπε την σαστιμάρα τους πάνω από την εξέδρα, βάζει το σιδερένιο μπαστούνι στη συρτοθηλειά και σέρνει το ομοίωμα κάνοντας μια στάση σε κάθε τραπέζι. Χέρια απλώνονται και το χαϊδεύουν, ικανοποιώντας τις δύο αισθήσεις τους, την όραση και την αφή. Αλληλοκοιτάζονται. Συνομιλούν και συμφωνούν. Σκέφτονται πως το ταλέντο της Μόνας, δύσκολο και λοξό, φαινόταν σε κάθε μέτρο προτομής που έφκιαχνε, και πρώτο και καλύτερο του Ραμόν.

«Ναι αγαπητέ μου», είπε η Στέλλα στον Μικέλη, ψευδοσεμνότυφα, πεταρίζοντας τα βλέφαρά της. Χάιδεψε υπερβολικά το χέρι του πάνω στο τραπέζι. «Θαυμάζω τους άντρες που ξέρουν ν' αποδεικνύουν τη δύναμή τους». Ύστερα γέλασαν και οι δυο κι όλα ήταν εντάξει. Τότε ο Μικέλης είπε: «Υπάρχει ένας κερατάς που θα του στείλω πρόσκληση κι αυτός είναι ο πανούργος Ραμόν, κι αν θέλει να έρθει στο γάμο μας πες του πως είναι ευπρόσδεκτος, αρκεί να βάλει γραβάτα». «Είναι αρκετά δίκαιο» είπε η Στέλλα, «αν μπορώ να στείλω κι εγώ πρόσκληση στην πρώην σου, την Βάσια Καρρά». Σκληροί κι ευτυχισμένοι, πιασμένοι χέρι-χέρι, έφυγαν από τον χορό της Μόνας και του Ορφέα, πήγαν σ' ένα μπαρ γεμάτοι αγάπη, ήπιαν τόσο πολύ για τα χρόνια που τους περίμεναν.

«Σπουδαίο, πρωτοφανές κοσμικό γεγονός για τα πολιτιστικά δεδομένα της πόλης μας υπήρξε η Έκθεση Κέρινων ομοιωμάτων της δημιουργού-γλύπτριας Μόνας Δρέγη στο ανακαινισμένο αρκετά ευρύχωρο εργαστήρι της» έγραψε στην πρώτη σελίδα η εφημερίδα «Εντολή» ιδιοκτησίας Ραμόν Νάσκα. Κι επειδή η οργάνωση ήταν ατελής, πρόχειρα κατασκευασμένη, αρχικά σχεδιάστηκε ως πάρτι-έκπληξη με σκοπό να τιμήσουν τον Ραμόν, προσκάλεσαν για τούτο ορισμένα φιλικά τους πρόσωπα. Το γεγονός ωστόσο, αν και ιδιωτικής φύσης, έλαβε μεγάλη δημοσιότητα με αποτέλεσμα πολλοί συμπολίτες μας να εκδηλώνουν ενδιαφέρον να θαυμάσουν τα πρωτότυπα έργα της δημιουργού.

Έτσι η χθεσινή εκδήλωση θα συνεχιστεί και σήμερα με περισσότερη επισημότητα. Αναμένεται να παραστούν στα εγκαίνια του εργαστηρίου που θα είναι ανοιχτό από τις έξι το απόγευμα, ο δήμαρχος Αμνόβρυσης συνοδευόμενος από τον αντιδήμαρχο Πολιτισμού, Παιδείας και Αθλητισμού, Βουλευτές απ' όλα τα κόμματα και ο πρόεδρος του Πανθεσσαλικού Αγροτικού Συλλόγου. Η είσοδος θα είναι ελεύθερη για όλους τους ενδιαφερόμενους». Αυτά έγραψε η εφημερίδα «ΕΝΤΟΛΗ» φιλικά προσκείμενη στον τιμώμενο Ραμόν. Ωστόσο, η αντιπολιτευτική «ΓΝΩΜΗ» σχολίασε με καυστικότητα κάποια πράγματα που αμαύρωσαν την καλή πρόθεση των διοργανωτών.

«Πάτησε ο κύριος Ραμόν το αυγό, κι έφτασε στον ουρανό» κυριολεκτικά η αλαζονεία του πλούτου τον θόλωσε το μυαλό και λησμόνησε(;) ή το έκανε σκόπιμα, άφησε έξω από τον κύκλο των καλεσμένων της υψηλής κοινωνίας την πιστή οικονόμο του, Ζωζώ, ξεχνώντας την δική του ταπεινή καταγωγή, και επιπλέον, η απουσία της θρησκευτικής αρχής στην γιορτή, δείχνει κατάφωτα την αθεΐα του. Ντροπή, είναι η μοναδική λέξη που του ταιριάζει!».
«Τα λάθη ανθρώπινα είναι» δικαιολογήθηκε σε ραδιοφωνικό σταθμό

ο Ραμόν. «Όλα τα προβλήματα έχουν τη λύση τους, αρκεί να το επιχειρήσεις», πρόσθεσε αμέσως μετά. Κι έτσι έγινε: Στις επτά το απόγευμα, όπως είχε ανακοινωθεί από τα ΜΜΕ τελέστηκε ο αγιασμός χοροστατούντος του Μητροπολίτη ο οποίος έψαλλε με τη μελωδική φωνή του το ανάλογο τροπάριο:

«Σώσον Κύριε τον λαό σου και ευλόγησον την κληρονομίαν σου» ενώ ταυτόχρονα έκαιγε θυμίαμα για να απομακρύνει όλα τα διαβολικά καταστροφικά στοιχεία που τυχόν κατοικούν κρυφά στο οίκημα τούτο.

Πρώτη η Ζωζώ φίλησε τον σταυρό και ασπάστηκε το χέρι του ιερέα, κι όταν τέλειωσε το ευχέλαιο τράβηξε τον *παπά παράμερα* και τον παρακάλεσε να επισκεφτεί το σπιτάκι της και να ευλογήσει, ραντίζοντας με αγιόνερο το διπλό κρεβάτι της. Είχε κάνει δεσμό με τον φύλακα στο εργοστάσιο και ήλπιζε να ζευγαρώσει μαζί του μόνο με θρησκευτικό γάμο. «Με την ευχή του Θεού», της είπε ο ιερέας. «Ευχαριστώ, πάτερ. Αμίν» είπε αναστενάζοντας η Ζωζώ. Ο Ραμόν, η Μόνα και ο Ορφέας ευτυχισμένοι, μαζί και αισιόδοξοι, τίποτα δεν θα μπορούσε να πάει στραβά εκείνη τη μέρα, μπήκαν στο αυτοκίνητο και προχώρησαν νότια για να επισκεφτούν τα κτήματά της, που ο Ραμόν είχε κυκλώσει στον χάρτη. Δεν απογοητεύτηκαν πουθενά. Ήταν όλα καλλιεργημένα με χρυσά στάχυα το σιτάρι, και καταπράσινα, ανθισμένα καλαμπόκια. Σ' ένα κτήμα είδαν ένα εντυπωσιακό σπίτι, με παράξενο αρχιτεκτονικό ρυθμό. Η Μόνα το κοίταζε και δεν χόρταινε να το βλέπει. «Θάθελες να το είχες», ρώτησε ο Ραμόν. «Ποιος δεν θάθελε να το έχει;» είπε. «Θα στο αγοράσω», είπε εκείνος. «Ευχαριστώ», είπε η Μόνα. Ήταν το σπίτι της μαμάς της, της Λίλης, που το είχε βγάλει η τράπεζα σε πλειστηριασμό.

ΜΕΡΟΣ Γ΄

Κεφάλαιο 29

Η ανακάλυψη του εαυτού του
Ο τελικός προορισμός του

Μία εβδομάδα μετά η MONA έκανε τον δικό της απολογισμό, έλεγε ότι ήταν συγκινημένη, την ερέθιζε η ιδέα ότι ήταν η πρώτη που θα χρησιμοποιούσε αυτό το πανάκριβο υλικό -φίλντισι- και πως τελικά ένιωθε πανευτυχής απ' αυτή την έκθεση, το άγαλμα άρεσε σε όλους. Ραμόν και ομοίωμά του ήταν όντα ομοούσια και αδιαίρετα. Και εκτός από τον δεσμό αυτό -που θα τον υποβάθμιζε αν τον αποκαλούσε με τον ψυχρό χαρακτηρισμό «ηθική δέσμευση» εκείνη την ενδιέφερε πριν απ' όλα η εικαστική παράσταση. Έχουν περάσει εικοσιπέντε χρόνια από τότε, τα θυμάται και χαμογελά ευχαριστημένη, σκέφτεται πως τελικά ίσως ήταν καλύτερα που έγιναν έτσι τα πράγματα κι όχι αλλιώς, άφησαν μια πιο ενδιαφέρουσα ανάμνηση. Τι άλλο είναι ο καθένας μας από μια αποθήκη με αναμνήσεις, που ευτυχώς είναι οι μόνες που μας μένουν ισόβια. Δεν κλέβονται, δεν καίγονται, δεν κατάσχονται, δεν μας πέφτουν στο δρόμο, δεν τις αφήνουμε κατά λάθος σε σπίτι απ' όπου μετακομίζουμε και χάνονται. Και ιδιαίτερα, δεν χάνονται οι συγκάτοικοι με βιώματά μας που ξεχωρίζουν.

ΡΑΜΟΝ: Ρίχνει στις γυναίκες ματιές ειρωνικές όσο και γοητευμένες: Ο σαγηνευτής, δόλιος, καταγέλαστος και ακαταμάχητος, Δον Ζουάν είναι η πιο απόλυτα αμφίσημη φιγούρα, η πιο τέλεια φιγούρα της αρσενικής σεξουαλικότητας. Τι είναι όμως αυτό που τρέπει σε φυγή τον Δον Ζουάν; Τι ψάχνει; Απ' την άλλη, τι ωθεί τις γυναίκες σ' αυτόν, για να βιώσουν τη δυστυχία και την εγκατάλειψη; Τέλος, τι προσελκύει γύρω από τον Δον Ζουάν αυτούς τους άντρες που φαντάζονται, επιθυμούν, συμπεριφέρονται σαν να ήταν εκείνος; Ιδού τρία ερωτήματα που προϋποθέτουν τρία διαφορετικά αντικείμενα αγάπης, και που φωτίζουν ίσως τρεις πλευρές της αρσενικής σαγήνης...

Περιπλανηθείς αναίτια (;) τα τελευταία σαράντα χρόνια -έφυγε όταν ήταν δεκαεννέα- ο Ραμόν (Έρασμος) ξαφνικά επιστρέφει στα μέρη του, στη γειτονιά του, στους φίλους του που τον ήξεραν και τους ήξερε. Έπιασε το κουβάρι με το νήμα κι άρχισε να το ξετυλίγει χωρίς να κάνει κόμπους, με τη σιγουριά του παλιού τεχνίτη που κουβαλάει την τέχνη του φυσικά, σαν κληρονομιά, σαν να υπήρχαν πίσω του παππούς και προπάππος, μάστορες καλοί, γέροι σοβαροί. Ενδιαφέρεται για την καρδιά των πραγμάτων αυτού του τόπου που τον βασανίζει, τον απελπίζει -Και τον αγαπά, που «μαζί του δεν μπορεί, και χώρια του δεν κάνει». Σαράντα ολόκληρα χρόνια ένιωθε ΞΕΝΟΣ ΜΕΣΑ ΣΤΟΝ ΕΑΥΤΟ ΤΟΥ.

Σαν να έβλεπε κακό όνειρο, οδηγούσε ο Ραμόν στον χιονισμένο δρόμο, σκυμμένος πάνω στο τιμόνι, ίσως εξαιτίας του βάρους και της ντροπής του, προχωρούσε κατά μήκος του μεγάλου δρόμου που οδηγούσε στο κέντρο του χωριού του, όταν ξαφνικά είδε μια μεγάλη πομπή να μπαίνει στην αυλή της εκκλησίας. Ο κόσμος πλησίαζε αργά και σιωπηλά, αλλά όταν η νεκροφόρα σταμάτησε στην αυλόπορτα της εκκλησίας όλοι μαζί άρχισαν να ξεφωνίζουν με μια φωνή:

-«Καλό ταξίδι, Παναγή! Αντίο φίλε!».

-«Δώσε τα χαιρετίσματα και στους δικούς μας τους Αγναντιώτες», έλεγαν κάποιοι που είχαν έρθει απ' το άλλο χωριό, μοιρολογούσαν κι αυτοί τον Παναγή, σαν καλό γείτονα, καλό αφεντικό, σαν δικό τους άνθρωπο, γιατί ο Παναγής ήταν γνωστός σ' όλη την περιοχή. «Ευχαριστώ αδέρφια», είπε μέσα του ο Ραμόν. Πάντα από την εποχή των παππούδων και των πατεράδων, στις πίκρες και στις χαρές μαζί, στους γάμους και στις κηδείες μαζί.

Ο Ραμόν σταμάτησε το αυτοκίνητο πίσω από την ανθρώπινη ουρά, κατέβηκε και με μεγάλες δρασκελιές έφτασε την ώρα που οι νεκροθάφτες έβγαζαν το φέρετρο του νεκρού Παναγή απ' το αμάξι. Πλησίασε και έπεσε πάνω στο πρόσωπό του, σηκώθηκε κι ύστερα έπεσε ξανά. Γύρω, μόλις που διέκρινε σαν σε ομίχλη τα πρόσωπα των άλλων που θρηνούσαν, δεν άκουσε όταν κάποιος είπε:'

-Πάρτε τον ξένο άντρα, πηγαίνετέ τον στο καφενείο. Μερικοί άνδρες τον έπιασαν αγκαζέ, και περνώντας τον ανάμεσα απ' τον κόσμο τον απομάκρυναν.

-«Συγχώρα με, Παναγή, συγχώρα με», έκλαιγε με σπαραγμό ο Ραμόν. Κι εκείνη τη στιγμή είδε ανάμεσα στις άλλες τις γυναίκες εκείνη, την Αρέθα. Εκείνη, μόνο που τον είχε αναγνωρίσει απ' τη φωνή του, τον κοίταξε κλαίγοντας σιωπηλά, και ο Ραμόν αναλύθηκε σε λυγμούς ακόμη πιο σπαραχτικά.

Έκλαιγε για όλα, για όλα όσα έχασε, για τον Παναγή, το σκληρόκαρδο αφεντικό του, για την ενοχή που τον βάραινε, για τα λόγια που του πέταξε τότε σ' εκείνο το σταυροδρόμι. Έκλαιγε για εκείνη που έστεκε τώρα λίγα μέτρα μακριά του σαν μια ξένη, για τον αδικοχαμένο έρωτά τους, για εκείνη την τρομερή νύχτα, γι' αυτήν που γέραζε τώρα ολομόναχη της. Έκλαιγε και για το αγαπημένο άλογό του που ήταν τώρα θαμμένο στο ξένο χώμα της Αμνόβρυσης, για τις αδικίες που πέρασε και τις προσβολές του, έκλαιγε για όλα για όσα ως τώρα δεν είχε κλάψει ακόμα.

-«Συγχώρεσέ με, Παναγή, συγχώρα με!» συνέχιζε ο Ραμόν.

Και ήταν σαν να ζητούσε συγχρόνως συγχώρεση κι από εκείνη. Ήθελε πολύ εκείνη τη στιγμή νάρχονταν η Αρέθα και να τον παρηγορούσε, να του σκούπιζε τα δάκρυα, όμως εκείνη δεν το έκανε. Στεκόταν εκεί πιο πέρα κι όλο έκλαιγε. Την παρηγορούσαν άλλοι.

-«Φτάνει Αρέθα, μη κλαις, με τα δάκρυα δεν φέρνεις πίσω τον πατέρα σου» της έλεγαν. «Έλα ηρέμησε, κοίταξε τον εαυτό σου πού 'χεις χρόνια μπροστά σου;».

Μα τα λόγια αυτά έκαναν την πενηνταπεντάχρονη Αρέθα να στενοχωριέται περισσότερο και να πονάει βαθιά ως τα φυλλοκάρδια της ακόμα πιο πολύ.

Η ΦΩΝΗ ΣΟΥ
Στο μισοσκόταδο της κάμαράς μου
άκουγα τη φωνή σου, σαν ψίθυρο.
Κι αν περάσανε τα χρόνια,
κι αν αλλάξανε οι καιροί,
ηδονή πάντα φέρνει στην καρδιά μου
η γλυκειά σου φωνή.

Κεφάλαιο 30

Περί του μυστικού και του αριθμού 3

Το ερωτικό ζευγάρι είναι παράνομο, ο νόμος το οδηγεί στον θάνατο. Αυτό δείχνει η ιστορία του Ρωμαίου και της Ιουλιέτας, το οικουμενικό ζευγάρι που μπέρδεψαν τον έρωτα με τον θάνατο. Κρυφές ματιές, λέξεις ψιθυριστές ή κωδικοποιημένες για να ξεγελάσουν τους τρίτους, αγγίγματα υπό το άγρυπνο βλέμμα εκείνων που δεν υποψιάζονται τίποτα. Η ευτυχία των κρυφών εραστών κομματιάζεται από το συναίσθημα ότι θα αποκαλυφθούν και θα τιμωρηθούν ή ότι θα κατακριθούν.

Η σκιά του τρίτου, του πατέρα, στην περίπτωση του Ραμόν και της Αρέθα χρόνια πριν, ήταν το δαδί που άναβε τις σαρκικές συγκινήσεις περισσότερο απ' ότι ήθελαν να παραδεχτούν οι αθώοι ζητιάνοι μιας ευτυχίας για δύο. Πολλές φορές, αρκεί να αφαιρέσει κανείς αυτόν τον τρίτο για να δει το οικοδόμημα να καταρρέει, λόγω έλλειψης επιθυμίας, αφού θα έχει χαθεί το πάθος που τη χρωματίζει. Στην πραγματικότητα, δίχως αυτόν τον τρίτο, τον πατέρα, που εξουσιάζει το μυστικό, ο άντρας χάνει την ερωτική υπακοή του ενώπιον του απειλητικού πατέρα. Χάρη σ' αυτήν την πρόκληση που οι κρυφοί εραστές αποδίδουν στο νόμο, φτάνουν ως την τρέλα και είναι έτοιμοι για το έγκλημα.

«Δεν θα γίνει τίποτα μ' εμάς, φταίει τ' όνομά σου που είναι εχθρός μου. Πάρε ένα άλλο όνομα Έρασμε, άσε αυτό το όνομά σου – Έρασμος Νάσκας – για να χαλάσεις τη φωτιά τη μισητή», παραπονιόταν η Αρέθα. Και ο Έρασμος ξενιτεύτηκε, άλλαξε για χάρη της το όνομά του, τον λένε Ραμόν για να μην καταστρέψει το ειδύλλιό τους. Έχει μόλις φτάσει στο χωριό του χωρίς καμία ιδέα για τις επόμενες κινήσεις του, ευχαριστημένος ωστόσο για την πρώτη του επαφή, καθότι εξαίρετη και ελεεινή είναι η ερωτική κατάσταση την οποία προβλέπει. «Η ώρα και ο σκοπός μου είναι άγρια σαν θεριά, πιο μανιασμένα κι άσπλαχνα από τίγρη νηστικιά» η λογική τον οδηγεί σε μια ανάγλυφη ανάδειξη της στιγμής, αντιβαίνοντας στη μέχρι πρότινος σκέψη του, ότι ΄όλα τα σχέδιά του θα προχωρούσαν ομαλά και πετυχημένα. Η ψυχρή υποδοχή της Αρέθας τον προβληματίζει.

«Να πιστέψω πως ο άσαρκος ο Χάρος είναι ερωτευμένος μαζί σου και σε κρατάει μες στο σκοτάδι για να σ' έχει ερωμένη του;» αναρωτιέται, τώρα κάνει μακάβριες σκέψεις.

Αυτόματα σαν Flash-back παλιάς ταινίας θυμάται την απάνθρωπη συμπεριφορά του εκλιπόντος στο πρόσωπό του, τα αισχρόλογά του, την απειλή με το μπαστούνι του να του σπάσει το κεφάλι, για τον λόγο πως ήταν θράσος να ζητάει το χέρι της κόρης του αφεντικού του, αυτός ο ψειριάρης ο Έρασμος. «Ξεκουμπίσου με, κι αν κάποτε καζαντίσεις, γύρνα πίσω να μου επιστρέψεις το άλογο, αν ακόμη ζω ως τότε». Ε, λοιπόν, πολύ θα του άρεσε του Ραμόν να προλάβαινε τον γερο-Παναγή ζωντανό, να τον έβλεπε και να μην πίστευε στα μάτια του με την τόση αρχοντιά του πρώην ζητιάνου του. Και τι γλυκιά εκδίκηση θα έπαιρνε ο Ραμόν τελικά! Πριν μια βδομάδα είδε μια αμερικάνικη ταινία στην τηλεόραση που η ιστορία της ηρωίδας ήταν παρόμοια με την δική του ιστορία. Ο πλούσιος γαμπρός που την είχε εγκαταλείψει έπειτα από τέσσερα χρόνια ερωτικού δεσμού με το πρόσχημα ότι δεν την ήθελε η αριστοκρατική του οικογένεια για νύφη τους, ξαναγυρίζει κοντά της όταν εκείνη για να ξεπεράσει την προσβολή της απόρριψής της, βάζει τα δυνατά της και γίνεται μια γνωστότατη δικηγόρος, παρασάγγας ανώτερή του, και της ζητάει να τον παντρευτεί τώρα. Και η κοπέλα του απαντάει: «Για τρία χρόνια θα έχω πολλές δουλειές να τελειώσω στη δουλειά μου, και δεν θα ήθελα κανένα βλακόμουτρο σαν εσένα να με ενοχλεί». Κόκκαλο ο τύπος.

Αυτή την ανατροπή θα επιθυμούσε ο Ραμόν και στην δική του περίπτωση, μα δυστυχώς ο ηθικός αυτουργός της αδικίας είχε πεθάνει. «Ας τον κρίνει ο Θεός πια» συλλογίζεται. Ως πατέρας της Αρέθας ο Παναγής μπορεί να μην υπάρχει, αλλά τουλάχιστον δεν είναι πια καταπιεστικός. Κάποτε μάλιστα την είχε δει να παίζει στο δρόμο με παιδιά διαφορετικής κοινωνικής θέσης και κατηγόρησε τον εαυτό του ότι δεν την πρόσεχε τόσο όσο θα έπρεπε. Η Αρέθα ζει σ' ένα σύμπαν μοναξιάς και παραμέλησης (ορφανή από μητέρα), βλέπει σαν ήρωά της τον πατέρα της, είναι το μοναδικό πρόσωπο που την προσέχει περισσότερο από κάθε άλλον. Μεγάλη κοπέλα μετά, αφήνεται στη βούληση του πατέρα της για να παντρευτεί, ίσως με κάποια ικανοποίηση, δέχεται το γάμο που κανονίστηκε χωρίς καν να γνωρίζει τον σύζυγό της; Αντίθετοι χαρακτήρες με τον σύζυγο και την οικογένειά του, τσακωμοί, δάκρυα, πονοκέφαλοι κάνουν τη ζωή των αρραβωνιασμένων κόλαση, και τελικά... χωρίζουν. Θα χρειασθεί καιρός μετά το θάνατο του πατέρα της, ώστε η πένα του συγγραφέα να αποκαταστήσει την ισορροπία της «καθαρής αγάπης». Η ερωτευμένη ασθενής ελπίζει στο γιατρό χρόνο, προσμένει να της γεμίσει τα κενά που πριν αγνοούσε, διότι τώρα, καθώς περιμένει, συνειδητοποιεί ότι το «πριν» και το «μετά» συμπίπτουν σ' ένα επίφοβο «ποτέ». Θα έρθει άραγε το δικό του κάλεσμα, να την συγκινήσει σε σώμα και σκέψη, την στροβιλιζόμενη σκέψη, έτοιμη να εισχωρήσει στη σκέψη του άλλου ή να ενωθεί μαζί της βιαστικά προς ένα πεπρωμένο, αδυσώπητο και τυφλό σαν ένα βιολογικό προγραμματισμό, σαν την πορεία της διαιώνισης του είδους; Κοντολογίς, θα ερωτευτεί; Επειδή ο έρωτας είναι ένα βάσανο, που τον επινοούμε συχνά με κάθε αγαπημένο πρόσωπο, το μοναδικό, σε κάθε στιγμή, σε κάθε τόπο και σε κάθε ηλικία... Κι ας είναι τώρα αυτός ο έρωτας, ο άπαξ δια παντός...

Ο Ραμόν κάνει βόλτες με το αυτοκίνητό του μέσα κι έξω απ' το χωριό του, ώσπου φτάνει στην προκυμαία, με το λιμάνι πίσω του, είχε ξανάρθει εδώ όταν ήταν μικρός και είχε δει τα σκάφη αναψυχής αξίας εκατομμυρίων αραγμένα στο νερό που άστραφτε στον ήλιο. Τη μοναδική φορά που είχε έρθει εδώ είχε ορκισθεί πως θα ξαναρχόταν. Λοιπόν είχε γυρίσει. Και θα ξαναγύριζε. ΜΕ ΚΑΠΟΙΟ ΤΡΟΠΟ. Διανυκτέρευσε σε ξενοδοχείο και νωρίς το άλλο πρωί έφυγε για το σπίτι του παππού του, που είχε πεθάνει χρόνια πριν. Το άδειο σπίτι θα ήταν το καλύτερό του καταφύγιο για να σκεφτεί. Θα άφηνε περιθώριο μία μέρα γιατί ήθελε να προγραμματίσει καλά τη συνάντησή του με τη μητέρα του. Της είχε τηλεφωνήσει χθες από το ξενοδοχείο της Φιλιππιάδας. Έπρεπε να 'χε κάνει κάτι καλό για αυτή τη μέρα, να 'χε ψήσει γλυκό, ή τυρόπιτα, να 'χε γεμίσει την κανάτα με κόκκινο κρασί, αλλά το βαρέλι ήταν κάτω και θα την κούραζε να κατέβει και ν' ανέβει τη σκάλα, να 'χε χτενίσει τα μαλλιά της για να την δουν ωραία οι γείτονες. Ο Ραμόν θα καταλάβαινε. Πάντως θα πήγαινε το απόγευμα στο χωριό της Αρέθας να την συναντήσει.

-«Ας καθόταν η γριά μόνη της στο παράθυρο», σκέφτηκε με ξαφνική πικρία.

«Ακόμα και οι καλύτεροι «μαμάκηδες» το βλέπουν έτσι το πράγμα».

Είδε το αυτοκίνητό του να στρίβει στη γωνία και να μπαίνει στο δρόμο με φούρια, τα λάστιχά του έτριξαν. Είδε τον Ραμόν, με τα μαύρα του μαλλιά να κυματίζουν, σαν νεαρός πρίγκιπας. Η μαμά έβλεπε καλά μακριά καλύτερα από ποτέ, αλλά από κοντά γιοκ. Είχε σταματήσει να διαβάζει, η όρασή της μειωνόταν συνεχώς, κανένα είδος γυαλιών δεν την βοηθούσε περισσότερο από λίγες βδομάδες, ήταν γέρικα μάτια, ήταν 82 ετών. Άφησε τα δάκρυά της να τρέξουν. Με χαριτωμένα πηδηματάκια ο Ραμόν βγήκε από το αμάξι. Φορούσε μπλε κοστούμι που ταίριαζε απίθανα στο ωραίο του σώμα, αδύνατος, με φαρδείς ώμους και μακριά πόδια. Η γυναίκα σηκώθηκε, τραβήχτηκε από το παράθυρο, γιατί ήξερε πως δεν άρεσε στον γιο της να κάθεται όλη μέρα στο παράθυρο και να βλέπει έξω. Άνοιξε την πόρτα να καλωσορίσει το παιδί της που είχε χρόνια να το δει. Τα δάκρυα ανάβλυσαν ξανά από τη χαρά της. Της άρεσαν τα πάντα πάνω του. Είχε ύφος αριστοκρατικό κι ένα ζεστό, ολόχαρο βλέμμα. «Μαμά…» είπε ο Ραμόν.

«Αν σ' έβλεπε τώρα ο πατέρας σου, δεν ξέρω την διεύθυνσή του εκεί ψηλά που είναι, θα του έστελνα τη φωτογραφία σου να σε δει, να δει τι σπουδαίος έγινες χωρίς τη βοήθειά του», είπε με απόλυτη συγκίνηση. «Αυτή τη στιγμή θα γελάει κάτω από τα μουστάκια του», είπε εγωιστικά.

-«Έλα, μαμά, μην τα παραλές, και κοίτα, μη βάλεις τελάλη να το φωνάξει δημόσια. Θα μας μισήσουν».

-«Όπως θέλεις», είπε εκείνη.

Τράβηξε την κουρτίνα, κόλλησε το μούτρο της στο τζάμι και θαύμασε το καινούργιο κόκκινο Opel αυτοκίνητό του.

-«Τώρα βγάζεις πολλά χρήματα. Ένα αγόρι σαν εσένα, έξυπνος, τετραπέρατος, όμορφος. Σκέπτεσαι ποτέ τι θα γινόμουν αν σου συνέβαινε κάτι. Θα ήμουν μόνη, και θα με πετούσε ο Κούλης στα σκουπίδια σαν σκυλί, επειδή είμαι η μητριά του», είπε.

«Μητέρα», είπε «σήμερα είναι μέρα γιορτής και χαράς. Ας καθίσουμε στο τραπέζι. Έφερα φαγητό από το εστιατόριο. Έχεις γεμίσει την κανάτα με κρασί;» τη ρώτησε.

Μετά το φαγητό και το απογευματινό καφέ τους με σπιτικά κουλούρια για βούτημα κι αρκετή κουβεντούλα, ο Ραμόν μπήκε στο δωμάτιό του κι άρχισε να πετάει μερικά ξυριστικά, πιζάμες κι ένα καθαρό πουκάμισο σε μία βαλίτσα.

«Θα μείνω τη νύχτα στην πόλη. Μήπως χρειάζεσαι τίποτα; Γάλα, φαγητό;».

«Όχι, όχι. Καλή διασκέδαση. Τη χρειάζεσαι. Μη μείνεις πολύ αργά έξω. Που θα μείνεις; Έχεις τηλέφωνο, μήπως μου συμβεί κανένα απρόοπτο;».

«Δεν θα συμβεί κανένα απρόοπτο».

«Αν».

«Εντάξει. Θα είμαι στης Αρέθας», είπε ο άντρας.

«Στης γεροντοκόρης;» είπε εκείνη στρυφνά. Δεν είχαν μιλήσει για την Αρέθα για πολλά χρόνια αν και μάντευε πως την ήθελε ακόμα.

«Ω, Χριστέ μου», είπε εκείνος. Η μάνα του είχε πάει πολύ μακριά και το είχε προβλέψει, αλλά έπρεπε να ξεκαθαρίσει τα όριά της. Έσκυψε και τη φίλησε για να την αποχαιρετήσει και να της ξεπληρώσει το «Ω, Χριστέ μου». Εκείνη τον αγκάλιασε.

«Δεν μου είπες ποια είναι τα σχέδιά σου. Τώρα αρχίζει η πραγματική ζωή σου. Πίστευα πως θα έμεινες περισσότερη ώρα μαζί μου για να μου πεις τι να περιμένω».

«Αύριο, μαμά. Θα στα πω όλα αύριο. Μην ανησυχείς». Την ξαναφίλησε κι εκείνη τον άφησε να φύγει. Έπειτα σηκώθηκε και με το μπαστούνι σύρθηκε στο παράθυρο, κάθισε στην πολυθρόνα, μια γριά στο παράθυρο. Ας την έβλεπε.

Το αυτοκίνητο απομακρύνθηκε, ενώ ο οδηγός δεν γύρισε καθόλου το κεφάλι του πίσω.

«Όλοι φεύγουν. Όλοι. Ακόμα και ο καλύτερός μου γιος», είπε πικραμένη η Ζαχά.

*

Ήταν τώρα ακουμπισμένος στο παράθυρο του ξενοδοχείου όπου είχε πιάσει δωμάτιο για τη νύχτα που έρχεται, η νύχτα ήρθε, κοίταξε τον σκοτεινό, απέραντο ουρανό, διάτρητο από χιλιάδες φωτάκια, σκυμμένος στο περβάζι. Πιάνει με το χέρι του το μέτωπό του και νιώθει λυπημένος. Σκέφτεται μέσα του:

«Όλες οι αλλαγές, ακόμα και οι πιο επιθυμητές, έχουν την μελαγχολία τους, γιατί ό,τι αφήνουμε, ό,τι εγκαταλείπουμε, είναι ένα κομμάτι του εαυτού μας, πρέπει να πεθάνεις σε μια ζωή, για να μπεις σε μια άλλη».

Σα ν' απαντούσε στη σκέψη αυτή της μάνας του, ο Ραμόν της είπε:

«Είμαι πολύ ευτυχισμένος, μάνα μου, κι όμως μου 'ρχεται να κλάψω».

Αυτά σκέφτονταν με κάποια μελαγχολία ο Ραμόν, κι απορούσε με τα χρόνια που πέρασαν τόσο γρήγορα σαν το τρεχούμενο νερό! Αλήθεια πόσο γρήγορα γέρασε! Μα όχι, ίσως είναι ακόμα νωρίς να θεωρεί τον εαυτό του γέρο. Όμως ο άνθρωπος γεράζει όχι τόσο από τα ίδια τα χρόνια, όσο από τη σκέψη ότι γέρασε κι ότι πέρασε ο παραγωγικός καιρός και αυτός που του μένει να ζήσει θα είναι στείρος, μη καρποφόρος, κοντολογίς πληκτικός. «Η σοβαρότερη ασθένεια στον άνθρωπο είναι η πλήξη» λέγεται. Θα ήταν βλακεία του αν παραδινόταν τόσο νωρίς στα γηρατειά κι ακόμα αν δεν θυμόταν τη συμβουλή εκείνου του θεολόγου που του είπε κάποια μέσα στην Αμνόβρυση: «Ποιος στην ηλικία σου και στον σωματότυπό σου δεν θα κολακεύονταν, αν του έλεγαν «είσαι δυνατός» και μάλιστα στη σημερινή εποχή, που η αισιοδοξία και η αυτοεκτίμηση των περισσότερων δεν βρίσκονται σε ικανοποιητικά επίπεδα. Ίσως όμως να «έφευγε λυπημένος» αν του πρόσθεταν: «Επειδή είσαι δυνατός, έχεις περισσότερη δουλειά. Θα πρέπει να μην είσαι ατομιστής και αυτάρεσκος, αλλά να στηρίζεις και τους αδύνατους κατεβαίνοντας στο δικό τους επίπεδο. Εννοείται πως μας αρέσουν οι έπαινοι για τα χαρίσματά μας, αλλά δεν δεχόμαστε ευχαρίστως τις απορρέουσες υποχρεώσεις για την καρποφόρα καλλιέργειά τους».

Και συνέχισε λέγοντάς του: «Έγινες δυνατός; Στον Θεό απόδωσε την αμοιβή που σε δυνάμωσε, και θα την αποδώσεις σωστά βοηθώντας τον αδύναμο, πενθούντα αδελφό σου. Και θα πρέπει να το κάνεις την κατάλληλη στιγμή, γιατί αν τον βοηθήσεις άκαιρα, έστω και αν είναι καλό, αντί η προσπάθειά σου να ανοικοδομεί, γκρεμίζει». Κι ανέφερε ένα περιστατικό από τον βίο ενός Αγίου: Κάποιο βράδυ στα νιάτα του ξενύχτησε σε κακόφημα μπαρ. Την άλλη μέρα ο πατέρας του του είπε σε ήπιο τόνο: «Που ήσουνα χθες, παιδί μου; Ανησύχησα, κόντεψα να πάθω καρδιακή προσβολή». Ο πατέρας, πράος και σοφός άνθρωπος, έψαχνε πάντοτε την κατάλληλη στιγμή για να κάνει κάποια παρατήρηση, για να μη με εκνευρίσει». Ο Ραμόν δεν είναι ο τύπος που δέχεται συμβουλές από άλλους, βασίζεται πάντα στη δική του κρίση, αλλά αυτές του καθηγητή Θεολογίας του άρεσαν, ό,τι πρέπει για το πρόβλημά του να προσεγγίσει την Αρέθα και να κάνει μια σοβαρή συζήτηση μαζί της, αρχικά μέσα σε θρησκευτικά πλαίσια και σιγά-σιγά απλώνεται.

Ο Ραμόν, λόγω της ανθρωπιστικής του μόρφωσης, θα επιχειρήσει να ανυψώσει τη θεωρία της «θρησκείας της σωτηρίας» που κηρύσσει ότι ο διάλογος μεταξύ δύο ανθρώπων είναι θεραπεία, ο ίδιος δεν αγαπάει μόνο τον εαυτό του αλλά μεταβιβάζοντας την αγάπη στην Αρέθα, θα θεραπευτεί από το μίσος που λιμνάζει μέσα του από τα νεανικά του χρόνια, ήταν το μίσος το κύμα που τον νανούριζε. Όταν τελικά ξεπεράσει τη φάση της «αγάπης – θρησκείας» θα καταφέρει να αγαπήσει κάποια μέσω της «αισθητικής αγάπης» με δυο λόγια, θα δαγκώσει τη λαμαρίνα γερά για τα μάτια, τα χείλη, τα μαλλιά, τα στήθη μιας ωραίας γυναίκας.

Συμπέρασμα: Το μίσος που του έσπειρε ο Παναγής λίμναζε μέσα του, και για να ισορροπήσει κοινωνικά, «αγαπούσε» κατ᾽ επίφαση, για τα μάτια του κόσμου. Από τη θεωρία, ο Ραμόν θα περάσει στην πράξη αμέσως:

-«Ήταν σπουδαίος άνθρωπος ο Παναγής. Ήταν για σένα ο μοναδικός σου Προστάτης, και για μένα ο φίλος μου, Αρέθα. Έφυγε και πήρε μαζί του τα καλύτερά μας χρόνια. Θα τον θυμόμαστε για πάντα, γιατί πέθανε με το κεφάλι ψηλά. Ίσως ανταμώσουμε κάποτε στον άλλο κόσμο. Όσο όμως ζούμε δεν θα πεθάνει, γιατί θα τον θυμάμαι εγώ, εσύ και όλοι όσοι τον γνώριζαν. Ο σκοπός που έπαιζαν τα βήματά του πάνω στη γη, θα είναι για μένα το πιο αγαπημένο μου τραγούδι» έλεγε ψιθυριστά, με κάποια μελαγχολία, ο Ραμόν στην Αρέθα γονατισμένη στον τάφο του πατέρα της, το κεφάλι της είχε σχεδόν ακουμπήσει το χώμα που σκέπαζε το κεφάλι του νεκρού. Έμοιαζε κι εκείνη νεκρή, μόναχα που ακούγονταν το γοερό της κλάμα, κι έβλεπε να σκουπίζει τα δάκρυα στα μάτια της. Εκείνος όμως δεν την σήκωσε και ούτε είπε κάτι. Την άφησε να ξεθυμάνει ο πόνος της, την περίμενε λίγο πιο πέρα, σιωπηλός. Ποτέ του δεν ένιωθε την αυτοπεποίθησή του τόσο ανεβασμένη όσο αυτή την ώρα, είχε κερδίσει το χρυσάφι του κόσμου, ήταν η δική του αποκλειστική ΧΡΥΣΗ ΩΡΑ. Είχε φανεί δειλός με την ντροπιαστική στάση του Παναγή απέναντί του και τράπηκε σε φυγή. Κανένας βέβαια δεν του το θύμιζε, κι όμως αυτός ντρεπόταν κι απέφευγε τους ανθρώπους, δεν μιλούσε σε κανέναν, σιωπούσε. Ποτέ δεν φαντάζονταν πως θα του συνέβαινε κάτι τέτοιο «μεσαιωνικό» στη ζωή του. Αυτό έγινε σαράντα χρόνια πριν. Του ήρθε στο μυαλό του ο στίχος αυτός, κάποιου παλιού ποιητή:

«Ευτυχισμένος αυτός, που, σαν τον Οδυσσέα,
έκανε ωραίο ταξίδι, και επιστρέφει».

«Ε! σκέφτηκε, άδικα ταξίδεψα, και γύρισα μ' άδεια αγκαλιά. Έκανα όμως σαν τον Οδυσσέα, ένα ωραίο, γεμάτο εμπειρίες ταξίδι». Κι όταν τον πλησίασε η Αρέθα βγήκαν από το κοιμητήριο και περπάτησαν στους δρόμους της κωμόπολης, τους οποίους αγαπούσε ευλαβικά, κάθε λιθαράκι και κάθε πέτρα. Είχε όμως κάποιο σκοπό. Μπήκαν σ' ένα καφενείο. Κι αφού ήπιε την τελευταία γουλιά του καφέ, ζήτησε τον λογαριασμό και το πανωφόρι του από τον σερβιτόρο. Η Αρέθα τον κοίταζε με κάποια δυσπιστία. Φοβόταν μη ξαναφύγει. Εκείνος το διαισθάνθηκε και την καθησύχασε.

«Να έχεις έτοιμο τον δείπνο στις οκτώ. Θα τα ξαναπούμε» της είπε.

Είχε στο μεταξύ κανονίσει με μια εταιρεία νεαρών αρχιτεκτόνων που είχαν βραβευθεί για μερικά εντυπωσιακά κτίρια, αλλά πεινούσαν, ακόμα, επέμεναν να χρησιμοποιούν το σκληρό μπετόν, αλλά αυτό δεν ήταν του γούστου του Ραμόν. Ήθελε να χτίσει ένα παραδοσιακό κτίσμα με παραδοσιακά υλικά. «Θέλω να φαίνεται σαν δρόμος σε παλιό χωριό, άσπροι τοίχοι για το θέατρο κι ένας πύργος πάνω από το θέατρο για να μπορείς να το περάσεις για εκκλησία και αίθουσα διαφόρων εκδηλώσεων, είναι μια συντηρητική αγροτική περιοχή που θα τραβάει συντηρητικούς ανθρώπους και θ' ακουμπάνε τα χρήματά τους σ' ένα περιβάλλον όπου νιώθουν ευτυχισμένοι και σαν στο σπίτι τους». Τα σχέδια που είχαν σκιτσάρει απείχαν πολύ απ' αυτό που ήθελε, αλλά όταν του έδειξαν τα τελευταία προσχέδια που είχαν κάνει εκείνη την ημέρα, τελικά υποχώρησε. Κοίταξε το σχέδιο μιας τεράστιας ταμπέλας «ΡΑΜΟΝ ΝΑΣΚΑΣ» που οι αρχιτέκτονες είχαν σκιτσάρει στην είσοδο του πολιτιστικού κέντρου. Τη νύχτα θα διαγράφονταν σε αστραφτερά φώτα νέον. Η εταιρία ήθελε να προσδώσει στον δωρητή του φήμη και αθανασία, ενώ οι γεμάτοι τακτ υπαινιγμοί του Ραμόν ότι το κέντρο έπρεπε να 'χε ένα ενιαίο στυλ μετριοφροσύνης, είχαν πέσει σε αυτιά κωφού. Το τηλέφωνο χτύπησε και ο Ραμόν κοίταξε το ρολόι του. Ο Γιάννης, ο εργολάβος του κέντρου, είχε πει πως θα περνούσε απ' το σπίτι του στις οκτώ και τώρα ήταν επτάμιση. «Έχω το κοστολόγιο που μου ζήτησες και τη λίστα με τα υλικά. Έχεις μολύβι και χαρτί;».

«Ευχαριστώ που έκανες τον κόπο» είπε ο Ραμόν.

«Δεν ήταν τίποτα», είπε ο Γιάννης. «Είσαι ελεύθερος για το δείπνο απόψε;» «Λυπάμαι» είπε ο Ραμόν. Αν δεν είχε κανονίσει να δειπνήσει με την Αρέθα, δεν θα είχε αφήσει τον Γιάννη να περιμένει, θα έλεγε ναι για τη γραμματέα του γραφείου. Όταν έκλεισε το τηλέφωνο ένιωθε πιο κουρασμένος παρά ποτέ, κι απορούσε που ένιωθε τόσο αποκαμωμένος. Δεν του είχε ξανασυμβεί να είναι έτσι χάλια στις επτά το απόγευμα. Αλλά δεν υπήρχε καμιά αμφιβολία πως ήταν κουρασμένος τώρα. Μήπως ήταν η ηλικία; Γέλασε. Κοίταξε το πρόσωπό του στον καθρέφτη. Δεν είχε γκρίζες τρίχες στα μαλλιά του, ούτε είχε σακούλες κάτω από τα μάτια του ούτε σημάδια κρυφής αρρώστιας στο καθαρό, σταρένιο δέρμα του. Ίσως ήταν υπερβολικά κουρασμένος. Ξάπλωσε με τα ρούχα στο κρεβάτι ελπίζοντας να κοιμηθεί λιγάκι πριν φύγει για το σπίτι της Αρέθας, αλλά δεν μπόρεσε να κοιμηθεί γιατί τα περιφρονητικά λόγια του αδερφού του χθες βράδυ στριφογύριζαν στο μυαλό του.

«Απολαμβάνεις πραγματικά τίποτα, έχεις μια ολοκληρωμένη ζωή; Έχεις γυναίκα και παιδιά;» Δεν είχε υπερασπιστεί τον εαυτό του, αλλά θα μπορούσε να είχε τονίσει πως του άρεσε η δουλειά του, η δημιουργία, η προσφορά, του άρεσε να διαβάζει βιβλία και εφημερίδες, το ποδόσφαιρο, να τρέχει το πρωί, να πηγαίνει σε εκθέσεις ζωγραφικής, ναι, και του άρεσε πιο πολύ να βλέπει τη μητέρα του να κάθεται απέναντί του, όχι στον τάφο, όχι σ' ένα κρεβάτι οίκου ευγηρίας για άπορους ηλικιωμένους, εγκαταλελειμμένη, μοναχική».

Ο Κούλης υπέφερε από την αρρώστια της εποχής. Όλα εξαρτιόνταν από το σεξ, όλοι κυνηγούσαν το ρεκόρ του ιερού οργασμού. Ο Ραμόν υπέθεσε πως εκείνος θα μιλούσε για αγάπη, αλλά το σεξ θα τον περιέγραφε καλύτερα κατά τη δική του γνώμη. Απ' ό,τι είχε ακούσει, πίστευε ότι την προσωπική του ευτυχία την έβρισκε στο σεξ και το αγόραζε με πολύ μεγάλο τίμημα, κηλιδώνοντας κάθε άλλη ευτυχία. Είχε θυσιάσει το κοπάδι του στο βωμό της σαρκικής απόλαυσης, έβαζε στο σπίτι του βρωμογύναικες με τη συμφωνία να φύγουν στις τέσσερις το πρωί γιατί τις βαριόταν κι αυτές ή τον λήστευαν ή του πετούσαν ποτήρια στο κεφάλι με δολοφονικό μίσος γιατί ήθελαν να τις παντρευτεί με εκβιασμό. Αν ήταν το σεξ ή ακόμα και κάτι παρεμφερές που έμοιαζε με αγνό έρωτα αυτό που έφερε κοντά τη μητέρα του και τον πατέρα του στην αρχή, είχαν καταλήξει σαν δύο άγρια θηρία σ' ένα κλουβί του ζωολογικού κήπου, κατασπαράσσοντας το ένα το άλλο.

Το τηλέφωνο χτύπησε. Ήταν ο αδελφός του ο Κούλης. «Θα περάσω να τα πούμε» του είπε. «Εντάξει, σε δέκα λεπτά. Τα λέμε» του μήνυσε. Αμέσως σηκώθηκε από το κρεβάτι κι έφκιαξε τα σκεπάσματα επειδή δεν ήθελε να δει ο Κούλης πως ήταν ξαπλωμένος, πράγμα που ο άλλος θα το ερμήνευε είτε ως πολυτέλεια είτε... ως αναμπόρια. Έχωσε βιαστικά τα σχέδια των αρχιτεκτόνων σε μια ντουλάπα. Ήθελε να φαίνεται το δωμάτιο γυμνό, χωρίς ενδείξεις. Δεν ήθελε να φαίνεται σημαντικός, απορροφημένος από μεγάλες υποθέσεις, όταν έρχονταν ο Κούλης, ο ετεροθαλής αδελφός του και τον ζήλευε για την ανωτερότητά του. Αλλά... «καλύτερα να σε ζηλεύουν, παρά να σε λυπούνται», θυμήθηκε τη λαϊκή παροιμία. Χτύπησαν την πόρτα και ο Ραμόν την άνοιξε. «Πέρνα μέσα. Κάθισε. Θέλεις ένα καφέ;» «Προτιμώ ένα ουΐσκι» είπε. Κάθισε μονοκόμματος σε μια πολυθρόνα με κρεμασμένα τα χέρια του και το σακάκι του να πλέει πάνω στους αδύνατους ώμους του.

«Διάβασα τις εφημερίδες. Κοίτα, ας μην χάνουμε καιρό, Ραμόν». Έψαξε στην τσέπη του κι έβγαλε ένα μεγάλο φάκελο, πέταξε δύο έγγραφα πάνω στο κρεβάτι του με ανησυχητικό ύφος, παράνομο, σαν το μοίρασμα της λείας στις γκανγκστερικές ταινίες.

«Είναι τα συμβόλαια της κληρονομιάς μας. Έπρεπε να με ρωτήσεις πριν παραχωρήσεις το σπίτι του παππού τον δήμο για να χτιστεί το πολιτιστικό κέντρο. Δεν συμφωνώ μ' αυτό».

«Δεν ξέρω τι εννοείς», είπε ο Ραμόν. «Δεν σου ανήκει. Είναι του δικού μου παππού. Εγώ είμαι ο νόμιμός του κληρονόμος. Το χαρίζω όπου γουστάρω κι αγαπώ» είπε με έμφαση.

«Είναι μια βλακώδης χειρονομία», ανταπάντησε ο Κούλης.

«Είμαι ανόητος άνθρωπος. Κάνω ανόητες χειρονομίες. Μάζεψε τα χαρτιά σου. Πάρτα και φύγε να γλυτώσω από σένα» διέταξε ο Ραμόν.

«Θα φύγω αμέσως. Αλλά πριν θα σου πω κάτι: Που ήσουν σαράντα χρόνια, αδερφέ μου; Εκεί που σε είχε στείλει ο γερο-τσιφούτης ο Παναγής, κι εσύ ξοδεύεις τα λεφτά σου για να του στήσεις το μεγαλοπρεπές μνήμα του; Γιατί άραγε; Για να μη ξεχαστεί η μνήμη του ή μήπως για να επιδείξεις τα γαμημένα λεφτά σου, βάζοντας στο μάτι σου την κόρη του;».

«Χαίρομαι που το ακούω, αλλά είναι άσχετη η ιστορία σου με το θέμα μου». Ο Ραμόν έσπρωξε με το χέρι του τον αδελφό του νιώθοντας, ακόμα και σ' εκείνη το βιαστικό άγγιγμα, την άγρια δύναμη που υπήρχε ακόμα μέσα του. Ο αέρας που έμπαινε απ' το ανοιχτό παράθυρο έκανε τα έγγραφα να πεταρίζουν πάνω στο κρεβάτι, σαν ένα μικρό, προβληματικό ζώο που ανατρίχιαζε. Και ο Κούλης και ο Ραμόν κάθονταν όσο πιο μακριά μπορούσαν από το κρεβάτι σαν να 'πρεπε ο πρώτος που θα γράπωνε χωρίς να το καταλάβει ένα από τα συμβολαιογραφικά έγγραφα να τα διεκδικήσει όλα για πάρτι του.

«Ό,τι κι αν λες κι ό,τι κι αν σκέφτεσαι για τον τρόπο που φέρθηκα τότε και τον καιρό που έλειψα» είπε ο Ραμόν, «θέλω να σε βοηθήσω, άσχετα αν δεν ζούμε στο ίδιο σπίτι και εκνευρίζουν ο ένας τον άλλο. Είμαστε δύο ώριμοι άντρες κι έχουμε τον ίδιο πατέρα».

Η ώρα ωστόσο πλησίαζε οκτώ κι έβρισκε τον Ραμόν τώρα, δέκα λεπτά πριν το καθορισμένο ραντεβού του με την Αρέθα, με διαφορετική διάθεση. Η αναφορά του Κούλη για τη δωρεά του να του χτίσει του Παναγή την τελευταία του κατοικία, με λευκό μάρμαρο και μεγάλα μαύρα γράμματα, τον αναστάτωσε, είχε πει στην Αρέθα μόλις χθες αυτή του την πρόθεση, κι εκείνη από τη χαρά της το κοινοποίησε μόλις φύγανε από το νεκροταφείο. Όλοι τώρα θα νομίζανε ότι ο θάνατος του πατέρα, έδινε την ευκαιρία στην κόρη για μια ευτυχισμένη ζωή κοντά στον πρώην εραστή της, που το ανελέητο μίσος του νεκρού τώρα γονιού στο πρόσωπο του Έρασμου γκρέμισε ό,τι ωραίο είχε χτίσει η αγάπη του νεαρού ζευγαριού. Πράγματι, αυτή είναι η φάση πέραν του μίσους και του θανάτου. Επήλθε η αγάπη που παράγει τα δυναμικά αποτελέσματα της θεραπείας. Η νέα σχέση της Αρέθας και του Ραμόν υφαίνεται από μισο-αγάπη, όσοι τους κοιτάζουν ερευνητικά κατά πρόσωπο βλέπουν πως δεν είναι ούτε πιστοί, ούτε ειδωλολάτρες. Είναι μόνος του και είναι μόνη της. Δεν είναι ούτε αφοσιωμένοι, αλλά ούτε και απογοητευμένοι. Προσπαθεί λοιπόν η γυναίκα να δημιουργήσει σκάνδαλο για να φέρει τον άντρα προ τετελεσμένου γεγονότος; Ματαιοπονεί. Η Αρέθα είναι η ευαίσθητη, η καρδιά. Ο Ραμόν το μυαλό, το κτήνος. Ο άντρας είναι μεγάλο ζώο της αλλαγής. Η γυναίκα της μονιμότητας. Στον άντρα η πρώτη γυναίκα ανοίγει την όρεξη για την δεύτερη, η δεύτερη για την Τρίτη. Η μνήμη είναι ένα αρπαχτικό πουλί, με γαμψά νύχια που ψάχνει σάρκες αδύναμες, ψόφιες, πλαδαρές να τις κατασπαράξει. Ο Ραμόν δεν έχει, όσο κι αν το θέλει, ξεχάσει την πρώτη του ερωτική σύντροφο, τη Λίλη, που πέθανε όταν ήταν είκοσι επτά χρόνων και κείνος τριάντα πέντε. Είκοσι χρόνια μετά ο Ραμόν βαδίζει στα πενήντα πέντε, αλλά η Λίλη παραμένει είκοσι επτά, ο χρόνος για κείνη έχει νεκρώσει, είναι ένα ολόδροσο μπουμπούκι αν την συγκρίνει με την Αρέθα, που όχι μόνο είναι, μα και φαίνεται μεσόκοπη, δεν έχει πια περίοδο, πράγμα που κάνει τη γυναίκα να μοιάζει με δαδί βουτηγμένο σε οινόπνευμα κατά την ερωτική επαφή. Οι άσχημες σκέψεις τον έχουν κουράσει ψυχικά, νιώθει ράκος, ψοφίμι. Βλέπεις λοιπόν, η μνήμη είναι αληθινά ένα κοράκι που κυνηγά ψοφίμια. Αν είχε κανένα βαρύ τσιγάρο, θα το ροφούσε να τονωθεί, μα όχι, δεν το κάνει. Σε λίγες ώρες γύρισε την αγάπη του για την Αρέθα απ' την ανάποδη και την έκανε αποστροφή. Θα της τηλεφωνήσει να ακυρώσει το ραντεβού τους γι' απόψε στο σπίτι της. Πάει στο τηλέφωνο, σχηματίζει τα τρία πρώτα νούμερα, κι αμέσως κατεβάζει το ακουστικό. Αντί, τηλεφωνεί στον Γιάννη τον αρχιτέκτονα και τον παρακαλεί να της τηλεφωνήσει εκείνος, να της ζητήσει συγνώμη εκ μέρους του, που δεν θα μπορέσει να την επισκεφτεί απόψε στο σπίτι της.

-«Μα έχω μαγειρέψει τόσα πολλά. Θα πάνε χαμένα» διαμαρτύρεται η Αρέθα

-«Τίποτα δεν πάει χαμένο σήμερα, ιδιαίτερα φαγώσιμα, αν σκεφτείς, πως υπάρχει πολύς κόσμος που πεινάει», την αποστομώνει ο Γιάννης. «Ευκαιρία να κάνεις ένα καλό ψυχικό. Άλλωστε η ψυχή του πατέρα σου τριγυρνάει ακόμα στο χωριό του, εννέα μέρες μετά το θάνατό του, μπορεί να πεινάει. Η καλύτερη πράξη για το μνημόσυνο στα εννιάμερα».

Η συνομιλήτριά του που είναι ολιγόλογη, και δεν της αρέσει η λογοδιάρροιά του, θέλει να του κλείσει το τηλέφωνο στα μούτρα του, να του δώσει να καταλάβει πως ο πελάτης του είναι αφ' ενός δειλός, αφ' ετέρου δε και ασυνεπής. Όμως την προλαβαίνει ο άλλος: «Εννοείται κυρία Αρέθα πως αύριο ή μεθαύριο θα περάσουμε απ' εκεί να σας πάρουμε να διαλέξετε το σχέδιο της αρεσκείας σας για το μνήμα του μακαρίτη πατέρα σας. Ο κ. Ραμόν έχει αναθέσει σε μένα την κατασκευή και ολοκλήρωσή του πριν το μνημόσυνο των σαράντα. Θα είμαστε σε επαφή. Έως τότε, καληνύχτα σας».

Έπειτα ο Γιάννης τηλεφώνησε στον Ραμόν: «Λοιπόν, πως τα πήγες; Την έπεισες;» τον ρώτησε ο Ραμόν. «Της είπα πρώτα το όνομά μου, κι εκείνη μου είπε. «Άκουσα να μιλάνε για σένα».

«Καλά ή κακά;» τη ρώτησα.

«Κανένας δεν ακούει ποτέ κάτι κακό για τον Γιάννη τον αρχιτέκτονα», μου είπε η Αρέθα.

«Ζήτω! Μπράβο! Αλήθεια, δεν θα είχες γίνει πολιτικός με το τίποτα, αν δεν μιλούσες εύστοχα στις καρδιές των φτωχών γυναικών», επαίνεσε ο Ραμόν τον φίλο του.

Πάντως δεν ήταν εντελώς ψέμα ότι ήταν αδιάθετη η μητέρα του. Δεν θα δειπνούσε φυσικά με την Αρέθα, αλλά δεν ήθελε να δειπνήσει με τη μητέρα του. Κατέβηκε στο ισόγειο που την ανατολική πλευρά του την είχε διαμορφώσει σε γραφείο και χώρο υποδοχής. Χτύπησε η πόρτα. Ήταν η Μάρθα, η υπηρέτρια που φρόντιζε το νοικοκυριό, μαγείρευε και φρόντιζε τη μητέρα του για ένα κομμάτι ψωμί. Στην είσοδο ήταν η Τζένη καθισμένη σε μια ξύλινη καρέκλα, με τα μαλλιά της χτενισμένα προς τα πίσω και δεμένα στο σβέρκο με μια εμπριμέ μαντήλα που έπεφτε στην πλάτη της. Ήταν αδύνατη με λαμπερό, καθαρό δέρμα. Ήταν τριάντα δύο χρόνων μα φαινόταν για δεκάξι με το σπορ ντύσιμό της. Είχε έρθει από την εφημερίδα κι είχε μαζί της τον φωτογραφικό της εξοπλισμό να τον φωτογραφίσει. Όταν ήταν ελεύθερη φωτογράφος, συνήθως τα Σάββατα έκανε τον γύρο των κέντρων διασκέδασης. Τώρα δούλευε μόνιμα στην τοπική εφημερίδας ενώ συνεργαζόταν με καλλιτεχνικά περιοδικά και εκδότες καταλόγων στη Θεσσαλονίκη.

«Μπορώ να περάσω;» τον ρώτησε. Φαινόταν εξαντλημένη.

«Να σου προσφέρω ένα χυμό;» είπε ο Ραμόν.

«Μπορώ να έχω ένα φλυτζάνι τσάι με αρκετό κονιάκ;» είπε εκείνη. «Έχω πάρει τους δρόμους από τις εφτά το πρωί. Βάλε λίγο μαύρο τσάι με περισσότερο ποτό».

Την φίλησε στο μάγουλο κι εκείνη του χαμογέλασε. «Νεαρά κορίτσια», σκέφτηκε καθώς πήγαινε στην κουζίνα να δώσει την παραγγελία στην Μάρθα.

Το τηλέφωνο στο γραφείο του χτυπούσε, μα δεν ήθελε να απαντήσει.

«Μπορείς ν' ακούς ένα τηλέφωνο να χτυπάει και να μην απαντάς;».

«Ασφαλώς μπορώ».

«Δεν θα μπορούσα ποτέ. Μπορεί να 'ταν κάτι εντελώς υπέροχο».

«Τίποτα ευχάριστο δεν μου συνέβη ποτέ απ' το τηλέφωνο. Ας πάμε απ' εδώ».

«Απάντησε, θα σε βασανίζει η ιδέα όλη μέρα», του είπε εκείνη.

«Εντάξει, εντάξει. Θα απαντήσω». Πήρε το τηλέφωνο, ήταν η μάνα του από πάνω που απ' τον τόνο της φωνή της ο Ραμόν κατάλαβε πως η συζήτηση δεν θα 'ταν υπέροχη!

«Αγόρι μου», είπε «δεν θέλω να σου χαλάσω το σαββατοκύριακο σου με την παρέα σου» (είχε πάντα την έμμονη ιδέα πως την παρατούσε μόνη της για να το ρίξει έξω, να απολαύσει τις κρυφές χαρές με κορίτσια) «αλλά το καλοριφέρ χάλασε και παγώνω σ' αυτό το ερείπιο».

«Θα πως της Μάρθας να το κοιτάξει» τη βεβαίωσε ο Ραμόν.

«Η Μάρθα!». Η μητέρα του κάγχασε. «Μετά βίας κρατιέμαι να μη τη διώξω τώρα».

«Μαμά…».

«Η γυναίκα αυτή είναι τόσο χοντρή που δεν την περονιάζει το κρύο, τρώει όλο το φαΐ μας τζάμπα. Όταν γυρίσεις στο σπίτι, αν καταδεχτείς ποτέ να γυρίσεις στο σπίτι, σε ικετεύω να φέρεις έναν υδραυλικό να το φτιάξει».

«Θα γυρίσω στο σπίτι τη Δευτέρα το πρωί και θα το διορθώσω», είπε ο Ραμόν κοιτάζοντας τη Τζένη να του κλείνει πονηρά το μάτι. «Σε αφήνω τώρα, μαμά. Κάποιος με περιμένει».

Άκουσε τη μάνα του να μυξοκλαίει καθώς έκλεινε το τηλέφωνο. «Έλα πάμε να φύγουμε απ' εδώ πριν τηλεφωνήσει κανένας άλλος» της είπε λαχανιασμένος απ' την αγωνία.

Η Τζένη από την Θεσσαλονίκη δραστηριοποιείται σε πόλεις της Ηπείρου, βασικά ως φωτογράφος αλλά ικανοποιούσε όλες της τις ορέξεις, γενικά. Καθώς ήταν νέα και ωραία ήταν γεμάτη αυτοπεποίθηση. Η δουλειά της, όπως είχε δει ο Ραμόν όταν του έδειξε δείγματα μετά τα εγκαίνια του Βελλίδειου κέντρου ήταν εξαιρετικά επαγγελματική, εκπληκτικά τολμηρή για μια κοπέλα που φαινόταν τόσο νέα και δειλή. Δεν ήταν δειλή ούτε στο κρεβάτι κι ούτε ήταν σεμνότυφη. Έβγαινε έξω με πολλούς άντρες χωρίς να τους ονομάζει. Ήταν έμπειρη στους άντρες. Το καλοκαίρι έκανε ιστιοπλοΐα πάνω σε γνωστά σκάφη. Δεν ανέφερε ονόματα. Όταν του είπε γι' αυτό το χόμπι της, ο Ραμόν έφερε στο νου του τα σκάφη που είχε δει μικρός στο λιμάνι της Φιλιππιάδας και είχε υποσχεθεί στον εαυτό του να ξανάρθει εδώ στο μέλλον.

«Θα ήθελα να εκπληρώσω το παλιό μου όνειρο μαζί σου» της πρότεινε αυθόρμητα. Εκείνη σαστισμένη με την πρόταση του αντιπροτείνει το δικό της σχέδιο: «Υπάρχει ένα νησάκι στη Γιουγκοσλαβία που θάθελα να ξαναπάω!»

«Είμαι ο πρώτος που πρότεινα, και ύστερα από την δουλειά που έχουμε να τελειώσουμε» της λέει και σε μηδέν χρόνο βρέθηκαν στο πολιτιστικό κέντρο που ήταν ακόμα γιαπί, μα το αρχιτεκτονικό του σχέδιο ήταν εμφανές καθώς και η επιφάνεια που κάλυπτε. Η Τζένη τράβηξε αρκετές φωτογραφίες του, πρόσεχε να εστιάζει το φακό στα πιο περίπλοκα σημεία του σχεδίου, τα τετράγωνα παράθυρα του 18ου αιώνα, για το θέατρο, και ο χώρος για εστιατόριο για να υπάρχει δουλειά και το βράδυ. Οι καλύτερες ενσταντανέ θα δημοσιεύονταν στις τοπικές εφημερίδες την επόμενη βδομάδα. Ήταν τρεις το απόγευμα όταν καθίσανε σ' ένα εστιατόριο να γευματίσουνε. Έφαγε με την καρδιά της. Μετά κάναμε μια βόλτα στον κεντρικό δρόμο της Φιλιππιάδας, ήπιαν τον καφέ τους σε μια καφετέρια και μετά από τις περιπλανήσεις τους στην πόλη, νοίκιασαν ένα δωμάτιο, με μικρή κουζίνα και ένα W.C. για το Σαββατόβραδο. Κρύωναν όταν μπήκαν μέσα κι εκείνη έφτιαξε ζεστό τσάι με ρούμι και για τους δυο τους.

«Θάταν όμορφα να ερχόμαστε χειμώνα και να είχαμε τζάκι» είπε ζαρωμένη στον καναπέ με τα flat παπούτσια της πεταμένα στο πάτωμα.

«Στο επόμενο διαμέρισμα που θα νοικιάσω», είπε εκείνος.

Όταν φιλήθηκαν είχαν και οι δυο τη γεύση ρουμιού, αρωματισμένου με λεμόνι. Έκαναν έρωτα χωρίς να βιάζονται, ολοκληρωτικά. «Έτσι θα είναι ένα χειμωνιάτικο Σάββατο απόγευμα στο νησάκι μου», είπε η Τζένη, όταν τελείωσαν την πράξη, ξαπλωμένοι ήσυχα μαζί. «Τέχνη, σπαγγέτι, ρούμι κι ηδονή». Εκείνος γέλασε και την τράβηξε κοντά του. Λυπόταν για τα χρόνια της εγκράτειάς του. Αλλά πάλι, δεν ήταν και τόσο σίγουρος. Ίσως εξαιτίας της εγκράτειας ήταν έτοιμος για κείνην, ελεύθερος για κείνην.

«Σ' αγαπώ», της είπε. «Θέλω να σε παντρευτώ».

Εκείνη πέταξε πίσω τα σκεπάσματα κι άρχισε να ντύνεται σιωπηλά. «Τι έχεις να πεις;».

«Δεν συζητώ ποτέ γυμνή αυτό το θέμα», είπε η Τζένη σοβαρά, με το πρόσωπό της να μοιάζει μικρότερη από τριάντα δύο, θα την περνούσες για είκοσι πέντε, συνομήλικη της Λίλης, πριν δεκαπέντε χρόνια και πεθαμένη, αλλά η ηλικία της δεν υπάκουε πια στις μεταλλαγές του χρόνου. Αυτή η διαφορά της ηλικίας, που είχε αρχίσει πια ν' αποκτά σε σχέση με την παλιά του αγάπη, τον τάραξε. Τη θυμήθηκε νεότερη απ' αυτόν και σα να ζήλεψε γι' αυτή της την ικανότητα να μη μεγαλώνει άλλο και να τη διατηρεί αυτός, αλώβητη μέσα του. «Απ' εδώ και πέρα, σκέφτηκε, ολοένα εγώ θα γερνώ κι εκείνη θα μένει στάσιμη στα χρόνια. Τα δάκρυα άρχισαν να κυλούν καυτά στα μάγουλά του, δάκρυα που τον ανακούφιζαν, γιατί μπορούσε ακόμα η σκέψη της (της Λίλης) να τον πονάει, μπορούσε ακόμα να είναι άξονας αναφοράς. Η κρίση επαναλήφθηκε δυο-τρεις φορές, αναίτια δάκρυα πια, σ' ένα γεμάτο στομάχι. Δεν ήταν νεύρα, δεν ήταν ανικανοποίητο. Ήταν λίπος και ικανοποιημένο αίσθημα. Κι όμως ξανά, εκεί πάνω, γλυκά, ήρθε να επικαθίσει το σύννεφο. Μα ήταν αφάνταστη παρηγοριά, να μπορεί να κλαίει δίπλα σε μια νέα γυναίκα κι όχι μέσα στην άγονη μοναξιά του, δίπλα σε μια άλλη ύπαρξη που μπορούσε να συμπάσχει μαζί του. Είδε τα μάτια της υγρά και πράσινα απ' το κλάμα, δεν του έλεγε τίποτα, φαντάζονταν να είναι όμορφη κοντά του, έτσι πίστευε τον εαυτό της, κι ήταν ομοιοπαθούσα του. Είχε κι αυτή δικές της αναμνήσεις. «Κύλισε ο τέντζερης και βρήκε το καπάκι».

*

Για την Αρέθα και τον Ραμόν (σαν άντρα της) δεν είχαν πολλά κοινά σημεία. Αν... τον έπαιρνε, θα τον είχε πάρει από δεύτερο χέρι. Για την πιστή... Αρέθα, ο Ραμόν ήταν ένα δωμάτιο κατοικημένο πριν από αυτήν, τα σημάδια από το πέρασμα της άλλης ήταν ανεξίτηλα πάνω του. Δεν το 'ξερε όταν τον είδε ξανά τώρα. Ακόμα είχαν καιρό να μην δεθούν απόλυτα. Κανένα παιδί δεν πρόβαλε σαν υποψία στον ορίζοντά τους. Μα η ζωή έχει τους δικούς της νόμους. Η άγαμη Αρέθα του ερωτεύτηκε άμα τη επανεμφανίση του!

Κεφάλαιο 31

Σε ξένη Φωλιά

Τη Δευτέρα το πρωί, πολύ νωρίς, όταν μπήκε στο σπίτι τους βρήκε τη μητέρα του ξύπνια. «Πως είναι έξω;» φώναξε εκείνη.

«Κρύο» είπε ο Ραμόν. «Δεν θα χάσεις τίποτα αν μείνεις σπίτι σήμερα». Εξακολουθούσε το παραμύθι ότι η μάνα του έβγαινε συνήθως έξω κάθε μέρα, όπως όλες οι άλλες γυναίκες. Πήγε στο μπάνιο, έκανε ένα ζεστό μπάνιο με εναλλαγή στο κρύο, τυλίχτηκε στο μπουρνούζι του και βγήκε στο χωλ. Άκουσε τη μητέρα του να στίβει πορτοκάλια και να φτιάχνει καφέ στην κουζίνα και ο ήχος των κινήσεών της θύμιζε άνθρωπο που σέρνει ένα βαρύ σακί στο πάτωμα της κουζίνας. Θυμήθηκε τις χθεσινές βουτιές στο παγωμένο θαλασσινό νερό και σκέφτηκε πως αν καταντούσε ποτέ έτσι σαν τη μάνα του, θα ζητούσε από κάποιον να του κάνει ευθανασία. Μπήκε στην κουζίνα και τη φίλησε για καλημέρα. Εκείνη χαμογέλασε σαν κοριτσάκι. Κάθισαν στο τραπέζι κι εκείνη άρχισε τον μακρύ μονόλογό της για το πόσο άσχημα είχε κοιμηθεί και ότι η Μάρθα είχε ξεχάσει να της δώσει τας φάρμακά της, λήγουν και μετά τα πετάει, χαραμίζοντας τα λεφτά τους. Δεν έλεγε στη μητέρα του πόσα χρήματα είχε στην τράπεζα και του ζητήσει να αγοράσει καλύτερο σπίτι και να μετακομίσουν εκεί. Είχε άλλα σχέδια για να ξοδεύει τα χρήματά του.

Ήπιε τον καφέ του και έφαγε δύο φρυγανιές με βούτυρο και μέλι. Η μάνα του ήπιε μόνο καφέ. Τα μαλλιά της ήταν αχτένιστα, μωβ κύκλοι κάτω από τα μάτια της, αλλά παρ' όλα αυτά δεν φαινόταν να χειροτερεύει. Μπορεί να 'φτανε τα ενενήντα. Δεν την ζήλευε για την μακροζωία της. Ίσα – ίσα την ευγνωμονούσε που τον κρατούσε μακριά από γυναίκες που δεν ήθελε να παντρευτεί.

«Πες τη Μάρθα να ανάψει το τζάκι, αν κρυώνεις τόσο πολύ», της είπε ο Ραμόν.

«Θα νομίζει πως τρελάθηκα».

«Δεν θα νομίζει τίποτα. Κάνε αυτό που σου λέω, σε παρακαλώ».

«Δεν υπάρχει καμιά Μάρθα εδώ μέσα. Την έχω στείλει στον αγύριστο», είπε βραχνά η γριά Ζαχά.

«Αν μπορείς, βρες μου μια άλλη υπηρέτρια, πιο υπάκουη, συνεπής στην δουλειά της. Αν μαγειρεύει καλά κι έχει το φαγητό έτοιμο στην ώρα του, θα γυρίζεις κι εσύ νωρίς στο σπίτι τα βράδια» είπε η μητέρα του.

«Ναι, θα φέρω άλλη γυναίκα για σένα. Φοβάμαι πως όχι για μένα» είπε οργισμένος. Σε αντίδραση τηλεφώνησε στην Τζένη. «Θέλεις να συναντηθούμε;»

«Στις οχτώ», είπε εκείνη. «Θα σε κεράσω ένα ποτό εδώ στο στούντιό μου». Έμεινε εκστασιασμένος! Σχεδόν κάθε πόντος του χώρου που υπήρχε στον τοίχο ήταν σκεπασμένος με φωτογραφίες του εαυτού του, χαμογελαστού, συνοφρυωμένου, αγριεμένο, προσηλωμένο στη δουλειά του. Μερικές από τις φωτογραφίες ήταν μικρές, άλλες ήταν τεράστιες μεγεθύνσεις. Όλες τον κολάκευαν. «Τελείωσε» σκέφτηκε με ευγνωμοσύνη. «Το αποφάσισα». Στο δείπνο μίλησαν για το γάμο τους:

«Κατ' αρχήν, θέλω απόλυτη μυστικότητα», είπε η Τζένη. Εκείνος ήθελε να το μάθουν όλοι αμέσως, αλλά εκείνη κούνησε το κεφάλι της. «Καμία αναγγελία», είπε. «Έχω μια μητέρα», είπε ο Ραμόν. «Εδώ που τα λέμε έχω κι έναν αδερφό».

«Έχω άλλη ιδέα. Έχω έναν πατέρα κι έναν αδερφό που δεν μπορώ να υποφέρω κανέναν από τους δυο τους. Αν μάθουν πως εσύ το είπες στην οικογένειά σου κι εγώ δεν τους το είπα, θάχουμε κεραυνούς από τον Δία για δέκα χρόνια. Και μετά το γάμο, δεν θέλω να ’χω καμία σχέση με την οικογένειά σου ούτε εσύ με τη δική μου. Οι οικογένειες αποκλείονται. Χριστουγεννιάτικα τραπεζώματα στο παλιό σπίτι. Ήμαρτον Κύριε!».

Ο Ραμόν είχε υποχωρήσει χωρίς μεγάλο αγώνα. Ο γάμος του δεν θα ευχαριστούσε ούτε τη μάνα του πόσο μάλλον τον μισερό, ετεροθαλή αδελφό του, τον Κούλη. Επίσης εύκολα θα απέφευγε τη σκηνή που θα ’κανε η Αρέθα μόλις μάθαινε τα νέα. Είχε μελετήσει κάποιο σοβαρό ρόλο που θα της ανέθετε να παίξει σύντομα μετά το γάμο του. «Από κάτι τέτοια τιποτένια πλάσματα, να περιμένεις τις χειρότερες προδοσίες», πρέσβευε. «Η Αρέθα με την καμπούρα της είναι μία από εκείνες τις ταπεινές γυναίκες, σαν ποντικάκια, που θαυμάζουν τους μεγαλόσωμους άντρες. Ξεχνούσαν σχεδόν την παρουσία της. Και τότε ξαφνικά θα πεταγόταν και θα έλεγε κάτι απροσδόκητο, κάτι δηλητηριώδες». Είχαν συμφωνήσει πως δεν θα γινόταν δεξίωση μετά το γάμο, αλλά θα καλούσαν κόσμο για τα εγκαίνια του πνευματικού κέντρου αργότερα, δεν θα παντρεύονταν σε εκκλησία και πως θα πήγαιναν στο Λονδίνο για το μήνα του μέλιτος.

Την Κυριακή το πρωί, ενώ οι καμπάνες της εκκλησίας χτυπούσαν, ένιωσε σαν φυλακισμένος στο σπίτι του, δεν θα περνούσε όλη τη μέρα μέσα, αν και είχε σχεδιάσει να ρίξει μια ματιά στο αντίγραφο της μακέτας του κέντρου και να κάνει μερικές διορθώσεις και προσθήκες που τις είχε σκεφτεί εκείνη την εβδομάδα. Αλλά η μητέρα του ήταν στις κακές της τις Κυριακές. Οι καμπάνες την έκαναν να κλαίει, είχε γίνει άθρησκη, και έλεγε πως ο Ραμόν πήγαινε μαζί της θα παρακολουθούσε τη λειτουργία, θα εξομολογιόταν και θα κοινωνούσε. «Με περιμένει το πυρ της κόλασης», του είπε, «ενώ η εκκλησία και η εξιλέωση είναι μόνο τρία τετράγωνα απ' εδώ».

«Κάποια άλλη Κυριακή, μαμά», της είπε. «Έχω δουλειά σήμερα».

«Μπορεί να 'χω πεθάνει, και να 'χω πάει στην κόλαση κάποια άλλη Κυριακή», είπε η Ζαχά ξεψυχισμένα, ενώ έγειρε το κεφάλι της που ακούμπησε το στήθος της. Ο Ραμόν φοβήθηκε, η μάνα του ήταν γριά, ήταν η πρώτη φορά που συνειδητοποίησε την μεγάλη της ηλικία. Ξαφνικά του άστραψε μια καλή ιδέα. Ήξερε πως η Αρέθα ήταν της θρησκείας εκκλησιάζονταν σχεδόν κάθε Κυριακή. Δεν θα'λεγε όχι να συνοδεύει τη μάνα του. Θα παρουσίαζε την κατάσταση μελοδραματικά, οι μέρες της είναι μετρημένες, στα δάχτυλα του ενός χεριού, σήμερα ζει, αύριο μας εγκαταλείπει για την αιώνια ζωή.

«Θα σου είμαι υποχρεωμένος αν με αντικαταστήσεις» είπε ο Ραμόν ευγενικά στην Αρέθα.

«Καμιά υποχρέωση δεν έχεις απέναντί μου», απάντησε εκείνη. «Ίσα – ίσα που νιώθω ότι η πρότασή σου με τιμά. Είμαι κολακευμένη να συνοδεύω την κυρία Ζαχά στην εκκλησία, στον οίκο του Θεού, διότι ο Θεός είναι Αγάπη, το γράφει το Ευαγγέλιο: «Θέλεις αγαπά τον πλησίον σου ως σεαυτόν» (Λευιτ. 19:18), αλλά και στο Άσμα Ασμάτων η αγάπη είναι, σε μία από τις σημασίες της, διασφαλισμένο δώρο στη μονιμότητα της ελπίδας. «Όστις μένει εν τη αγάπη, εν τω Θεώ μένει, και ο Θεός εν αυτώ» (Ιωάν. Α' 4) κήρυττε με πάθος η Αρέθα χωρίς σταματημό, με τον Ραμόν να αναρωτιέται αν η Αγάπη του Θεού, έτσι όπως την εννοεί η Αρέθα, είναι το ανιδιοτελές δώρο της για τη μητέρα του, ή... εν πάση περιπτώσει, να μη το μακροσχοινάμε, οι δυο γυναίκες μετά τη λειτουργία συμφώνησαν να πιούνε το καφεδάκι τους στο σπίτι της υπερηλικιωμένης Ζαχάς, με την Αρέθα να προθυμοποιηθεί να ετοιμάσει το μεσημεριανό, να γευματίσουν αντάμα, να δειπνήσουν κι έπειτα η συνέχεια της συγκακοίκησής τους, η ελπίδα της μονιμότητας...!

Μετά τον μυστικό, πολιτικό γάμο τους ο Ραμόν και η Τζένη ταξίδεψαν στο Λονδίνο όπου και έμειναν περισσότερο από ένα μήνα, απόλαυσαν πραγματικά την έναρξη του έγγαμου βίου τους, ξενύχτησαν σε μπαρ, γευμάτισαν σε ιταλικά εστιατόρια, ήπιαν τον καφέ τους κι έφαγαν το γνωστό pan-cake της Αγγλίας το απόγευμα, επισκέφτηκαν την κακόφημη συνοικία του Soho απ' όπου αγόρασε ο Ραμόν ένα πλαστικό ροζ πέος χαρίζοντάς το στη Τζένη ως ενθύμιο, κάτι που τους έκανε να γελάσουν μέχρι δακρύων, «Αχρείαστο να 'ναι» της ψιθύρισε ο Ραμόν «αλλά, η ώρα της... κρίσης πλησιάζει» πρόσθεσε απολογούμενος. «Δεν νομίζω, το λένε ακόμα τα κότσια σου, μα ας το έχουμε παράμερα, εφεδρικό» απάντησε εντελώς χιουμοριστικά η νεότερη σύζυγος του πάμπλουτου Ραμόν.

Ύστερα ο άντρας της κανόνισε με ένα τουριστικό γραφείο να τους ξεναγήσουν στο μαγευτικό προάστιο Clacton-on-sea με την προκυμαία του και τους απέραντους καταπράσινους κήπους – The Pier and Gardens - Νοικιάσανε ένα μικρό σκάφος για ιστιοπλοΐα. Η γυναίκα του απέδειξε ότι δεν έλεγε ψέματα για το πόσο επιδέξια ιστοπλόος ήταν.

Ο Ραμόν άφησε για το τέλος της επίσκεψής τους στο Μουσείο κέρινων ομοιωμάτων, το παγκοσμίως γνωστό μουσείο της Madam Tissot. Φωτογραφήθηκαν μπροστά στην εξέδρα με τη Βασιλική οικογένεια, την βασίλισσα Ελισσάβετ, την πριγκίπισσα Άννα, τους πρίγκιπες (τότε) Κάρολο και Andrew. Μοναδική εμπειρία, απίθανη διακόσμηση μα προπάντων δίκαιη κατάταξη των εκθεμάτων, σωστή ταξινόμηση. Όταν βγήκαν από το Μουσείο, ο Ραμόν έπιασε από το χέρι την Τζένη και την κάθισε σ' ένα παγκάκι στην απέναντι πλατεία. Αρκετά συγκινημένος της διηγήθηκε την δική του ιστορία, το περίτεχνο άγαλμα που του είχε φτιάξει η εγγονή του η Μόνα.

Η Τζένη έμεινε στήλη άλατος, τον κοίταζε με ανοιχτό στόμα και μάτια. Της φαινόταν απίστευτο αυτό που της έλεγε. «Αλήθεια! Μα αυτό κι αν δεν είναι σπουδαία έκπληξη!» αναφώνησε χαρούμενη. «Ας επισπεύσουμε τον γυρισμό μας στην Ελλάδα. Φεύγουμε αύριο για Αθήνα και κατευθείαν, ολοταχώς για την Αμνόβρυση» απαίτησε εδώ και τώρα. Ο ενθουσιασμός της, άκρατος όσο δεν παίρνει άλλο, παρέσυρε τον Ραμόν στο δικό της ενδιαφέρον κανάλι. Έτσι εχόντων των πραγμάτων, ο άντρας τηλεφώνησε στη Μόνα να της πει πως θα τους επισκέπτονταν αύριο το απόγευμα, μαζί με τη νέα του σύζυγο. «Θερμά συγχαρητήρια, παππούκα μου. Ευτυχισμένοι οι δυο σας για πολλά, πολλά χρόνια», ευχήθηκε από τα βάθη της καρδιάς της η Μόνα, μεταβιβάζοντάς του και τις ευχές του Ορφέα.

«Ευχαριστώ πολύ, κουκλίτσα μου για τις ευχές σου, σου τις ανταποδίδω , και…..» ο Ραμόν έκανε μια παύση, ήθελε να της ευχηθεί κάτι σπουδαιότερο, να γίνει σύντομα μητέρα, μα δεν ήθελε να την πληγώσει γιατί η Μόνα, μέσα στα τρία χρόνια που είναι παντρεμένη, έχει κάνει τρεις αποβολές, χάνει το έμβρυό της στον τρίτο μήνα της εγκυμοσύνης, το αποβάλλει ο οργανισμός της, λόγω της έλλειψης ορμονών ή κάποιο άλλο σοβαρότερο πρόβλημα γυναικολογικής φύσης. Οι γιατροί της έχουν αποκλείσει το ενδεχόμενο να κυοφορήσει το έμβρυο εννέα μήνες στην μήτρα της. Στην τελευταία της επίσκεψη, ο μαιευτήρας της την συμβούλευσε να κανονίσει με μια άλλη γυναίκα της εμπιστοσύνης της να κυοφορήσει εκείνη το παιδί της – βάσει του νόμου πάντα της παρένθετης μητέρας – κι όταν γεννηθεί το παιδί η Μόνα, σαν νόμιμη μαμά, θα πάρει το παιδί της αμέσως μετά τον τοκετό. Είχε μεγάλο πρόβλημα το κορίτσι του και δεν ήθελε να της το θυμίσει από το τηλέφωνο και από τόσο μακρινή απόσταση. Όταν αύριο συναντιόταν, θα το ανέφερε με τακτ.

*

Η Αρέθα δεσμεύτηκε να φροντίζει την Ζαχά και το σπίτι της προσωρινά, για μία μέρα, μία εβδομάδα, το πολύ ένα μήνα. Όμως έχουν περάσει σχεδόν δυο μήνες και ο αγαπημένος της δεν εμφανίστηκε ακόμα. Η Αρέθα θεωρεί παράλογη τη συμπεριφορά του Ραμόν, είχαν μιλήσει για κάτι προσωρινό, κάτι που σημαίνει προς το παρόν, βάζει μια ορισμένη διάρκεια αντί του απόλυτου. Αυτό το προσωπικό και το τυχαίο από ψυχολογικής άποψης την εισάγει στη δυναμική της μεταβίβασης σε μια άλλη κατάσταση, σε μια κατάσταση συγκρουόμενου ερωτικού πάθους. Ο ερωτικός κλονισμός την κάνει να παραμιλάει. Ο έρωτας, ο έρωτας μιλιέται, και είναι μόνο αυτό: Οι ποιητές το γνώριζαν ανέκαθεν:

«Δεν σε νοιάζει,

Δεν σου κάνει, ούτε κρύο ούτε ζέστη,

την απόφαση που πήρες τώρα πέστη

κι ό,τι γίνει μη σε νοιάζει».

Υπήρξαν στιγμές που είχε νευριάσει τόσο πολύ, είχε μαζέψει τα πράγματά της για να δραπετεύσει απ' τη φυλακή του, μα σαν άνοιγε τη ντουλάπα του και μύριζε το άρωμά του, όταν σιδέρωνε τα πουκάμισα και τα εσώρουχά του, σαν ξάπλωνε στο κρεβάτι του, τον ένιωθε δίπλα της, να μοιράζονται το ίδιο μαξιλάρι, ε, τότε πια, όλα τα παραπάνω πήγαιναν κατά διαβόλου. Γιατί; Επειδή ήταν το έτερον όνομα της ζωής της.

«Σου πρόσφερα των δέντρων τους χυμούς

και της νυχτιάς την αύρα,

ό,τι έχει ο κόσμος και η ψυχή

το 'καμα χάρισμά σου,

για ένα σου γέλιο μοναχά

για μιας αγάπης δροσοσταλιά».

Δεν μάσαγε τις μαγκιές του η Αρέθα, το είχε σκάσει απ' το σπίτι του, μα είχε αφήσει ως ενέχυρο την πολύτιμη ζωή της μάνας του, κανένας άντρας από καταβολής κόσμου δεν ξεκόβει οριστικά και αμετάκλητα από τη μάνα του, ώσπου να τους τραβήξει το μάτι να κοιτάξουν κάτω από το φουστάνι κάποιας γυναίκας. Η μία σκέψη την οδηγεί σε άλλη. Σίγουρα πια ο Ραμόν θα τα είχε φκιάξει με κάποια γυναίκα και είναι μαζί της, και θα χαιρόταν αφάνταστα που η τελευταία επιθυμία της μάνας του να πάει στην εκκλησία τον είχε κάνει να φύγει από το σπίτι, αφήνοντας την ίδια για προστάτη της ανάπηρης μητέρας του. «Θα κάνω υπομονή μία βδομάδα ακόμα, κι αν δεν γυρίσει με τη θέλησή του, θα τον αναγκάσω να 'ρθει πίσω με το πρώτο αεροπλάνο» αυτοπαρηγοριόταν η Αρέθα, και δεν ήταν λόγια του αέρα.

Ακόμα ανατριχιάζει με την ιστορία της φίλης της, Ρίκα: «Να επαναλαμβάνεις τον αριθμό από το πρώτο γράμμα του ονόματός του πολύ συχνά, κοιτάζοντας επίμονα την φωτογραφία του. Τότε ο εκλεκτός της καρδιάς σου θα επιστρέψει άρον-άρον σε σένα» την συμβούλευσε μια γνωστή μέντιουμ. Η Ρίκα που ήξερε ότι τον λιποτάχτη της τον λέγανε Γιώργο, μετρούσε 1-2-3 κάθε τρία λεπτά, και σε τρεις μέρες τον είδε Φάντη – μπαστούνι στο σπίτι της. Η Αρέθα τα θεωρούσε όλα αυτά τεχνάσματα του διαβόλου, φορούσε πάντα στο λαιμό της τον Τίμιο Σταυρό, τείχος προστατευτικό από τις διαβολικές επιθέσεις. Αυτά τα μαθήματα προσωπικής πνευματικής άμυνας είχε πάρει μικρή από την μητέρα της και όταν εκείνη πέθανε είχε τον πατέρα της να της δυναμώνει το ηθικό της. Όμως τώρα, έμεινε μόνη σαν το αγριολούλουδο στον κάμπο που το χτυπά ο αέρας, πότε δεξιά και πότε αριστερά. Φοβόταν ότι από τη μοναξιά θα κλονιζόταν τα νεύρα της.

-«Τι να σου κάνει μια ώριμη γυναίκα χωρίς δουλειά, βιβλία και λουλούδια», θυμόταν τους στίχους ενός Κινέζου φιλόσοφου.

-«Και χωρίς άντρα;»

-«Η γυναίκα δίχως άντρα και η ελπίδα δίχως πόνο,

τίποτα άξιο δεν γεννούνε στη ζωή».

-«Να πάρει ο διάβολος», σκέφτηκε απελπισμένα η Αρέθα, «πως άφησα τον εαυτό μου να μπλέξει σε κάτι τέτοιο». Το δωμάτιο της φάνηκε ξαφνικά κρύο κι ένιωσε ανατριχίλα σ' όλο το σώμα. Προσπάθησε να μην τρέμει καθώς πήγαινε προς το χωλ όπου πάνω στον μπουφέ ήταν η μεταλλική κορνίζα με την φωτογραφία του Ραμόν σε νεαρή ηλικία. Την πήρε στα χέρια της, έβγαλε ένα μπουκάλι κονιάκ απ' τον μπουφέ κι ύστερα γύρισε περπατώντας αθόρυβα πάνω στα φλοκάτα προς την κουζίνα. Άναψε το φως, γέμισε το ποτήρι με το ποτό, άνοιξε το παράθυρο, έπινε γουλιά-γουλιά σαν να 'ταν η κυρία του σπιτιού, και πως ο σκοπός της δεν ήταν να υπηρετεί τη γριά μάνα του. Κοίταξε τη φωτογραφία από πολύ κοντά. «Είσαι κούκλος» είπε η Αρέθα με την φωτογραφία του στο ένα χέρι της και το ποτήρι στο άλλο. Ήπιε διψασμένα.

-«Δεν θα πιεις κι εσύ ένα;» πρότεινε στον εικονιζόμενο άντρα.

-«Ήπια αρκετά» της είπε. Άρπαξε το σλιπάκι του από κάτω κι άρχισε να το φοράει.

-«Τι κάνεις;» ρώτησε εκείνη.

-«Πάω σπίτι μου». Φόρεσε το πουκάμισό του και το παντελόνι του. «Πρέπει να βρίσκομαι στη δουλειά μου στις εννέα το πρωί. Έχω να οδηγήσω εκατό και πάνω χιλιόμετρα».

Η Αρέθα κοίταξε το ρολόι του τοίχου. Ήταν έντεκα το πρωί. Τύφλα στο μεθύσι. Θολωμένο μυαλό. «Σε παρακαλώ», του είπε με χαμηλή, παιδιάστικη φωνή. «Σε παρακαλώ μη μ' αφήνεις».

«Λυπάμαι» είπε εκείνος. Δεν λυπόταν. Τον ενθουσίαζε η ιδέα να βρεθεί κοντά στην Μόνα και τον Ορφέα, να συζητήσει διεξοδικά το σοβαρό πρόβλημα της εγγονής του, δεν θα ησύχαζε αν δεν κατάφερνε να συνταιριάσει τις ανάγκες των δύο γυναικών: Η Αρέθα, κατά την γνώμη του, ήταν καμωμένη για την Μόνα, και η Μόνα για την Αρέθα. Τελεία. Αν παρεμπιπτόντως άκουγε το ερωτικό τραγούδι

που η Αρέθα έγραψε για κείνον, δεν θα ανησυχούσε για το τελικό
αποτέλεσμα της προσπάθειάς του:

«Ορφανεμένη και βουβή
στέκει η καρδιά μου,
μπρος στη φωτογραφία σου
Καλέ μου.
Και σε κοιτάζω αδιάκοπα
τη λύτρωσή μου να 'βρω,
που τόσο περιμένω.
Να δω τι κρύβεις στην καρδιά,
τι έχεις για με στο νου σου,
μιας και τα μάτια σου κρατούν,
κρυφούς τους στοχασμούς σου,
τα όνειρά σου αγάπη μου.
Ό,τι κι αν είναι θα δεχθώ
απ' το δικό σου χέρι,
είτε μου φέρεις το χαμό,
είτε χαράς αστέρι.
Ο ερχομός σου θα γενεί
όντας κοντά μου θα σταθείς.
Μα αν είναι να 'ρθεις κεραυνός
να κάψεις τη ζωή μου,
πάρτην αγάπη, πάρτηνε
για σένα την ετοίμαζα, τόσα και τόσα χρόνια.
Όμως εγώ θα σ' αγαπώ παντοτινά κι αιώνια
Κι ας με κρατάς μακριά σου».

Καθώς άνοιγε τα παράθυρα κάθε μέρα να αερίζεται το σπίτι, η
Αρέθα κοιτούσε τα περιστέρια που γεννούσαν τ' αβγά στα περβάζια
των παραθύρων και να τα κλωσσούν μπερδεύοντας οι μάνες τ'
αβγά. Η γυναίκα, όπως ήταν μόνη και δεν είχε παντρευτεί ούτε είχε

κάνει παιδιά, παθιαζόταν να τα προσέχει πως επώαζαν τ' αβγά τος, πως τα μπέρδευαν. Έβαζε σημάδια πάνω στα πούπουλά τους και τα σημείωνε νοερά. Έλεγε μετά στην Ζαχά, όταν ήταν ξύπνια, γιατί με τα φάρμακα που έπαιρνε νύσταζε και κοιμόταν βαριά ναρκωμένη. Έλεγε λοιπόν στην μάνα του Ραμόν, πως μια περιστέρα κλωσούσε πιο συχνά τ' αβγά μιας άλλης, σχεδόν την αντικαθιστούσε ως την γέννηση των πιτσουνιών της. Το μυστήριο της γέννησης, σ' αυτή την άτεκνη γυναίκα, αποκτούσε έτσι μια πολυδιάστατη σημασία. Στα παλιά χρόνια, οι αγνοί στην ψυχή άνθρωποι παρατηρούσαν το πέταγμα των πουλιών για να προβλέψουν το μέλλον τους. Η Αρέθα ήθελε να πιστεύει ότι τα περιστέρια της ήταν καλοί οιωνοί.

Το σημάδι είχε φανεί καθαρά εκείνο το μεσημέρι, οι οιωνοί ήταν ξεκάθαροι. Ένιωθε λύπη για την πραγματική μητέρα -περιστέρα που είχε εγκαταλείψει τ' αβγά της να τα κλωσήσει μια άλλη, αλλά τη δικαιολογούσε επειδή τη φανταζόταν είτε άρρωστη, είτε, καθόλου σπάνιο φαινόμενο σε πτηνά και ανθρώπους, να ήταν καμία απ' αυτές τις άστοργες μητέρες, που εξαιτίας μιας ανεπιθύμητης εγκυμοσύνης καταλήγουν να μισούν τα ίδια τα παιδιά τους. Σε προσωπικό της επίπεδο προέβλεπε ότι όλα θα πήγαιναν καλά απ' εδώ και πέρα, όλα θα έρχονταν όπως τα ήθελε στη σχέση της με τον Ραμόν.

«Τα πουλιά είναι πολύ σοφά, κανένας δεν αμφισβητεί την σοφία τους», μονολογούσε. «Γιατί λοιπόν να μην τα μιμούνται οι άνθρωποι;» αναρωτιόταν η άτεκνη Αρέθα.

Τριγύριζε στο δωμάτιο με το ποτήρι στο χέρι, ξεφυλλίζοντας βιβλία και εφημερίδες, κοιτάζοντας τα άπλυτα πιάτα στον νεροχύτη. Φαινόταν ανήσυχη και νευρική με πολύ λαμπερά μάτια και βαθουλωμένα μάγουλα. Αντίθετα, ο Ραμόν ήταν ήρεμος, φιλικός, άνετος και εξοικειωμένος με το χρήμα και τις χρήσεις του και προετοιμασμένος για ξαφνικά ξεσπάσματα τύχης και ατυχίας. Ένιωσε μια παράλογη αστραπή θυμού ενάντια στον καλοδιατηρημένο, με τα άψογα καλοσιδερωμένα ρούχα του, Ραμόν, Είναι πολύ περήφανος και εγωιστής, μεταχειρίζεται τους συνανθρώπους του με μαλαγανιά, τους χαϊδεύει το κεφάλι και τους τραβάει τα αυτιά σαν σκυλιά, νιώθοντας σαν στο σπίτι του στο βασίλειο των ζώων.

«Αρέθα μου, μην ξεχνάς πως σ' έβαλα στο σπίτι μου να φροντίζεις τη γριά μάνα μου και να κερδίζεις το ψωμί σου».

«Είσαι πονηρούτσικος, Ραμόν, αγόρι μου», συλλογιέται πεισματάρικα η Αρέθα. Αλλά γιατί να τα βάζει μαζί του, καλύτερα για εκείνη να βάλει μια τάξη στα συναισθήματά της, να έχει μέθοδο στη ζωή της, αλλά οι αρχικές προσπάθειές της να την καλυτερεύσει καταλήγουν σύντομα σε μεγαλύτερο χάος από πριν. Να η κατάντια της τώρα, μοιάζει με την μπουμπουνοκέφαλη περιστέρα που κάθεται υπομονετικά να κλωσάει τ' αβγά της άλλης, σε ξένη φωλιά, γιατί έχει περισσότερο μυαλό η πρώτη, είναι μεγάλη μουσίτσα!

Στο τέλος η νυφίτσα θα της πάρει όχι μόνο τα παιδιά, μα θα την πετάξει με κλωτσιές έξω από τη φωλιά της! Αυτό δεν έκανε και η Σάρα του Αβραάμ με την παραδουλεύτρα της Ιλαρία!

«Ο αιώνας της Τουρκίας» διάβασε η Αρέθα σ' ένα τίτλο τούρκικης εφημερίδας στην TV. «Ο αιώνας των Νάνων» έγραφε αμερόληπτα σε αντιπαράθεση μία Αγγλική. «Το κυβερνών κόμμα της Τουρκίας υπόσχεται οικονομική αναβάθμιση, μα το κράτος δικαίου που υπόσχεται η αντιπολίτευση, είναι άλλο σοβαρότερο θέμα», πρόσθεσε η ίδια εφημερίδα σε υπότιτλο. «Η επιλογή είναι των ψηφοφόρων» κατέληγε. «Η επιλογή είναι δική μου. Τον τελευταίο λόγο θα τον έχω εγώ», δηλώνει η Αρέθα.

Κεφάλαιο 32

Οι ζωές δύο ξένων

Ήταν αργά εκείνη τη νύχτα όταν ο Ραμόν και η Τζένη έφτασαν στο παλιό σπίτι στην Αμνόβρυση, το σπίτι που ο Ραμόν είχε μοιραστεί με την Αλίκη και τη Λίλη ως τα τελευταία τρία χρόνια πριν το γάμο της Μόνας και του Ορφέα και την συγκινητική απόφαση του Ραμόν να τους κάνει δώρο στον γάμο τους την βίλα όπου ζούσε η Λίλη με τον Φώτη και τους την έβγαλε η τράπεζα σε πλειστηριασμό. Αλλά τώρα ΄Ολοι επιθυμούσαν να βρεθούν στο παλιό – διώροφο σπίτι, με την αίσθηση της παλιάς οικογένειας. Η Τζένη που ένιωθε κουρασμένη ανέβηκε να ξαπλώσει στην επάνω κρεβατοκάμαρα. Είχε πιει παραπάνω στον δρόμο του γυρισμού με το αεροπλάνο, και τώρα ήταν αδύναμη και εξαντλημένη. Τώρα εκείνος είχε απέναντί του την εγγονή του και τον άντρα της, στο σπίτι που μοιράζονταν κάποτε με τις δύο νεκρές γυναίκες, ο Ραμόν ήταν ευχαριστημένος που η γυναίκα του δεν ήταν μαζί τους.

-«Να», είπε δίνοντάς το στην Μόνα, «αυτό είναι για σένα». Η Μόνα ξεδίπλωσε το διπλωμένο χαρτί με την ματιά της κολλημένη στον τίτλο με μεγάλα γράμματα.

-«Τι είναι αυτό;» είπε η Μόνα.

-«Είναι από έναν ειδικό γυναικολόγο του Λονδίνου, σε παραπέμπει σε Έλληνα συνάδελφό του στην διπλανή μας πόλη. Είναι ειδικευμένος στην εξωσωματική γονιμοποίηση αλλά και στην μεταφύτευση του εμβρύου από τη μια γυναίκα σε άλλη» της εξήγησε ο Ραμόν.

-«Γιατί το 'κανες αυτό;» ρώτησε η Μόνα.

-«Αντρίκιο κέφι», είπε ο Ραμόν ενώ έβαζε λίγο ακόμα πάγο στο ούζο του.

-«Και ποια θα δεχθεί να κυοφορήσει το έμβρυό μου;» ρώτησε κατάπληκτη η Μόνα.

-«Κάποια που είναι πολύ υποχρεωμένη σε μένα. Θα την δεις σε δυο μήνες. Υποθέτω πως θα πρέπει να μένεις συνέχεια στο καινούργιο σας σπίτι, είναι αρκετά μεγάλο για δυο γυναίκες. Δεν θα 'θελες να 'ρθει να ζήσει μαζί σου εδώ για εννέα μήνες η Αρέθα;».

Η Μόνα κούνησε το κεφάλι της καταφατικά. Οι συζητήσεις με τον δικηγόρο θα γίνονταν παρουσία των δύο εμπλεκομένων γυναικών. Και οι δύο θα υπέγραφαν τα σχετικά νομικά έγγραφα.

-«Κι εσύ;». Ρώτησε τον Ραμόν η Μόνα.

-«Εγώ;» είπε χαμογελώντας ο Ραμόν. «Τι διάβολο θα 'κανα εδώ;» Η Μόνα δεν απάντησε αμέσως, τι να του έλεγε αληθινά, ότι χρειαζόταν την ηθική του συμπαράσταση; Έβλεπε το νέο του επιχείρημα αρκετά δύσκολο, είχε τις φοβίες της, μια τρίτη γυναίκα ανάμεσα στο ζευγάρι. Είχε μείνει έγκυος τρεις φορές, και απέτυχε. Ήταν απελπισμένη.

-«Πάντα και παντού υπάρχει Plan B', δεν υπάρχουν αδιέξοδα» της είπε σαν πολιτικάντης. Ο λόγος του την ενεθάρρυνε. Έφερε σαν καλό παράδειγμα κάποια Γαλλίδα που απέκτησε παιδί μέσω παρένθετης μητέρας, και στη συνέχεια γέννησε τέσσερα δικά της παιδιά, το νέο μετά το άλλο, λες και ο ίσκιος της άλλης ήταν ένα δηλητηριώδες αέριο που μόλυνε την οικογενειακή τους ατμόσφαιρα. Είχε βέβαια φροντίσει να επιστρέψει στην «επαγγελματία μαμά» το δικό της. Της ήταν τώρα ξένο, άχρηστο και ανεπιθύμητο. Η ζωή είναι μια μαύρη αλυσίδα από ευχάριστα και δυσάρεστα γεγονότα για όλους μας, αυτό το γνωρίζει καλά και η νεαρή Μόνα. Το πλούσιο ζευγάρι, κάποτε όντας άτεκνο, προσέλαβε μια φτωχή κοπέλα πλην όμως όμορφη και έξυπνη, να φέρει στον κόσμο το πολυπόθητο μωράκι που θα συμπλήρωνε την ευτυχία τους. Μετά τον τοκετό θα της δίναν ένα σεβαστό χρηματικό ποσό, όπως το είχαν προσυμφωνήσει και να φύγει. Αλίμονο! Η «μισθοφόρος» τελικά αρνιόταν το ψυχρό χρήμα, «το παιδί μου φέρνει απέραντη χαρά και ευτυχία, δεν με νοιάζουν τα χρήματά σας, βάλτε τα στον κώλο σας», ισχυριζόταν. Η υπόθεση έφτασε στα δικαστήρια.

Ζήτησε από τον Ραμόν να της πει λεπτομέρειες για την Αρέθα. «Φύλαγε τα ρούχα σου, να έχεις τα μισά» του είπε έντρομη.

«Μην κάνεις άσχημες σκέψεις για την Αρέθα, γιατί πρώτα είναι μεγάλη σε ηλικία για να αναλάβει ευθύνες για το παιδί, την κουράζουν, και δεύτερον είναι ο τύπος του αλτρουιστή, νοιάζεται δηλαδή για την ευτυχία των άλλων. Ποτέ της δεν θα έβλαπτε συνάνθρωπό της. «Θα το δεις» την καθησύχασε ο παππούς Ραμόν, δίνοντάς της ένα σύντομο φιλί στο μάγουλο. Βιαζόταν να κλείσει το θέμα με την Μόνα πριν κατέβει η Τζένη και τους ακούσει. «Α, πρόσεχε, μη σου ξεφύγει τίποτα. Είναι μυστικό μας. Δεν θα πεις στην Τζένη για την Αρέθα και ούτε να μάθει η Αρέθα ότι έχω παντρευτεί. Το ξέρουμε μόνο εμείς οι δύο», την προειδοποίησε σκληρά. «Τσιμουδιά, αυτό σε θέλω» επανέλαβε την αθώα απειλή του. Η Μόνα κρεμόταν μετέωρη από τα χείλη του, ανύποπτη, παραδομένη στο τετράγωνο μυαλό του προστάτη της.

Οκτώ μήνες μετά

Παρ' όλο που ήταν έγκυος, η Αρέθα επέμενε να κατεβαίνει να παίρνει το πρωινό μαζί τους, με την Μόνα και τον Ορφέα, κάθε μέρα. «Στο τέλος της ημέρας», έλεγε, «θέλω να είμαι το ίδιο κουρασμένη με σένα, Μόνα. Δεν θέλω να είμαι από κείνες της Γερμανίδες που μένουν ξαπλωμένες όλη μέρα κι όταν έρχονται οι άντρες τους στο σπίτι, τους σέρνουν έξω κάθε βράδυ γιατί ξεχειλίζουν από αχρησιμοποίητη ενέργεια. «Η έλλειψη ενέργειας έχει καταστρέψει περισσότερους γάμους από τη μοιχεία» έλεγε φωναχτά την γνώμη της η Αρέθα, για το πόσο η πολύωρη παρουσία του άντρα στα πόδια της γυναίκας του όλη τη μέρα επηρεάζει δυσμενώς τη ζωή τους. «Η πλήξη, η ανία φέρνει τον χωρισμό», κατέληξε η έγκυος, με την Μόνα να έχει πάθει αυθυποβολή, δηλαδή νόμιζε ότι αυτή ζούσε την κατάσταση, κι όχι η Αρέθα. Αυτή ήταν η εγκυμονούσα, αυτή όφειλε να προσέχει τη συμπεριφορά της στον άντρα της, της είχε γίνει πια έμμονη ιδέα. «Το μίσος μπορεί δια της αυθυποβολής να οδηγήσει στο έγκλημα» διάβασε τον ορισμό για την αυθυποβολή στο λεξικό.

Ήταν στον όγδοο μήνα κι ακόμα κάτω από το φαρδύ νυχτικό και τη ρόμπα που φορούσε το φούσκωμα στην κοιλιά της ήταν τεράστιο κι αδέξιο. Ο Ορφέας ένιωθε τύψεις όταν την κοιτούσε. Άλλοτε περπατούσε τόσο αεράτα, αλλά τώρα ήταν αναγκασμένη να ισορροπεί με κόπο, με την κοιλιά της να πετάει και το βήμα προσεκτικό έτσι όπως περπατούσε στο δωμάτιό της ή όταν ήταν στο σαλόνι.

«Η φύση είχε δώσει στις γυναίκες (όχι σε όλες) ένα είδος απαραίτητης τρέλας, για να θέλουν να φέρουν παιδιά στον κόσμο» σκεφτόταν.

Κάθισαν στην τραπεζαρία με το χλωμό Απριλιάτικο φως του ήλιου να μπαίνει απ' τα παράθυρα, ενώ η Μάρθα τους έφερνε φρέσκο καφέ. Η Μάρθα, που την είχε διώξει η Ζαχά, η μητέρα του Ραμόν από το σπίτι τους στην Ήπειρο, έμεινε ένα χρόνο άνεργη, πέθαινε της πείνας κι είχε γίνει πετσί και κόκκαλο, είχε αλλάξει θαυμαστά από τότε που πέθανε η κυρά της και ο Ραμόν που την λυπήθηκε, την έφερε στην Αμνόβρυση να υπηρετεί την Αρέθα που ήταν σε ενδιαφέρουσα, σε τόσο προχωρημένη ηλικία, θα την έλεγες γιαγιά. Η Μάρθα μαγείρευε κάτι ιδιαίτερο για την έγκυο, και κοντά σ' αυτή έτρωγε και η ίδια τα πλούσια φαγητά που της ετοίμαζε σύμφωνα με το διαιτολόγιο που της είχε συστήσει ο γυναικολόγος της. Έτσι σιγά – σιγά οι ρυτίδες στο πρόσωπό της είχαν σβηστεί και το αιώνιο στράβωμα στο στόμα της προς τα κάτω είχε αντικατασταθεί από κάτι που έμοιαζε με... χαμόγελο

«Ο θάνατος ωφελεί σε κάτι» σκέφτηκε ο Ορφέας καθώς την παρακολουθούσε να σερβίρει ευγενικά τον καφέ μπροστά στην Αρέθα. Παλιότερα, στο σπίτι της Ζαχάς, θα πετούσε τον δίσκο με βρόντο πάνω στο τραπέζι, σαν μια ένδειξη της καθημερινής της αγανάκτησης ενάντια στην κακή της μοίρα. Ύστερα ο άντρας κοίταξε την Αρέθα, η εγκυμοσύνη είχε στρογγυλέψει το πρόσωπό της και δεν φαινόταν πια σαν ανέραστη γεροντοκόρη, απότομη, νευρική και πολυλογού. Ήρεμη και γεμάτη θηλυκότητα είχε ένα πρόσωπο απαλό που άστραφτε στο ηλιόφωτο.

-«Σήμερα το πρωί έχεις όψη αγίας» ψιθύρισε ο Ορφέας για την Αρέθα στη γυναίκα του.

-«Κι εσύ θα είχες όψη αγίου αν δεν είχε κάνει έρωτα μαζί μου δυο ώρες πριν», είπε η Μόνα, λίγο ένοχα.

-«Ελπίζω να είναι για το καλό του παιδιού μας» είπε ο Ορφέας.

-«Τι θα κάνεις σήμερα όλη μέρα;» ρώτησε εκείνος αμέσως μετά.

-«Θα 'ρθει μια υποψήφια νταντά να τη δω, ύστερα θα 'ρθουν τα έπιπλα για το παιδικό δωμάτιο και πρέπει να τα βάλουμε στη θέση τους με τη Μάρθα, και μετά πρέπει να συνοδεύσω την Αρέθα στον μαιευτήρα, να την ζυγίσει και να της αλλάξει τις βιταμίνες της. Αυτά τα λίγα έχω να κάνω σήμερα», είπε βαριεστημένα.

-«Μπορώ να πάω μόνη μου, μην ανησυχείς για μένα, πετάχτηκε η Αρέθα. Ευκαιρία να περπατήσω λιγάκι. Έχουν κουτσουριάσει τα πόδια μου».

-«Είσαι βέβαιη ότι μπορείς; Δεν είναι κάπως μακριά με τα πόδια;»

-«Όχι, όχι, ίσα-ίσα που θα μου κάνει καλό το περπάτημα», πρόσθεσε η έγκυος.

Περπατούσε αργά η Αρέθα στους δρόμους της πόλης και παρ' όλη την ομορφιά της, καθαρά πεζοδρόμια και δεντροφυτεμένα ανά δέκα μέτρα που αυτή την εποχή ήταν καταπράσινα και λουλουδιασμένα, με παράλληλο ποδηλατόδρομο και παρτέρια με εποχικά λουλούδια, ένα τοπίο παραδεισένιο, χάρμα οφθαλμών για τους περιπατητές, κι όμως η Αρέθα δεν έβλεπε τίποτα απ' το σύνολο της ωραίας φύσης, τα μάτια της ψυχής της ήταν σκοτεινά όπως ήταν και η καρδιά της. Η σκέψη ότι σ' ενάμιση μήνα όλα τα ωραία της τωρινής ζωής της θα τελειώνανε, την φόβιζε, την τρομοκρατούσε. Ήταν η ευτυχία της προσωρινή, είχε ημερομηνία λήξης: Θα γεννούσε το παιδί, και αμέσως θα το εξαφανίζανε, δεν θα είχε το δικαίωμα να το κρατήσει στην αγκαλιά της, να του δώσει το μητρικό της γάλα, να το δει να της χαμογελάει, να αισθανθεί τον ιερό δεσμό που δένει τη μάνα με το παιδί της, την αλληλοϋποστήριξη... Και εκείνη; Τι θα απογίνει; Που θα βρει καταφύγιο ώστε να επιβιώσει;

Μ' αυτές τις βαριές σκέψεις για ένα ζοφερό μέλλον, έφτασε στην πολυκατοικία όπου ήταν το ιατρείο του γυναικολόγου της. Στο σαλόνι αναμονής βρήκε άλλες δύο γυναίκες, η μία νέα κοπέλα, στα είκοσι δύο με είκοσι τέσσερα, η άλλη πατημένη τριανταπεντάρα, μπορεί να πλησίαζε τα σαράντα της, ήταν σοβαρές και αμίλητες. Δεν έδειχναν να είναι έγκυες, όπως αυτή σε προχωρημένη εγκυμοσύνη, ετοιμογέννητη. Η Αρέθα έπιανε την κοιλιά της κάθε που το μωρό γυρνούσε πλευρό, ταράζοντάς την. Οι δύο άλλες ασθενείς την κοίταζαν με διαφορετικό βλέμμα.

-«Είναι το πρώτο σας παιδί;» ρώτησε τελικά η νεαρή, σπάζοντας τη σιωπή τους.

-«Το πρώτο; Ε, όχι και το πρώτο», απάντησε δήθεν πειραγμένη η Αρέθα. «Έχω κάνει άλλα τρία, μεγάλα παιδιά τώρα, νόμιζα πως είχαν σταματήσει τα ρούχα μου, και πιάστηκε χωρίς να το έχουμε προγραμματίσει. Όταν έκανα τεστ, ήταν θετικό και ήμουνα στον πέμπτο μήνα. Ούτε λόγος για έκτρωση, είναι επικίνδυνη. Κι έτσι το κρατήσαμε, θα γεννηθεί τον άλλο μήνα», έπλασε την φανταστική ιστορία της η παμπόνηρη αλεπού. «Κι εσύ, τι πρόβλημα έχεις;» ρώτησε ευθύς την νεαρή.

«Ήταν η πρώτη μου σχέση, είμαι φοιτήτρια κι εκείνος πτυχιούχος φοιτητής. Δεν ήξερα ότι η ερωτική πράξη, το σφιχταγκάλιασμα δύο ετερόφυλων, η γλυκιά ηδονή των κορμιών μας θα κατέληγε σε οδυνηρό σοκ για μένα, γιατί εκείνος τελειώνοντας τις σπουδές του έφυγε από την πόλη, αφήνοντάς με απροστάτευτη. Έκανα τεστ, είναι θετικό και ήρθα να κάνω μια ένεση για να πέσει το έμβρυο. Ελπίζω να είναι αποτελεσματική και να μην καταφύγω σε επέμβαση, για έκτρωση», είπε σοκαρισμένη.

Αντίθετα η δεύτερη γυναίκα, ήρθε στον γιατρό να της κάνει μια ένεση για να μην αποβάλει, ήθελε πολύ να προχωρήσει η εγκυμοσύνη φυσιολογικά ως την γέννα.

Σε λίγο ο γιατρός άνοιξε την πόρτα του ιδιαίτερου ιατρείου και κάλεσε την νέα κοπέλα, κι ύστερα μπήκε η δεύτερη. Είχε περάσει σχεδόν μία ώρα όταν η Αρέθα μπήκε στο ιατρείο. Ήταν η τελευταία ασθενής του γιατρού για σήμερα, οπότε είχε χρόνο να κουβεντιάσει με την Αρέθα που την είδε πολύ αγχωμένη.

-«Πως είσαι λοιπόν Αρέθα;» τη ρώτησε με ενδιαφέρον. «Μια χαρά σε βλέπω εξ όψεως, ένα μήνα ακόμα υπομονή και μετά κομψή, ανάλαφρη και αποδεσμευμένη» της είπε. Η Αρέθα απεναντίας δεν έπλεε στο ίδιο μήκος κύματος με τον γιατρό, και δεν έκανε καμιά προσπάθεια να του αποκρύψει τους πραγματικούς προβληματισμούς της. Είχε συμπαθήσει τον γιατρό και με την ευκαιρία ότι σήμερα ήρθε μόνη της στο ιατρείο να την εξετάσει, δεν δίστασε καθόλου να ξανοίξει την καρδιά της:

-«Όπως είπες γιατρέ, ένα μήνα υπομονή ακόμα, και μετά τί; Το χάος, γιατρέ, αυτό με περιμένει, η θλιβερή μοναξιά μου, το άγνωστο μέλλον! Και απ' ότι ξέρω δεν μπορώ να κάνω κάτι για ν' αλλάξω τα πράγματα, με έχουν δέσει χειροπόδαρα, υπέγραψα χαρτιά με τον δικηγόρο τους. Η Μόνα και ο Ορφέας θα αρπάξουν το παιδί μου μέσα από την κοιλιά μου, θα με ξεκοιλιάσουν για να ζήσουν ευτυχισμένοι οι τρεις τους, μια ολοκληρωμένη οικογένεια! Και αυτή την απρόσμενη ευτυχία τους την χρωστάνε στον Ραμόν, ο οποίος εκμεταλλεύτηκε την καψούρα μου για την αφεντιά του και με παγίδευσε! Δεν τον κατηγορώ, το φταίξιμο είναι μόνο δικό μου, δεν είμαι αρκετά καπάτσα στον έρωτα, ώστε να δέσω τον γάιδαρό μου, να με παντρευτεί πρώτα και μετά... ας με τραβάει απ' τη μύτη μου... Κι αν τύχαινε το παιδί να είναι από δικό του σπέρμα, θα τα έβρισκε μπαστούνια με μένα ο πανούργος Ραμόν! Θα τον κυνηγούσα ως τα πέρατα του γης, στου διαόλου τη μάνα!» μιλούσε δυνατά και οργισμένη η καημένη η Αρέθα και το γοερό κλάμα της ξέσχιζε την καρδιά του γιατρού. «Ο Θεός, αν υπάρχει Θεός, είναι τόσο άδικος με τον φτωχό κοσμάκη», συνέχιζε η Αρέθα πιάνοντας το κεφάλι με τα χέρια της.

«Ηρέμησε, ηρέμησε! Πιες λίγο νεράκι να συνέλθεις», την παρότρυνε ο μαιευτήρας. «Μόνο ήλπιζε, η ελπίδα πεθαίνει τελευταία. Θα δούμε σύντομα τι καπνό φουμάρει αυτός ο γυναικοκατακτητής Ραμόν, ίσως κάποια χορδή της καρδιάς του χτυπάει ακόμα για σένα. Ίσως η πρώτη προτεραιότητά του να είναι η ευτυχία της εγγονής του, αργότερα θα πρέπει να νοιαστεί και για τον εαυτό του, τα γηρατειά του πλησιάζουν... Στα γεράματα θα θέλει να είναι ευτυχισμένος, αλλά τίποτα δεν μπορεί να αγοράσει την ευτυχία, θα έχει απλώς τα χρήματα για να αγοράσει τη δυστυχία που προτιμάει. Ηλικιωμένος είναι εκείνος που φοράει γυαλιά όταν κοιμάται, για να φαίνεται πιο όμορφος στα κορίτσια που ονειρεύεται! Κάθε στιγμή του που περνάει κάτι θα πεθαίνει μέσα του, αλλά και κάτι καινούργιο θα γεννιέται. Περίμενε Αρέθα!» είπε ο ειδικός επιστήμονας εκφράζοντας την δική του φιλοσοφία για την ζωή του ανθρώπινου είδους. Τα λόγια του που έσταξαν μέλι επέδρασαν σαν γλυκό βάλσαμο στην τρικυμισμένη καρδιά της ασθενούς του.

-«Άντε, πάμε να κάνουμε το υπερηχογράφημα να δούμε το μωράκι», την παρακίνησε.

Σκυμμένος πάνω από την φουσκωμένη κοιλιά της εξέταζε προσεκτικά το έμβρυο που είχε κατέβει στον κόλπο. Ήταν όλα φυσιολογικά, αγοράκι ήταν, αρκετά αναπτυγμένο. Ξαφνικά παρατήρησε ένα δεύτερο, σαν βατραχάκι μικροσκοπικό, πολύ πιο πάνω από το πρώτο, σε απόσταση. Έμεινε έκπληκτος, η Αρέθα είχε δίδυμα, αλλά δεν μπορούσαν να γεννηθούν ταυτόχρονα. Ίσως μεσολαβούσε μήνας πριν γεννηθεί το δεύτερο, ήταν ατροφικό ακόμα. Τα χέρια του έπιασαν το μέτωπό του. Ήταν σπάνιο φαινόμενο, δυο γέννες σ' ένα μήνα!

-«Υπάρχει πρόβλημα;» ρώτησε η γυναίκα ανήσυχη, κρίνοντας απ' το σοβαρό ύφος του γιατρού. «Θα πεθάνω πάνω στη γέννα;».

-«Όλα θα πάνε καλά, κορίτσι μου. Μόνο να με εμπιστεύεσαι. Εντάξει;» της είπε ο γιατρός και την βοήθησε να σηκωθεί. Αυτομάτως κατέστρωσε τα σχέδιά του. «Ο καλός, καλό δεν βλέπει» λέει η παροιμία. Για την άγια ψυχή της Αρέθας δεν ισχύει αυτό. Γίνεται κάποιες φορές, με το θέλημα του θεού, να βλέπει καλό και ο καλός. Έκανε μια καλή πράξη και, χωρίς να το απαιτήσει, της ανταποδίδεται μια άλλη καλύτερη. Η Αρέθα θα έχει το προνόμιο να βλέπει το παιδί της να μεγαλώνει κοντά της, θα το μορφώσει σύμφωνα με τις δικές της αρχές, καλό παιδί και άξιος να κληρονομήσει την περιουσία της. Θα της αποκάλυπτε το μυστικό του αργότερα, γιατί φοβόταν μήπως η Αρέθα από την μεγάλη της χαρά θα το μαρτυρούσε και τότε όλα τα σχέδιά του θα στράβωναν.

-«Θα σου τηλεφωνήσω σε δυο εβδομάδες. Πρέπει να σε δω μία ακόμα φορά πριν τον τοκετό. Θα γεννήσεις, όπως υπολογίζω, μέσα σε είκοσι μέρες. Οπότε μία εξέταση πριν τη μεγάλη μέρα, είναι απαραίτητη. Αλλά ας κλείσουμε το ραντεβού μας τώρα. Τι λες σε βολεύει για την άλλη Πέμπτη στις μία το μεσημέρι;», ρώτησε.

-«Είναι εντάξει. Θα έρθω όπως συμφωνήσαμε. Ευχαριστώ πολύ γιατρέ», είπε η Αρέθα.

Η μεθεπόμενη Πέμπτη έφτασε, ο γιατρός εξέτασε την έγκυο πιο προσεχτικά από την προηγούμενη, διέγνωσε την καλή κατάσταση των δύο εμβρύων, και ύστερα κουβεντιάσανε:

«Αύριο, είναι η μέρα σου. Θα μείνεις απόψε στην κλινική. Όπως ξέρεις, όταν το παιδί γεννηθεί με το καλό, το ζευγάρι με τον δικηγόρο τους θα το πάρουν απ' εδώ και θα το μεταφέρουν σε ιδιωτικό μαιευτήριο για όσο καιρό αυτοί θέλουν, πιθανόν δέκα ημέρες. Μετά το μωρό τους θα μεγαλώσει στο σπίτι τους. Δεν θα σου επιτρέψουν να το ξαναδείς. Όσο για σένα, θα φροντίσω να μείνεις εδώ τρεις μέρες, και μετά, αν θέλεις, μπορείς να μείνεις στο σπίτι μου, να κάνεις παρέα την γυναίκα μου. Χρειάζεσαι ανάπαυση, καλό φαΐ και καλή παρέα. Αυτά για το παρόν, μετά θα δούμε».

Η Αρέθα έπιασε το χέρι του γιατρού και το φίλησε. «Να είσαι καλά, γιατρέ μου. Δεν θα ξεχάσω ποτέ την καλοσύνη σου», ψέλλισε η Αρέθα.

Όλα έγιναν βάσει νόμου. Όλα πήγαν καλά βάσει καλού προγραμματισμού του. Ένα μήνα μετά η Αρέθα γέννησε το δικό της αγόρι, ένα πιτσουνάκι, ζύγιζε μόλις 1.800 γραμμάρια, αλλά χάρη στις φροντίδες της κυρίας Ελένης, που το αγαπούσε σαν δικό της παιδί, μεγάλωσε, και σ' ένα χρόνο είχε παχύνει και ψηλώσει. Ο γιατρός και η κυρία Ελένη, η γυναίκα του, συζητούσαν τι όνομα θα του δίνανε, ήθελαν να το βαπτίσουν. Κατέληξαν να το πούνε Νώε, ο εκλεκτός του Θεού που έφκιαξε την Κιβωτό για να σώσει πολλά είδη από τον κατακλυσμό.

«Οι άνθρωποι δεν σκέπτονται το μέλλον όταν βαπτίζουν τα μωρά», είπε η Ελένη. «Ο Νώε φαίνεται έξυπνος. Καταλαβαίνει. Θα έχει μέλλον. Θα υποστηρίξει τη μαμά του στα γεράματά της. Θα συντηρήσει το σπίτι και το τυροκομείο. Θα τον ζηλεύουν πολλοί για την εξυπνάδα του».

Της άρεσαν της Αρέθα, οι έπαινοι για τον γιο της. Φυσικά, θα επισκευάσει το παλιό σπίτι και το τυροκομείο εκεί στην Ήπειρο, πολύ πιθανό να γίνει μεγάλος επιχειρηματίας, να κάνει λεφτά, να έχει ένα λαμπρό μέλλον. Όμως εκείνο που την ενδιέφερε τώρα περισσότερο απ' όλα τα παραπάνω, ήταν το κατά πόσο η ύπαρξη του παιδιού της θα επηρέαζε την σχέση της με τον Ραμόν. Φαντάστηκε να χτυπάει το τηλέφωνό της, πως ήταν αυτός που την καλούσε, κι εκείνη να του εξηγεί όσο πιο γρήγορα μπορούσε τι είχε γίνει αυτόν τον χρόνο, πως ο Νώε ήταν ασφαλισμένος μαζί της, και πως αν ήθελε να τον δει θα τον πήγαινε η κοινωνική λειτουργός στο σπίτι του σε δυο-τρεις μέρες, εκτός φυσικά αν ήθελε νάρθει αυτός στο μέρος της.

-«Όχι», είπε εκείνος. «Προτιμώ να τον φέρει η κοινωνική υπηρεσία».

Μια πονηρή ευχαρίστηση. Μια δικαιολογία για να πάει εκείνη στην Ήπειρο την Τρίτη ή την Τετάρτη. Ο Ραμόν. Θα πίνανε το ποτό τους, ρούμι με λεμόνι, θα ξαπλώνανε στο μαλακό κρεβάτι του μέσα στο μισοσκόταδο, το παντελόνι και οι κάλτσες του ριγμένα στο πάτωμα, τη γλυκιά ζεστή ανάσα του που ανακατεύονταν με τη δική της.

Καλύτερα να μην το σκέπτεται.

«Δεν χρειάζεται να σου πω πόσο ευγνώμων είμαι, Ραμόν», είπε η Αρέθα. «Ανοησίες», είπε εκείνος. «Όταν θ' αποκτήσω γιο, θα περιμένω να τον φροντίσεις για λίγες μέρες. Θα σε ειδοποιήσω με ποιο λεωφορείο έρχεται. Και ίσως να 'ρθω να σε επισκεφτώ μια μέρα, σύντομα». Οι ζωές δυο ξένων. Τα δύσκολα χρόνια πέρασαν και τώρα ήρθε η συντριπτική επιτυχία με την γέννηση του Νώε, άνοιξε ο δρόμος για ακόμα σημαντικότερες επιτυχίες της.

Η απουσία του Ραμόν για δυο σχεδόν χρόνια, η απόσταση μεταξύ τους, έκανε τα πράγματα πιο ξεκάθαρα, η λογική θα επικρατούσε στις αποφάσεις τους. Αν δεν είχε γκαστρωθεί, αν δεν είχε γεννήσει, δεν θα είχαν ηρεμήσει τα χέρια της, Ήταν χαρούμενη που έτσι γλύτωσε τον ψυχαναλυτή, γιατί την είχε κάνει να νιώσει γυναίκα και μητέρα. Τέλος μια ολοκληρωμένη γυναίκα, με ανεβασμένη την αυτοπεποίθησή της. Θα τον έβγαζε Knock-out αν της τηλεφωνούσε αυτή τη στιγμή. Ήταν προετοιμασμένη. Το τηλέφωνο χτύπησε. Ήταν εκείνος.

-«Κι εγώ μισώ τα τηλέφωνα», του είπε. Δεν τον άφησε να συνεχίσει. Κατάλαβε.

-«Ζεις με άλλη γυναίκα;» τον ρώτησε. Αυτός συγκατάνευσε, εκείνη μέσα της κατάλαβε. Εκείνος από μέσα του την ευχαρίστησε που δεν τον άφησε να της το πει χύμα, με λόγια που πονάνε.

-«Μου έβγαλες ένα βάρος», συνέχισε η Αρέθα χαρούμενη με τα νέα του. «Χρειάζεσαι μια γυναίκα, κάποιος να σε νοιάζεται στα γεράματά σου», συμπλήρωσε -μάλλον αποτελείωσε- τον διάλογό τους η Αρέθα με στωικότητα.

-«Θα πληρώσω ένα ταξί, θα έρθει να σε πάρει αύριο ή μεθαύριο. Εσύ θα το αποφασίσεις» της είπε.

Η φωνή του ήταν σκληρή, σαν αυτή του εξουσιαστή.

ΑΣΦΑΛΩΣ, ΗΤΑΝ Η ΧΡΥΣΗ ΤΟΥ ΩΡΑ.

Κεφάλαιο 33

Αρραβώνας...
λόγω συμφωνίας
χαρακτήρων

Ήταν τα γενέθλια του Νώε, θα έκλεινε τα έντεκα και θα πατούσε τα δώδεκα. Ήταν μια ηλιόλουστη, καλοκαιρινή μέρα. Τίποτα κακό δεν προμηνυόταν. Ένα περιπολικό σταμάτησε στην αυλόπορτά μας. Ο εισαγγελέας συνοδευόμενος από δύο αστυνομικούς. Η μία ήταν γυναίκα, ψυχολόγος της Αστυνομίας. Εν συντομία μου εξήγησε πως με δικαστική απόφαση, το παιδί μου πρέπει να πάει στους πραγματικούς γονείς του, και στον δίδυμο αδελφό του που είναι παιδί με ειδικές ανάγκες. Είναι κωφάλαλο. Η συντροφιά του αδελφού του Νώε, ίσως κάνει το θαύμα που περιμένουν με λαχτάρα. «Μην προσπαθήσεις να τον κρατήσεις», μου είπε. «Θα τον χάσεις».

Κουφάθηκα. Όμως... βασιλική διαταγή και τα σκυλιά δεμένα. Έβαλα λίγα από τα ρούχα του σ' ένα σακ-βουαγιάζ. Μύριζαν αγιόκλημα, το άρωμα από το μαλακτικό. «Το άρωμά τους θα κρατάει όσο κρατάει η αγάπη της μάνας», του είπα. Έπνιξα στα βάθη της καρδιάς μου τη λύπη, δεν φανέρωσα τα πραγματικά συναισθήματα, είναι ευμετάβλητα και καταστροφικά. Δεν βοηθούν πουθενά. Μόνο η εργασία μπορεί να κατοχυρώσει ουσιαστικά τον άνθρωπο. Μπήκα στο εργαστήριο του τυροκομείου μου όπου με περίμενε η ομάδα των συνεργατών μου. Με τη δουλειά αποξεχάστηκα. Εργασία και χαρά!!!

«Με λουλούδια, βιβλία και εργασία, και ποιος δεν θα ήταν ευτυχισμένος». ΚΙΚΕΡΩΝ.

Ωστόσο, θα ήταν ψέμα και μεγάλη υποκρισία αν έλεγα ότι οι επόμενες ώρες στη δουλειά σήμερα κύλησαν το ίδιο ευχάριστα όπως τις άλλες μέρες. Η ατμόσφαιρα στο εργοστάσιο ήταν βαριά ενώ μια... πένθιμη βουβαμάρα κυριαρχούσε παντού. Δουλεύαμε όλοι σκεπτικοί, οι κινήσεις μας ήταν αργές. Όταν τελειώσαμε μ' αυτές που δεν αναβαλλόταν για αύριο, είπε πρώτη: «Η πολλή δουλειά τρώει τον αφέντη. Δικαιούμαστε ένα διάλειμμα». Καθίσαμε στην τραπεζαρία. Τρεις άντρες και πέντε γυναίκες. Η καθαρίστρια μας σέρβιρε παγωμένο τσάι.

«Άλλοι σκάβουν και κλαδεύουν, κι άλλοι πίνουν και μεθάνε» είπε την παροιμία ο Σάββας.

«Τι εννοείς;» ρώτησε η Μαρία.

«Θέλω να πω πως έπρεπε η Αρέθα ν' αντιδράσει, να μην δώσει το παιδί της. Δούλεψε σαν άλογο δώδεκα χρόνια να το μεγαλώσει, κι ήρθε ο γάιδαρος να το φάι κοτζάμ παιδί. Να τον φτύσω, θα πάει χαμένο το σάλιο μου», συνέχισε νευριασμένος ο Σάββας, εννοώντας τον Ραμόν, τον πραγματικό γάιδαρο. Τότε η Αρέθα πήρε τον λόγο. «Δεν θα το έκανα ποτέ αυτό το κακό στον Νώε. Να μπούμε στον κύκλο με την κιμωλία, οι δυο μάνες και στη μέση το παιδί, και να το τραβάμε. Κι όποια το τραβήξει πιο δυνατά έξω απ' τον κύκλο αυτή θα το πάρει. Αυτή η λύση είναι μεσαιωνική, να ξεκολλούσα το χεράκι του;». Όλοι σωπάσαμε για ένα λεπτό. Κι ύστερα ξεσπάσαμε σε δυνατά χειροκροτήματα. «Μπράβο Αρέθα, είσαι στη σωστή πλευρά της ιστορίας. Έχεις δίκαιο, κάνε κουράγιο ως το τέλος».

Και μετά την αγκαλιάσαμε ένας-ένας με τη σειρά και την αφήσαμε. Θα ήθελε να μείνει μόνη. Να σκεφτεί, πως είναι χίλιες φορές καλύτερα να έχεις πιστούς φίλους παρά ένα φλογερό εραστή που αποδείχνεται ένας απόλυτης δυνάστης μετά από πολλά-πολλά χρόνια.

Μ' αυτή της την διαπίστωση ένιωσε καλύτερα ψυχολογικά και κάθισε στον καναπέ στο σαλόνι της να χαζεύει με την τηλεόραση, που εκείνη τη στιγμή μετέδιδε τον σοβαρό τραυματισμό του διάσημου συγγραφέα Σαλμάν Rushdi, κατά την ομιλία του σε πανεπιστήμιο της Νέας Υόρκης. «Που μπορεί να φτάσει το μίσος του κόσμου», σκέφτηκε λυπημένη. Ο εν λόγω συγγραφέας ήταν λάτρης των κατοικίδιων ζώων, την αγάπη του για τα σκυλάκια την αποτύπωνε στους στίχους του. Είχε σκεφτεί κι αυτή να υιοθετήσει ένα σκυλάκι, έρχονταν πολλά αδέσποτα στο τυροκομείο, τα τάϊζε, είχαν γλυκαθεί, ήταν άπληστα, λυκόσκυλα.

«Βάλε το λύκο μπιστικό, το σκύλο τυροκόμο» λένε πολλοί ντόπιοι. Η Αρέθα ήθελε ένα ευαίσθητο ζωάκι, ένα αδελφάκι για τον Νώε. Όταν αργά το απόγευμα βγήκε στο μπροστινό κήπο, το είδε και δεν το πίστευε! Ένα μικρόσωμο κανίς – δύο χρόνων περίπου, με άσπρο κεφάλι και κοιλιά και τη ράχη του μπεζ, είχε κολάρο στο λαιμό, έτρεξε κοντά της με τέτοια οικειότητα σαν να την γνώριζε από χρόνια. «Καλώς ήρθες, Σαλμάν», είπε χαρούμενη και του χάϊδεψε το κεφάλι. Είχε μια πληγή στο ένα πίσω του πόδι. Κούτσαινε, μα θα τον φρόντιζε. Κάποιος παραθεριστής από Αθήνα θα το είχε εγκαταλείψει, ποιος ξέρει για ποιο λόγο, ρίχνοντάς το στην αυλή της. Ήταν προφανώς μία από τις καλές συμπτώσεις που σπάνια τυχαίνουν στον άνθρωπο. Έφυγε ο Νώε, ήρθε ο Σαλμάν!!! Το ευτυχέστερο θα ήταν να τους είχε και τους δύο στο σπίτι της. Προσευχήθηκε στο Θεό! Πίστευε βαθιά μέσα της, έστω κι αργά, το παιδί της, ο Νώε, να την επισκεπτόταν ξαφνικά και απροειδοποίητα:

«Θα 'ρθες ελπίδα της ζωής,

θα 'ρθες παιδί μου πάλι,

γιατί κρατώ αμόλυντη μες στην καρδιά τη θέση,

που σου 'χα πάντα σαν φωλιά μες στη ζεστή μου αγκάλη,

θυμήσου, σαν σε κράταγα σφιχτά μες στο δικό μου χέρι».

Αλλά, ...αλλά, όπως συμβαίνει και με τα όνειρά μας, πολλές φορές βγαίνουν εντελώς αντίθετα απ' αυτό που ονειρευόμαστε, έτσι, το ίδιο συμβαίνει και με τις βουλήσεις του Θεού, αλλά θέλουν οι άνθρωποι μα τελικά γίνεται αυτό που θέλει ο Θεός. Πέρασαν οκτώ μήνες, ήρθε ο επόμενος Απρίλης, όταν ένα Σάββατο απόγευμα κάποιος κύριος χτύπησε το μάνταλο στην αυλόπορτά της. Η Αρέθα με τον Σαλμάν, πήγαν ως έξω να μάθουν τι ζητούσε ο ξένος άντρας.

«Εμίλ, αγόρι μου, δόξα τω Θεώ, χαίρομαι που είσαι καλά, χαίρομαι που σε ξαναβλέπω», παραληρούσε ο επισκέπτης κοιτάζοντας αχόρταγα τον σκύλο. Η Αρέθα πάγωσε ολόκληρη. Κόντεψε να λιποθυμήσει. «Ώστε λοιπόν αυτός ήταν το πρώην αφεντικό του Σαλμάν; Και τι θράσος! Με ποιο δικαίωμα έρχεται να το διεκδικήσει ξανά; Που ήταν όταν το ζωάκι πεινούσε, πονούσε και ξεπάγιαζε;». Ο πρώην ιδιοκτήτης του σκύλου, κατάλαβε ότι η γυναίκα φοβήθηκε μήπως ήρθε να της το πάρει, και της ζήτησε ευγενικά να του επιτρέψει να τον αγκαλιάσει μόνο για λίγο στην αυλή της. Το σκυλάκι ευτυχισμένο πηδούσε από τη μια αγκαλιά στην άλλη, έτρεχε στον κήπο και ξανά ερχόταν κοντά τους.

Το ζευγάρι είχε στο μεταξύ πιάσει την κουβέντα, άνοιξε ο ένας την καρδιά στον άλλον. Η αδελφή του, έπασχε από καρκίνο και την πήγε στην Αμερική να νοσηλευτεί σε νοσοκομείο εκεί. Μα δυστυχώς πέθανε. Την αποτεφρώσανε στην Καλιφόρνια. Εκείνος γύρισε στην Αθήνα. Δεν είχε παντρευτεί ούτε είχε παιδί. Ζει μόνος του σε πολυκατοικία στο Παγκράτι. Η Αρέθα του εξομολογήθηκε το πάθημά της με τον Νώε.

«Διαβολομαζέματα – ανεμοσκορπίσματα» πρόσθεσε ο άντρας «Αδικιάς σπειρί σπαρμένο, κι αν φυτρώσει δεν σταχιάζει». Η Αρέθα εκτίμησε την σοφή γνώμη του. Με τον Αιμίλιο η Αρέθα ένιωσε, απόλυτη ηρεμία και ασφάλεια.

«Ο Θεός μας έδωσε τη ζωή να την απολαμβάνουμε με εντιμότητα, μέσα στη νομιμότητα. Ό,τι ανέντιμο και παράνομο, είναι μια επώδυνη δοκιμασία» είπε ο άντρας. Η γυναίκα συμφώνησε ξανά μαζί του. «Δεν θα διαλυόταν ποτέ ο αρραβώνας τους για.. ασυμφωνία χαρακτήρων».

Κεφάλαιο 34

Το δόλωμα της ευτυχίας

Με το δεξί πόδι ο Αιμίλιος μπήκε στο σπίτι της Αρέθας, που τον ακολούθησε πόντους πίσω του. Κάνει απότομη μεταβολή εκείνος και την φιλάει στον διάδρομο. Ύστερα από εκείνο το φιλί (στον διάδρομο) οι ώρες για την Αρέθα έτρεχαν με τρομακτική ταχύτητα. Ένιωσε πως στο εξής θα τον ακολουθούσε μόνιμα ως τον κάτω κόσμο. Μόνο όποιος γνωρίζει το πιο γλυκό από τα πάθη, αυτό που η διάρκειά του συντομεύει κάθε μέρα από την ηλικία, τον χρόνο, από κάποια βαριά ασθένεια, από την ανθρώπινη μοίρα, μόνο αυτός θα καταλάβαινε το γλυκό βάσανο της Αρέθας. Αγάπη, αίσθημα, πόνος, αφοσίωση, είναι το υφάδι της ζωής των γυναικών. Η ευτυχία της προηγουμένως με τον Ραμόν, έμοιαζε σαν τα σκόρπια καρφιά που μάζευε για να γεμίσει τη φούχτα της. Η θλίψη δεν αργοπορεί ποτέ, και σ' αυτήν έφτασε νωρίτερα απ' ότι το περίμενε.

-«Μη βάζεις στην ίδια ζυγαριά τη ζωή μου και την δική σου, εγώ μπορεί να χαθώ, ίσως σου παρουσιαστεί καμιά ευκαιρία για πλούσια αποκατάσταση. Άρπαξέ την πριν σου ξεφύγει», της είχε πει με ψεύτικο ενδιαφέρον την τελευταία φορά που είχαν συναντηθεί όταν γύρισε στην Ήπειρο από την Αμνόβρυση. Πριν τον Ραμόν (Έρασμος) η Αρέθα έμοιαζε με την Παναγία πριν από την σύλληψη του Ιησού. Όταν εκείνος, ο Ραμόν, την εγκατέλειψε έμοιαζε με την Παναγία μητέρα. Είχε συλλάβει τον Έρωτα. Αυτές οι δυο Αρέθες, τόσο διαφορετικές και τόσο καλά ζωγραφισμένες. Ο πρώτος έρωτάς της με τον Έρασμο, αυτός που ήταν καταραμένος από τον πατέρα της, της είχε κοστίσει τη ζωή της μητέρας της, κι έκτοτε μόνο θλίψη της προκαλούσε ανακατεμένη με ασθενικές ελπίδες. Ο συντοπίτης της δεν ήταν πια γι' αυτήν παρά μια μικρή κουκίδα στον χώρο της λαμπρής προοπτικής της. Ο αναπάντεχος ερχομός του πρωτευουσιάνου Αιμίλιου την ανάγκασε ν' αλλάξει τις κακές της συνήθειες: Είχε μάθει να ντύνεται με γούστο, ήταν γλυκομίλητη, είχε εξασκήσει το βλέμμα της να δείχνει μελαγχολικό, αυτό που προκαλεί το ενδιαφέρον του άντρα και τον κάνει να πιστεύει πως έχει συναντήσει τον άγγελο του ουρανού που τόσο πολύ αναζητούσε χρόνια και χρόνια πάνω στη γη. Έκανε ηλιοθεραπεία στην ταράτσα του σπιτιού της για να πάρει η επιδερμίδα της σκούρο χρώμα, είχε γίνει πιο αποφασιστική, τολμηρή, γρήγορη σε αποφάσεις για να κυριαρχήσει, να πετύχει τη φήμη της πιο ποθητής γυναίκας στο χωριό της. Έκανε την αυτοεκτίμησή της, το μεγαλύτερο κίνητρο, για τις περήφανες ψυχές, σε αντίθεση με τη φιλαυτία – αυταρέσκεια – όπου βρίσκει γόνιμο έδαφος να φυτρώσει και να αναπτυχθεί η αυταπάτη, που μεταμφιέζεται σε αυτοεκτίμηση. Δεν είχε ποτέ κλίση η Αρέθα για φιλαυτία, - άρρωστο εγωισμό – αλλά αυτό το τεχνητό πάθος μεγάλωσε μέσα της όταν γνωρίστηκε και αρραβωνιάστηκε με τον Αιμίλιο και το γνωστοποίησε αμέσως στον κόσμο. Τώρα πια περπατάω στον δρόμο καμαρωτά, κάτι που έχω να κάνω από τότε που ήμουν δώδεκα χρόνων, όταν άρχισα να ψηλώνω.

Έχω φουσκώσει από περηφάνεια, παρ' όλο που κάθε κύτταρο του μυαλού μου, μου λέει «μη», εγώ δεν μπορώ να αντισταθώ και να μην το πω στην ξαδέρφη μου. Τρέχω σπίτι της, στο μικρό καθιστικό και της λέω τα πάντα, πως ήρθε στο σπίτι μου με πρόφαση το σκύλο, μα στην ουσία ήρθε για μένα. Ο Αιμίλιος είναι σύμβουλος ψυχικής υγείας στο ίδρυμα έκθετων παιδιών στα Γιάννενα.

-«Τι ειρωνεία για ένα εργένη», βγάζει έναν αναστεναγμό που σημαίνει πως η ζωή μόλις και μετά βίας είναι ανεκτή κάτω απ' αυτές τις συνθήκες διαβίωσης. Η Παναγούλα ρίχνει παγάκια στο κρύο τσάι της.

«Ναι, αλλά είναι μια αρχή» της λέω.

«Μια αρχή για τί; Να δίνει συμβουλές για το πως ένα παραμελημένο απ' τους γονείς του παιδί θα νιώθει καλά δίπλα σ' ένα θετό γονέα, τη στιγμή που...» αναστενάζει ξανά αργά και παρατεταμένα, σαν σκασμένο λάστιχο η Παναγούλα. Γυρνάω το κεφάλι μου απ' την άλλη μεριά και αναρωτιέμαι αν όλοι στην πόλη θα σκεφτούν το ίδιο πράγμα. Ήδη η χαρά μου εξανεμίστηκε. «Αρέθα, εσύ δεν ξέρεις καλά-καλά πως να του γυαλίσεις τα παπούτσια του, πόσο μάλλον να τον συμβουλεύσεις πως να βοηθήσει ένα παιδί που περνάει τα δύσκολα χρόνια της εφηβείας του». Ο θυμός μου ανεβαίνει από τα χέρια στο κεφάλι. «Τι νομίζεις; Πως θέλω να ζήσω για πάντα μαζί σου; Να γεράσω με εσένα;» γελάω μ' ένα τρόπο που ελπίζω να την πληγώσει. Ένα στα δυο βράδια έβγαινα με τον Αιμίλιο και την χαρούμενη παρέα του. Κάποιο βράδυ είχε έρθει στην παρέα μας ο διευθυντής του ιδρύματος και μου αποκάλυψε πως πολλές μητέρες που έχουν προβλήματα με τα παιδιά τους στέλνουν γράμματα στο ίδρυμα ζητώντας την βοήθεια του Αιμίλιου. «Είσαι έτοιμη να διαβάζεις τα γράμματα και να απαντάς;» με ρώτησε. Αυτή η δουλειά έδινε στη ζωή μου ένα νέο περιεχόμενο κι ένα αλλιώτικο χρώμα. Δεν ήξερα πολλά για την παιδική ψυχολογία και δεν ενδιαφερόμουν, πράγμα που το αναγνώριζα χωρίς εγωισμό και ντροπή, μα που πρόθυμα μιλούσα γι' αυτό στον Αιμίλιο τα βράδια, που δεν τον πείραζε, του αρκούσε που ακούγοντάς με γαλήνευε. Είχε γίνει το πρόσωπο που με ενέπνεε ασφάλεια. Βρισκόταν πάντα δίπλα μου όταν ήθελα να του μιλήσω, με πήγαινε παντού, χωρίς ποτέ να με προσβάλει για την κατωτερότητά μου και την άγνοιά μου. Όταν ο Ραμόν έμαθε για τη θέση μου στο ίδρυμα έκθετων παιδιών, θέση που την κέρδισα με το σπαθί μου κι όχι με την δήθεν επιρροή του Αιμίλιου, μου τηλεφώνησε: «Συγχαρητήρια για τη νέα σου θέση στο ίδρυμα», είπε. «Ευχαριστώ πολύ για τις ευχές σου», απάντησα. «Τι σκοπεύεις να κάνεις απόψε;» ρώτησε ο Ραμόν. Αντί να του απαντήσω, ρώτησα αμέσως τον Αιμίλιο: «Τι θα κάνουμε απόψε, γλυκέ μου; Έχεις καμιά καλή ιδέα;». Η γραμμή ήταν ανοιχτή επίτηδες για τον Ραμόν. «Και βέβαια. Θα πάω να ψωνίσω, θα καθίσουμε στο μπαλκόνι μιας και κάνει καλό καιρό, θα δειπνήσουμε και οι τρεις μαζί εδώ ήσυχα, ώστε ο σκύλος κι εγώ να συνηθίσουμε στην καινούργια ζωή σου», είπε αποφασιστικά ο Αιμίλιος.

«Ωραία. Θα κάνω ένα τηλεφώνημα» είπα. «Δεν είναι καθόλου ευγενικό αυτό που θα κάνω» πρόσθεσα.

«Σωστά. Εσύ θα τηλεφωνήσεις κι εγώ θα πάω να ψωνίσω για τρεις» είπε ο Αιμίλιος κι έφυγε. Το σκυλάκι, ο Σαλμάν, πήδησε στα γόνατά μου, μ' άρπαξε απ' τα μαλλιά, παίζοντας. Του μίλησα γλυκά, του έλεγε πόσο γοητευτικό, έξυπνο και χαϊδιάρικο ήταν. Ύστερα συνέχισα να μιλάω στον Ραμόν. «Λυπάμαι αλλά δεν μπορώ να σε δω απόψε» του είπα.

«Είσαι άρρωστη;» ρώτησε εκείνος.

«Όχι, όχι, μα έχω ένα σκυλάκι», δικαιολογήθηκα.

«Σκυλάκι; Μα ποιος σου το χάρισε;» ρώτησε μετά από ολιγόλεπτη σιωπή.

«Ένας φίλος του Αιμίλιου, ο Μάριος. Είναι κτηνίατρος».

«Τον γνωρίζεις;» ρώτησε.

«Λίγο», του απάντησα αόριστα. «Πάντως έχω εδώ το σκυλάκι τώρα και δεν μπορώ να το αφήσω μόνο του γιατί θα ουρλιάζει έως ότου να γυρίσει ο Αιμίλιος από την αγορά».

«Θέλεις να στείλω τη Μάρθα να το φυλάει;» ρώτησε.

«Η υπηρέτριά σου δεν είναι για να φυλάει το σκυλάκι μου. Είναι εκεί για να προσέχει εσένα», είπα.

«Τι ράτσας σκυλί είναι;» ρώτησε ο Ραμόν.

«Δεν ξέρω ακριβώς. Πάντως είναι μικρούλικο με κατσαρό, πυκνό τρίχωμα. Άσπρο – μπεζ».

«Έπρεπε να με είχες ρωτήσει αν ήθελες σκυλάκι. Γνωρίζω τα καλύτερα κυνοτροφεία της πόλης», είπε σαν να με μάλωνε.

«Συγνώμη, Ραμόν, πρέπει να κλείσω. Το σκυλάκι με αναζητάει. Α, να, ακούω το φρενάρισμα του αυτοκινήτου. Ήρθε ο Αιμίλιος. Καληνύχτα».

Ουφ! Είπα ανακουφισμένη. Τώρα ήμουνα ελεύθερη απ᾽ το παλιό μου σαράκι, τον θλιβερό έρωτα, είχα ένα σκυλάκι για παιδάκι κι ένα γοητευτικό, εκλεκτικό άγνωστο άντρα που φρόντιζε τώρα για το βραδυνό φαγητό μας. Για πρώτη φορά στη ζωή μου θα πέρναγα τη βραδιά μου μ᾽ έναν άγνωστο άντρα που φαινόταν στην ίδια ηλικία με μένα. Η συνάντηση αυτή έκανε την καρδιά μου να χτυπά παράξενα. Ήταν η πρώτη πραγματική ερωτική εμπειρία μου, είχα στο κρεβάτι μου έναν άντρα με σάρκα και ψυχή, τον έπιανα και μ᾽ έπιανε. Καμία σχέση με τον φανταστικό εραστή της προηγούμενης ζωής μου. Δεν θα έλεγα τώρα τον Έρασμο της νιότης μου, ο εραστής μου, ο σύντροφός μου, μόνο που θα τον αποκαλούσα «μαύρη σκιά». Έπρεπε να περάσω «δια πυρός και σιδήρου» για να σμίξω με τον Αιμίλιο. Στις δέκα το βράδυ το σκυλάκι κοιμόταν και εκείνος μου μιλούσε για τον εαυτό του. «Ίσως με περάσεις για βιαστικό και απότομο, αλλά όταν σε είδα με τον Ραμόν, κατάλαβα ότι είσαι η γυναίκα που μου είχε μιλήσει ο Μάριος. Τότε έγινα τρελός από ζήλεια και θυμό, γιατί αυτός ο τύπος με το ψεύτικο όνομα είναι νεκρός. Ζει με τα λεφτά του και για μένα είναι επικίνδυνος, πάσχει από «ναρκισσιστική διαταραχή» δεν έχει μέσα του συναισθήματα, ούτε ενσυναίσθηση για τον άνθρωπο. Και όποιος ξεγελιέται από την εμφάνισή του και τον συναναστρέφεται, δεν κερδίζει τίποτα άλλο παρά θλίψη και απομόνωση, ζει στο κελί του».

«Κανένας δεν φυλακίζεται αν δεν το θέλει ο ίδιος» έκρινε η Αρέθα.

«Δυστυχώς, εξαρτιόμαστε πάντα από εκείνους που είναι δίπλα μας και ζούμε μαζί τους. Ζυμώνεσαι μαζί του, γίνεσαι ένα και το αυτό», αποφάνθηκε ο Αιμίλιος.

«Κατ' αρχήν δεν ζω με τον Έρασμο Νάσκα εδώ και πολλά χρόνια. Τα τσανάκια μας τα έχουμε χωρίσει. Ακόμα και τα παιδιά μας», συμπλήρωσε η Αρέθα, για να ξεκαθαρίσει μια και καλή κάθε μπερδεμένη έννοια.

«Τώρα το πιστεύω».

«Εκτός αυτού μου φέρθηκε πάντα θαυμάσια, πολύ ευγενικά και χωρίς να μου ζητήσει… ανταλλάγματα» μουρμούρισε η Αρέθα.

«Με κάνεις να πιστεύω ότι είσαι δώδεκα χρόνων. Ζεις στα τυφλά. Θα προσπαθήσω να σε κάνω να δεις τη ζωή φυσιολογικά».

Με τράβηξε κοντά του, μου χάιδεψε τα χέρια, την πλάτη, το στήθος μου, κι ύστερα έπεσε πάνω μου. Η καρδιά μου χτυπούσε δαιμονισμένα. Με φίλησε με πάθος. Αργότερα τη νύχτα, ξαπλωμένοι ο ένας δίπλα στον άλλον, ψιθυρίζαμε γλυκόλογα κι αναρωτιόμαστε πως δεν είχαμε συναντηθεί είκοσι-τριάντα χρόνια νωρίτερα και πως μπορέσαμε να ζήσουμε μέχρι τώρα, ο ένας μακριά απ' τον άλλον. Τον αγαπούσα χωρίς να ξέρω τον λόγο. Γιατί αυτόν; Γιατί τέτοιος δυνατός έρωτας αν και καθυστερημένος; Μια και μόνη νύχτα αποδείχτηκε ικανή να κάνει τη ζωή μου να μοιάζει με κατακόκκινο μήλο, που η θεά Αθηνά έδωσε στον Πάρη, κι εκείνος διάλεξε εμένα για ερωτική του σύντροφο; Ήμουνα δική του και ήτανε δικός μου. Ξαναζωντάνεψα. Βρήκα τον παλιό εαυτό μου. Τα βήματά μου ήξεραν που με πήγαιναν, τα λόγια μου είχαν το νόημά τους και η ζωή μου ένα σκοπό. Ήθελα πάντα να κάνω έρωτα μαζί του και λαχταρούσα περιμένοντας αυτή την ώρα, την δική μου επιτέλους ΧΡΥΣΗ ΩΡΑ, να ξεδιψάσω τη σάρκα μου, γιατί κακά τα ψέματα, μπορεί το πνεύμα να έχει τις προτεραιότητές του σ' αρκετές περιπτώσεις, μα και η σάρκα, το κορμί μας έχει τις δικές του ανάγκες, χρειάζεται την τροφή του. Και ο Αιμίλιος δεν θα το άφηνε ποτέ νηστικό, επειδή του άρεσε τόσο πολύ! Το όνομά του, Αιμίλιος, εννοεί πως είναι άνθρωπος γλυκομίλητος, πανέξυπνος, έντιμος, αρκετά δοτικός ως ένα σημείο, γιατί αν καταλάβει πως καταχράσαι, κατασπαταλάς άσκοπα την προσφορά του, τότε γίνεται τσιγκούνης και κλείνεται στο «καβούκι» του, στο σπίτι με τη σύντροφό του. Είναι ο τύπος του «αιώνιου» συζύγου. «Ένας σύντροφος είναι ένας δρόμος να βρεις τον εαυτό σου» θυμάται ότι το διάβασε σ' ένα σοβαρό γυναικείο περιοδικό η Αρέθα.

«Το όνομά σου το αποθέτει
την άνοιξη στα φύλλα των θάμνων
υπερκόσμιο ύμνο, με τις τρίλιες του
τ' αηδόνι, φωνάζοντάς αδιάκοπα».

Εκείνος που τρέφει ένα ωραίο όραμα, ένα υψηλό ιδανικό μέσα στην καρδιά του, κάποια μέρα θα το πραγματοποιήσει. Το να επιθυμείς σημαίνει να αποκτάς. Το να φιλοδοξείς σημαίνει να πετυχαίνεις. Μπορεί οι συνθήκες στο περιβάλλον του Αιμίλιου να μην ήταν ιδανικές για να δημιουργήσει οικογένεια, όμως προσπάθησε να μην μείνουν οι ίδιες. Όταν βρήκε την ιδανική σύντροφο της ζωής του, την Αρέθα, προσπάθησε να το φτάσει. Η παλιά του νοοτροπία ότι σαν ελεύθερος θα γλεντούσε τη ζωή του, άλλαξε. Δεν ταιριάζει πια με την τωρινή ζωή του. Σαν ένα ρούχο που το πετάει κανείς στην άκρη για πάντα, γιατί νέες ευκαιρίες παρουσιάστηκαν και δεν του ταιριάζει πλέον. Το αφήνει πίσω του. Καθόταν μόνος του στην πίσω βεράντα σε μια μεγάλη κουνιστή πολυθρόνα και το αεράκι που φυσούσε γυρνούσε τα φύλλα του βιβλίου που είχε ανοιχτό στα χέρια του και διάβαζε. Φαινόταν κουρασμένος και ίσως χρειαζόταν ησυχία.

«Διαβάζεις;» τον ρώτησε η Αρέθα παραπονιάρικα γιατί την είχε αφήσει μόνη της.

«Μπα, όχι», απάντησε με προσποίηση κι έκλεισε το βιβλίο.

«Πλήττεις;» τον ρώτησε εκείνη. «Μα όχι, γιατί το λες αυτό;» απάντησε. «Η θέα απ' εδώ πάνω είναι υπέροχη και μ' αρέσει αυτή την ώρα να κάθομαι και να ρεμβάζω».

-«Φοβάμαι, πάντα μήπως νιώθεις βαριεμάρα εδώ πάνω. Κι αν είναι αλήθεια θα'ταν φοβερό για μένα…».

-«Γιατί;», ρώτησε αφελέστατα ο Αιμίλιος και γέλασε.

«Γιατί από τότε που σε γνώρισα και μένεις μαζί μου εγώ δεν πλήττω».

«Χαίρομαι που το ακούω αυτό από εσένα. Γιατί κι εγώ το ίδιο νιώθω, από τότε που σε γνώρισα, είπε διστακτικά, δεν αισθάνομαι πια μόνος. Γιατί πάντα ήμουνα ολομόναχος, ίσως από δικό μου φταίξιμο. Είχα σχέσεις με κατώτερές μου γυναίκες και ήμουνα πάντα πνιγμένος στη δουλειά μου, κι όμως δεν ξέρει κανείς γιατί πρέπει να κάνεις τόσες θυσίες και για ποιον», τόνισε.

-«Είχες πολλούς ανθρώπους που εξαρτιόνταν από σένα», είπε η Αρέθα.

«Έτσι είναι. Η μητέρα μου χήρεψε νέα, όταν πέθανε ο πατέρας μου εγώ ήμουνα δώδεκα και η αδερφή μου δεκαπέντε. Από τότε έγινα ο στύλος του σπιτιού μας. Έπρεπε να βοηθάω τις δυο γυναίκες. Δούλευα υπερωρίες για να τα βγάζουμε πέρα. Ύστερα πέθανε η μάνα μου κι έμεινα με την αδερφή μου. Μόλις πέρσι πέθανε και η αδερφή μου. Τώρα πια δεν εξαρτώμαι από κανέναν. Δεν δουλεύω για κανέναν. Από μικρός ήμουνα πολύ φτωχός, αλλά όχι μόνος και δυστυχισμένος. Πόσο ασήμαντος φαίνεται ο λόγος να κυνηγάς το χρήμα σε σύγκριση με την ήρεμη, οικογενειακή ζωή, πιο πολύτιμη κι από το χρυσάφι! Πόσοι άνθρωποι υπάρχουν που χαλούν τις ζωές τους, που καταστρέφουν ό,τι είναι όμορφο και γλυκό με την απληστία τους, που θυμώνουν και δημιουργούν εχθρούς! Μόνο ο σοφός άνθρωπος που καταφέρνει να ελέγχει τις σκέψεις του, μπορεί να καθυποτάξει τους ανέμους και τις θύελλες της ψυχής του. Κι εγώ, πάντα είχα κατά νου να μπορέσω να φτάσω κάποτε σε μια ηλιόλουστη ακτή -μάλλον σε μια καταπράσινη κορυφή- εκεί που η ιδανική σύντροφός μου περιμένει τον ερχομό μου!».

-«Γιατί όμως δεν παντρεύτηκες ποτέ, Αιμίλιε;» είπε περίεργη η Αρέθα.

-«Κάποτε είχα φτάσει κοντά στον γάμο, μα εκείνη με παράτησε. Μου πήρε πολύ καιρό να το ξεπεράσω, και το ξεπέρασα γιατί ρίχτηκα με τα μούτρα στη δουλειά, έγινα πλούσιος. Γι' αυτό από τότε που σε γνώρισα και ζω κοντά σου, είμαι πολύ ευτυχισμένος, γιατί έχω κάποιον να κουβεντιάζω μαζί του, να τον έχω απέναντί μου στο τραπέζι όταν τρώμε, να μοιράζομαι το κρεβάτι μου, να τον φροντίζω σαν να'ταν το μικρό παιδάκι μου...». Σώπασε απότομα. Η Αρέθα ένιωσε εμβρόντητη. Η αναφορά του στο «μικρό παιδάκι μου» την συντάραξε. Τα λόγια που ξεστόμισε ο Αιμίλιος, τόσο ζεστά, έπεσαν πάνω της σαν καυτός κεραυνός.

Ο Τζέιμς Άλλεν στο βιβλίο του «Είσαι ό,τι σκέφτεσαι» λέει πως κάθε πράξη ου ανθρώπου γεννιέται από τους κρυφούς σπόρους της σκέψης του και δεν θα εμφανιζόταν ποτέ χωρίς αυτούς. Αυτό ισχύει τόσο για τις πράξεις που ονομάζονται «αυθόρμητες» και «απροσχεδίαστες' όσο και για εκείνες που γίνονται σκόπιμα. Η πράξη είναι το άνθος της σκέψης, η χαρά και ο πόνος είναι οι καρποί της. Τελικά ο σπορέας δρέπει τους γλυκούς ή τους πικρούς καρπούς που ο ίδιος έσπειρε. Η Αρέθα κοιτάζει ερευνητικά το πρόσωπό του άντρα απέναντί της. Είχε μια λάμψη ζωηρή, το ύφος του μελιστάλακτο, σε τραβάει σαν μαγνήτης η ευγένεια και ο σεβάσμιος χαρακτήρας του. Μ' αυτά τα δεδομένα ανά χείρας της η Αρέθα συμπεραίνει πως ο Αιμίλιος έχει πετύχει κάτι καλό κατόπιν σοβαρής, μακροχρόνιας σκέψης του.

«….Αν κάποιος επιμένει
στην αγνότητα της σκέψης,
η χαρά τον ακολουθεί.
Σαν την σκιά του – σίγουρα».

*

Σήμερα ήταν Σάββατο, μέρα ανάπαυσης και χαλάρωσης, όμως ο Αιμίλιος καθόταν λες σ' αναμμένα κάρβουνα, επειδή την ερχόμενη Παρασκευή, ήταν η αποφράδα μέρα για το ίδρυμα έκθετων παιδιών, όπου υπηρετούσε ως τιμητικό στέλεχος στην ομάδα συμβούλων ψυχικής υγιεινής των παιδιών, τότε το συμβούλιο θα αποφάσιζε για την τύχη της εννιάχρονης Νόρας, που σύμφωνα με τον κανονισμό του ιδρύματος έπρεπε να πάει σε θετή οικογένεια. Η μνήμη του πάει αστραπιαία δέκα χρόνια πριν, τότε που ήταν πενήντα τρία και περνούσε την κλιμακτήριό του, ένιωθε το βιολογικό του κύκλο να κλείνει οριστικά, έπρεπε να προλάβει να κάνει ένα δικό του παιδί, να αφήσει το προσωπικό του αποτύπωμα στη γη. Παρά τις προσπάθειές του να παντρευτεί και να κάνει οικογένεια δεν μπόρεσε να δημιουργήσει γύρω του για νόμιμη οικογένεια, αλλά, ωστόσο, μπορούσε να επιλέξει τις σκέψεις του, και άρα να διαμορφώσει έμμεσα - αλλά με βεβαιότητα, και τις συνθήκες. Άρχισε τότε να συχνάζει τα βράδια σ' ένα καμπαρέ στο Παγκράτι. Ήταν ένα ιταλικό μικρό νάιτ-κλαμπ όπου χόρευε ένα νεαρό ζευγάρι, ο χορευτής ήταν Ιταλός και η ντάμα του Ισπανίδα, η οποία, μετά από δεκάλεπτη χορευτική παράσταση, έμενε μόνη στη σκηνή, χορεύοντας ολόγυμνη. Ο Αιμίλιος καθόταν μπροστά και δεν έπαιρνε τα μάτια του από πάνω της. Κι εκείνη τότε έριχνε το βλέμμα της πάνω του, ένα παρατεταμένο, πολλά υποσχόμενο βλέμμα. Η καρδιά του χτυπούσε τόσο δυνατά που νόμιζε πως θα πεταγόταν έξω από το στήθος του. Ήταν αναμφίβολα η πιο συγκλονιστικά όμορφη γυναίκα που είχε δει ποτέ στη ζωή του. Ήταν η βασίλισσα της Ισπανίας γυμνή, εντελώς γυμνή. Αν και η κόκκινη περούκα έκρυβε αρκετά το πρόσωπό της, εντούτοις μπορούσε να δει τα τέλεια χαρακτηριστικά της. Τα στήθη της και τα πόδια της λες και ήταν σμιλεμένα πάνω σε λευκό μάρμαρο. Περιεργάστηκε αργά την αίθουσα με τα μάτια της, κοιτάζοντας κάποιους πελάτες μ' ένα ερωτικά φορτισμένο και αινιγματικό βλέμμα, καταλήγοντας να βυθίζεται στο δικό του βλέμμα. Ο Αιμίλιος ένιωσε να αιωρείται στο αχανές διάστημα. Την κάλεσε στο τραπέζι του για ένα ποτό, κάτι της ψιθύρισε στ' αυτί της κι ύστερα την πήρε στην ρετιρέ γκαρσονιέρα που κρατούσε στην ίδια περιοχή. Του έκανε παρέα ως τις πέντε το πρωί, μετά την πήγαινε στο σπίτι που συζούσε με τον Ιταλό παρτενέρ της, τον σύντροφό της, Τζάκομπ.

Η Βίκη συνέχιζε να δουλεύει στο ίδιο νυχτερινό κέντρο, με μειωμένο ωράριο, από τις έντεκα έως τις μία μετά τα μεσάνυχτα, κι αυτό γιατί ήθελε να είναι περισσότερες ώρες στο σπίτι με τον εραστή της τον Τζάκομπ, ενώ κανόνισε τα κρυφά ραντεβού της με τον Αιμίλιο για τρεις φορές την εβδομάδα, κατά τις εννέα με δέκα, πριν πάει στο καμπαρέ. Είχε ερωτευτεί παράφορα τον Ιταλό Τζάκομπ, σιχαινόταν τώρα τη δουλειά της, αυτό που την ανάγκαζε να μοιράζεται το κορμί της με τυχαίους άντρες, θαμώνες του κέντρου που την ήθελαν για... μία μόνο χρήση. Έψαχνε την ευκαιρία για μόνιμη και νόμιμη σχέση με τον Τζάκομπ. Και ήρθε. Σταμάτησε να παίρνει το χάπι αντισύλληψης και εκείνος (και εκείνος) το προφυλακτικό και έμεινε έγκυος. Όταν μετά από πέντε μήνες ελεύθερου έρωτα το έκανε γνωστό στον Ιταλό, είδε μπροστά της μία εξαγριωμένη τίγρη, έτοιμη να την κάνει κομμάτια με τα δόντια της, για την παγίδα που του είχε στήσει. Την πήγε αμέσως στην κλινική να κάνει έκτρωση, μα δεν γινόταν, ήταν επικίνδυνη επέμβαση όταν η εγκυμοσύνη ήταν προχωρημένη, ήταν στον πέμπτο μήνα. Όταν τα παιδί γεννήθηκε, ένα κοριτσάκι, οι δυο νεαροί γονείς, ανίκανοι να το αναθρέψουν, υπέγραψαν υπεύθυνη δήλωση ότι το νοσοκομείο θα το έδινε, με ευθύνη των γονιών του, σε ίδρυμα εκθέτων παιδιών, με όρους: Αν μέσα σε εννέα χρόνια, δεν το αναζητούσαν πια οι φυσικοί γονείς του, το ίδρυμα δικαιωματικά θα το έδινε για υιοθεσία. Και οι δύο γονείς, αφού συμφώνησαν να του δώσουν το όνομα Νόρα, το εγκατέλειψαν. Το ίδρυμα έκρινε ότι το παιδί θα έπαιρνε χίλιες φορές καλύτερη μόρφωση εκεί, παρά στην οικογένεια της μητέρας του που θα το έκανε τερατάκι με την αμορφωσιά της. Από τότε ο Αιμίλιος ουδέποτε είδε ή άκουσε κάτι για τον Βίκυ. Αντίθετα, όπως είχε υποσχεθεί στη διεύθυνση του ιδρύματος στην Ήπειρο όπου το μεταφέρανε, πήγαινε μία φορά το μήνα, για τρεις μέρες, να βλέπει το παιδί… ΤΟΥ.

Δεκάδες ζευγάρια είχαν κάνει αίτηση να υιοθετήσουν τη Νόρα, άλλα άτεκνα και άλλα με παιδιά, μα θεωρούσαν πως το πεντάμορφο κοριτσάκι όντας στο σπίτι τους, θα τους έφερνε τύχη, θα'ταν η καλή νεράϊδα ολονών τους.

-«Κύριε Αιμίλιε, σαν επιμελητής – ψυχολόγος, πρέπει να σας ενημερώσω ότι από την Δευτέρα θα συνομιλείτε μ' ένα ζευγάρι κάθε μέρα, ώστε μέσα σ' ένα μήνα να αποφασίσουμε ποια οικογένεια θα κριθεί καταλληλότερη για τη μελλοντική ζωή της χαριτωμένης μας Νόρας» μου είπε περίλυπος ο διευθυντής. Ζήτησα να μου φέρουν το κοριτσάκι στο γραφείο μου. Χώθηκε στην αγκαλιά μου, κάθισε στα γόνατά μου, όπως το σκυλάκι μου ο Σαλμάν, και μου χάϊδευε τα μαλλιά μου. Το βλέμμα του θολό, βουρκωμένο. Ποτάμι τα δάκρυα έτρεχαν στα μαγουλάκια του. Ύστερα, με σταθερή φωνή, μου είπε:

«Αφήστε με να ζήσω ένα Σαββατοκύριακο μαζί σας στο σπίτι σας, πριν σας αποχωριστώ για πάντα. Θέλω να θυμάμαι πάντα ότι με νανουρίσατε δυο νύχτες πριν με πάρει ο ύπνος και με σκεπάσατε καλά για να μην κρυώσω, όπως θα έκανε ο μπαμπάς μου και η μαμά μου».

Τα γλυκόπικρα λόγια της μικρής ήταν η σπίθα να αναζωπυρωθεί το «παγωμένο» πατρικό ένστικτό μου. Τελικά έκρινα ότι ήμουνα περισσότερο υπεύθυνος απέναντι στ' ορφανό αυτό πλάσμα, παρά σε αρκετές γυναίκες που τις είχα πάρει στο κρεβάτι μου. Αμέσως μετά υπέγραψα στο βιβλίο «απουσιών» ότι η Νόρα θα περνούσε το Σαββατοκύριακο μαζί μου, υπό την επίβλεψή μου πάντα. Ανεβήκαμε στο αυτοκίνητο και φύγαμε. Η Νόρα καθότανε πίσω μου και μπορούσα να την βλέπω μέσα στον καθρέφτη ενώ οδηγούσα. Ένα αξεπέραστο αίσθημα ιδιοκτησίας αυτού του κοριτσιού με κυρίευσε. Θα πρόδιδα και τις πιο σπουδαίες γυναίκες, θα τις φυλάκιζα, αν ήταν να καταφέρω να πάρω την κηδεμονία της Νόρας. Θα έπρεπε να πω ψέματα για εκείνες, αλλά… «όποιος αγαπάει, παιδεύει» σοφίστηκα.

Και επειδή τον νόμο δεν τον ξεγελάς εύκολα, ούτε και ξεφεύγεις αν σε πιάσει η τσιμπίδα του, σταμάτησα το αυτοκίνητο μπροστά στην είσοδο ενός μικροβιολογικού εργαστηρίου. Λίγες σταγόνες αίμα επαρκούσε να γίνει η εξέταση DNA, θα αποδεικνυόταν η συγγένεια: Ο Αιμίλιος είναι πατέρας της Νόρας, κανένας δεν θα αμφισβητούσε τα αποτελέσματα της γενετικής επιστήμης, άπλετο φως θα πέσει στην σκοτεινή αυτή υπόθεση, η αλήθεια θα λάμψη στο τέλος, κι ύστερα, …τέλος καλό, όλα καλά!!! Είχα τη Νόρα πιασμένη από το χέρι της περπατώντας στους δρόμους της πόλης κι ένιωθα σα να κρατούσα στα χέρια μου τα ακριβή αποτελέσματα των σκέψεών μου, η αμοιβή μου -μια πολύ σημαντική επιθυμία μου- θα ανέβαινα στα μάτια του κόσμου τόσο ψηλά όσο και η κυρίαρχη φιλοδοξία μου: Να γίνω πατέρας -παράδειγμα προς μίμηση, όπως ο ήλιος γίνεται το σταθερό και φωτεινό κέντρο γύρω από το οποίο περιστρέφονται οι μοίρες αμέτρητων ανθρώπων. Είχα πραγματοποιήσει το όνειρο της νιότης μου. Είχα γίνει ένα με το ιδανικό μου. Τέρμα το σκοτάδι και η απόγνωση -ήρθε το φως και η χαρά, τελείωσε το μακρύ και δύσκολο ταξίδι- έφτασα στον ευχάριστο προορισμό μου, ήταν μια καλή σύμπτωση να αφήσω το σκυλάκι μου στην αυλή της Αρέθας εκείνη τη δύσκολη εποχή με την ασθένεια της αδερφής μου, ο Σαλμάν ήταν το δόλωμα της ευτυχίας μου, της κοινής μας ευτυχίας, θέλω να πιστεύω. Η Αρέθα γνώριζε το πρόβλημα για την υιοθεσία της Νόρας και μαζί συζητούσαμε για το πιο ζευγάρι θα ήταν πιο τυχερό να την υιοθετήσει. Έτσι όταν την είδε να μπαίνει μαζί μου στο σπίτι της, εξεπλάγην ολίγον τι.

-«Φεύγουμε;» την ρώτησα. «Έχεις ετοιμάσει την βαλίτσα;».

«Να πάμε που;» ρώτησε εκείνη ξαφνιασμένη, ενώ περιεργαζόταν τη Νόρα.

«Η Λίμνη στα Γιάννενα μας περιμένει όλους μας. Όλοι μας έχουμε ανάγκη από λίγη ξεγνοιασιά και διασκέδαση έστω και για δυο μέρες» δήλωσα.

Στο δρόμο για τη Λίμνη, η διαδρομή κράτησε μιάμιση ώρα, είμαστε όλοι μουγκοί. Όταν όμως φτάσαμε και τακτοποιήσαμε τα πράγματά μας σ' ένα πανδοχείο, ξεχυθήκαμε πρώτα η Νόρα, πίσω της και τελευταία η Αρέθα, που έδειχνε κακοδιάθετη ίσως από την κούραση, πλησιάσαμε στην όχθη όπου ήταν αγκυροβολημένο ένα καραβάκι.

«Από μικρό και από τρελό μαθαίνεις την αλήθεια». Η Νόρα στη θέα της ήρεμης υδάτινης επιφάνειας έβγαλε προς τα έξω τον ταραγμένο ψυχικό της κόσμο. Έλεγε λοιπόν δυνατά:

«Μπαμπά μου, ας ανεβούμε τώρα πριν το πλοίο σαλπάρει. Θα'ναι υπέροχα!».

Η Αρέθα γούρλωσε τα μάτια της, έτριξε ελαφρά τα δόντια της, κοντοστάθηκε για λίγο, το πρόσωπό της είχε γίνει μαύρο σαν κατράμι από το μίσος της. Αλλά δεν έβγαλε μιλιά από το στόμα της. Η βαρκάδα, η δροσερή αύρα, το σκούξιμο από τα θαλασσοπούλια, ο ασπρισμένος αφρός πίσω του καραβιού, μας αποφόρτισαν από το άγχος προσωρινά. Καθίσαμε ως αργά το βράδυ σ' ένα εστιατόριο κοντά στην όχθη της λίμνης, πιάσαμε οι μεγάλοι την κουβέντα με το ζευγάρι στο διπλανό τραπέζι που είχε ένα αγοράκι, μαθητής στην έκτη του δημοτικού, κι ενώ εμείς τρώγαμε και πίναμε τα δυο παιδιά παίζανε στην παιδική χαρά λίγα μέτρα πιο πέρα. Κάνανε μονόζυγο, τσουλήθρα και χοροπηδούσανε γελώντας στο τραμπολίνο. Το πρόβλημα εμφανίστηκε όταν πήγαμε να κοιμηθούμε. Είχα πιάσει δυο δωμάτια, προφανώς ένα για εμάς το ζευγάρι κι ένα για τη μικρή. Όμως σε δεύτερη σκέψη έκρινα ότι ίσως η Νόρα φοβόταν να μείνει όλη νύχτα μόνη της. «Το καλύτερο είναι οι δυο γυναίκες να είναι μαζί, και ο άντρας -σωματοφύλακάς σας στο διπλανό δωμάτιο» είπα με εισαγγελικό τόνο στη φωνή μου. «Της νύχτας τα καμώματα τα βλέπει η μέρα και γελάει». Όσα έγιναν μέσα στο σκοτεινό γυναικείο δωμάτιο, θα τα' βλεπα καλύτερα στο φως της μέρας. Είδα μια μεγάλη μελανιά, βάναυση, μελετημένη τσιμπιά στο μάγουλο της Νόρας. «Τι είναι αυτό κούκλα μου; Πως το έπαθες;» ρώτησα. «Την τσίμπησε ένας κουνούπαρος. Άναψα το φως και το είδα να στριφογυρίζει στην αναμμένη λάμπα», πετάχτηκε η Αρέθα. «Της έφερε φαγούρα, ξυνόταν όλη νύχτα», πρόσθεσε φουριόζα για να γίνει πιο πειστική. Μπήκα αμέσως στην ψυχολογία της Αρέθας. Την είχα τρομάξει. Της φόρτωσα ευθύνες για ένα ξένο παιδί. Τα μαζέψαμε και φύγαμε άρον-άρον. Πήγα τη μικρή σ' ένα φαρμακείο για τις πρώτες βοήθειες. Τρεις ώρες αργότερα, λίγο πριν κλείσουν οι πύλες του ιδρύματος, για το βράδυ, την είχα βολέψει στο δωμάτιό της.

«Όλα θα πάνε καλά» της είπα. «Κοιμήσου ήσυχα. Όνειρα γλυκά. Θα τα πούμε». Έκανα μεγάλη προσπάθεια να καταπνίξω μια κρίση για κλάμα. Τίποτα απ' όσα μου είχε ζητήσει η Νόρα για το Σαββατοκύριακο δεν μπόρεσα να της δώσω. Ένιωθα τύψεις για το κοριτσάκι μου, αλλά συνάμα και μια ισχυρή πίστη ότι δεν θα έπαυα να σκέφτομαι θετικά για την εξέλιξη της υπόθεσης, δεν θα επέτρεπα στο κακόβουλα μικρόβια να μολύνουν τη σκέψη μου. Όλα θα ήταν ξεκάθαρα προς πάσα κατεύθυνση.

*

«Όλα κόντρα σου πάνε. Τρίτη και δεκατρείς, η πιο γρουσούζα μέρα, αλλά στο χέρι σου είναι να αντιστρέψεις την γκαντεμιά πάνω του. Πες του να τα μαζέψει και να σου αδειάσει τη γωνιά, πριν σου τα πάρει όλα, σπίτι και εργοστάσιο, και σε πετάξει στο δρόμο, και που θα τρυπώσεις μετά; Σε καμιά τρώγλη, παρέα με καμιά αρκούδα στο δάσος», προφήτευσε η γλωσσοφάγα Παναγούλα, η ξαδέρφη της Αρέθας, όταν η τελευταία απελπισμένη όπως ήταν μετά τα γνωστά γεγονότα στη Λίμνη, πήγε στο σπίτι της πρώτης να τα κουβεντιάσει, να πάρει μια δεύτερη γνώμη.

«Μήπως υπερβάλλεις, Παναγούλα; Σου είπα ότι έφερε το κοριτσάκι για το Σαββατοκύριακο μόνο, μη κάνεις έτσι, ντε, την τρίχα τριχιά;» την αποστόμωσε η Αρέθα.

«Πες μου ποιος σ' έδειρε, να σου πω πόσες έφαγες» ανταπαντάει η Παναγούλα. «Εσύ καλή μου, δεν βάζεις μυαλό. Δεν είσαι σαν τη γριά που αφού την έπαθε μια φορά, ύστερα μανταλώθηκε. Αφού σε εκμεταλλεύτηκε ο Ραμόν, σ' άφησε να το κάνεις δωδεκάχρονο παλληκαράκι και μετά έρχεται με το νόμο στα χέρια του και σου το παίρνει, σ' αφήνει με την κουτσουλιά στον κώλο, κι εσύ δεν διδάχτηκες τίποτα, θέλεις να το ξαναπάθεις… Ε, τι να σου πω, πια,… ότι δεν σκέφτεσαι με το κεφάλι σου, μα με τον κώλο σου;».

«Ο,τι θέλω κάνω, ξεταχτή δεν βάνω» απαντάει θυμωμένη η Αρέθα, γιατί δεν της άρεσε να επηρεάζεται από τη γνώμη άλλου.

«Όλο τον κόσμο ρώτα, μα από την γνώμη σου μη φεύγεις», λέει η λαϊκή παροιμία.

«Εσύ έχεις τα γένια, εσύ έχεις και τα χτένια, Αρεθούλα μου. Τώρα μόνο φύγε, πήγαινε στην ευχή του Θεού και της Παναγίας», απαντάει μαλακωμένη η Παναγούλα.

Όταν η Αρέθα είχε προχωρήσει κάμποσα μέτρα απ' το σπίτι της Παναγούλας, γύρισε το κεφάλι της και μουρμούρισε: «Αν είχες κι εσύ έναν άντρα δικό σου, θα πήγαινες μαζί του μέχρι την κόλαση. Θα γινόσουνα λιώμα για χάρη του. Όπως έστρωσες, έτσι θα κοιμηθείς. Έχεις μείνει μόνη στον κόσμο, και προσκολλήθηκες ακόμα περισσότερο στο σπίτι σου, έσφιξες ακόμη περισσότερο αυτόν το τελευταίο κρίκο της ασφάλειάς σου. Αλήθεια σε λυπάμαι, καημένη Παναγούλα», οίκτιρε την κακοτυχία της ξαδέρφης της, γιατί τώρα η Αρέθα δεν έβλεπε τίποτα άλλο παρά μόνο το χάρτη της υδρογείου όπου ζούσε ο Αιμίλιος -και δεν ένιωθε στα χείλη της παρά μόνο το μέλι που είχαν αφήσει τα ερωτικά φιλιά που είχαν πολλάκις ανταλλάξει.

Στο δρόμο για το σπίτι μου δεν περπατούσα, έτρεχα σαν λαγός. Όποιος ζει με το φόβο της ασθένειας, θα αρρωστήσει. Η συζήτηση με την Παναγούλα με είχε αγχώσει φοβερά, αν και γνώριζα ότι οι σκέψεις της για τον χαρακτήρα του Αιμίλιου πήγαζαν από την κακία και τον φθόνο, ωστόσο παραδέχτηκα πως είχε δίκαιο σε κάποια παρατήρησή της, τελείως αντικειμενική: «Είσαι αφελής, δεν είσαι καθόλου καχύποπτη, γιατί αν ήσουνα, θα καταλάβαινες την παγίδα που σου έχει στήσει πισώπλατα. Έβαλε πρώτα το σκυλάκι για δόλωμα, είδε ότι τσίμπησες και έβαλε το ένα πόδι του στο σπίτι σου, μα δεν ήταν ευχαριστημένος. Τώρα σου φέρνει ένα δεκάχρονο κοριτσάκι σίγουρος ότι θα σε κλείσει γερά στο κλουβί του. Κι εσύ πως αντιδράς; Τίποτα δεν μπορείς να κάνεις, αφού η ίδια περιορίστηκες στη φυλακή που έφτιαξες για τον εαυτό σου».

Ασυναίσθητα κοιτάχτηκα στον καθρέφτη: Είδα το πρόσωπό μου αυλακωμένο από ρυτίδες, σκυθρωπό και άσχημο. Ένιωσα ένα δυνατό τρέμουλο, το κεφάλι μου γύριζε σαν σβούρα. Οι βρώμικες σκέψεις είχαν συντρίψει το νευρικό μου σύστημα.

Η εικόνα της μητέρας μου μέσα στο φέρετρό της ήρθε αυτόματα μπροστά στα μάτια μου. Είχε πεθάνει τόσο γλυκά και ήρεμα όπως είχε ζήσει. Δεν είχε γεράσει, παρά μόνο στα χρόνια. Έφυγε με χαρούμενες σκέψεις για μένα. Μπορεί να με άφησε ορφανή, ένα μικρό κοριτσάκι, μα δεν με άφησε έρημη στους πέντε δρόμους. Φρόντισε να μου μεταβιβάσει το σπίτι της με το σκεπτικό ότι έπρεπε να έχω την ασφάλειά του, να μην με πετάξει στο δρόμο καμιά κακιά μητριά, σε περίπτωση που ο πατέρας μου ξαναπαντρευόταν. Μ' αυτές τις σκέψεις να τριβιλίζουν το μυαλό μου αποφάσισα να στείλω ένα fax στο ίδρυμα για τον Αιμίλιο:

«Φεύγω, πάω να δω κάποιους παλιούς μου φίλους
στην Θεσσαλονίκη. Παίρνω μαζί μου και το σκυλάκι».

Ή θα με πίστευε, ή θα καταλάβαινε πως έλεγα ψέματα. Στη δεύτερη περίπτωση θα άρχιζε να μου κάνει ερωτήσεις, σωστή ανάκριση, που την τέχνη του κάτεχε πολύ καλά. Όλα αυτά θα τελειώνανε με μια φοβερή σκηνή θυμού και παρατηρήσεων ή με μια εξήγηση που θα ανακούφιζε και τους δυο μα ιδιαίτερα εμένα. Έτσι χωρίς να το ομολογήσω, προτιμούσα να με θεωρήσει ψεύτρα παρά να αποκαλύψω τις κρυφές μου αλήθειες. Ήμουν προετοιμασμένη να του τα πω όλα, για το καταφρονεμένο μου παιδί, το ένα και μοναδικό, τον Νώε, που ήταν ο σίγουρος κληρονόμος μου.

Όταν ο Αιμίλιος διάβασε το fax, δεν βιάστηκε να της τηλεφωνήσει να μάθει το πως και γιατί του έκλεισε το σπίτι της. Μέσα σ' ένα χρόνο συγκατοίκησης είχε καταφέρει να βρει την Αχίλλειό της φτέρνα. Έβλεπε ότι υπέφερε σιωπηλά για τον άδικο χωρισμό της με τον Νώε, δεν έμοιαζε η Αρέθα με καμία απ' εκείνες τις στενόμυαλες γυναίκες της επαρχίας που δίνουν τα εξώγαμα παιδιά τους σε ίδρυμα για κοινωνικούς λόγους -μάνα ενός μπάσταρδου, κ.λπ., κ.λπ.- όχι μόνο δεν το εγκατέλειψε, μα το καμάρωνε και το παίνευε δημόσια ειδικά στους δασκάλους του στο δημοτικό. Η μέρα που της το αρπάξανε απ' την αγκαλιά της ήταν και ακόμα είναι η Black Friday για εκείνη. Δεν μπορεί να το ξεπεράσει. Είχε και ο Αιμίλιος τον δικό του καημό με τη Νόρα. Η αναμονή του τεστ DNA τον τρέλαινε. Τρεις ακόμα μέρες πέρασαν μέσα σε εκνευριστική αγωνία. Την τέταρτη βγήκαν τ' αποτελέσματα. Το τεστ ήταν θετικό. Η Νόρα ήταν η πραγματική του κόρη και ο Αιμίλιος ο καθ' εαυτού πατέρας της. Το διοικητικό συμβούλιο του ιδρύματος τον συνεχάρη θερμά για το ευτυχέστερο γεγονός στη ζωή του. Η Νόρα θα ζούσε με τον μπαμπά της στο σπίτι του στην Αθήνα. Η νέα της ζωή θα ξεκινούσε σε δύο εβδομάδες όταν έκλεινε το σχολείο για τις καλοκαιρινές διακοπές. Η καλή του τύχη του άνοιγε τον ιδεολογικό του ορίζοντα. Κατέστρωσε αμέσως τα σχέδιά του πάνω στον χάρτη. Μα δεν θα τα αποκάλυπτε ακόμα σε κανέναν. «Τα σχέδια αγαπούν τη σιωπή», λένε οι Ουκρανοί στρατιώτες για τη μυστική αντεπίθεσή τους στα ρωσικά εχθρικά στρατεύματα.

Όλες σχεδόν οι εφημερίδες είχαν για πρωτοσέλιδο την είδηση για τα εγκαίνια έναρξης λειτουργίας του νέου πνευματικού-πολιτιστικού κέντρου της πόλης, με το όνομα του ευεργέτη του να είναι γραμμένο με χοντρά μαύρα γράμματα: Ραμόν Νάσκας.

Στην κορυφή της στήλης εμφανίζονταν ο Ραμόν, με κοστούμι και γραβάτα, μοντέρνο κούρεμα, σοβαρό ύφος. Κάτω-κάτω η οικογενειακή φωτογραφία, ο επιχειρηματίας Ραμόν ανάμεσα στην οικογένεια της εγγονής του, η Μόνα και ο σύζυγός της ο Ορφέας, με τα δυο δίδυμα αγόρια τους, τον Ντίνο και τον Νώε. Ο Ντίνος στα δεξιά του πατέρα και ο Νώε στ' αριστερά της μητέρας τους, διευκρίνιζε ο αρθρογράφος.

Ο Αιμίλιος φόρεσε τα γυαλιά του να δει καλύτερα τον Νώε. «Όμορφο αγόρι», μονολόγησε. Τον φωτογράφησε στο μυαλό του. Θα προσπαθούσε να τον δει ζωντανά στην εκδήλωση των εγκαινίων. Η είσοδος ήταν ελεύθερη για όλους. Κατά τη διάρκεια της εκδήλωσης πραγματοποιήθηκαν πολλές δραστηριότητες, αυτή όμως όπου – αγόρια και κορίτσια έως 12 χρόνων ντυμένοι με παραδοσιακές στολές χόρευαν δημοτικά τραγούδια με χάρη και τσαχπινιά, καταχειροκροτήθηκαν από τους παρευρισκόμενους πολίτες. Σύμφωνα με την εντολή του χοροδιδάσκαλου οι χορευτές χόρευαν ανά ζεύγη, ένα αγόρι με ένα κορίτσι. Συμπτωματικά ο Νώε είχε ντάμα τη Νόρα και ενθουσίασαν το κοινό με τις χορευτικές φιγούρες τους στο τραγούδι: «Όλα τα πουλάκια ζυγά-ζυγά, τα χελιδονάκια τα πλουμιστά». Βλέποντάς τα πολλοί ήταν εκείνοι που ψιθύριζαν ο ένας στ' αυτί του άλλου. Ο Αιμίλιος που τα παρακολουθούσε με άγρυπνο μάτι, κατάφερε να τα ξεμοναχιάσει, τους κάθισε αντικριστά σ' ένα χοντρό κορμό δέντρου που ήταν πεσμένος καταγής και με το «πουλάκι-χαμόγελο» τους φωτογράφισε. Προσποιούμενος τον «busy» φωτογράφο, άφησε τα δυο παιδιά να πούνε τα δικά τους ύστερα από ένα χρόνο που είχαν χάσει την επαφή τους από το σχολείο τους.

Για να μην τα πολυλογώ, πρώτη η Νόρα εξομολογήθηκε στο Νώε ότι ο πατέρας της ο Αιμίλιος που τα έχει φτιάξει με την μητέρα του την Αρέθα, σκοπεύουν να παντρευτούν αργότερα αφού «εγώ πρώτα συνηθίσω στην ιδέα ότι η γυναίκα του θα είναι ταυτόχρονα και η δική μου μητέρα. Θα ήταν μια συναρπαστική εμπειρία εκτός απ' την ανείπωτη ευτυχία που θα μου πρόσφερε να βρεθώ ξαφνικά μετά από δέκα χρόνια μοναξιάς σε μια σωστή οικογένεια, γεμάτη θαλπωρή».

-«Θα ήταν ιδεώδες», είπε ο Νώε.

-«Θα ήταν πολύ καλό και σε σένα τον ίδιο, Νώε» ψιθύρισε η Νόρα. «Ο καιρός είναι φριχτός στην Ήπειρο τον χειμώνα, και νιώθω μελαγχολία τελευταία. Κανονίσαμε να μετακομίσουμε στην Αθήνα, στο σπίτι του μπαμπά μου. Θα σε περιμένω να έρθεις κάποια μέρα».

«Θα φτάσω όσο πιο γρήγορα γίνεται», απάντησε ο Νώε κουρασμένος ψυχικά, επιβεβαιώνοντας το γνωστό απόφθεγμα «αμαρτίες γονέων παιδεύουσι τέκνα».

Ανταλλάξανε τα τηλέφωνά τους με την υπόσχεση να βρεθούνε σύντομα και μαζί οι δυο τους να δώσουνε ένα καλό μάθημα στους ατίθασους αν και μεγάλους σε ηλικία γονείς τους. Αλήθεια είναι τρελό! Μπλέξανε τα μπούτια τους, κι έχουν τώρα την απαίτηση να τους τα ξεμπλέξουν τα βλαστάρια τους! Τι κρίμα!!!

Ο Ραμόν ήταν ακόμα πάνω στην εξέδρα όπου πριν λίγο είχε εκφωνήσει έναν πύρινο λόγο γεμάτο με αλληλεγγύη και πατριωτικά αισθήματα, ενώ δεχόταν τα συγχαρητήρια του κόσμου για το μεγαλειώδες έργο του, εντελώς μηχανικά. Το αδηφάγο βλέμμα του έψαχνε να συναντήσει το βλέμμα εκείνης που ποθούσε από έφηβος. Μα δεν την έβλεπε. Κάτι τέτοιο δεν ήταν δυνατόν, αφού το θύμα του είχε απομακρυνθεί σκόπιμα απ' το πεδίο βολής του για να μην λαβωθεί για μία ακόμα φορά. Ο σκοπευτής απογοητευμένος ένιωσε ξανά ένοχος και θα το έφερνε βαριά. Η Αρέθα μου είχε μιλήσει για τα αισθήματά της ύστερα από το ταξίδι μας στη Λίμνη, δεν της ζήτησα αμέσως απάντηση, αλλά θα'ταν λογικό και τίμιο να της πω την αλήθεια για τον Ραμόν. Αντικειμενικά, ναι, μόνο πίσω από τη φωτεινή πλευρά της αλήθειας κρυβότανε οι δαιμονικές πτυχές μιας κρυφής αλήθειας. Για μία ακόμη φορά, ανακάλυπτα με θύμο, τη ματαιότητα των λέξεων που εκστομούσε ο Ραμόν, «φιλία», «καθαρή εξήγηση», «ανεξαρτησία», κ.λπ. κάθε φορά που σχεδίαζε κάτι προς όφελός του, και τώρα και πιο πολύ μου φάνηκε, ότι ομολογώντας στον Ραμόν, γιατί σκεπτόμουνα να το ομολογήσω, παρά να το πω, θα τον έκανα να ξεσπάσει σε τέτοιο θυμό και να προσπαθήσει από κακία να με εκδικηθεί, πράγμα που με τρόμαξε. Το είδος του μαύρου φωτοστέφανου που βρισκόταν πάνω απ' το κεφάλι του ανθρώπου αυτού, το κλίμα της παντοδυναμίας και της επιβολής του, που βασίλευε γύρω του, μ' έκαναν να φοβάμαι. Κι όμως τι θα μπορούσε να κάνει εναντίον μου;

Είχα δουλειά, είχα δικό μου σπίτι και αυτοκίνητο, είχα την κόρη μου, δεν εξαρτιόμουνα καθόλου απ' αυτόν και δεν ρίσκαρα τίποτε άλλο παρά να τον πληγώσω, να τον εκμηδενίσω. Κι αν ακόμη αυτό το τελευταίο συναίσθημα με έκανε να νιώθω ανίσχυρος να τον συντρίψω, δεν ήταν πάντως τόσο σοβαρό ώστε να με εκφοβίσει να σωπάσω, να συνεχίσω να ανέχομαι μια κατάσταση μεσοψεύτικη που την άφησα να υπάρχει εδώ και δυο εβδομάδες. Τώρα που η ζωή μου είχε αρχίσει να γίνεται ο πλατύς δρόμος που οδηγούσε στον λαμπρό ήλιο της ευτυχίας με την Αρέθα, δεν θα άφηνα την παραμικρή σκιά γύρω μας. Ήμουν ο δυνατός άντρας και μπορούσα να βοηθήσω μια αδύναμη γυναίκα, αρκεί αυτή να ήθελε να την βοηθήσω, και ακόμα και τότε ο αδύναμος θα πρέπει να γίνει δυνατός από μόνος του. Μόνη της η Αρέθα μπορεί ν' αλλάξει την ψυχοφθόρα κατάσταση στην οποία βρίσκεται. Αλλά.... «συν Αθηνά και χείρα κίνει». Ο Ραμόν ήταν ο δυνάστης της, και εκείνη η σκλάβα του. Θα την έπειθα να τον μισήσει.

Όλα αυτά τα ερωτηματικά φύγανε απ' το μυαλό μου, όταν άκουσα τη φωνή της Αρέθας στο τηλέφωνο να με ρωτάει αν τη μισούσα που μου έκλεισε την πόρτα του σπιτιού της χωρίς πρώτα να μου εξηγηθεί καλά. Κι εγώ αντί για απάντηση την ρώτησα: «Μ' αγαπάς;» κι ήταν ο τόνος της φωνής μου επιβλητικός και θριαμβευτικός. Κι αυτό σήμαινε: «Δεν είναι δυνατόν να μη μ' αγαπάς, για ποιο λόγο να μ' αγαπάς;». «Πως είναι δυνατόν να μη μ' αγαπάς, αφού εγώ σε λατρεύω;» θα ήθελα να την ρωτήσω που βρισκόντανε, να μου περιγράψει το δωμάτιό της, τί έβλεπε απ' το παράθυρό της και τι έκανε όλη τη μέρα, μα δεν το κατόρθωσα. Σίγουρα θα το έκανε αργότερα, όταν η παρουσία της στο σπίτι μας θα δημιουργούσε μια άλλη ατμόσφαιρα, πιο ζεστή και πιο γλυκιά. Για μια στιγμή όμως δεν ήταν για μένα παρά η γυναίκα που είχα συντροφεύσει περισσότερο στο σκοτάδι παρά στο φως της φουρτουνιασμένης ψυχής της.

Στον χαρακτήρα της είχε πολλά σκαμπανεβάσματα. Μόνο με τον διάλογο θα ισορροπούσε.

«Σε θέλω στη ζωή μου, Αρέθα» της είπα μελιστάλαχτα.

«Έχεις τη Νόρα, σε χρειάζεται τόσο πολύ» μου απάντησε ντόμπρα.

«Θέλω να της σταθείς σαν μητέρα της, ελπίζω να με καταλαβαίνεις», είπε.

Καμία απάντηση απ' την άλλη άκρη της γραμμής. Κι επειδή φοβήθηκα ότι θα το έκλεινε, συνέχισα με φόρα: «Γνώρισες κι εσύ την ορφάνια και τη δυστυχία».

«Στην δυστυχία όλοι είναι ίσοι, και ιδιαίτερα η γυναίκα, που όπως λέγεται συγγενεύει με τον άγγελο. Της ανήκουν τα πλάσματα που υποφέρουν; Αυτό θες να μου πεις Αιμίλιε;» γέλασε δυνατά, σαρκαστικά. «Και τον έρωτα δηλαδή, που τον βάζουμε; Στον τενεκέ με τα σκουπίδια;».

«Ο έρωτας στον γάμο είναι χίμαιρα, Αρέθα. Έχουμε μόνο υποχρέωση απέναντι στα παιδιά μας», είπα με τη σοβαρότητα γέρου.

«Αναφέρεσαι στην κόρη σου τη Νόρα. Ο δικηγόρος σου θα σου πήρε πολλά για τις νομικές του συμβουλές. Μπράβο του!» σχολίασε με πικρία.

«Νομικές αρλούμπες», είπα παινεύοντας τον εαυτό μου. «Μία απλή απόδειξη στο δικαστήριο αρκεί να κερδίσεις την υπόθεση. Είσαι περίεργη να τη δεις; Σου στέλνω αμέσως το βίντεο στο κινητό σου. Δες το. Σ' ενδιαφέρει θαρρώ» είπα και της έστειλα τη φωτογραφία του Νώε και της Νόρας με φόντο τον Ραμόν με το μικρόφωνο σε μικρογραφία πάνω στην εξέδρα.

*

Η Αρέθα έβλεπε το ίδιο όνειρο πολύ συχνά και για πολλά χρόνια. Κάθε που το έβλεπε, προβληματίζονταν. Προσπαθούσε να το εξηγήσει, όμως τίποτα. Και να που το ίδιο όνειρο ήρθε στον ύπνο της χθες βράδυ, στο σπίτι της φίλης της στη Θεσσαλονίκη. Προσπάθησε να το διώξει απ' το συνειδητό της διαβάζοντας ένα βιβλίο από μια Σουηδέζα συγγραφέα: Πήγαινε λέει η Σουηδέζα σε μαγαζί να αγοράσει παπούτσια, μα δεν έβρισκε το νούμερό της. Θα περπατούσε λοιπόν ξυπόλητη; Όχι, βέβαια, και γι' αυτό αγόρασε ένα ζευγάρι που της ήτανε πολύ σφιχτά, της πληγώνανε τα πόδια. Το όνειρο έδειξε: Παντρεύτηκε έναν άξεστο αγρότη ενώ αυτή ήταν κριτικός παιδικών βιβλίων στη δημοτική βιβλιοθήκη της πόλης. Δεν ταιριάζανε πουθενά ως ζευγάρι. Πολλά χρόνια μετά ονειρεύεται πως πάει στο ίδιο παπουτσάδικο και βρίσκει ένα ζευγάρι παπούτσια που ταιριάζανε πολύ όμορφα στα πόδια της. Το αγοράζει, χωρίζει τον αταίριαστο αγρότη και παντρεύεται τον διευθυντή της βιβλιοθήκης. Τι σπάνια σύμπτωση! Η Αρέθα χθες βράδυ ονειρεύτηκε πως βρήκε τα παπούτσια που ταιριάζανε στα πόδια της και τα αγόρασε. Έδιωξε απ' το μυαλό της τον Ραμόν και παντρεύτηκε στο δημαρχείο τον Αιμίλιο, έχοντας ως μάρτυρες τα δυο παιδιά τους, τη Νόρα του Αιμίλιου και τον γιο της Αρέθας, τον Νώε. Μετά το γάμο η νέα, θετή τετραμελής οικογένεια μετακόμισε στο σπίτι του Αιμίλιου, στο Παγκράτι. Μια εβδομάδα μετά τον γάμο και αφού είχανε τακτοποιήσει τα πράγματά τους στο νέο σπιτικό τους, οι γονείς αποφάσισαν να πάνε στην Αίγινα για τον μήνα του μέλιτος. Κανονίσανε η κυρία στο διπλανό διαμέρισμα να φροντίζει τα παιδιά, τον 13χρονο Νώε και την 10χρονη Νόρα να μην τους λείψει τίποτα, και οι νιόπαντροι να περάσουν ξέγνοιαστοι το ταξίδι τους στο δημοφιλές νησάκι.

«Θα κτίσουμε ένα σπιτάκι εδώ», είπε ο Αιμίλιος «και θα τρέφουμε πάπιες και χήνες, αν βέβαια το θέλεις». Η Αρέθα ένευσε, ναι. Στο τέλος της πρώτης εβδομάδας έγραψε στο ημερολόγιό της: «Για πρώτη φορά στη ζωή μου μετά από τόσες περιπέτειες και θύελλες που έχω γνωρίσει, μια τέτοια προοπτική μου φαινόταν υπέροχη. Θα ζούσα στο ίδιο σπίτι με τον Αιμίλιο και το σκυλάκι μας τον Σαλμάν. Θα γινόμουν κηπουρός και θα μαγείρευα τα πιο νόστιμα φαγητά με κρέας πάπιας. Αυτό θα ήταν το πιο ευτυχισμένο τέλος μιας ζωής, γεμάτης καταιγίδες, κυνηγητά και φυγές. Θα άλλαζα επιτέλους ρόλο. Δεν θα ήμουνα το θήραμα του κάθε τρελού κυνηγού, μα το πυκνό, βαθύ δάσος όπου θα ερχότανε να φάει και να ξεδιψάσει ο καλός μου σύντροφος, τα παιδιά μας και τα αγαπημένα μας ζώα. Δεν θα δοκίμαζα πια την ταπείνωση και την θλίψη αλλά θα ήμουνα το ξέφωτο στον όμορφο κήπο, γεμάτος με τον ζωογόνο ήλιο, θα ήμουν το συντριβάνι όπου οι δικοί μου θα έρχονταν να δροσιστούν απ' την τρυφερότητά μου. Και τώρα, αυτή η τελευταία περιπέτεια μου φαινόταν πολύ πιο επικίνδυνη, γιατί δεν μπορούσα να συλλάβω το νόημά της. Ζούσα την πιο ΧΡΥΣΗ ΩΡΑ της ζωής μου, το πρόσωπό μου έλαμπε, ο ουρανός πάνωθέ μου ήταν πορτοκαλί και ο ήλιος είναι ολόχρυσος δίσκος. Ήμουνα πεπεισμένη ότι θα ακολουθούσαν και άλλες πολλές.

«Είναι φοβερό», είπα στον Αιμίλιο, «μα μου φαίνεται ότι δεν θα μπορέσω ποτέ πια να σκεφτώ τίποτε άλλο εκτός από σένα».

«Κι εγώ το ίδιο. Γι' αυτό πρέπει να είμαστε πολύ προσεχτικοί, ιδιαίτερα μάλιστα εσύ», πρόσθεσε ο Αιμίλιος.

«Φοβάσαι πάντα τον Ραμόν;».

«Ναι», απάντησε σοβαρά, χωρίς να χαμογελάσει. Είναι ένα άτομο που δεν αγαπάει τίποτα άλλο εκτός από το πως θα αποκτήσει κάτι. Δεν θέλω να μιλάω για τέτοια πράγματα ούτε και να σε απογοητεύσω. Μα αν τυχόν συμβεί κάτι τέτοιο, πρέπει να μου το πεις…». Όλες τούτες οι εικασίες μου φαίνονταν αόριστες κι αδύνατες να συμβούν. Στην ψυχική μου ευφορία έβλεπα μάλλον τον Ραμόν να γίνεται κουμπάρος στο γάμο των παιδιών μας κι όχι τύραννος. Έτσι χαμογέλασα αφηρημένα και σηκώθηκα. Είχα ραντεβού με τον αρχιτέκτονα στο γραφείο μου για να μελετήσουμε τα σχέδια της αγροικίας μας και του κήπου με τα καρποφόρα δέντρα.

*

*Είχαν περάσει ήδη οι δύο εβδομάδες ραχατεύοντας. Στις υπόλοιπες δύο έπρεπε να βιαστώ να συντονίσω τη δουλειά για τον μηχανικό πριν γυρίσουμε στην Αθήνα.

Κεφάλαιο 35

Αντί επιλόγου

«Σ᾽ αγαπώ», λέει ο Νώε στη Νόρα, που τη γνωρίζει μόλις δύο εβδομάδες.

«Κι εγώ», απαντάει με πάθος η Νόρα, που κι αυτή τον γνώρισε πριν δύο εβδομάδες.

Αγκαλιάζονται σφιχτά και αναστενάζουν ταυτόχρονα.

*

«Μ᾽ αγαπάς, μαμά;», ρωτάει η Νόρα δύο ώρες αργότερα την επτάχρονη κόρη της, διότι η Νόρα, τα τελευταία εφτά χρόνια, τυγχάνει... ολίγον παντρεμένη.

*

«Νώε μου, σ᾽ αγαπώ», του λέει το βράδυ η αδερφή του η Νόρα, που έχει πάει να τη δει στο νοσοκομείο. Το επόμενο πρωί θα την χειρουργήσουν για όγκο στον μαστό.

«Κι εγώ σ᾽ αγαπώ Νόρα μου», απαντά ο Νώε πιάνοντάς της σφιχτά το χέρι. Και, παρόλο που προσπαθεί να κρατηθεί, τα μάτια του βουρκώνουν.

*

Δυο μήνες μετά η Νόρα επισκέπτεται μία ψυχολόγο:

«Θέλω να χωρίσω», της λέει και πλημμυρίζει στα δάκρια.

«Φαίνεται να σε πονάει πολύ η απόφαση αυτή», απαντά η ψυχολόγος.

«Ναι, ... σκέφτομαι την κόρη μου... και τον άντρα μου».

«Τον αγαπάς τον άντρα σου;».

«Ναι -φυσάει τη μύτη της- αλλά όχι όπως τον Νώε».

*

Ψυχολόγος:

ΝΟΡΑ, το παιδί-τύραννος που στερήθηκε τον πρώιμο δεσμό με τη μητέρα του.

ΝΩΕ, το παιδί-τύραννος στη μητέρα του, επειδή του στέρησε τον πρώιμο δεσμό με τον πατέρα του.

Κεφάλαιο 36

Το προφίλ της Αρέθας – Ψυχολογική ανάλυση

Η ηρωΐδα του βιβλίου μου, μοναχοπαίδι και ορφανή από μητέρα από μικρή ηλικία πίστευε στην αναγκαιότητα του συντρόφου ώστε να βελτιώνει τη συναισθηματική της κατάσταση. Στα δεκάξι της λοιπόν η Αρέθα ερωτεύτηκε ή... τουλάχιστον πείσθηκε ότι είχε ερωτευθεί τον Έρασμο. Όμως τώρα που το σκέφτεται -ηλικιωμένη γυναίκα- θυμάται ότι επειδή δεν της έβγαιναν αυθόρμητα συναισθήματα, ντοπάριζε τον εαυτό της πίνοντας ποτήρια από το... αγαποβότανο για να δημιουργήσει την τεχνητή συναισθηματική φόρτιση που την ερμήνευε ως ο... έρωτάς της. Από κει και πέρα βέβαια ένιωθε και κάποια συναισθήματα, αλλά η όλη διαδικασία ήταν τεχνητή και επιφανειακή.

Η εξάρτησή της, από τον Έρασμο ήταν ευτυχώς μερική και όχι ολική. Η αναγκαιότητά της να συνυπάρχει με τον Έρασμο δεν ήταν για να μπορεί να λειτουργήσει αλλά για να είναι πιο χαρούμενη, φυσιολογική, κοινωνική και αποδοτική στη δουλειά της. Συνεπώς, από μία σκοπιά θα ήταν άδικο να πω ότι όλη αυτή η ιστορία με τον Έρασμο της έκανε κακό. Απλά έμπλεξε σε μια σχέση που το συναισθηματικό της κόστος ήταν πολύ μεγαλύτερο από το υλικό κέρδος της. Μ' άλλα λόγια σπατάλησε άδικα ένα κομμάτι του εαυτού της. Δεν το μετανιώνει. Μίσησε τον Έρασμο και την εξάρτησή της από εκείνον γιατί μέσα της αντιπροσωπεύει την απώλεια της ελευθερίας της. Ο χειρότερος κλέφτης είναι αυτός που σου κλέβει τα καλύτερά σου χρόνια. Αντίθετα θεωρεί ότι η μη τοξική σχέση της με τον Αιμίλιο την βοήθησε να εξελιχθεί σε μια δυναμική προσωπικότητα, δεν κρατάει πια την υποχωρητική στάση στις σχέσεις της μόνο και μόνο για να μην την εγκαταλείψουν. Έκανε μια πρόχειρη στατιστική και διαπίστωσε ότι τα οκτώ από τα δέκα τραγούδια που άκουγε εξαντλούσαν τα θέματά τους σ' ένα από τα εξής δύο μοτίβα:

«Τι δυστυχία που σ' έχασα» (Έρασμος)

«Τι ευτυχία που σε βρήκα» (Αιμίλιος)

ΤΕΛΟΣ

Περίληψη- Πίσω εξώφυλλο

Ο Έρασμος, ένας ερωτευμένος νεαρός βοσκός, ποθεί να νομιμοποιήσει το πάθος του για την Αρέθα, αλλά με το νόμο να είναι εναντίον του, θα αποκαλύψει όχι το ιδεώδες, αλλά το τυραννικό του πρόσωπο. Η σκιά του απαγορευτή πατέρα της καλής του, το ζευγάρι για να ξεδιψάσει καταφεύγει στις ζωώδεις πηγές ενός πάθους που αψηφά το όνομα για να χαθεί στον χείμαρρο της ηδονής.

«Το όνομά σου μόνον είναι εχθρός μου. Ω, πάρε ένα άλλο όνομα, Έρασμε. Άσε το όνομά σου και πάρε όλη εμένα», εκλιπαρεί η Αρέθα. Και ο Έρασμος γίνεται Ραμόν. Και ξενιτεύεται. Όμως, όταν σαράντα χρόνια μετά επιστρέφει κοντά της, δεν είναι παρά ένας προβατόμορφος λύκος… Η ολόσωμη φόρμα του είναι υφασμένη από τους πολύχρονους καταναγκασμούς του εγώ του. Η αγάπη πνίγηκε από το μίσος…! Και εκείνη; Θα αυτοθυσιαστεί στο βωμό του Θεού Έρωτα, του απατεώνα, με τα προδοτικά του δώρα, ή θα τον αδειάσει από το νου της, αφήνοντας την ίδια τη ζωή να αποφασίσει για τη ζωή της;

Ένα μεγάλο δίλημμα όχι μόνο της ηρωΐδας του βιβλίου, μα κάθε γυναίκας που ζει στον πραγματικό μας κόσμο.

Πίσω αυτί

Η ηρωΐδα θα ανακόψει τη σαρωτική ορμή του έρωτα, της τόλμης, της μοιραίας απόφασης για την προσφορά. Ένα σύγχρονο μυθιστόρημα, για την αγάπη που κινεί βουνά και θάλασσες, το ζευγάρι αγάπης-μίσος, ξανασυναντιούνται σκόπιμα και συγκινούν βαθιά για την πάλη του πάθους ενάντια της λογικής.

Περιεχόμενα